高等院校物流类专业“十四五”规划教材

U0959993

物流与供应链管理

韩玉会 主 编

天津大学出版社
TIANJIN UNIVERSITY PRESS

内容简介

本书以职业岗位能力培养为核心，着力体现项目导向、任务引领的课程设计与教学指导思想，以项目为单位组织内容，以真实、典型的案例为载体引出相关专业知识和运用过程，使学生在每个项目的课题学习、探究和实践中完成技能训练，加深对专业知识的理解，培养学生的专业能力和职业素质，满足学生职业发展的需要。

本书是作者在教学一线长期积累与研究的结晶。本书系统阐述了现代物流学及供应链管理的理论知识与应用技术，全书分为3个模块，共12个项目。第1个模块（项目1~6）：物流基础知识及物流系统要素管理，主要阐述物流学基本理论，物流系统及物流七大环节。第2个模块（项目7~9）：现代物流集成管理，主要阐述企业物流、社会物流及第三方物流的管理与应用技术。第3个模块（项目10~12）：物流供应链管理，主要阐述供应链管理的概念、特点及应用等。

本书在内容选取、编排等方面紧密结合大学生的认知规律，突出重点难点，适时引入课程思政内容，全书体系完整、内容丰富、结构严谨。本书可作为高等院校物流管理、电子商务、国际经济与贸易、工商企业管理等专业的教材和参考书，也可作为企业管理及物流从业人员培训教材或自学参考用书。

图书在版编目（CIP）数据

物流与供应链管理 / 韩玉会主编. --天津：天津大学出版社，2022.5（2024.8重印）
高等院校物流类专业“十四五”规划教材

ISBN 978-7-5618-7151-5

Ⅰ.①物… Ⅱ.①韩… Ⅲ.①物流管理-高等学校-教材②供应链管理-高等学校-教材 Ⅳ.①F252.1

中国版本图书馆CIP数据核字（2022）第061387号

出版发行 天津大学出版社
地　　址 天津市卫津路92号天津大学内（邮编：300072）
电　　话 发行部：022-27403647
网　　址 www.tjupress.com.cn
印　　刷 天津泰宇印务有限公司
经　　销 全国各地新华书店
开　　本 185mm×260mm
印　　张 18.5
字　　数 462千
版　　次 2022年5月第1版
印　　次 2024年8月第2次
定　　价 54.00元

《物流与供应链管理》编写委员会

前　　言

随着中国经济的持续高速发展，物流行业对国民经济发展的基础保障作用愈加明显，加快发展现代物流行业，对促进产业结构调整、转变经济发展模式、提升国民经济综合竞争力、建设生态文明都具有重要意义。物流业的高质量持续发展，离不开大量高质量的物流专业人才。我国物流业起步较晚，物流教育相对滞后，迫切需要在借鉴国外物流教育经验的基础上，建立起符合我国现实需求的合理知识架构，培养出适合我国物流业发展需求的合格人才。

各大高等院校是物流专业人才培养的摇篮，如何加强物流课程教材体系建设，进一步完善应用型本科物流管理专业教学内容体系，已经成为各高校物流管理专业、电子商务专业和国际经济与贸易专业等经管类专业物流教学普遍关心的问题。推进课程改革、加强教材建设、贯彻落实课程思政已成为新时期物流教学改革的重要任务。

本书紧密结合中国物流发展现状及物流业发展时代前沿动态，在吸收和借鉴国内外物流管理学及供应链应用技术的最新成果基础上，根据我国现阶段物流行业人才在专业知识、能力素质等方面的需求，紧密结合应用型大学经管类专业教学实际，较为系统、全面地介绍了现代物流学科及供应链管理技术的基本理论和应用方法，理论与实践相融合，基础性与前沿性并重，同时结合应用型大学经管类专业教学特点，对全书所有知识点进行模块化划分，每个项目由若干任务模块组成，每个任务模块都可制作为 20 分钟左右的微课视频。全书分为 12 个项目，主要介绍了物流管理学的基础知识，物流管理七大环节及其功能、特点，企业物流，第三方物流，社会物流，供应链管理的概念、特征、方法及未来发展趋势等内容。

本书编者结合多年教学经验及个人心得，在内容选取上以应用为目的，以必要、够用为标准，尽量体现新知识、新技术和新方法，以培养学生的综合素质、科学思维和创新创业能力。全书体系完整、内容丰富、结构严谨，各项目编排紧密结合大学生的认知规律，由浅入深，逐层深化，突出重点难点，对常见的问题、易错知识点都做了较深入的阐释和说明。全书案例资源丰富，每个项目都有引导案例，项目后有案例讨论，以备教学总结或考核之用。每个项目都设置了“学习目标”“项目小结”“项目练习”等模块，使学习更有针对性，便于学生梳理知识体系。同时，内容编排适时引入课程思政内容，落实专业课程育人功能。总之，本书在编排上追求可读性和易引导性，方便广大师生教学之用，力求做到好读易教。

本书由从事物流教学和科研工作的专业教师撰写。全书共 12 个项目，由韩玉会总体策划审稿并定稿，各项目编写人员及分工如下：项目 1 至项目 6 由韩玉会撰写，项目 7 至项目 9 由任冬玲撰写，项目 10 至项目 12 由盛小丽撰写。另外，文小森、王海元、吴爱栋、方璘、韩莉君、管凯特、胡辰靖钰、邵艳东、李智琪、李羿衡、徐浩楠等，共同参与了案例的编写、书稿的编辑和校对、电子课件的制作、视频的录制和在线资源的上传等工作。

本书在编写过程中，参考了大量相关文献，在此表示衷心的感谢。由于时间、资料、编者水平以及其他条件限制，书中难免存在一些错误或不足之处，恳请同行专家和广大读者批评指正。编者邮箱：hanbing_1130@163.com。

编者
2022 年 3 月

目　　录

项目一　物流概述

学习目标

- ❖ 了解物流管理学的发展历程及各阶段特点。
- ❖ 掌握物流的概念。
- ❖ 理解物流三大效用。
- ❖ 熟悉物流过程七大环节及功能。
- ❖ 知道物流的分类。
- ❖ 理解物流系统的功能及构成。

项目引入

一个古老而今又新潮的理念:物流先行

兵马未动,粮草先行。物流先行是一个古老的理念。物流在军事、经济中一直处于先行地位,尤其在现代社会发展中,倡导物流先行更具有重要的意义。王继祥教授近二十年来一直在积极倡导和推进物流先行。物流先行指的是在经济发展、产业布局、空间规划、物流运作等方面,优先考虑物流要素,先行进行物流规划与运作,用物流来引领商流、信息流和资金流,推动社会发展的理念。物流先行是一个现代物流的新理念,现在仍然未被各级领导及物流行业充分重视,仍然需要大力倡导。

事实上,在宏观经济层面,“要想富,先修路”是最早体现物流先行理念的口号,中国的“一带一路”倡议,也是践行物流先行理念;在产业布局上,重庆地区全产业链配套招商引资策略与欧亚大陆桥计划是西部大开发中体现物流先行推动地区产业布局的经典案例,“新丝绸之路经济带”倡议也是在欧亚大陆桥计划基础上提出来的;目前在物流领域,利用智慧物流实现电商供应链管理,更是智慧物流引领物流先行的重要体现。

一、经济发展,物流先行

经济的发展在于商品的交换与流通,城市的出现则直接与商品集散中心带动人群聚集相关,物流是推动经济发展和城市发展的基础。物流对现代经济发展的带动作用是巨大的,中国改革开放初期,沿海地区国际物流发达,推动了以来料加工为特点的经济发展。很多西部偏远地区也往往是因为交通不畅、物流落后而难以发展,因此“要想富,先修路”,其目的也是实现物流先行,带动经济发展。

在中国内陆的中西部地区,修了路,方便了货物运输与商品交换,但是物流配套不健全,经济也难以发展起来。因为在这些地区投资建厂,其原材料物流、产成品物流都需要协调发展,产品运输到沿海地区才能参与国际交换。如何实现物流先行,并大幅度降低物流成本是中西部经济发展的关键。

通过"一带一路"倡议,实现欧亚大陆互连互通、经济相通、物流先行、商品流通、民心相通,可以带动中国过去没有物流优势的中西部落后地区的发展,也可以带动沿线国家及内陆地区经济发展。当物流的制约因素被克服以后,内陆地区的能源优势、人力成本优势就会被激发,因此"一带一路"是一个伟大的倡议,是推动全球经济发展由海权时代的沿海地区向陆权时代的内陆地区延伸,推动地区均衡发展的伟大创举。经济发展,物流先行,物流一活,会带动经济全面兴旺。

二、产业布局,物流先行

国家产业的发展,必须优先考虑物流先行,依据物流优势规划产业布局。如果产业布局违背了这一点,将产业集群布局在远离材料供应和产成品销售的地区,巨大的物流成本就是一个先天不足,而且后天也难以解决,因为这种产业布局的先天缺陷靠后天物流运作是难以弥补的,物流成本是难以下降的,再智慧的物流,再优化的物流系统,也不能解决先天问题,物流的先天问题必须靠物流先行才能解决。

物流空间规划的先行理念也绝不仅仅体现在产业布局和产业集群开发方面,在中国物流空间规划方面,如果没有物流先行理念,不具备超前的思维,也会带来巨大的问题且长期难以解决,成为经济发展永远的痛。

三、智慧物流引领物流先行

智慧物流引领物流先行,在电子商务物流领域尤为明显,京东的智慧物流体系,菜鸟的智能物流骨干网,都在智慧物流引领物流先行方面做出了积极探索,都是通过电子商务与智慧物流体系对接,实现物流先行的。

案例讨论:

(1)物流先行的含义是什么?

(2)物流先行在我国经济社会发展中有什么作用?

任务一　物流的起源与发展

一、物流发展历程

物流是一个古老而崭新的学科。说它"古老"是因为数千年前,在人类原始部落进行最初贸易活动——物与物直接交换时就有了物流活动。说它"崭新"是因为现代物流学的概念从产生至今仅仅经历了一个世纪的发展历程。物流学概念的提出远远晚于物流活动的开展。根据100多年来物流发展的主要特征,可以将其划分为以下三个阶段。

1. 第一个阶段(20世纪初到20世纪50年代):物流发展的初级阶段

物流的概念最早起源于20世纪初的美国。1901年,约翰·F. 格鲁威尔(John F. Crowell)在美国政府报告《农产品流通产业委员会报告》中讨论了农产品流通过程中的影响因素，从理论上开始了对物流的探索。1905 年，美军少校琼斯 • 贝克（Chauncey B.Baker）在其著作《军队和军需品运输》中从军事后勤补给的角度提出了物流概念，就是军备移动与供应有关的战争艺术分支，即军事后勤。在随后的第二次世界大战期间（1939—1945 年），以美国为首的盟军为了实现战争中高效的后勤补给，研究了一系列的军事后勤方法与技术，形成了完整的军事后勤管理思想、技术和方法，实现了对采购、加工、运输、仓储和分发等活动的统筹安排、优化调度和全面管理。二战中，强大的军事后勤对盟军的胜利起到了关键的作用。与此同时，美国企业界也展开了物流相关的研究。1915 年，美国经济学家阿奇 • 萧（Arch W Shaw）在《市场流通中的若干问题》一书中提出了实体分销（Physical Distribution）的概念，他从市场营销的角度出发，提出物流是与创造需求不同的一个问题。1922 年，美国著名营销专家克拉克（F. E. Clark）在《市场营销原理》一书中真正把物流活动提升到理论高度进行讨论与研究，实体分销一词也与物流联系起来，他提出影响商品所有权转移的活动也包括物流活动。二战结束后，各国在重建工作中纷纷效仿二战中盟军的军事后勤管理机制，在经济领域实体分销物流活动得到了极大发展。

这个阶段是物流概念的孕育和萌芽阶段。其主要特点有：①局部范围，主要是在美国；②少数人研究讨论，是由几个人提出来的；③意见不统一，主要有两种意见和两个提法。琼斯 • 贝克从军事后勤的角度提出军事后勤的物流概念，其主要是指物资的供应保障、运输储存等物流活动；阿奇 • 萧从市场分销的角度提出实体分销的物流概念，其是把企业的产品分销到客户手中的物流活动。这两种不同的物流概念之所以都能存续下来，是因为它们都分别在各自的专业领域中独立运用，并且都得到了一定程度的响应、应用和发展，两者之间没有发生冲突，军事后勤和市场营销两个截然不同的领域共同孕育了物流学。

2. 第二个阶段（20 世纪 50 年代中期到 80 年代中期）：分销物流阶段

这一阶段以实体分销为主的分销物流发展占据主导地位，并且分销物流的概念从美国走向了全世界，形成和发展了物流管理学，也形成了物流学派、物流产业和物流领域。

1）分销物流的概念继续在美国发展和完善，基本形成了比较完整的物流管理学

1961 年，爱德华 • W. 斯马凯伊、罗纳德 • J. 鲍尔索克斯和弗兰克 • H. 莫斯曼共同撰写了世界上第一本物流管理的教科书——《物流管理》，建立了比较完整的物流管理学科。20 世纪 60 年代初期，密歇根州立大学以及俄亥俄州立大学分别在大学部和研究生院开设了物流课程。1963 年，美国成立了美国物流管理协会，该协会将各方面的物流专家集中起来，提供教育、培训活动，这一组织成为世界上第一个物流专业人员组织。

2）分销物流的概念从美国走向世界，成为世界公认的物流概念，在世界范围内形成了物流管理学的理论体系

20 世纪中期，分销物流的概念传到了日本，并在日本继续发扬光大，后来逐渐传到了欧洲和北美地区，20 世纪 70 年代末物流的概念传入了中国。这一阶段，全世界大多数国家都接受了分销物流的概念和物流管理学的基本理论。

分销物流学，主要把物流看成运输、储存、包装、装卸、加工（包括生产加工和流通加

工)、物流信息等各种物流活动的总和。分销物流学主要研究这些物流活动在分销领域的优化问题。各个物流专业理论和应用发展取得了很大的进展,例如系统理论、运输理论、配送理论、仓储理论、库存理论、包装理论、网点布局理论、信息化理论以及它们的应用技术等。

3)在分销领域各专业物流理论竞相发展的同时,企业内部物流理论异军突起

1965年,美国约瑟夫·奥列基博士提出独立需求和相关需求的概念,并指出订货点法的物资资源配置技术只适用于独立需求物资,而企业内部的生产过程相互之间的需求则是一种相关需求,应当采用MRP(Material Requirement Planning)技术。在MRP发展的基础上,20世纪80年代又产生了应用于分销领域的DRP(Distribution Requirement Planning)技术,90年代又在MRP和DRP发展的基础上将二者结合起来运用而出现了LRP(Logistics Resources Planning)技术和ERP(Enterprise Resources Planning)技术。

20世纪60年代,日本丰田公司创造并实践了准时供应(Just In Time, JIT)物流技术,JIT技术不仅在生产领域创造了革命性的变革,而且为整个物流管理学提供了一种"理想化"的管理思想,JIT现在已经应用到物流的各个领域。

企业内部物流研究也成为物流学应用和发展的主要领域之一,形成了物流管理学一个非常重要的分支学科。

企业内部物流理论和技术的迅猛发展,引起了物流相关专家和学者的关注,分销物流的概念显然不能涵盖企业物流的范围,特别到了20世纪80年代中期,随着物流活动进一步集成化、一体化、信息化的发展,物流的实际应用已经远远超越了分销物流的概念范围,于是物流研究进入了第三个阶段,即现代物流阶段。

3. 第三个阶段(20世纪80年代至今):现代物流阶段

随着企业物流的进一步发展壮大,世界各国的专家和学者都意识到物流活动已经不仅限于分销领域,而是可以包括企业物资供应、生产计划、商品销售以及退换货和废弃物回收再利用等全范围和全领域。而1905年美国少校琼斯·贝克提出的军事后勤的物流概念恰好涵盖了所有物流活动范围,因此1985年美国物流管理协会率先正式将其名称由原来的National Council of Physical Distribution Management更改为Council of Logistics Management。"Logistics"作为现代物流的代表,被确定为现代物流学的代名词,英语单词Logistics(本义为后勤)也被赋予了一层新的含义,即物流。

2001年,美国物流管理协会又结合供应链的发展和应用重新给出了如下定义:"物流是供应链运作中以满足客户要求为目的,对货物、服务及相关信息在原产地和销售地之间实现高效率和低成本的正向和反向的流动和储存所进行的计划、执行和控制的过程。"该定义明确地指出了物流是供应链流程的一部分,使物流和供应链概念之间的关系更加清晰。至此,物流管理逐渐扩大到整个供应链范围,不仅要考虑原材料供应商及产品分销商直至客户的供应链上的所有物流活动,还要关注它们之间的协调与配合,物流的发展也进入了供应链管理阶段。

21 世纪以来，随着科学技术及世界经济的不断发展，物流正朝着信息化、网络化和智能化方向演进。随着电子商务在全球范围内如火如荼的发展，作为电子商务重要支撑的电子商务物流管理及技术的研究上升到了前所未有的高度。电子商务带来的交易方式的变革使现代物流朝着多样化、小批量、多批次的方向发展，柔性化配送、门对门物流服务成为城市物流的重要组成部分。此外，专家系统和决策支持系统的推广使物流管理趋于智能化。

如今物流已经发展成为社会生活非常重要的组成部分，随着社会信息化时代的不断推进，互联网 + 模式已经席卷整个物流行业，传统物流运作方式将逐渐退出历史舞台，新的物流运作方式已经在现代社会中产生并快速发展，在现代人的生活中占据举足轻重的地位。

二、现代物流在中国的发展

随着全球经济一体化的不断发展，国际贸易不断增加，现代物流在社会经济的发展中扮演着越来越重要的角色，为国民经济的发展提供了重要支撑。物流产业是国民经济的动脉系统，它连接国民经济的各个部门，并使之成为一个有机的整体，其发展程度成为衡量一个国家现代化程度和综合国力的重要指标之一。随着中国经济的高速发展，中国现代物流业也得到迅猛发展。其发展主要经历了以下几个阶段。

1. 第一个阶段（中华人民共和国成立后到 20 世纪 90 年代）：筹备阶段

中华人民共和国成立后到改革开放以前，中国仍处于传统的计划经济体制下，国家对生产资料和主要消费品实行计划生产、计划分配和计划供应。商业、粮食等流通部门自成体系，分别建起了本部门的供销公司、批发零售网点和仓储、运输队伍，按计划储存和运输；铁路、航空等专业运输部门也各自拥有储运企业。我国在这一时期只有传统的储运活动，即传统的物资运输、保管、包装、装卸、流通加工等活动，它还不算是真正意义上的现代物流活动。 因此，20 世纪 90 年代以前，我国的经济研究几乎没有使用过“物流”一词。

2. 第二个阶段（20 世纪 90 年代至 20 世纪末）：起步阶段

20 世纪 90 年代，随着改革开放的不断深入和经济的迅速发展，中国开始积极借鉴美国及日本等发达国家的物流发展经验，推动物流在中国迅速发展。1992 年，原国内贸易部出台了《关于商品物流中心发展建设的意见》，在上海、广东确定了试点企业。为了进一步推动物流业的发展，1996 年原国内贸易部又草拟了《物流配送中心发展规划建设规划》，提出了发展建设物流配送中心的指导思想和原则，确定商业储运企业向现代物流配送中心转变，建设社会化的物流配送中心，以发展现代物流网络为主要的发展方向，并对物流配送中心的建设提出了总体构想。1997 年，原国内贸易部产业发展司决定对物流定义及相关概念展开研究，后经原国家科学技术委员会、原国家技术监督局批准设立物流国家标准研究项目，进行中华人民共和国国家标准《物流术语》的编制工作。

3. 第三个阶段(21世纪至今):长足发展阶段

21世纪开始,我国现代物流进入发展期,开始致力于现代物流的普遍发展。我国先后出台了促进物流业发展的多项政策,为现代物流业在我国的发展创造了良好的政策环境。与此同时,物流产业得到国家和各级政府的高度重视,国家加强了对物流业发展的规划,各省、市、自治区纷纷制定物流发展规划,物流园区、物流中心、配送会广泛成立。企业也通过制定物流规划开始现代物流系统的建设。随着信息化建设的不断推进,我国物流平台从无到有并迅速投入实际应用,铁路、公路、水路及航空物流交通网络建设,在我国的东南沿海地区已经完成了基本的布局,并开始向中西部地区推进。1993年,顺丰快递与申通快递相继成立,韵达快递、圆通快递、中通快递也在2000年前后成立,更加多元化的物流产业驶上快车道。

改革开放40余年来,随着现代物流业的高速发展,我国的物流园区建设也开始提速,区域性物流中心逐步形成。近几年来,各地物流园区的规划和建设更为合理,呈高速增长态势,随着一批适应不同需要、定位明确的专业物流园区的开工建设和一些功能健全的综合物流园区逐步发挥重要作用,物流网络组织节点逐渐形成,有效促进了各种物流功能和要素的集成整合,未来中国物流将与供应链技术、区块链技术及电子商务等技术和行业深度融合,向着网络化、柔性化、智能化和国际化等方向持续发展。

三、物流发展基本特点

综上所述,不同时期、不同国家对物流概念所涵盖的内容都不尽相同,但总体反映出以下几个基本特点。

(1)物流概念的形成和发展与社会生产、市场营销、企业管理的不断进步密切相关。

(2)物流概念与物流实践最早始于军事后勤,而“物流”一词并没有限定在商业领域还是军事领域,物流管理对内部企业管理同样适用。

(3)分销物流和军事后勤的内涵中都强调了物流的“实物流动”的核心。

(4)物流的主要功能由包装、运输、储存、配送、装卸搬运、信息处理和流通加工等构成。

任务二　物流的概念

我们在前面的任务中学习了物流的发展史,那么到底什么是物流?物流的准确定义是什么?下面从分销物流和现代物流两个方面进行分析。

一、分销物流中物流的概念

分销物流学是在分销领域中讨论的物流。分销领域也就是流通领域,是企业将产品转移到用户手中的过程。流通的功能:一是通过购、销等商品交易活动实现物资所有权的转移;二是通过运输创造物资的空间效用;三是通过储存创造物资的时间效用。流通活动包括购、销、信息传递、运输、储存、包装、装卸和流通加工等活动。其中,购、销属于商流活动,而运输、储存、包装、装卸、流通加工属于物流活动,商流信息和物流信息共同构成流通信息。这样,流通活动就是由商流活动、物流活动和信息传递共同构成的,物流活动是流通活动的一部分。

分销物流就是物资从供应者到需求者的实体流动。物流活动包括包装、运输、储存、装卸搬运、流通加工和信息处理等环节。概括地讲,物流就是实物的流动,物流由“物”和“流”两个基本要素组成,这里的“物”指一切可以发生位移的实物,有有形实物和无形实物之分。有形实物包括以下几种。①物资:一切工业生产的基础材料。②物料:直接用于生产经营的材料,如生产领域的燃料、零部件、半成品、外协件以及生产过程中产生的边角余料、废料及各种废物等。③货物:即产成品,在交通运输领域中称为货物。④商品:成品在销售中的称谓。⑤物品:有形物的通称。无形实物则指信息产品及服务。总之,物流中的“物”是指一切客观存在的实体,物流中的“流”指的是物品的空间、时间转移以及形态改变。例如,①空间转移,即一批服装从广州运输到西安;②时间转移,即陕西的猕猴桃 9 至 10 月收获后,放入冷库等到来年春节时期销售;③形态改变,即在流通加工中,根据建筑公司对各类口径钢筋的不同形态及数量要求,对钢锭进行初加工等。同时,在大多数情况下,物品的流动都是有目的的,因此需要对物流过程进行计划、执行及控制,充分利用各类技术和方法,实现物流的综合效益。

由此可见,物流具有非常普遍和广泛的含义。它既包括物资的运动状态(运输),也包括物资的静止状态(储存),还包括物资的静动状态(包装、装卸、流通加工)。所谓静止状态,就是从宏观上看,它是静的;而从微观上看,它又是动的。物资无论处在运动状态,还是静止状态,都可以说处于物流状态。也就是说,只要物资存在,它就必然处于物流状态。物流是普遍的、绝对的。物流可以创造物资的空间效用、时间效用以及形质效用。

因此,在分销物流的定义中,物流的概念包含以下几个特点。

(1)突出了流通,即把物流看成流通的一部分。因为它强调了“从供应者到需求者”,强调了“流通加工”等。

(2)突出了专业物流活动,强调了运输、储存、包装、装卸、流通加工、信息传递等几项专业活动。

(3)突出了物流的功能,即空间效用、时间效用、形质效用。

分销物流学的物流概念在分销领域是严谨的、充分适用的。但是随着物流领域的不断扩大,企业物流的集成化、第三方物流、供应链和电子商务物流等的发展,到 20 世纪 80 年代,物流学的应用已经远超出了分销领域,使得分销物流的概念不再适用。因此,修改物流概念成为物流学者的共识。

二、现代物流中物流的概念

早在 1986 年,美国物流管理协会对物流就做了明确的定义:物流是对原料、在制品、制成品以及相关信息从供应地到消费地的有效率、有效益的流动和存储进行计划、执行、控制，以满足顾客要求的过程。物流是供应链运作中以满足客户要求为目的，对货物、服务及相关信息在原产地和销售地之间实现高效率和低成本的正向和反向的流动和储存所运作的计划、执行和控制的过程。

1994 年，欧洲物流协会（European Logistics Association，ELA）对物流的定义如下：物流是一个系统内对人员和商品的运输、安排及与此相关的支持活动的计划、执行和控制，以达到特定目的的活动。

1981 年，日本认为物流是货物由供应者向需求者的物理性移动，是创造时间价值和场所价值的经济活动。从物流的范围来看，物流活动包括包装、搬运、保管、库存管理、运输、配送等活动领域。

2007 年，中国颁布实施的中华人民共和国国家标准《物流术语》（GB/T 18354—2006）中对物流的定义如下：物品从供应地向接收地的实体流动过程。根据实际需要，对运输、储存、装卸、搬运、包装、流通加工、配送、回收、信息处理等基本功能实施有机结合。

综上所述，现代物流概念具有以下 3 个特征。

1. 突出强调了物流概念的两个本质内容

①物质实体的流动。②物流的功能，即空间效用、时间效用、形质效用。任何活动，不管它在什么地方、什么领域、以什么样的形态出现，只要它具有这三个效用中的任意一个或几个，并且存在物质实体的流动，就是物流活动。因此，现代物流学概念具有概括性、普遍性和通用性，抓住了物流概念的本质。

2. 在描述具体的物流活动时，做了三点改进

一是把加工活动（显然包括生产加工和流通加工）视为物流活动；二是明确地将物流活动的集成化视为物流活动；三是把物流作业和物流管理区分开来，且明确地将物流管理视为物流活动的一种。因此，这个概念拓宽了物流的领域，强调了物流集成化，明确了物流作业和物流管理的区别，强调了物流管理也是物流活动，比较符合现代物流的实际情况。

3. 强调了物流管理

这个概念不但说明了物流管理是物流活动的一种，而且说明了物流管理的具体内容和功能，即计划、组织、指挥、协调和控制。这一说明同样具有概括性、普遍性和通用性。

现代物流还有三种表现形式：物质表现形式、价值表现形式和信息表现形式。物流的物质表现形式指企业之间的物质资源的转移（包括时间、空间和形态的转移）；物流的价值表现形式指物流的过程是一个价值增值的过程，是一个能够创造时间价值和空间价值的过程；物流的信息表现形式指物流过程是一个信息采集、传递与加工的过程。

物流作业过程如图 1-1 所示，物流管理活动如图 1-2 所示。

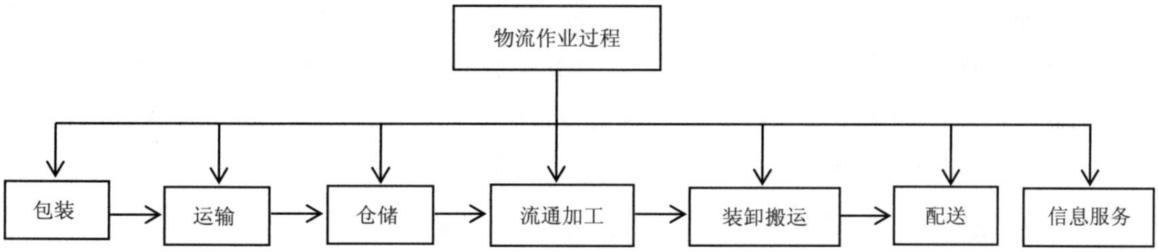

图 1-1　物流作业过程

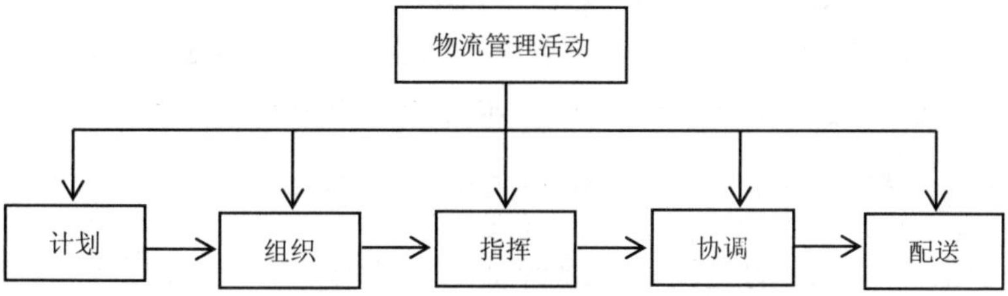

图 1-2　物流管理活动

任务三　物流的效用

通过现代物流的概念可以知道，现代物流的作业过程主要包含七大环节：包装、运输、仓储、流通加工、装卸搬运、配送和信息服务。因此，物流过程可以实现包装功能、运输功能、仓储功能、流通加工功能、装卸搬运功能、配送功能和信息服务功能等七大功能。归纳总结以上功能会发现，物流的功能主要体现在以下三个方面：第一，克服空间距离，转移物资；第二，克服时间差异，保存物资；第三，改变物资形态或调整物资质量，对接供需，促进交易活动顺利进行。物流活动是可以创造价值的，它不是简单的物资流动和转移。因此，物流功能也被称为物流效用。由以上分析可见，物流具有三大效用：空间效用、时间效用和形质效用。

一、空间效用

空间效用也称场所效用，是指物流克服供需之间的物资的空间距离，通过运输和配送等物流作业，将供应者的货物转移到需求者手中，从而创造物资的空间效用。空间效用表现为通过商品流通过程中的劳动克服商品生产和消费在地理空间上的分离。不同的地区具有不同的生产优势和生产结构，而产品的消费却可能遍布各个地区。现代社会产业结构和社会分工决定了“物”的供应者和需求者往往处于不同的场所，由于场所的改变而创造的“物”的价值改变，主要原因是商品在不同地理位置有不同的价值，通过物流活动将商品由低价值区转到高价值区，便可获得场所效用或者空间效用。物流创造空间效用的形式有以下几种。

1. 从集中生产场所流入分散需求场所创造效用

现代化大生产往往通过集中的、大规模的生产提高生产效率、降低生产成本。在一个小范围集中生产的产品可以覆盖大面积的需求地区，有时甚至可覆盖一个国家乃至若干个国家。通过物流将产品从集中生产的低价位区转移到分散于各处的高价位区有时可以获得很高的利益。例如，“西煤东运、西棉东送”就是将集中在我国西部地区的原材料如煤炭、棉花等，通过物流运至分散需求地区，以此获得更高的利益，这就是物流空间效用的创造。

2. 从分散生产场所流入集中需求场所创造效用

与上面情况相反，将分散在各地乃至各国生产的产品通过物流活动集中到一个小范围的需求地区有时也可以获得很高的利益。例如，粮食是在一小块、一小块地上分散生长出来的，而一个城市、地区的需求却相对大规模集中；一些大家电的零配件生产也分布得非常广，但却集中在一起装配。这种分散生产、集中需求也会形成空间效用。

3. 从当地生产场所流入外地需求场所创造效用

现代社会中供应与需求的空间差比比皆是。除了由大生产决定之外，还有不少是由自然条件、地理条件和社会发展因素决定的。例如，农村生产的农作物而异地于城市消费；南方生长的水果而异地于北方消费……现代人每日消费的物品几乎都是与自己相距一定距离甚至十分遥远的地方生产的。这么复杂交错的供应与需求的空间差都是靠物流来弥合的，物流也从中取得了利益。

二、时间效用

时间效用是指物流可以克服供需之间的时间差异，通过存储和保管等方式，将供应者手中的物资保存起来，并在需求者需要的时间转移到需求者手中，从而创造物资的时间效用。时间效用表现为通过商品流通过程中的劳动克服商品生产和消费时间的不一致。这种不一致的表现有多种情况，如农产品之类的商品只能间断性地生产而不必连续消费，又如一些时令性或集中性消费商品，其生产又是长期连续的，还有的情况是虽然生产和消费都是连续的，但是商品从生产到消费有一定的时间差，这种时间差表现为商品生产与消费的时间矛盾。商品流通过程如储存、保管等投入的劳动恰好可以解决这种矛盾，表现为商品时间效用的增加。

物流的时间效用，从形式上看，是把握“物”的流动时机，从而形成的效益；从构成实质上看，则包括提高资金使用效率和把握商机形成增量效益。时间效用不是单独追求物流过程中某一个单独变量的变化，如仅收入增加或资源消耗减少等，而是把握相关收入的增加、资源占用及资源消耗（包括各种不同性质资源的消耗，如人力资源消耗、原材料消耗、固定资产消耗等）成本的减少。物流时间效益的类型主要有以下几类。

1. 缩短时间创造效益

缩短时间创造效益，就是采取技术的、管理的、系统的方法来尽量缩短物流的宏观时间和有针对性地缩短微观物流时间，从而取得较高的时间效益。在当今经济一体化和强调速度、效率的经济社会中，加快物流速度，缩短物流时间，可获得多方面的好处，如减少物流损失，降低物流消耗，节约资金，提高资金与物流工具等物品的周转效率等，以尽量缩小时间间隔来创造价值。

研究表明，在制造领域，物流时间几乎占到整个产品从生产到消费时间的95%。这一方面说明在制造领域物流时间的重要性，另一方面也说明物流具有巨大的优化空间。优化物流时间会给企业带来巨大的效益，从而确立竞争优势。企业通过大幅度压缩物流时间，甚至实现无滞留时间，可以减少库存，实现无产成品积压，提高操作人员的积极性，对企业流程从采购、生产到销售、配售全程实现优化，提高资本周转率，提高资金利润率，进而提高企业整体效益，这就是压缩时间创造的效益。

2. 改变时间差创造价值

改变时间差创造价值，也即错位时间效益，是指本来在某个时间应该进行相应的经济活动，但是人为地通过相关的物流活动，改变这一经济活动的发生时间，以取得较高的经济效益，这期间的效益增值即为错位时间效益。

供应与需求之间存在时间差，可以说是一种普遍的客观存在，正是由于有了这个时间差，商品才能取得自身最高价值，才能获得十分理想的效益。但是商品本身是不会自动弥合这个时间差的，如果没有有效的方法，集中生产出的商品除了当时的少量消耗外，就会损坏掉，丧失其使用价值。而在非产出时间，人们又会寻求该商品。物流便以科学的、系统的方法弥补，通过改变这种时间差，实现其“时间价值”。

由于市场供求规律、价格机制的作用，当供大于求，商品价格下降；当供不应求，商品价格上扬。利用供需之间的不平衡，通过相应的物流活动，努力塑造错位时间效益。其基本思路就是在市场竞争中采取“人无我有，人有我优”的竞争策略，使得自己的产品在市场中总是处于供不应求的状态，以求取得较好的经济效益。此种经济效益仅通过相关的物流活动就可以实现。

改变时间差创造价值可以分为两种：弥补时间差创造价值和延长时间差创造价值。

1）弥补时间差创造价值

许多商品的生产有严格的季节性和周期性，而消费者却未必仅在商品的产出时间对这些商品有需求。如粮食，粮食秋季集中产出，但人们对粮食的消费会持续一整年。这种集中产出所形成的供给和分散的需求必然会出现时间差。类似情况不胜枚举。物流过程是物资的中转和储存，商品在从生产部门到消费者的流通过程中必然存在一个停留期，通过储存期间的保管和养护，可以克服商品生产与消费在时间上的差异，创造物资的时间效用，以保证流通和生产的顺利进行。这就是物流弥补时间差创造出的时间效益。

2）延长时间差创造价值

延长时间差创造价值是通过延迟物流时间，使得商品能在更好的时间点上获得更高的实现价值。这种物流的时间效益对于某些季节性商品效益的实现十分重要，因为其在不同的时间点上的价值可能相差很大。因此，这种利用时间差来创造时间效益的方法成为物流服务的一个效益创造手段。

在某些具体物流中，企业经常通过人为地、能动地延长物流时间来创造价值。例如：秋季集中产出的粮食、水果等农作物，通过物流的储存、储备活动，有意识地延长物流的时间，以平衡人们的需求；商品的待机销售，在储存中寻找进入市场的最理想时间；备战、备荒所形成的战略性储备；囤积性营销活动等。这些都是通过物流环节有意识地延长物流时间、增加时间差来创造价值的。由于产品生产的技术经济特征，在现有科学技术条件下不可能通过即时生产、配送来消除，或者即使能通过科学技术的发展实现即时生产、配送，但却不经济。因此，只能通过延长时间差来实现产品的效益，即通过物的储备有意识地延长物流时间，以均衡人们的需求。

3.JIT 效益

JIT 物流管理于 20 世纪 50 年代首创于日本丰田汽车公司，1972 年后被广泛应用于日本汽车和电子工业。JIT 管理为日本企业生产高质量、低成本的产品提供了保证。JIT 物流是伴随制造业准时生产而产生的，随着准时生产的发展与普及，JIT 物流得到了迅速发展和广泛应用。从而在时间效益的创造上又有了新的突破，形成一种新的时间效益—— JIT 效益，也就是准时制或适时制效益，指以物流的准时或适时为准则所创造的效益。它的运作特征是"为生产数量和质量都适当的产品，在适当的时间，将适当种类和数量的原材料送达适当的生产地点"。其中"适当"的标准是获得更好的效益。

随着信息技术的飞速发展，物流业正沿着标准化、集成化、网络化和准时化的轨道迅猛发展。

JIT 物流的发展使企业竞争力增强，内部资源利用率提高。随着精益生产理论不断深入人心，JIT 物流和信息技术的紧密结合将使物的流动更具目的性和经济性。因此，可以说，现代 JIT 物流包含的理念将改变人们的生活方式。

JIT 效益就是在物流实践中，以系统的观点来审视各活动环节的合理性和优化空间，使物流环节之间、各子系统之间取得一个较好的平衡，从而使得整个物流系统的整体效益最优。在整个物流系统间寻求平衡，强调的是无缝连接。其原则是并不严格要求供应原材料时间最短或者运输费用最省，只是强调整个系统的平衡、无缝连接以及最优。

4. 利用物流时间生产创造的时间效益

利用物流时间生产创造的时间效益是指在物流活动的同时进行生产作业，降低相应的设备购置成本、操作人员费用，缩短作业时间而创造的效益。

现代物流不断开发出有价值增值作用的新型活动，通过整合物流系统、降低物流费用、提供优质服务、增加顾客忠诚度等提升企业利润，被认为是"第三利润源泉"。然而，物流时间效益不只体现在降低物流成本方面，还体现在由于物流的顺利运行，促进生产和增加产出而获得的收益；企业物流与生产的协同运作和完善企业生产、流通结构而产生的效益以及为客户提供高质量的服务，从而增加顾客忠诚度而带来的效益等。

物流可以创造加工附加价值。加工是生产领域常用的手段，并不是物流的本来职能。

但是现代物流的一个重要特点是根据自己的优势从事一定的补充性的加工活动，这种加工活动不是创造商品主要实体，形成商品主要功能和使用价值，而是带有完善、补充、增加性质的加工活动，这种活动必然会形成劳动对象的附加价值。虽然在创造加工附加价值方面，物流不是主要责任者，其所创造的价值也不能与时间价值和场所价值比拟，但这是现代物流有别于传统物流的重要方面。

三、形质效用

形质效用是指通过物流加工、包装等活动，将供应者手中所具有的某种形态和性质的物资改造成具有需求者所需要的形态和性质的物资，从而创造物资的形质效用。

物流的形质效用主要表现为通过生产、制造或组装过程实现物资的增值，这一效用主要在包装、流通加工和配送等环节实现，因此物流也可以创造形质价值。

流通加工是物流领域常用的手段，现代物流的一个重要特点就是根据自己的优势从事一定的补充性的加工活动。这种加工活动不是创造商品主要实体，形成商品主要功能和使用价值，而是带有完善、补充、增加性质的加工活动，这种活动必然会形成劳动对象的附加价值，也同时创造形质效用。例如，不同的原料按照技术要求组合成为产品，这就产生了形质效用。计算机制造商将硬盘、主板、光驱、显示器、键盘等零部件组装在一起制成计算机。这种组装过程使产品形态发生了变化，并且这种变化使产品增加了价值，也就产生了产品的形质效用。

效用通俗地讲就是消费者从一件产品中得到的好处或用处。大多数企业重视物流的目的就是希望以最低的成本将产品送达用户手中。事实上，物流的作用不仅如此，物流更为核心的作用还表现在通过几种经济效用的综合叠加来增加产品或服务的价值。

任务四　物流过程及功能

物流过程主要由包装、运输、仓储、配送、装卸搬运、流通加工和信息服务等七大环节构成，这七大环节同时也是物流系统的七大功能，具体表现如下。

一、包装功能

为使货物完好地运送到用户手中，并满足用户和服务对象的要求，需要对大多数商品进行不同方式、不同程度的包装。包装分为工业包装和商品包装两种。工业包装的作用是按单位分开产品，以便于运输，并保护在途货物。商品包装的目的是为了便于最终销售。因此，包装的功能体现在保护商品、单位化、便利化和商品广告等几个方面。

二、运输功能

运输是物流过程的核心业务，是物流的关键功能，也是物流系统的一个重要子系统。早期一些人甚至将运输等同于物流。运输具有物品转移和物品存储两大功能。同时，运输也是实现物流空间效用的重要途径。运输方式及路线的选择将直接影响物流效率，在决定运输手段时，必须权衡运输系统要求的运输服务和运输成本，同时要考虑运费、运输时间、频度、运输能力、货物的安全性、时间的准确性、适用性、伸缩性、网络性和信息等多种影响运输的因素，进行合理化运输。

三、仓储功能

在物流运输过程中，仓储是衔接各种运输方式的必要环节，也是物流重要的功能因素之一。仓储功能包括对进入物流系统的货物进行堆存、管理、保管、保养、维护等一系列活动。仓储的作用主要表现在两个方面：一是完好地保证货物的价值和使用价值；二是为将货物配送给用户，在物流中心进行必要的加工活动而进行的保存。随着经济的发展，物流由少品种、大批量物流时代进入多品种、小批量或多批次、小批次物流时代，仓储功能从重视保管效率逐渐变为重视如何才能顺利地进行发货和配送作业。流通仓库作为物流仓储功能的服务据点，在流通作业中发挥着重要的作用，其不再以储存和保管为主要目的。流通仓库包括拣选、配货、检验、分类等作业，并具有多品种、小批量和多批次、小批量等收货配送功能以及附加标签、重新包装等流通加工功能。

物流系统采用了现代化仓储功能的设置，以生产支持仓库的形式，为有关企业提供稳定的零部件和材料供给，将企业独自承担的安全储备逐步转为社会承担的公共储备，减少企业经营的风险，降低物流成本，促使企业逐步形成零库存的生产物资管理模式。

四、配送功能

配送功能的设置可采取物流中心集中库存、共同配货的形式，使用户或服务对象实现零库存，依靠物流中心的准时配送，而无须保持自己的库存或只需保持少量的应急保险储备，减少物流成本的投入。配送是现代物流的一个最重要的特征。

五、装卸搬运功能

装卸搬运是衔接各个物流环节必要的物流活动，是运输、仓储、包装、流通加工等物流活动之间的链接活动，如货物的装上卸下、移送、拣选、分类和在同一场所的短距离搬运等。装卸作业的代表形式是集装箱化和托盘化。使用的装卸机械设备有吊车、叉车、传送带和各种台车等。在物流活动的全过程中，装卸搬运活动是频繁发生的，因而是产品损坏的重要原因之一。对装卸搬运的管理，主要是对装卸搬运方式、装卸搬运机械设备的选择和合理配置与使用以及装卸搬运合理化，尽可能减少装卸搬运次数，以节约物流费用，获得较好的经济效益。

六、流通加工功能

流通加工功能是指在物品从生产领域向消费领域流动的过程中，为了促进产品销售、保证产品质量和实现物流效率化，对物品进行加工处理，使物品发生物理性变化或化学性变化的功能。这种在流通过程中对商品进一步的辅助性加工，可以弥补企业、物资部门、商业部门生产过程中加工程度的不足，更有效地满足用户的需求，更好地衔接生产和用户需求，使流通过程更加合理化，其是物流活动中一项重要的增值服务，也是现代物流发展的一个重要趋势。

流通加工的流程有装袋、定量化小包装、贴牌、贴标签、配货、挑选、混装、做标记等。其主要作用表现在进行初级加工，方便用户，提高原材料利用率；提高加工效率及设备利用率；充分发挥各种运输手段的最高效率；改变品质，提高收益等方面。

七、信息服务功能

从信息的载体及服务对象来看，信息服务功能还可分为物流信息服务功能和商流信息服务功能。商流信息主要包括进行交易的有关信息，如货源信息、物价信息、市场信息、资金信息、合同信息、付款结算信息等。商流信息中交易、合同等信息，不但提供了交易的结果，也提供了物流的依据，是两种信息流主要的交汇处。物流信息主要是物流数量、物流地区、物流费用等信息。物流信息中库存量信息既是物流的结果，也是商流的依据。

物流系统的信息服务功能只有建立在计算机网络技术和国际通用的EDI信息技术基础之上，才能高效地实现物流活动中一系列环节的准确对接，真正创造“场所效用”及“时间效用”。可以说，信息服务是物流活动的中枢神经，该功能在物流系统中处于不可或缺的地位。信息服务功能的主要作用：缩短从接受订货到发货的时间，适量化库存，提高搬运作业效率，提高运输效率；使接受订货和发货更为省力，提高订单处理的精度，防止发货、配送出现差错，调整需求和供给；提供信息咨询等。

任务五　物流的分类

由现代物流的概念可知，物流具有普遍性和广泛性，物流活动已经融入现代经济社会的各项活动，与现代经济生活密不可分。在不同的生产活动中，物流的对象、范围、目的各有差异，逐步形成了不同的物流类型。通常，从以下几个方面对现代物流进行分类。

一、按照物流的活动范围划分

按照物流活动所涉及的空间和范围不同，物流可以分为国际物流和区域物流。

1. 国际物流

国际物流是现代物流发展快、规模大的一个物流领域。国际物流是伴随和支撑国际经济交往、贸易活动和其他国际交流所发生的物流活动。

2. 区域物流

相对国际物流而言，一个国家范围内的物流、一个城市的物流和一个经济区域的物流均称为区域物流。

二、按照物流系统的性质划分

按照物流系统的性质，物流可以分为社会物流、行业物流和企业物流。

1. 社会物流

社会物流是指超越一家一户的以一个社会为范围，面向社会的物流。

2. 行业物流

顾名思义，行业物流是指在一个行业内部发生的物流活动。

3. 企业物流

企业物流是从企业角度研究与之有关的物流活动，是具体的、微观的物流。它可细分为企业生产物流、企业供应物流、企业销售物流、企业回收物物流、企业废弃物物流等。

三、按照物流在企业经营过程不同阶段中的作用划分

按照物流在企业经营过程不同阶段中的作用，物流可以分为供应物流、销售物流、生产物流、回收物物流、废弃物物流等。

1. 供应物流

生产企业、流通企业或用户购入原材料、零部件或商品的物流过程称为供应物流，也就是从物资生产者、持有者到使用者的物流。对于制造企业而言，它是指对于生产活动所需要的原材料、燃料、半成品等物资的采购、供应等活动所产生的物流；对于流通企业而言，它是指交易活动中从买方角度出发的交易行为中所发生的物流。

2. 销售物流

生产企业、流通企业售出产品或商品的物流过程称为销售物流，是指从物资的生产者或持有者到用户或消费者的物流。对于制造企业而言，它是指售出商品；而对于流通企业而言，它是指交易活动中从卖方角度出发的交易行为中所发生的物流。

3. 生产物流

从工厂的原材料购进入库起，直到工厂成品库的成品发送为止，这一过程的物流活动称为生产物流。如果生产物流发生中断，生产过程也将随之停顿。原材料、半成品等按照工艺流程在各个加工点不停地移动、流转形成了生产物流。生产物流是制造企业所特有的，它和生产流程同步。

4. 回收物物流

回收物物流指不合格物品的返修、退货以及货物运输或搬运中的容器、装卸工具及其他可再用的旧杂物等，经过回收、分类，再加工、使用的流动过程。

5. 废弃物物流

伴随某些厂矿的产品产生的副产物（如钢渣、煤矸石等）、废弃物，以及生活消费中的废弃物（如垃圾）等的收集、分类、加工、包装、搬运、处理过程的实体物流称为废弃物物流。

四、按照不同的物流主体分类

按照不同的物流主体，物流可以分为第一方物流、第二方物流、第三方物流、第四方物流、第五方物流等。

1. 第一方物流（First Party Logistics，1PL）

第一方物流是指由卖方、生产者或供应方组织的物流，这些组织的核心业务是生产和供应商品，为了满足自身生产和销售业务需要而进行物流网络及设施设备的投资、经营与管理。

2. 第二方物流（Second Party Logistics，2PL）

第二方物流是指由卖方、需求者或消费者组织的物流，这些组织的核心业务是物资采购，为了满足采购业务需要投资建设物流网络和设施设备，并进行具体的物流业务运作组织和管理。

3. 第三方物流（Third Party Logistics，3PL）

第三方物流是指物流活动由供方和需方之外的第三方完成，即专业物流企业在整合了各种资源后，为客户提供包括设计规划、解决方案及具体物流业务运作等全部物流服务的物流活动，其是企业物流业务外包的产物。第三方物流也叫契约物流或合同物流（Contract Logistics）。

4. 第四方物流（Fourth Party Logistics，4PL）

第四方物流是指在第三方物流基础上发展起来的供应链整合，是供应链的集成者与职能互补的服务提供商一起组合和管理组织内的资源、能力和技术，提出整体的供应链解决方案。

5. 第五方物流（ Fifth Party Logistics，5PL ）

第五方物流是指专门从事物流业务培训的机构。随着现代综合物流的开展，人们对物流的认知需要一个过程。因此，培养现代综合物流的新理念及实际运作方式等的物流人才便成为物流行业中的重要一环。还有另一种提法认为，第五方物流是指专门为其余四方提供信息支持的一方。

五、按照物资的流向不同分类

按照物资的流向不同，物流可以分为正向物流和逆向物流。

1. 正向物流

正向物流指的是物资从生产到消费过程中，在实际方向上的物流，也就是说，从原材料的采购、运输、存储到产品的生产、加工、存储、运输、配送直至销售到消费者手中，以及商品的售后服务等整个过程。

2. 逆向物流

逆向物流是相对正向物流而言的，是与正向物流物资流向相反的物流。逆向物流的形成是由消费者对不满意产品的退货、对不合格的材料和残次品进行退货、包装品的回收复用、废弃物的处理等引起的。逆向物流与正向物流相比，其控制与生产规划更为复杂，其中也掺杂了许多不确定因素。因此，它是影响供应链中物流系统运作效率的重要因素。

六、按照物流对象的特殊性划分

按照物流对象的特殊性，物流可以分为一般物流和特殊物流。

1. 一般物流

一般物流是指具有共同点和一般性的物流。物流活动的一个重要特点是涉及全社会、各企业，因此物流系统的建立及物流活动的开展必须有普遍的适用性。

2. 特殊物流

特殊物流是指在专门范围、专门领域、特殊行业，在遵循一般物流规律基础上，带有特殊制约因素、特殊应用领域、特殊管理方式、特殊劳动对象、特殊机械装备特点的物流。例如，按劳动对象的特殊性，有水泥物流、石油及石油制品物流、煤炭物流、腐蚀性化学物品物流、危险品物流等；按装备及技术不同，有集装箱物流、托盘物流等。

任务六　物流系统

一、物流系统的概念

将多个既互相区别又互相联系的单元结合起来，以物资为工作对象，以完成物资实体流动为目的的有机结合体称为物流系统。通常，最基本的物流系统由包装、运输、仓储、配送、装卸搬运、流通加工及信息服务等子系统中的一个或几个有机结合而成，每个子系统又可以往下分成更小的子系统，物流系统本身又处在更大的社会经济系统之中。

对于上述概念可做以下理解。

(1)“多个既互相区别又互相联系的单元”是指有多个单元，它们既互相区别又互相联系。这是构成系统的基本的和必要的条件。这里所谓的“单元”，可以是单位组织、空间、职能、功能，还可以是时间或者其他因素。

(2)“以物资为工作对象，以完成物资实体流动为目的”是对物流系统的功能或目的的阐述。任何系统都有一个特定的功能或者目的，这是构成系统的又一个条件。物流系统区别于一般系统的特点，就是它是以物资为工作对象，以完成物资实体流动为目的的系统。

(3)“有机结合体”，这是一般系统的基本特征和基本条件，物流系统也具有这个基本特征和基本条件。

(4)“最基本的物流系统由包装、装卸、运输、储存、加工及信息处理等子系统中的一个或几个有机结合而成”，这是对物流系统子系统构成的描述。子系统可以按照空间、时间、功能、职能或其他因素进行划分。包装、运输、仓储、配送、装卸搬运、流通加工及信息服务这些子系统是必须有的，是物流系统最基本的条件。

(5)“每个子系统又可以往下分成更小的子系统”，这说明物流系统的子系统可以往下再分，构成一个等级层次结构。这也是一般系统的基本特征和条件。这种划分可以按空间、时间、功能分，也可以按其他因素分，划分到最基本的单元为止。由此构成一个既相互区别又相互联系的多个单元构成的等级层次结构，它就是一个系统。

(6)“物流系统本身又处在更大的社会经济系统之中”，说明物流系统往上可以与同等级的其他系统再结合成一个更大的系统，这也是一般系统的基本特征和条件，物流系统也具有这样的特征和条件。物流系统处在这个更大的系统之中，这个更大的系统又是物流系统的环境，物流系统也必须适应这个环境才能够生存和发展。

物流系统是由物流各要素所组成的，要素之间存在有机联系的总体。这个总体十分复杂，其内部存在相互作用和相互依赖的各个组成部分。这个总体的特定功能是使物流活动优化及合理化。物流系统是社会经济系统的一个组成部分。

物流系统将一定时间、空间里的物流事务和过程作为一个整体来处理，以系统的观点进行分析研究。

物流系统和一般系统一样，具有输入、转换和输出三大功能，通过输入和输出功能使系统与社会环境进行交换，使系统和环境相互依存，如图 1-3 所示。

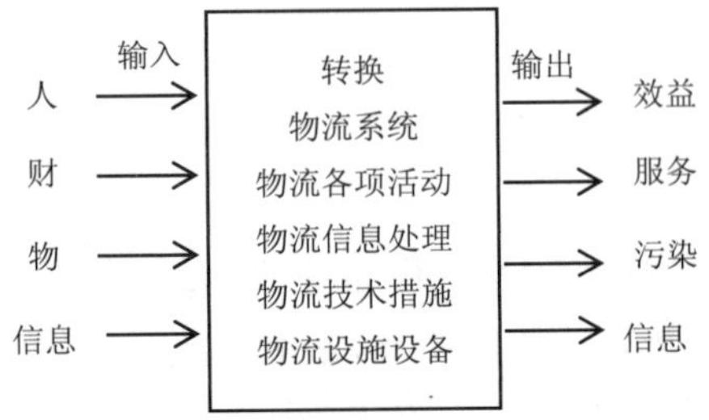

图 1-3 物流系统基本模式

二、物流系统的特点

物流系统不仅具有一般系统所共有的特点，即整体性、相关性、目的性、环境适应性，还具有规模庞大、结构复杂、目标众多等系统特征。具体来说，主要体现在以下几个方面。

1. 物流系统是一个人机系统

在物流系统的一系列活动中，人是系统的主体。物流系统是由人和形成劳动手段的设备、工具所组成的。它表现为物流劳动者运用运输设备、装卸搬运机械、仓库、港口、车站等设施，作用于物资的一系列生产活动。因此，在研究物流系统各个方面的问题时，要把人和物有机结合起来加以考察和分析。

2. 物流系统是一个大跨度系统

物流系统通常采用储存的方式解决产需之间的时间矛盾，其时间跨度往往很大。物流系统的跨度越大，其管理方面的难度越大，对信息的依赖程度也就越高。

3. 物流系统是一个可分系统

由物流系统的定义可知，物流系统可以划分为如下子系统：物资的包装系统、物资的装卸系统、物资的运输系统、物资的储存系统、物资的加工系统、物资的回收再利用系统、物资的情报系统以及物流的管理系统等。

同时，物流系统各子系统又可进一步分为下一层次的系统，如运输系统可以进一步分为水路运输系统、航空运输系统、铁路运输系统、公路运输系统及管道运输系统。物流子系统在物流管理目标和管理分工上自成体系。因此，物流子系统不仅具有多层次性，而且具有多目标性。对物流系统的分析，既要研究物流系统运行的全过程，也要对物流系统的某一环节（或称子系统）加以分析。

4. 物流系统是一个动态系统

物流系统一般联系着多个生产企业和用户，由于系统所处的环境（如需求、供应、渠道、价格）经常发生变化，因此系统内部的要素及系统的运行也经常随之发生变化。物流系统因受到社会生产和社会需求的广泛制约，所以必须是具有适应环境能力的动态系统。为适应经常变化的社会环境，物流系统必须是灵活、可变的。当社会环境发生较大的变化时，物流系统甚至需要重新进行设计。

5. 物流系统是一个复杂系统

物流系统的运行对象为“物资”，而这种“物资”可以是全部社会物资资源。社会资源的多样性带来了物流系统的复杂化。物资资源品种成千上万，从事物流活动的人员队伍庞大，物流系统内的物资占用大量的流动资金，物流网点遍及城乡。这些人力、物力、财力资源的组织和合理利用是一个非常复杂的问题。

在物流活动的全过程中，有大量的物流信息相伴随，物流系统要通过这些信息把各个子系统有机联系起来。收集、处理物流信息，并利用其指导物流活动，也是物流系统一项复杂的工作。

6. 物流系统是一个多目标系统

物流系统的总目标是实现其经济效益。但物流系统要素间存在“二律背反”或“效益背反”现象，因此要同时实现物流时间最短、服务质量最佳、物流成本最低这几个目标几乎是不可能的。例如，在储存子系统中，为保证供应，可以提高储存物资的数量，然而为了加速资金周转、减少资金占用，人们又会提出降低库存的要求。这些相互矛盾的问题在物流系统中广泛存在，而物流系统又恰恰要在这些矛盾中运行，并尽可能满足人们的要求。显然，物流系统要建立多目标函数，并在多目标中求得物流的最佳效果。

三、物流系统构成要素

1. 物流系统的流动要素

1）流体

流体是指物流中的“物”，即物资实体。流体具有自然属性和社会属性。自然属性是指其物理、化学和生物属性。在物流过程中需要对流体进行检验、养护，根据物资实体的自然属性合理安排运输、保管、装卸等物流作业，使其自然属性不受损坏。社会属性是指流体所体现的价值属性，以及生产者、采购者、物流作业者与销售者之间的各种关系。由于物流的目的是实现流体从供应者向需求者的流动，为实现此目的，尽管有一部分流体要不断地储存在仓库中，但这也是一种流动形式，这是流体在时间上的移动，所有的流体终究要经过运输等方式实现空间上的移动。因此，总体来说，流体是处于不断流动的状态中的物。

2）载体

载体是指承载“物”的设备以及这些设备据以运作的设施。物流载体可分为两类：一类指基础设施，如铁路、公路、水路、港口、车站、机场等，它们大多是固定的；另一类指设备，即以基础设施为基础，直接承载并运送流体的设备，如车辆、船舶、飞机、装卸搬运设备等，它们大多是可以移动的。

3）流向

流向是指流体从起点到终点的流动方向。物流的流向有四种：第一，自然流向，指由产销关系所决定的商品流向，它表明一种客观需要，即商品要从产地流向销地；第二，计划流向，指根据流体经营者的商品经营计划而形成的商品流向，即商品从生产地流向消费地；第三，市场流向，指根据市场供求规律由市场确定的商品流向；第四，实际流向，指在物流过程中实际发生的商品流向。

4）流量

流量是指通过载体的流体在一定流向上的数量表现。流量与流向是不可分割的，每一种流向都有一种流量与之相对应。因此，流量的分类可以参照流向的分类，也分为四种，即自然流量、计划流量、市场流量和实际流量。但是，对流量的分类也有特殊性，根据流量本身的特点，可以将流量具体分为两类。第一类是实际流量，即实际发生的物流流量。实际流量又可进一步分为五种：①按照流体统计的流量；②按照载体统计的流量；③按照流向统计的流量；④按照发运人统计的流量；⑤按照承运人统计的流量。第二类是理论流量，指从物流系统合理化角度来看应该发生的物流流量，理论流量也可以按照与五种实际流量相对应的方面来分类。

5）流程

流程指通过载体的流体在一定流向上行驶路径的数量表现。流程的分类与上述流向的分类类似，可以分为自然流程、计划流程、市场流程与实际流程。另外，物流流程还可以分为理论流程和实际流程。理论流程往往是可行路径中的最短路径，路径越长，物流运输成本越高，如果要降低运输成本，一般应设法缩短运输里程。实际流程可以按照流体统计，按照载体统计，按照流向统计，按照发运人统计，也可以按照承运人统计。

6）流速

流速是指通过载体的流体在一定流程上的速度表现。流速与流向、流量、流程一起构成了物流向量的四个数量特征，是衡量物流效率和效益的重要指标。一般来说，流速快意味着物流时间的节约，也就意味着物流成本的减少和物流价值的提高。

2. 物流系统的功能要素

1）运输功能要素

运输环节实现物的空间位置的转移，具有创造物流的空间价值或场所价值的功能；通过使产品快速流动，运输还能创造产品的时间价值。因此，运输是物流系统中最重要的功能要素之一。

2）储存保管功能要素

储存保管功能主要是指在一定场所对物品进行储存并对其数量、质量进行管理控制的综合活动，包括接货、入库、分拣、配货、出库、安全保存、库存管理等活动。

3)包装功能要素

包装是物流过程的起点,具有保护商品、方便物流操作的功能。包装包括产品的出厂包装,生产过程中在制品、半成品的包装,以及在物流过程中换装、分装、再包装等活动。对包装活动的管理,既要考虑包装对产品的保护作用、促进销售的作用及提高装运率的作用,还要考虑包装费用的合理化、包拆装的便利性以及包装废弃物的回收处理等因素。

4)装卸搬运功能要素

装卸搬运是实现输送、保管、包装、流通加工等物流活动之间有效衔接的活动。在所有物流活动中,装卸活动发生得最频繁,且是消耗人力、占用设备却不产生价值增值的物流环节。频繁的装卸搬运活动也使产品损坏的概率增加。对装卸搬运活动的管理,主要是确定最恰当的装卸搬运方式,力求减少装卸搬运次数、缩短移动距离,合理配置及使用装卸搬运工具,以实现节约能源和动力、降低产品破损率、提高作业效率的目的。

5)流通加工功能要素

流通加工是指在流通阶段进行的商品的简单加工、组装、再包装、分割、贴标签等。其作用是完善商品的使用功能,提高商品附加价值。流通加工活动不仅存在于社会流通过程中,也存在于企业内部的流通过程中,所以其实际上是在物流过程中进行的辅助性加工活动。

6)配送功能要素

配送是直接面向最终用户提供的物流服务功能,是综合了前几项功能要素的小范围的物流系统,它以订单处理、配货、送货等形式完成社会物流,并最终实现资源配置的目的。

7)物流信息功能要素

物流信息是指与物流活动相关的信息,是反映物流各项活动内容的知识、资料、图像、数据、文件的总称。物流信息主要产生于上述各项功能活动本身,还有一部分信息产生于商品交易活动和市场活动。对现代物流活动的管理和决策是建立在物流信息的准确和全面把控基础上的。物流作业效率的提高同样也离不开物流信息的支持。例如,运输工具的选择、运输路径的选择和优化、订单的处理、库存的优化等。另外,供应链的整合和效率提高也需要详细、准确的物流信息。

四、物流系统的支撑要素

物流系统的支撑要素主要指社会环境的硬件条件和软件条件,硬件条件主要指社会生产力发展水平,软件条件主要指国家的体制、制度、法律、规章、行政命令和标准化程度等。由于物流系统处于复杂的社会经济体系中,物流系统的建立需要有许多支撑手段,要确定物流系统的地位,就要协调其与其他社会及经济系统的关系,下面主要讨论社会制度等软件方面的支撑要素。

1. 体制、制度

物流系统的这一支撑要素决定物流系统的结构、组织、领导、管理方式,国家对其的控制、指挥、管理方式及系统的地位、范畴是物流系统的重要保障。有了这个基础的支撑条件,物流系统才能确立其在国民经济中的地位。

2. 法律、规章

在实际运行过程中，物流活动不可避免地涉及企业或人的权益问题。法律、规章一方面限制和规范物流系统的活动，使之与更大系统相协调；另一方面提供保障，因为合同的执行、权益的划分、责任的确定都需要靠法律、规章维系。

3. 行政命令

物流系统一般关系到国家军事、经济命脉，所以行政命令等手段常常是物流系统正常运转的重要支撑要素。

4. 标准化程度

实施标准化保证物流环节协调运行是物流系统与其他系统在技术上实现无缝连接的重要支撑条件。

任务七　商业活动中的“四流”及其相互关系

物流活动是商业活动的组成部分，除物流以外，商业活动中还有商流、资金流和信息流，只有把这“四流”结合起来，才能更好地理解物流、商流、资金流及信息流的概念、功能、特点及其相互联系，从而对物流有更深刻的理解和领悟。

一、商流

商流就是从供应者向需求者转移物资使用权的社会物资实体流动，主要表现为物资与其等价物的交换运动和物资所有权的转移运动。具体的商流活动包括买卖交易活动及商情信息活动。商流活动可以创造物资的所有权效用。

商流的概念中包含以下几个方面的关键信息。

（1）“社会物资实体”，强调了物流中的“物”及社会物资的价值性。

（2）“物资与其等价物的交换运动和物资所有权的转移运动”，说明商流在转移所有权的同时，蕴含了或伴随着物资实体的流动，即物流的伴随性。

（3）商流主要表现为社会商品的等价交换及其所有权的转移。

二、资金流

资金流是指用户确认购买商品后，将自己的资金转移到商家账户上的过程。作为电子商务中最特殊的一种，资金流扮演着重要的角色。在电子商务中，顾客通过浏览网页的方式选购商品或服务，在选购完成后在线支付。顾客支付的款项能否安全、及时、方便地到达商家，关系到交易的最后成败。因此，在线支付不论是对于顾客，还是对于商家，都具有非常重要的意义，而在线支付的关键就是资金流平台的建设。

资金流作为电子商务的四个构成要素之一，是实现电子商务交易活动的不可或缺的手段。作为电子商务中连接生产企业、商业企业和消费者的纽带，能否有效地实现电子支付已成为电子商务成败的关键。

三、信息流

信息流也是商品流通过程的一个重要组成部分。流通领域的信息流又称流通信息，是指伴随流通活动而产生并且为流通活动服务的信息，如用文字、语音、图符、图表和信号等表示的分类文件、票据和情报资料等。因此，流通信息流管理就是指流通信息的产生、加工、存储和传递等过程。一般情况下，流通信息流可分为商流信息流、物流信息流和资金信息流。

1. 商流信息流

商流信息流是指在商流活动中产生，并为商流活动服务的信息流，包括商流信息的产生、制作、加工、存储和传递等过程。例如，商品的销售价格、市场行情、购销洽谈、订货合同、供需分析、销售货款、交易支付、促销活动等都是商流信息。这些信息的产生、制作、加工、存储和传递等过程就形成了商流信息流。

2. 物流信息流

物流信息流是指在物流活动中产生，并为物流活动服务的信息流，包含物流信息的产生、制作、加工、存储和传递等过程。例如，运输方式、运输市场行情、运输价格、交通地理、交通基础设备与设施、仓储条件及价格、库存信息、装卸搬运的费用及效率、货主及客户的信息等等都是物流信息。这些信息的产生、制作、加工、存储和传递等过程就形成了物流信息流。

3. 资金信息流

资金信息流是指交易过程中由于商务活动的达成而产生的资金往来流动，包括定金的支付、尾款的结清、物流费用的清算、罚款的支付等伴随着商务活动过程而产生的资金往来信息。

4. 信息流的作用

1)反映作用

所有的流通活动，既包括商流活动，也包括物流活动，都是通过信息来描述的。活动的时间、空间、方式、流量、流速、效果等，都是由信息来描述和反映的。人们主要通过信息来了解具体的商流活动和物流活动，信息描述是否准确、真实，决定了人们对于活动的认识和掌握程度的高低，从而也影响人们对于活动的决策结果。

2)服务作用

所有流通活动的进行，都需要了解市场行情、环境条件、资源分布、工作程序、约束条件等。这些信息为流通活动的进行起到了服务的作用。没有这些信息的支持，流通活动就不能顺利、有效地进行。

3)指导作用

流通活动的进行需要有科学的管理方法、技术、标准、指标以及有关方针政策、规章制度等作为指导，这样流通活动才能够按照正确、科学的轨道运行，这些信息对于流通活动起着很重要的指导作用。

4)控制作用

有些信息能够对流通活动起控制作用。这些信息大多是一些控制信息。例如，库存控制中的库存警戒点、经济订货批量，商流活动中的订货合同，各种法律法令、规章制度、领导的指令等，都是一些控制信息，它们都对流通活动的运行起着控制作用。

商场如战场，在竞争激烈的市场经济中，迅速、准确地反映和传递信息，有助于及时、果断决策，从而使企业能够灵敏地掌握市场变化、抓住机遇、避免风险，保障流通活动高效率、顺利地进行，在竞争中获得有利条件。

四、物流与商流的关系

在分别讨论了物流和商流的概念之后，我们再把它们放到流通领域中看看它们之间的联系和区别，认识它们在流通中的地位和作用。

1. 物流和商流之间的联系

(1)它们都属于流通领域，是商品流通的两种不同形式，在功能上互相补充。通常是先发生商流后发生物流，在商流完成以后再进行物流。

(2)它们都是从供应者到需求者的流动，具有相同的出发点和终点。

2. 物流和商流之间的区别

(1)流动的实体不同：物流是物资的物质实体的流动，商流是物资的社会实体的流动。

(2)功能不同：物流创造物资的空间效用、时间效用、形质效用，而商流创造物资的所有权效用。

(3)物流和商流是相互独立的，发生的先后和路径都可能互不相同。在特殊情况下，没有物流的商流和没有商流的物流都可能存在。

总之，物流和商流既互相区别又互相联系，既分工又合作，二者和谐地共存于流通过程之中，互补地完成流通的职能。

五、“四流”相互关系

在讨论物流时，常常将其与商流、资金流和信息流联系起来，因为商流、物流、资金流和信息流是流通过程中的四大组成部分，这“四流”构成了一个完整的流通过程。“四流”互为存在，密不可分，相互作用，既是独立存在的单一系统，又是一个组合体。将商流、物流、资金流和信息流作为一个整体来考虑和对待，会产生更大的能量，创造更大的经济效益。

商流是一种买卖或者说是一种交易活动过程，通过商流活动会发生商品所有权的转移。商流是物流、资金流和信息流的起点，也可以说是后“三流”的前提，没有商流一般不可能发生物流、资金流和信息流。反过来，没有物流、资金流和信息流的匹配和支撑，商流也不可能达到目的。“四流”之间有时互为因果关系。例如，A 企业与 B 企业经过商谈，达成了一项供货协议，确定了商品价格、品种、数量、供货时间、交货地点、运输方式等，并签订了合同，也可以说商流活动开始了。要认真履行这份合同，自然要进入物流过程，将货物进行包装、装卸、保管和运输，同时伴随着信息传递活动。如果商流和物流都顺利进行了，接下来是付款和结算，即进入资金流的过程。无论是商流，还是物流和资金流，这三大过程中都离不开信息的传递和交换，没有及时的信息流，就没有顺畅的商流、物流和资金流。没有资金支付，商流不会成立，物流也不会发生。

物流是连接供给和消费、克服空间和时间差异、实现物的价值的经济活动。商流是动机和目的，资金流是条件，信息流是手段，物流是终结和归宿。由于需要或产生购买欲望，才决定购买，购买的原因和理由就是商流的动机和目的；因为想购买或决定购买某种商品，才考虑购买资金的来源或筹措资金问题。不付款，商品的所有权就不归你，这就是条件。又因为决定购买，也有了资金，然后才付诸行动，就是买主要向卖主传递一个信息，或去商店向售货员传递购买信息，或电话购物、网上购物，这些都是信息传递的过程，但这种过程只是一种手段；然而，商流、资金流和信息流产生后，必须有一个物流的过程，否则商流、资金流和信息流都没有意义。

信息流是随着流通活动的发展而不断产生和更新的，作为“四流”的重要组成要素，信息流对其他三流起到反映、服务和控制作用，它是流通活动的中枢神经，为商流的实施，物流的运转、管理、决策以及制定战略提供数据支撑。通常情况下，由于物流受商流制约，随商流变化而变化，往往为了占领市场、扩大销售而牺牲物流利益。所以，在竞争激烈的商品经济社会要加强对物流问题的研究，加强对信息技术等现代科学手段的充分利用，以降本增效、提高收益。

商流和资金流是传统性的经济活动，规则性强，已经比较成熟和定型，进一步地科学化管理受时代和经济发展水平限制。信息流主要依赖互联网，由计算机支持，是电子化传输和软件开发问题。这方面的竞争会不断加剧和复杂化，各企业的技术水平将来也会彼此接近。而且，商流、资金流和信息流将来都可能由计算机和网络通信部分替代，只有物流难以做到这一点。而物流发展的空间比商流、资金流和信息流要大，合理化、科学化管理的余地要大，节约费用的潜力要大。

拓展案例

电子商务物流

如果有人问你 20 世纪发展最迅速的产业是什么，我相信绝大多数人会选择计算机与网络。计算机与网络的数据通信与资源共享的功能更是改变了当今人们的生活方式，电子邮件和即时通信（QQ、微信等）方便了人们之间的沟通与交流，使协同工作这种新的工作方式成为可能；而资源共享加速了全球的信息流动，使得信息对企业战略决策的支持作用更加显著，提高了资源的利用率与企业的工作效率。在商业领域最重要的表现为电子商务的崛起。电子商务是一种商务活动的新形式，它通过采用现代信息技术手段，以数字化通信网络和计算机装置替代传统交易过程中以纸介质作为信息载体的存储、传递、统计、发布等环节，从而实现商品和服务交易以及交易管理等活动的全过程无纸化，并达到高效率、低成本、数字化、网络化、全球化等目的。

电子商务交易过程一般都包含四种基本流：信息流、商流、资金流和物流。前三种流均可借助 Internet 在瞬间完成，而对于物流，Internet 的实现能力就十分有限。物流作为电子商务的基本要素和重要组成部分，在电子商务企业中具有举足轻重的作用。随着近年来电子商务的发展，对物流提出的要求也越来越高，因此电子商务的成败在很大程度上取决于现代物流发展状况的好坏。

电子商务与物流相互联系、相互制约的关系主要表现在以下几个方面。

1. 物流活动是电子商务活动过程的基本要素

电子商务活动过程中的任何一笔交易，都是由信息流、商品流、资金流和物流组成的，其中物流是最特殊的一种。电子商务时代，由于企业销售范围的扩大，企业和商业销售方式及最终消费者购买方式的转变，使得送货上门等业务成为一项极为重要的服务业务，促使了物流行业的兴起。在电子商务的环境下，商品生产和交换的全过程都需要物流的支持，没有现代化的物流运作的支持，没有一个高效的、合理的、畅通的物流系统，也就不会有今天电子商务的发展，物流业直接影响着电子商务，其发展壮大对电子商务的快速发展起到了支撑作用。

2. 现代物流发展制约电子商务的发展

电子商务活动改变了传统商品和服务信息的传递方式，但是商品和服务最终的使用价值必须通过现代物流活动才能得以实现。众所周知，物流是电子商务发展的瓶颈和最大障碍，得物流者得天下。有网络购物经验的人都知道，物流和配送已经是今天网络购物体验中最重要的一个环节，只有建立合理化、现代化的物流配送网络体系，才能为电子商务的发展创造有利的基础环境。随着跨境电子商务的发展，跨境物流将日益重要，没有物流网络、物流设施和物流技术的支持，跨境电子商务的发展将会受到严重影响。

3. 电子商务促进现代物流的发展

电子商务经济的日益发展所形成的强大物流需求，不断促进现代物流的信息化、网络化、现代化。电子商务高效率和全球性的特点，要求物流也必须达到这一目标。而物流要达到这一目标，良好的交通运输网络、通信网络等基础设施则是最基本的保证。除此之外，不断提高物流的技术水平同样有着至关重要的作用。当然，相关的法律条文、政策、观念等也都是不可或缺的有力保障。

4. 现代物流技术的发展离不开电子商务平台

电子商务是物流发展及物流技术体现的重要平台，电子商务为物流提供了现代化平台和网络化技术，并随着现代信息网络技术的不断发展，为物流信息资源的充分运用创造了条件，保障了物流的高效率，保持了信息流通畅，并及时且准确反馈、传递和处理物流运作各环节、各部门所需要的信息。

案例思考与讨论：

（1）物流对电子商务的重要性主要体现在哪些方面？

（2）物流与电子商务的关系如何？结合生活实际，举例说明。

项目小结

本项目主要讲述了现代物流的产生和发展，物流的定义和分类，物流系统的构成及其相互关系，发展现代物流的重要意义等几部分内容。本项目是全书的开篇，涉及的物流管理学基本理论和常用概念较多，需要识记和理解的内容也比较多，都是比较基础的理论。

项目练习

一、单项能力训练

1. 单选题

（1）现代物流的概念最早产生于（　　）。

A. 英国　　B. 美国　　C. 日本　　D. 中国

（2）关于物流中的“物”的描述，以下说法正确的是（　　）。

A. 物是生产生活资料　　B. 物是有形的实体物质

C. 物是有形的产品和服务　　D. 物是有形和无形的产品和服务

（3）产品的生产过程主要是创造（　　）。

A. 时间效用　　B. 空间效用　　C. 形质效用　　D. 功能效用

（4）商流与物流（　　）。

A. 相互独立，毫无关系　　B. 关系密切，相辅相成

C. 物流是商流的先导　　D. 商流和物流不分离

（5）在物流系统中，起着缓冲、调节和平衡作用的物流活动是（　　）。

A. 运输　　B. 配送　　C. 装卸　　D. 仓储

（6）物流系统的输出是（　　）。

A. 物流信息　　B. 流通加工　　C. 产品配送　　D. 物流服务

2. 判断题

（1）物流从本质上理解就是物的移动，这里的移动包括物的时空转移以及形态改变。（　　）

（2）物流的目的就是以最低的成本创造客户满意的优质物流服务。（　　）

(3)流通就是物流。(　　)

(4)商流和物流的关系密切,它们具有相同的活动内容和规律。(　　)

(5)物流活动旨在克服供应方和需求方在空间和时间方面的距离,创造空间价值和时间价值。(　　)

(6)物流过程主要进行商品交换,实现物资所有权的转移;而商流主要进行运输和储存,实现物资实体空间和时间位置的转移。(　　)

(7)物流是电子商务实现的重要保障,同时电子商务也对物流的发展提出了更高的要求,推动了现代物流的发展。(　　)

3. 简答题

(1)简述物流学的形成历史。

(2)什么是物流?如何理解物流的概念?

(3)简述物流的效用。

(4)简述物流的分类。

(5)简述流通在社会经济中的地位与作用。

(6)电子商务物流具有什么特点?

二、综合技能训练

3~5 人一组,观察身边的物流活动:观察生活中某一物流活动过程,如自来水;观察生活中的某一类产品的物流过程,如电脑、水杯等;分析讨论物质的流动过程及其特点。各组通过 PPT 或调查报告的形式展示分析讨论的结果。

项目二　运输管理

学习目标

❖ 掌握运输的概念。
❖ 理解运输的功能和分类。
❖ 熟悉现代运输的主要方式及其优缺点。
❖ 掌握运输合理化的有效措施。
❖ 了解运输方式和运输路线决策的基本方法。

项目引入

沃尔玛的物流运输

沃尔玛是世界上最大的商业零售企业，在物流运营过程中尽可能降低成本是其经营哲学。在中国，沃尔玛百分之百采用公路运输，所以如何降低卡车运输成本是沃尔玛物流管理面临的一个重要问题。为此，沃尔玛主要采取了以下措施。

（1）沃尔玛使用一种尽可能大的卡车，配有约 16 米的加长货柜，比集装箱运输卡车更长。沃尔玛的卡车装得非常满，产品从车厢的底部一直装到顶部，非常有助于节约成本。

（2）沃尔玛的车辆都是自有的，司机也是公司的员工。沃尔玛的车队大约有 5 000 名非司机员工，有 3 700 多名司机，车队每周一次运输可达 7 000~8 000 千米。

沃尔玛知道，卡车运输的风险较大，可能会出交通事故。因此，对于运输车队来说，保证安全是节约成本最重要的环节。沃尔玛的口号是“安全第一，礼貌第一”，而不是“速度第一”。在运输过程中，卡车司机都严格遵守交通规则。沃尔玛定期在公路上对运输车队进行调查，卡车上都带有公司的编号，调查人员如果看到司机违章驾驶，就可以根据车上的编号报告，以便惩处。沃尔玛认为，卡车不出事故，就是节省公司的费用，就是最大限度地降低物流成本，由于狠抓安全驾驶，运输车队已经创造了 300 万千米无事故的纪录。

（3）采用全球定位系统对车辆进行定位，因此在任何时候，调度中心都可以知道这些车辆在什么地方，距离商店有多远，还需要多长时间才能到达商店，这种估算可以精确到小时，沃尔玛知道卡车在哪里，产品在哪里，从而可以提高整个物流系统的效率，有助于降低成本。

（4）沃尔玛连锁商店的物流部门 24 小时工作，无论白天还是晚上，都能为卡车及时卸货。另外，沃尔玛的运输车队还利用夜间进行运输，从而做到了当日下午集货，夜间进行异地运输，翌日上午即可送货上门，保证在 15~18 个小时内完成整个运输过程，这是沃尔玛在速度上取得优势的重要措施。

（5）沃尔玛的卡车把产品运到商店后，商店可以把产品整个卸下来，而不是对每个产品逐个检查，这样就可以节省很多时间，加快沃尔玛物流的循环过程，从而降低成本，但有个非常重要的先决条件，就是沃尔玛的物流系统能够确保商店收到的产品与发货单上的产品是完全一致的。

（6）沃尔玛的运输成本比供货厂商自己运输产品的成本要低。所以，厂商也使用沃尔玛的卡车来运输货物，从而做到了把产品从工厂直接运送到商店，大大节省了产品流通过程中的仓储成本和转运成本。

沃尔玛的集中配送中心把上述措施有机组合在一起，做出了最经济合理的安排，从而使沃尔玛的运输车队能以最低的成本高效率地运行。

通过沃尔玛的物流运输案例可以发现，影响运输合理化的因素有很多，综合来说主要有以下几点：①不要舍近求远，尽可能就近运输；②物流组织尽可能减少装卸搬运及转运等中转环节，尽可能组织直达运输，使货物不进入中转仓库，减少运输环节，由供应地直接运往销售地；③根据不同货物的特点，分别利用各类运输方式的特点进行组合运输，选择最佳运输路线，积极改进车船配载方案，在保证安全的前提下提高配载量，提升运输效率；④减少客户等待时间，使物流工作满足客户需要，赢得客户的满意和好评，想方设法加快运输速度、压缩待运时间，使大批货物不要长期徘徊、停留在运输过程中；⑤从物流组织者的角度出发，努力节约物流成本，提高运输效益。

在日常工作决策中，运输的成本、速度和协调性是最可能影响运输合理化的三个因素，最低的运输费用并不意味着最低的运输成本，最低的运输成本也不意味着合理化的运输。运输的合理化还关系到其他物流环节设计的合理化。因此，首先应当站在整个物流系统一体化的高度，纵观全局，对运输各环节进行设计和优化，最终达到整个系统的合理化。

案例讨论：

（1）案例中“最低的运输费用并不意味着最低的运输成本，最低的运输成本也不意味着合理化的运输”应当如何理解？

（2）沃尔玛的物流运输案例对你有哪些启示？

任务一　运输的概念和功能

根据物流的概念可以知道，物流就是“物”的物理运动，物流改变了“物”的时间状态和空间状态，而运输承担了改变事物空间状态的重要任务，是实现事物的空间状态改变的主要手段，物流的本质就是事物的转移和流动。因此，运输是物流过程各环节中最重要的组成部分，是物流实现的关键，运输子系统是物流体系中最重要的功能实现子系统。在物流管理学没有形成独立的学科体系之前的几千年中，很多人都把运输作为物流的代名词，可见运输在物流活动中的重要地位。

一、运输的概念

根据中华人民共和国国家标准《物流术语》(GB/T 18354—2021)描述,运输是指在不同地域范围内,用运输工具和运输设施将物品从一个地点运送到另一个地点,其中包括集货、分配、搬运、中转、装入、卸下和分散等一系列操作。运输工具主要是指"车",如汽车、火车、船、飞机等。运输设施主要是指"路",如公路、铁路、水路、航空路线、土路等,"车""路""长距离""空间位置转移"是运输定义的四个关键词。

之所以要把"长距离"作为运输定义的关键词,主要是为了把运输和搬运区别开来,搬运也是一种空间位置转移的活动,但它是短距离的空间位置转移;还要把运输和配送区别开来,配送也是利用运输工具和运输设施进行长距离空间位置转移的活动。因此,配送也是一种运输,是一种末端运输,是一种特殊、具体的运输方式,而一般的运输活动则包括多种多样的运输方式。

在物流系统中,运输占有核心地位。它虽然不产生新的物质产品,但却能实现物品在空间上和时间上的转移,创造物品的空间效果和时间效果。它是物流过程中最主要的增值活动。

运输本身也是一个物流子系统,它也包含包装、装卸搬运、信息服务、集货和分散等环节。在商业领域,现代社会分工越来越细,广阔的市场使得商品的生产和消费不可能在同一区域进行。一般来讲,商品都是集中生产、分散消费的。为了实现商品的价值和使用价值,使商品的交易过程能够顺利完成,商品必须经过运输从生产地运输到消费地。因此,运输是连接商业活动各环节的纽带,是物流活动的大动脉。

运输活动与人类生产、生活息息相关。运输的历史与人类社会发展历史几乎同步推进演绎,在18世纪中叶,亚当·斯密就论述了运输(主要指水路运输和马车运输)对社会分工、国际贸易、促进城市及地区经济繁荣等方面的重要意义。此后的两个多世纪中,人类的运输活动已经发生了翻天覆地的变革,主要运输工具已经从旧式的帆船、马车等发展为机械化、智能化的现代运输工具,运输方式呈现出全面发展的全新景象。

二、运输的功能

1. 货品转移

运输的主要功能就是商品的载运和运送,把货品从起始地运送到目的地,实现货品的空间位移,通过改变货品的位置而创造价值,也就是创造空间效应。另外,运输使得货品在需要的时间到达目的地,也实现了时间价值,创造了时间效应。运输的主要目的就是以最少的时间和费用,完成货品的长距离转移。

2. 短时的货物存储

对货品进行短时的存储是运输的一个特殊功能,即将运输工具作为临时存储设施,避免货品损坏或变质。运输需要时间，长途运输则需要更多的时间，运输过程也是物品的存放和保管过程。另外，运输过程中还需要合理安排运输时间，以省略不必要的仓储环节。例如，运输中的物品如果需要存储但短时间内又需要重新转移，物品频繁搬运装卸的成本可能高于存储于运输设备上的费用，这时就可以将运输设备作为临时的存储地点。

三、运输的分类

1. 按运输的范畴分类

1)干线运输

干线运输是利用公路、铁路的干线或大型船舶的固定航线进行长距离大量的运输，是进行远距离空间位移的重要运输形式。一般干线运输较同种工具的其他运输方式，速度更快，成本也更低，因此干线运输是运输的主体。

2)支线运输

支线运输是与干线相接的分支线路上的运输。支线运输是干线运输与收发货地点之间的补充运输形式，路程较短，运输量较小，支线的建设水平往往低于干线，运输工具水平也往往低于干线，因而速度较慢。

3)二次运输

二次运输是一种补充运输形式，路程较短，指干线、支线运输到站后，站点与用户仓库或指定接货地点之间的运输。由于二次运输是为了满足单个单位的需要，所以运量也较小。

4)厂内运输

厂内运输指在企业范围内，直接为生产过程服务的运输，一般在车间与车间之间或车间与仓库之间进行。小企业中以及大企业车间内部、仓库内部的这种运输一般不称为“运输”，而称为“搬运”。

2. 按运输的作用分类

1)集货运输

集货运输是将分散的货物汇集集中的运输形式，一般是短距离、小批量的运输。货物集中后才能利用干线运输形式进行远距离运输及大批量运输，因此，集货运输是干线运输的一种补充形式。

2)配送运输

配送运输是将据点中已按用户要求配好的货分送至各个用户的运输，一般是短距离、小批量的运输。从运输的角度讲，配送运输是干线运输的补充和完善。

3. 按运输的协作程度分类

1)一般运输

一般运输是指单独采用不同运输工具或同类运输工具，而没有形成有机协作关系的运输。

2)联合运输

联合运输简称联运，是使用统一运送凭证，由不同运输方式或不同运输企业进行有机衔接运输货物，利用每种运输手段的优势，以充分发挥不同运输工具效率的一种运输形式。联合运输，可以简化托运手续、方便用户，同时还可以提高运输的速度，有利于节省运费。

3)多式联运

多式联运是指根据实际要求，将不同的运输方式组合成综合性的一体化运输，通过一次托运、一次计费、一张单证、一次保险，由各种运输区段的承运人共同完成货物的全过程运输，即将全过程运输作为一个完整的单一运输过程来安排的运输方式。

4. 按运输中途是否换载分类

1)直达运输

直达运输是指在组织货物运输时，利用运输工具从起运车站或港口一直运送至终止车站或港口，中途不经过换载，不入库存储的运输形式。

2)中转运输

中转运输是指组织货物运输时，在将货物运往目的地的过程中，于中途的车站、港口、仓库进行转运换装，其中包括同种运输工具的不同运输路线的转运换装。

中转运输的优点在于可以将干线运输、支线运输有效衔接，化整为零或者集零为整，从而方便用户，并提高运输效率。中转运输也可以充分发挥不同运输工具在不同路段上的优势，从而节约成本、获得效益，也有助于加快运输速度。中转运输的缺点是换载时会出现低速度、高货损以及增加运输等情况。

中转运输及直达运输的优劣不能笼统言之，两者在一定条件下各有优势。因此，需要具体问题具体分析，并以整体效益为最终判断标准。

四、运输的作用

1. 运输是物流的主要功能要素之一

由物流的概念可知，物流是“物”的物理性运动，这种运动不但改变了物的时间状态，也改变了物的空间状态。 而运输承担了改变空间状态的主要任务，是改变“物”的空间状态的主要手段，运输再配以搬运、配送等活动，就能圆满完成改变空间状态的全部任务。时至今日，仍有人将运输等同于物流，其原因是物流中很大一部分任务是由运输承担的，是物流的主要部分。

2. 运输是社会物质生产的必要条件之一

运输是国民经济的基础。马克思将运输称为“第四个物质生产部门”，将运输看成生产过程的继续，这个继续虽然以生产过程为前提，但如果没有这个继续，生产过程则不能最后完成。所以，虽然运输这种生产活动和一般生产活动不同，它不创造新的物质产品，不增加社会产品数量，不赋予产品以新的使用价值，而只变动其所在的空间位置，但这一变动使生产能继续下去，使社会再生产不断推进。

运输作为社会物质生产的必要条件，表现在以下两个方面。

（1）在生产过程中，运输是生产的直接组成部分，没有运输，生产内部的各环节就无法连接。

（2）在社会生产活动中，运输是生产过程的继续，这一活动连接生产与再生产、生产与消费的环节，连接国民经济各部门、各企业，连接城乡，连接不同国家和地区。

3. 运输可以创造场所效用

场所效用的含义是指同种“物”由于空间场所不同，其使用价值的实现程度不同，其效益的实现也不同。由于场所的改变而发挥最大的使用价值，最大限度地提高投入产出比，这就称为“场所效用”。运输将“物”运输到场所效用最高的地方，发挥“物”的潜力，实现资源的优化配置。从这个意义上讲，相当于运输提高了“物”的使用价值。

4. 运输是“第三个利润源”的主要源泉

（1）运输是运动中的活动，它与静止的保管不同，要靠大量的动力消耗才能实现，而运输又承担大跨度空间转移的任务，所以活动的时间更长、距离更长、消耗更大。其消耗的绝对数量越大，节约的潜力也就越大。

（2）从运费来看，运输费用在整个物流费用中占比最大，一般综合社会分析计算物流费用，运费通常占比为 50% 左右，有些产品的运输费用甚至超过了产品本身的生产费用。

（3）由于运输总里程长，运输总量巨大，通过体制改革和运输合理化可以大幅缩短运输的吨千米数，节约运输成本。

任务二　现代运输方式之水路运输

一、水路运输概念

水路运输是指利用船舶、排筏和其他漂浮工具，在江、河、湖、海及人工水道上运输客货的一种运输方式。水路运输是目前各主要运输方式中兴起最早、历史最悠久的运输方式。其特征是载重量大、成本低、投资较小，但灵活性小，连续性也差。水路运输较适于担负大宗、低值、笨重和各种散装货物的中长距离运输，其中海运更适于承担各种外贸货物的进出口运输。水路运输是干线运输中起主力作用的运输形式。在内海及沿海地区，水路运输也常常作为小型运输方式使用，承担补充及衔接大批量干线运输的任务。

二、水路运输的分类

水路运输按航行的区域可分为远洋运输、近海运输、沿海运输和内河运输。

1. 远洋运输

远洋运输是使用船舶跨越大洋进行运输，它是海洋运输的一种，是跨越不同国家和地区的大范围批量运输形式。从地理概念来理解，远洋运输是指以船舶为工具，从事跨越海洋运送货物和旅客的运输。从运输业务的关系来理解，远洋运输则是指以船舶为工具，从事本国港口与外国港口之间或者完全从事外国港口之间的货物和旅客的运输，即国与国之间的海洋运输，或者称为国际航运。远洋运输主要有集装箱运输和散货运输。

2. 近海运输

近海运输是指使用船舶通过大陆邻近国家海上航道运输客货的运输形式。

3. 沿海运输

沿海运输是指沿海及岛屿的各港口之间的海上运输。沿海运输的运输范围基本围绕国家本土海域，可为远洋运输及近海运输集散货物。

沿海运输主要是指国内的两个港口之间的运输；近海运输包括不同国家的两个港口之间的运输，如东南亚国家与中国港口之间的运输都属于近海运输。

4. 内河运输

内河运输是指使用船舶通过国际内江湖河川等天然或人工水道运送货物和旅客的一种运输方式。它是水上运输的一个组成部分，是内陆腹地和沿海地区的纽带，也是边疆地区与邻国边境河流的连接线，在现代化的运输中起着重要的辅助作用。

三、水路运输的特点

1. 优点

1）运输能力大

水路运输运量大，在海上运输中，目前世界上最大的超巨型油轮的载重量在 55 万吨以上，在内河运输中，美国最大的顶推船队运载能力超过 6 万吨，我国顶推船队的运载能力也达到了 3 万吨，其运载量相当于铁路列车的 6~10 倍。水路运输距离长，只要运输条件允许，可以连续长时间地长距离运输客货。自古以来，水路运输就是人类运载能力最大的运输方式。

2）运输成本低

水路运输可以利用天然水道线路，船舶沿水道漂浮运送可实现大吨位运输，降低运输成本。对于非液体货品的运输而言，水路运输一般是运输成本最低的运输方式。我国沿海运输成本为铁路运输的 40%，美国沿海运输成本只有铁路运输的 12.5%。尽管水路运输的站场费用较高，但其运量大、运程远，因此单位成本比较低。

3）投资较少

海上运输航道的开发几乎不需要支付费用，内河虽然需要花一定费用疏通河道，但比修筑铁路和公路的费用要少得多。据推算，开发内河航道每千米的投资仅仅是铁路旧线改造费用的 1/5、新线建设费用的 1/8。

4）劳动生产率高

由于船舶运量大、配备的船员少，因而其劳动生产率较高。至今，一艘 20 万吨的油轮一般只需要配备大约 20 名船员，平均每人运送货物 1 万吨，所以水路运输的劳动生产率是铁路运输的 6.4 倍。

2. 缺点

1）运输速度慢

由于大型船舶体积大，水流的阻力随航速的增加而迅速增加。例如，当航速从 5 千米 / 小时增加到 30 千米 / 小时时，船舶所受到的阻力将增大到原来的 35 倍。因此，水路运输的航速一般较低。目前，船舶的速度一般为 30 千米 / 小时左右，冷藏船的速度为 40 千米 / 小时左右，集装箱船的速度为 40~60 千米 / 小时。

2）受自然条件的影响较大

水路运输对天气、气候等自然条件依赖较高。大风、暴雨及冰冻等都会影响行船和装卸作业，有些地区受季节的影响，不能四季通航；有些江河部分航段滩浅水急，不仅限制大船通航，枯水期还得停航。商船行驶在海上时，遇暴风雨需要及时躲避，遇大雾也需按避碰章程办理，以防损害。

3）连续性和可达性较差

内陆地区缺乏通航的江河水系不能进行水路运输；一些水系自成体系，互不通航；有些港湾水深不够，不能停靠大船，需要转驳倒载。另外，水路运输需要码头、港口等停靠装卸货物，站场作业较多，运输连续性不强，不能实现门对门的运输，往往需要和其他支线运输协调运作，共同完成运输任务。

四、水路运输的适用范围

（1）运费负担能力弱、运输期限要求不严的大宗货物运输。

（2）远洋国际贸易货物运输。

（3）体积特别巨大、铁路和公路无法运送的特种货物运输，如铁路机车车辆、民航客机、大型水电设备等。

五、水路运输的设施设备

水路运输的主要设施设备包括运输船舶、港口、航道和航标等。

1. 运输船舶

运输船舶是指载运旅客与货物的船舶。船可以分为集装箱船（专门用于装载集装箱的高速货船）、散装船（用于装运谷物、煤炭、砂石和盐类等散装固体货物的船舶）、油船（又称油轮，专门用于装运散装石油等液体货物的船舶）、滚装船（专门用于装运载货车辆的货船）等。船按用途分类，用于军事用途的称为舰艇或军舰，用于交通运输、渔业、工程及研究开发的称为民用船舶，其中运送货物与旅客的船舶称为运输船，它是民用船舶中的主要部分。

2. 港口

港口是指具有一定范围的水域、陆域、码头等设施，供船舶进出、停泊、停靠、旅客上下、货物集散、装卸、驳运、储存等作业的场所。

港口就其功能而言，是交通运输的枢纽，是水陆联运的咽喉和衔接点，是旅客和货物的集散地，也是进行各种作业的场所。

港口按性质和用途分为商港、渔港、工业港和军港等；按所在的地理位置分为海港、河口港、河港、湖港和水库港；按潮汐的影响分为开敞港、闭合港和混合港；按地位分为国际性港、国家性港和地区性港。

3. 航道

航道是指以组织水运为目的所规定和设置的船舶航行通道。随着船舶运行密度和纵横水运网的形成，现代水上航道已不仅是天然航道，还包括人工运河、进出港航道以及保证航行安全的航行标志系统和现代通信导航设备系统在内的工程综合体。航道可以分为以下三种类型。

1）海上航道

海上航道属自然水道，其通行能力受限很小。每一海区的地理、水文情况都反映在该海区的海图上，船舶每次的运行都是根据海图，结合当时的气候条件、海况和船舶本身的技术性能进行计算，并在海图上标出。经过人们千百年的努力和探索，加上现代导航技术的应用，世界各国和地区间的海上航道已基本为人们所了解和掌握。

2）内河航道

内河航道大部分是利用天然水道，再加上引航的航标设施所构成的。内河航道比海上航道的运行条件差，主要表现为通航水深不同、通行的时限不同、单双向通行的方式不同。因此，在进行综合规划时，还应考虑航道分级和航道标准化问题。

3）人工航道

人工航道是指人工开凿，主要用于船舶通航的河流，又称运河。人工航道一般开凿在几个水系或海洋的交汇处，可以使船舶缩短航行路程，降低运输费用，方便人们的生产生活，扩大船舶航行范围，进而形成一定规模的水运网络。一些著名的国际通航运河对世界航运的发展、船舶尺度的限制影响很大。世界上最长、最古老的人工运河是我国的京杭大运河。

4. 航标

航标是表明航道的界限，帮助船舶定位，引导船舶航行，有危险时表示警告和指示碍航物的人工助航标志。

航标的功能有以下几种。

（1）定位：为航行船舶提供定位信息。

（2）警告：提供碍航物及其他警告信息，如对礁石、航道弯段等发出警告。

（3）交通指示：根据交通规则指示航行方向。

（4）指示特殊区域：如锚地、测量作业区、禁区等。

任务三　现代运输方式之铁路运输

一、铁路运输概念

铁路运输是指使用铁路列车运送客货的一种运输方式，铁路能提供长距离、低成本、低能源的货物运输。

铁路运输适合运输低价值、高密度的货物，如煤炭、木材、建筑材料、矿石、钢铁、石油、谷物、水泥等。铁路运输在现阶段综合运输网中起主导作用，是大多数内陆国民经济的大动脉，担负着国内主要的货运任务。

经过 60 多年的发展，我国铁路现代化建设取得了重大进展，高速铁路、机车车辆、高原铁路、既有线提速等方面的技术迈入世界先进行列。中国铁路以占世界铁路 6% 的里程完成了世界铁路 25% 的工作量，运输效率世界第一，为经济社会发展做出了重要贡献。

二、铁路运输的特点

1. 优点

1）运量大、运费低廉且运距长

铁路运输采用大功率机车牵引列车运行，可承担长距离、大运量的运输任务，而且由于列车运行阻力小，能源消耗量低，可以实现规模经济和距离经济。其装运规模越大，单位重量运输成本越低，在运输规模不变的情况下，运输距离越长，单位产品的运输费用越少。对于大批量、长距离的货物运输，铁路运输的费用要低于公路运输，而且由于列车运行阻力小，能源消耗量低，所以价格低廉。

2)可实现快速、连续和安全可靠的运输

现代社会，铁路网络四通八达，相对于水路运输要依赖水域及装卸作业要求高的特点，铁路运输几乎可以运输任何物品，且运输速度较高，铁路运输的平均时速仅次于航空运输。铁路运输可以方便地实现装箱和卸货，也可以与其他运输方式实现多式联运，从而实现连续运输。铁路运输受气候等自然条件影响较小，机车具有高度的自动控制系统和专用的轨道，其是目前最可靠的运输方式。

3)行驶具有自动控制性

铁路运输具有专用路权，在列车行驶上具有高度导向性，可以采用列车自动控制方式控制列车运行，以达到车辆自动驾驶的目的。目前，最先进的列车已经通过电脑的控制，使列车的运行达到全面自动化，甚至无人驾驶，从而大大提高运输安全性，减轻司机的劳动强度。

4)受气候限制小

铁路运输具有高度的导向性，只要行车设施无损坏，在任何气候条件下(如下雨、下雪)，列车均可安全行驶，受气候因素限制很小，所以铁路是营运最可靠的运输方式。

5)节省土地资源，污染较低

相对于公路运输，修建铁路占地较小，可以节省土地资源，且铁路运输以列车组为基本运输单元，列车组长期往返行驶于固定的线路，有效提高了土地资源的利用率。另外，铁路运输污染小，铁路运输的污染性比公路运输低，如在噪声方面，铁路运输所带来的噪声污染，不仅比公路运输低，而且是间断性的。

2. 缺点

1)固定资产投资大，回报率低，难以吸引投资

铁路投资大多属于固定设备的沉没成本，难以移作他用，故其固定资产比例较其他运输方式高出许多，因而投资风险也就比较高。一般高风险的事业需要用高回报率吸引投资，长期以来铁路运输效益较差，投资铁路的回报率较低，因此难以吸引投资。

2)设备庞大，不易维修

铁路运输设备十分庞大，机车、车辆、线路、站场、信号、信息、供电等设备结构复杂，类型繁多，标准不同，不易维修。许多设备布置在露天，经受风吹雨打，还经常受到高速重载的剧烈振动，容易损坏；除机车、车辆外，主要设备没有备用设备且无固定的检修时间，加之近年来铁路效益不佳，维修费用紧缺，故维修难以达到完善的程度。

3)货损较高

铁路运输可能因为列车行驶时的振动或货物装卸不当造成所承载货物的损坏，而且运输过程需要经多次中转，也容易导致货物损坏、遗失。铁路运输的货损远高于公路运输，所以一些货主不敢将高价值的货物交由铁路承运。

4)营运缺乏弹性

公路运输灵活，可以随货源或客源所在地而变更营运路线，但铁路不行，所以容易产生空车回送现象，从而造成营运成本的增加。

三、铁路运输的适用范围

（1）在铁路建设比较发达的国家，全国铁路线路联结成网，四通八达，再加上主要厂、矿、港、林都有专用线或专用铁道与铁路线路相通，易于实现门到门运输。

（2）适用于稳定的大宗货物运输和中长距离的一般货物运输。

（3）适用于中长距离和短距离的大中城市间、旅游城市间的旅客运输，能满足节假日大量旅客出行的需要。

（4）现代快速市郊旅客列车能够满足大城市周围通勤、通学和日常交通的迫切需要。

四、铁路运输的设施设备

铁路运输主要由铁路线路、机车车辆、信号设备和车站四部分组成。

1. 铁路线路

铁路线路是列车运行的基础，承受列车重量，并且引导列车运行方向。铁路线路由以下几部分组成。

（1）路基：主要承受轨道、机车车辆及其载荷的压力。

（2）桥梁与隧道建筑物：使铁路能够跨越河道，穿过山岭。

（3）轨道：直接承受车轮的压力和冲击力并将其传给路基，引导车轮的运行方向。轨道由钢轨、轨枕、道岔、道床、联结零件、防爬设备等组成。

2. 机车车辆

机车车辆包括机车和车辆。

（1）机车是铁路运输的动力源，牵引列车运行。机车包括以下几种。

①蒸汽机车：以蒸汽驱动的机车，结构简单，制造成本低，驾驶与维修都简单，但热效率低，功率与速度都受到限制，已经被淘汰。

②内燃机车：以内燃机为原动力的机车，其热效率比蒸汽机车高，可达 20%~30%，加足燃料后可长时间运行，但机车构造复杂，制造与维修困难，运营费用较高。

③电力机车：从铁路沿线的接触网上获取电能产生牵引力的机车，热效率最高，且功率大、运输能力大、启动快、速度高、爬坡能力好、污染小、噪声小，是最有发展前途的一种机车，但供电系统的投资较大。电力机车是目前我国铁路运输的主体。

（2）车辆主要用于承载货物和旅客，无动力，需由机车牵引。货运车的种类包括棚车、敞车、平车、罐车、保温车等。铁路货物列车一般载重为 3 000~5 000 吨，载重在 6 000 吨以上的称为重载列车。客车的种类包括座车、卧车、餐车、行李车、邮政车等。

3. 信号设备

信号设备的作用是保证列车运行与调车安全和提高铁路的通过能力，包括铁路信号、连锁设备、闭塞设备，具体内容如下。

（1）铁路信号是对列车运行、停止和调车工作的命令，是保证列车行车安全和作业效率的重要手段。我国规定用红色（停止）、黄色（注意或减速慢行）、绿色（按规定的速度运行）、蓝色（准许越过信号机调车）和白色（不准越过该信号机调车）作为铁路信号。铁路信号按信号形式可分为视觉信号和听觉信号，按设备形式可分为固定信号、移动信号、手信号。

（2）连锁设备的主要作用是保证站内列车运行和调车作业的安全，以提高车站通过能力。

（3）闭塞设备是用来保证列车在区间内运行安全的区间信号设备，它能控制列车运行，保证在一个区间内同时只有一个列车占用。

4. 车站

车站按技术作业性质可分为编组站、区段站、中间站。

（1）编组站负责解体和编组各类货物列车；组织和取送本地区车流；供应列车动力，整备检修机车；对货物列车进行日常技术保养。

（2）区段站大多设在中等城市和铁路网上牵引区段的分界处，其主要任务是办理货物列车的中转作业，进行机车的更换或机车乘务组的换班，以及解体、编组区段列车和摘挂列车。

（3）中间站主要办理列车的到发、会让、越行及客货运业务，中间站数量很多，设备规模较小，遍布全国铁路沿线中小城镇和农村。

任务四　现代运输方式之公路运输

一、公路运输概念

在物流供应链中，公路运输是最主要的货运方式。它是指利用一定的载运工具（人力车、畜力车、拖拉机、汽车等）沿公路（一般土路、有路面铺装的道路、高速公路）实现旅客或货物空间位移的过程。由于汽车已成为现代公路运输的主要载运工具，因此现代公路运输即指汽车运输。

公路运输是 19 世纪末随着现代汽车的诞生而产生的，初期主要承担短途运输业务。第一次世界大战结束后，基于汽车工业的发展和公路里程的增加，公路运输不断发展，不仅是短途的主力，而且进入长途运输领域；第二次世界大战结束后，公路运输的发展更加快速。欧洲许多国家如美国、日本等国已建成比较发达的公路网，加之汽车工业又提供了雄厚的物质基础，促使公路运输在运输业中跃至主导地位。

我国是世界上公路运输最具发展潜力的第一大市场，投入巨资建立了全国高速公路网。近年来，交通基础设施和运输设备不断升级，为公路运输市场的快速发展创造了有利条件。目前，我国公路运输行业正处于快速发展的成长期，在国民经济运行和增长中发挥着日益重要的作用。

二、公路运输的特点

1. 优点

1)受地形、气候条件限制小,适应性强

对于短途、高价值产品运输,公路运输的运输过程较其他运输方式都更为快速、方便。

2)可实现门到门运输、机动灵活

公路运输富于灵活性,可随时调拨,不受时间限制,可随处停靠,富有弹性和适应性。公路运输可以实现门到门运输,可以减少旅客转换运输工具所需要的等待时间与步行时间。对于限时运送的货物或市场临时急需的货物,公路运输优于其他运输方式。

3)短途运输速度快

相对于船舶、火车和飞机等需要在码头、站点及机场停靠,公路运输可以随时随地装卸货物,公路交通网络四通八达,汽车在路上行驶,较少受地形限制,遇恶劣气候受影响也较小。

2. 缺点

(1)运载量小。汽车运载量,从客运角度来看,小到三四人,大到数十人;从货运角度来看,普通可载3~5吨,即使使用全拖车,也不过数十吨,无法与铁路或轮船的庞大运载量相比。

(2)运输成本高。汽车运输过程中需要配有专用司机,提供燃油,消耗了各项管理费用,运输成本较高。

(3)安全性差。公路运输由于车种复杂、路况不良以及驾驶人员的疏忽等因素,易发生交通事故,安全性较差。

(4)空气污染严重。公路运输由于主要使用燃油作为动力,排放大量CO_2、SO_2,因此对于空气污染较为严重;运输过程中,还可能产生大量噪音,也会对于环境造成污染。

三、公路运输的适用范围

公路运输主要适用于短距离、小批量的旅客和货物运输;适用于铁路、水路欠发达地区作为干支线衔接、集疏运输。高速公路还适用于鲜活易腐和高附加值货物1 000千米距离以内的中、长途运输。

四、公路运输的设施设备

公路是一种线性工程构造物,主要由路基、路面、桥梁、隧道、涵洞等基本构造物和其他辅助构造物及设施组成。

1. 路基

路基是路面的基础，与路面共同承受车辆载荷的作用，同时抵御地表各种自然因素的危害。路基宽度与公路横向的路幅宽度相同，而路幅宽度为中间的路基宽度与两侧的路肩宽度之和。高速公路的路基宽度一般为 21.5~26.0 米，路基根据横断面的不同可分为路堤、路堑和半填半挖三种基本形式，为了满足车辆和行人的通行要求，公路路基必须坚固和稳定。

2. 路面

路面是在路基上用坚硬材料铺筑，供汽车行驶的层状结构物，直接承受车辆的行驶作用力。路面一般分为面层、基层、垫层和土基。路面按面层材料的不同，可分为沥青路面、水泥路面、块料路面和粒料路面。公路路面在整个道路造价中占主要部分，尤其是高级路面占有更高的比例。因此，合理选用和设计路面能显著降低公路的造价。路面一般应根据公路的性质、任务、交通量以及充分利用当地材料和结合施工条件等因素确定。为了保证车辆一定的行驶速度和安全等，公路路面应具有一定的强度、平整度和必要的粗糙度。

3. 桥梁、隧道与涵洞

当公路跨越河流、沟谷，或与铁路、其他公路立体交叉时，需要修建桥梁或涵洞；当线路翻越山岭时，则需要修筑隧道。按照有关技术规定，桥涵单孔跨径小于 5 米或多孔跨径之和小于 8 米的称为涵洞，大于这一规定值的则称为桥梁。桥梁有梁式桥、拱桥、吊桥、钢构桥和斜拉桥之分。隧道内纵坡度应不小于 0.3% 且不大于 3%，以利于隧道排水和行车安全。

任务五　现代运输方式之航空运输

一、航空运输概念

航空运输是使用飞机、直升机及其他航空器运送人员、货物和邮件的一种运输方式。航空运输是最快的运输方式，但固定成本和变动成本加在一起使其成为最昂贵的运输方式，短途运输更是如此。因此，适合航空运输运载的货物主要有两类：一是价值高、运费承担能力很强的货物，如贵重设备的零部件、高档产品等；二是紧急需要的物资，如救灾抢险物资等。

航空运输始于 1871 年，当时普法战争中的法国人用热气球把物资、邮件等运出被普军围困的巴黎。1918 年 5 月 5 日，飞机运输首次出现，航线为纽约—华盛顿—芝加哥。20 世纪 30 年代有了民用运输机。随着技术性能不断改进，航空工业的发展促进了航空运输的发展。第二次世界大战结束后，航空网在世界范围内逐渐建立起来，以各国主要城市为起讫地点的世界航空网遍及各大洲。20 世纪 60 年代后期，航空运输进入了现代化的世界航空运输时代。

随着国民经济的持续高速增长以及机构和管理体制改革的深化，我国的航空运输进入了迅猛发展期，民航运输总周转量、旅客运输量和货物运输量年均增长率均高出世界平均水平2倍多。目前，世界航空运输业已经发展成为一个规模庞大的行业，以各国主要都市为起讫地点的世界航空网已遍及各大洲。

二、航空运输的特点

1. 优点

1）运行速度快

航空运输速度一般为800~900千米/小时，比火车快5~10倍，比轮船快20~40倍，从而大大减少了在途运输的时间。

2）机动性能好

航空运输不受地形地貌、山川河流的限制，只要有机场和航路设施保证，即可开辟航线。

3）货损率低，安全性较高

航空运输的地面操作流程环节比较严格，管理制度比较完善，这就使货物破损率降低，安全性较高。

4）适用范围广

飞机和直升机不但可供客货运输，还可以用于邮政、农业、渔业、林业、救灾、工程、警务、气象、旅游观光和军事等用途。

5）基本建设周期短、投资少

要发展航空运输，从设备条件上讲，只要添置飞机和修建机场即可基本满足。与修建铁路和公路相比，其建设周期短、占地少、投资小、收效快。

2. 缺点

1）航空运输载运量较小、成本高

由于飞机机舱容积有限，航空运输载运量小，运载成本和运价比地面运输高。

2）受气象条件限制较大

航空运输工具在空中飞行，受气象条件限制较大，飞机的航期和安全常受到影响。

3）造成的污染比较严重

飞机在飞行过程中会产生大量的废气及噪声，污染大气层及机场周围环境。

三、航空运输的适用范围

（1）适用于国际国内长距离的旅客运输。

（2）适用于贵重物品、高附加值货物、精密仪器和邮包运输。

（3）适用于救灾、抢险、防疫、急救等的人员和物资运输。

四、航空运输的设施设备

航空运输的主要设施设备为航空港和航空器。

1. 航空港

航空港是位于航线上的、保证航空运输和专业飞行作业用的机场及其有关建筑物和设施的总称，是空中交通网的基地。航空港由飞行区、客货运服务区和机务维修区三部分组成。

（1）飞行区是航空港面积最大的区域，设有指挥台、跑道、滑行道、停机坪、无线电导航系统等设施。

（2）客货运服务区是为旅客、货主提供地面服务的区域。其主体是候机楼，此外还有客机坪、停车场、进出港道路系统等。货运量较大的航空港还专门设有货运站，客机坪附近配有管线加油系统。

（3）机务维修区是飞机维护修理和航空港正常工作所必需的各种机务设施的区域。区内建有维修厂、维修机库、维修机坪和供水、供电、供热、制冷、下水等设施，以及消防站、急救站、储油库、铁路专用线等。

2. 航空器

航空器是指在大气层中飞行的飞行器，包括飞机、飞艇、气球及其他借空气的反作用力得以飞行于大气层中的器物，在生活中航空器一般指飞机。

任务六　现代运输方式之管道运输

一、管道运输概念

管道运输是利用管道输送气体、液体和粉状固体的一种运输方式。其运输形式是靠物体在管道内顺着压力方向循序移动实现的，其同其他运输方式的主要区别在于，管道设备是静止不动的。

现代管道运输始于 19 世纪中叶，1865 年美国宾夕法尼亚州建成第一条原油输送管道。其进一步发展是从 20 世纪开始的。随着第二次世界大战后石油工业的发展，管道建设进入了一个新的阶段，各产油国竞相开始兴建油气管道。20 世纪 60 年代，输油管道的发展趋于大管径、长距离，逐渐建成成品油输送的管网系统，同时开始了用管道输送煤浆的尝试。全球的管道运输承担很大比例的能源物资运输，包括原油、成品油、天然气、油田伴生气、煤浆等。

中华人民共和国成立后，随着我国石油工业的发展，我国的管道运输也有了较大的发展，由于中国的油气资源分布不均，进口油气量越来越大，需要加大投资建设油气管道的力度，未来我国将迎来修建跨国油气管线的高潮。

二、管道运输的特点

1. 优点

1）运量大，总成本低

油管可以源源不断地运送油料，一条油管线路每年的运输量可达几千万吨甚至更多，国外一条直径 720 毫米的输煤管道，一年可输送煤炭 2 000 万吨，相当于一条单线铁路单方向的输送能力。运量大是管道运输的突出特点。

2）占用土地少，易选取捷径缩短运距

管道多埋于地下，埋入地下部分一般占管道总长度的 95% 以上，永久性占用土地少。管道可以从河流、湖泊乃至海洋的水下穿过，可以翻越高山，允许敷设坡度较铁路、公路大，易选取捷径缩短运距。

3）运输安全可靠，连续性强，不受气候影响

由于石油和天然气易燃、易爆、易挥发，采用管道封闭运输，不仅安全可靠，还可减少挥发损耗。管道运输受恶劣气候条件的影响较小，可以长期连续不断地稳定运行。

4）便于管理、劳动生产率高

管道运输便于运输管理，易于远程监控，维修量小，劳动生产率高。

5）可以实现封闭运输，损耗少

由于管道采用密封设备，在运输过程中可以避免能量的损耗，不存在无效运输。

6）环境效益高，污染少

管道运输不仅沿途无噪声，而且管道封闭运输能减少挥发损耗，避免对空气、水源和土壤的污染。

2. 缺点

1）灵活性差

管道运输只能在固定的管道中实现，而且多数为单向运输，不如其他运输方式灵活，不能实现门到门运输。

2）专用性强

管道运输只能运输石油、天然气及固体料浆（如煤浆等）。管道运输的货物过于专门化，运输的物品仅限于气体、液体等流体及粉末状固体。

3）技术性要求高

管道运输的流量监控、安全设施、泵体等加压设施有很强的专业性，需要专业的技术手段去实现。

三、管道运输的适用范围

管道运输适用于单向、定点、量大的流体且连续不断的货物（如石油、天然气、煤浆以及某些化学制品原料）的运输。另外，在管道中利用容器包装运送固态货物（如粮食、砂石、部件等）也具有良好的发展前景。管道在今天不仅能在地面上修建，而且可以敷设于河底、海底，或者遇水架桥，其不受地形地貌限制的优点愈来愈为各国所重视。

四、管道运输的设施设备

管道运输的设施设备一般分为输油管道、浆体管道和天然气管道。

（1）输油管道（也称管线、管路）由油管及其附件组成，并按照工艺流程的需要配备相应的油泵机组，设计安装成一个完整的管道系统，用以完成油料接卸及输转任务。

（2）浆体管道运输是将颗粒状的固体物质与液体输送介质混合，在管道中采用泵送的方式运输，并在目的地将其分离出来。浆体管道由浆体制备系统、中间输送系统和后期处理系统三部分组成。

（3）天然气管道是将天然气（包括油田生产的伴生气）从开采地或处理厂输送到城市配气中心或工业企业用户的管道，又称输气管道。利用天然气管道输送天然气是陆地上大量输送天然气的唯一方式。天然气管道由管道输气站和线路系统两部分组成。

任务七　运输合理化

一、不合理运输的表现形式

不合理运输是指在组织货物运输的过程中，违反货物流转规律，不按经济区域以及货物自然流向组织货物调运，忽视运输工具的充分利用和合理分工，装载量低，流转环节多，从而浪费运力或者加大运输费用的现象，在现有的条件下可以达到的运输水平而未能达到，从而造成运力的浪费、运输时间的增加、运费的超支等问题。目前，我国存在的不合理运输形式主要有空驶、对流运输、迂回运输、重复运输、倒流运输，过远运输、运力选择不当、托运方式选择不当、超限运输等。

1. 空驶

空驶也就是空车无货载行驶，可以说是不合理运输最严重的形式。造成空驶的不合理运输主要有以下几种原因。

（1）能利用社会化的运输体系而不利用，却依靠自备车提货送货，往往出现单程车、单程空驶的不合理运输。

（2）由于工作失误或计划不周，造成货源不实，车辆空去空回，形成双程空驶。

（3）由于车辆过分专用，无法搭运回程货，只能单程实车、单程回空周转。

2. 对流运输

对流运输也称为“相向运输”或“交错运输”，指同一种货物在同一线路上或平行线路上做相对方向的物资运送，而与对方运程的全部或一部分发生重叠交错，导致运输效果因对流运输量冲减而减弱，甚至消失的一种运输形式。

3. 迂回运输

迂回运输是舍近求远的一种运输，即本可以选取短距离进行运输而不选，却选择路程较长路线进行运输的一种不合理形式。

4. 重复运输

重复运输的一种形式是本来可以直接将货物运输到目的地，但是未到达目的地就将货物卸下，再重复装运送达目的地；另一种形式是同品种货物在同一地点一面运进，一面又运出。重复运输的最大弊病是增加非必要的中间环节，从而降低了流通速度，增加了费用，增大了货损。

5. 倒流运输

倒流运输是指货物从销售地或中转地向产地或起运地回流的一种运输现象。其不合理程度要甚于对流运输，其原因在于两程的运输都是不必要的，形成了双程的浪费。

6. 过远运输

过远运输是指调运物资舍近求远的运输现象，即不从最近的供应地采购商品，而超过商品合理流向的范围，从远地采购商品；或者产品不是就近供应消费地，却调给较远的其他消费地，违反了近产近销的原则。

7. 运力选择不当

未发挥各种运输工具优势，而不正确地利用运输工具造成的不合理现象，称为运力选择不当，常见的有以下几种形式。

1）弃水走陆

在同时可以利用水运及陆运时，不利用成本较低的水运或水陆联运，而选择成本较高的铁路运输或汽车运输，使水运优势不能发挥。

2）铁路、大型船舶过近运输

不是铁路及大型船舶的经济运行里程，却利用这些运力进行运输的不合理做法。其主要不合理之处在于火车及大型船舶起运及到达目的地的准备、装卸时间长，且机动灵活性不足，在过近距离中使用发挥不了运输速度较快的优势；相反，由于装卸时间长，反而会延长运输时间。另外，与小型运输设备相比，火车及大型船舶装卸难度大、费用高。

3)运输工具承载能力选择不当

不是根据承运货物数量及重量选择，而是盲目选择运输工具，造成过分超载、损坏车辆或货物不满而浪费运力的现象，其中"大马拉小车"现象较为普遍，装货量小，单位货物运输成本必然增加。

8. 托运方式选择不当

对于货主而言，可以选择更好的托运方式而未选择，造成运力浪费及费用支出加大，如应选择整车而未选择，反而采取零担托运；应选择直达而选择了中转运输；应选择中转运输而选择了直达运输等，这些都属于不合理运输的类型。

9. 超限运输

运输的物品超过规定的长度、宽度、高度和重量，不仅容易引起货损、车辆损坏和公路路面及公路设施的损坏，还会造成严重的事故，这是当前表现突出的不合理运输。

上述各种不合理运输形式都是在特定条件下才表现出来的，在进行判断时必须注意其不合理的前提条件，否则就容易出现判断失误。如同一种产品，因商标不同、价格不同所发生的对流，不能绝对看成是不合理的，因为其中存在着市场机制引导的竞争、优胜劣汰，若强调因为表面的对流不允许运输，就会起到保护落后、阻碍竞争甚至助长地区封锁的作用。类似的例子在各种不合理运输形式中都可以举出一些。

以上对不合理运输的描述，主要就运输形式本身而言，是从微观观察得出的结论。在实践中，必须将其放在物流系统中做综合判断。单从一种情况来看，避免了不合理，做到了合理，但这一合理却有可能使其他部分出现不合理现象。从系统角度来看，只有进行综合判断才能有效避免效益背反现象，从而优化全系统。

二、运输合理化的概念

物流过程的合理化运输是指从物流系统的总体目标出发，选择合理的运输方式和运输路线，按照货物流通规律，运用系统理论、系统工程原理和方法，选择合理的运输路线和运输工具，以最短的路径、最少的环节、最快的速度和最少的劳动消耗组织运输活动。

1. 运输方式的合理选择

各种运输方式及其所使用的运输工具各有特点，各类物品对运输的要求也不尽相同。因此，合理选择运输方式就是合理利用各种运输方式，以确保运输的高效、准时、经济和安全。

选择运输方式主要考虑的基本因素有以下几点：

(1)运输方式的速度；

(2)运输费用；

(3)各种可选运输方式的合理组合。

从物流过程中的运输功能来看，快捷的运输是物流服务的基本要求。但是，速度快往往意味着运输费用高。同时，在考虑运输合理化及运输的经济性时，仅从运输费用这一单个因素来判断运输方式的选择是否合理也是片面的。

运输方式或运输工具的选择应该综合考虑上述各种因素，权衡运输时间与运输费用、运输安全性与便捷性等诸多因素，根据物资运输的实际需要，选择合适的一套运输工具进行组合。其实很多情况下，由于运输空间对运输方式的限制，最理想的运输方式组合往往无法实现，有时工具还需要从物流运输的功能方面来研究，采用综合评价的方法来选择运输工具。

2. 运输路径的合理化

选择合理的运输路径是继选择合理的运输方式组合后第二个提高运输效率的重要步骤。运输路径的合理化就是通过合理的安排和筹划，使每次运输或每批次运输在运送路径、流程等方面接近最佳，保证货物准时、经济、安全送达。

表述运输路径合理化的指标一般有：运输距离最短、运输时间最短或运输成本最低等。城市配送业务一般强调最短运输路径设计；国际运输强调运送时间最短和准确；在城市货物配送、集货过程中，往往根据货物送达地点的布局，合理设计车辆的运行路径，以减少车辆绕行，规避容易拥堵路段；船舶运输强调合理设计船舶的挂港顺序和挂靠地点，合理设计货物的换装或中转地点，以使货物在途时间最短、装卸次数最少；地区间的零担运输则通过整合零散单位货物为批次货物，利用整车运输来达到规模经济效果。

运输路径的合理化一般可根据一些理论方法，通过整体规划、优化设计、恰当管理来实现。为了确保最佳指标的实现，运输流程的设计和控制也十分重要。

三、运输合理化的措施

1. 提高运输工具实载率

提高运输工具实载率的意义在于充分利用运输工具的额定能力，减少车船空驶和不满载行驶的时间，减少浪费，从而求得运输的合理化。根据测定，汽车运输的实载率每下降1%，百吨货物千米的油耗上升1%~2%。当前，配送的优势之一就是将多家需要的货物或者一家需要的多种货物进行配装，以达到容积和载重的充分合理运用，比起以往自家提货或一家送货车辆大部分空驶的状况，是运输合理化的一个进展。在铁路运输中，整车运输、合装整车、整车分卸及整车零卸等都是提高实载率的有效措施。

2. 采取减少动力投入，增加运输能力的有效措施

这种合理化的要点是少投入、多产出，走高效益之路。运输的投入主要是能源和基础设施的投入。在设施建设已定型和完成的情况下，尽量减少能源投入是减少投入的核心。这种合理化能大大节约运费，降低单位货物的运输成本。这方面的有效措施有以下几种。

（1）在机车能力允许的情况下，加挂车皮。

（2）水运时采取拖排和拖带法。竹木等物资可利用竹木本身的浮力运输。不用运输工具载运，采取拖带法运输，可省去运输工具本身的动力消耗，从而实现合理化；将无动力驳船编成一定队形——一般是纵列，用拖轮拖带行驶，具有比船舶载乘运输运量大的优点，实现合理化。

（3）顶推法。顶推法是我国内河货运经常采取的一种有效方法。其做法是将内河船舶编成一定队形，由机动船顶推前进。其优点是航行阻力小，顶推量大，速度较快，运输成本很低。

（4）汽车列车。汽车列车的原理与船舶拖带、火车加挂基本相同，都是在充分利用动力能力的基础上，增加运输能力。与单车相比，汽车列车可以采用拖挂的办法提高效率、降低油耗。根据测定，在汽车列车中，半挂汽车列车比全挂汽车列车优势更为明显。

（5）选择大吨位汽车。在运量比较大的路线上，采用大吨位汽车进行运输比采用小吨位汽车进行运输有更大的节约。例如，美国货运汽车平均吨位为 12.5 吨，每百吨千米油耗为 3.01 升；我国汽车平均载重吨位为 4.6 吨，每百吨千米油耗为 8 升，显然美国的大吨位汽车就更有优势。

3. 发展直达运输

直达运输是追求运输合理化的重要形式，其要点是通过减少中转过载和换载，从而提高运输速度，省去多余的装卸费用，降低货损。直达运输的优势在一次运输批量和用户一次需求量达到一整车时表现最为突出。

4. 配载运输

配载运输是充分利用运输工具载重量和容积，合理安放装载的货物及载运方法，以求得合理化的一种运输方式。配载运输也是提高运输工具实载率的一种有效形式。

配载运输往往是轻重商品的混合配载，在以重质货物运输为主的情况下，同时搭载一些轻质货物，如运输海运矿石、黄沙等重质货物时，在上面捎运木材、毛竹等；通过铁路运输矿石、钢材等重物时，上面搭运轻质农副产品等，可在基本不增加运力投入的情况下，既不减少重质货物的运输，又解决了轻质货物的搭运问题。

5. 开展中短距离铁路公路分流的“以公代铁”的运输

这一措施的要点是在公路运输经济里程范围内，尽量利用公路。这种运输合理化的表现主要有以下两点。

（1）对于比较紧张的铁路运输，用公路分流后可以得到一定程度的缓解，加大这一区段的运输通过能力。

（2）充分利用公路门到门运输和中短途运输中速度快且灵活机动的优势，实现铁路运输服务难以达到的服务水平。

我国的“以公代铁”运输在杂货、日用百货运输以及煤炭运输中较为普遍，距离一般在 200 千米以内，有时可达 700~1 000 千米。经过技术经济论证，山西煤炭用公路代替铁路运至河北、天津、北京等地是合理的运输方式。

6.“四就”直拨运输

“四就”直拨运输是减少中转运输环节，力求以最少的中转次数完成运输任务的一种运输形式。批量到站或者到港的货物，一般要先进入分配部门或批发部门的仓库，再按程序分销给用户。这样往往会出现不合理运输。“四就”直拨运输，首先是由管理机构预先筹划，然后就厂、就车站（码头）、就仓库、就车（船）将货物分送给用户，而无须入库。“四就”直拨包括就厂直拨、就车站直拨、就仓库直拨、就车（船）直拨四类。

7. 发展特殊运输技术和运输工具

科技进步是运输合理化的重要途径。例如，专用散装车及罐车解决了粉状、液状货物运输损耗大、安全性差等问题；袋鼠式车皮、大型半挂车解决了大型设备整体运输问题；滚装船解决了车载货的运输问题；集装箱船能比一般船舶容纳更多的箱体集装箱；高速直达车船可提高运输速度等，都是通过采用先进的科学技术实现的。

8. 通过流通加工使运输合理化

由于本身形态及特性问题，有不少产品很难实现运输的合理化，但这些产品经过适当加工，就能够有效解决合理运输问题。例如，将造纸材料在产地预先加工成纸浆，干燥后压缩体积运输，就能解决造纸材料运输不满载的问题。将轻质产品预先捆紧并按规定尺寸包装，装车时就可以提高装载量；水产品及肉类预先冷冻可提高车辆装载率并降低运输损耗等。

任务八　运输决策

一、运输方式决策

1. 运输方式选择的影响因素

选择适当的运输方式是物流合理化的一个重要方面。在选择运输方式时，可以具体条件为基础，参考不同运输方式的不同营运特性进行最佳选择。影响运输方式选择的因素有以下几方面。

1）货物的特性

货物的价值、形状、单位重量、危险性、变质性等是影响运输方式选择的重要因素。一般来说，大批量的货物、价格低廉或容积庞大的货物适合铁路或水路运输；重量轻、容积小、价值高的货物适合航空运输；中短距离适合公路运输。

2）运输时间

运输时间是指各运输方式的货物运达期限，应根据交货日期从运输的速度和可靠性考虑，以保证符合运输时限。可以按照各运输工具的速度编组来安排日程，加上两端及中转的作业时间，就可以计算出所需的运输时间，如果交货时间紧张，则应选择期限短的运输方式，否则应选择安全性高、运输费用低的运输方式。一般情况下，运输时间由短到长依次是航空运输、汽车运输、铁路运输、水路运输。

3）运输总成本

运输总成本是指为在两个地理位置间的运输所支付的费用以及与运输管理、维持运输中存货有关的总费用。运输总成本因货物的种类、重量、容积、运距等的差异而有所不同。货物运输总成本不仅包括运输工具的运输费用，还包括运输管理费用，维持运输中的包装、保管、库存、装卸以及保险费用。不能只考虑运输费用来决定运输方式，还要注意运输费用与物流体系中的其他系统之间的利弊关系，在对总成本及其构成比重进行全面考虑后决定。

4）运输距离

运输距离一般情况下可依照以下原则确定：300 千米以内用汽车运输；300~500 千米用铁路运输；500 千米以上用船舶运输，在没有水路的情况下，500 千米以上的货物用铁路运输比较经济。在实际选择运输方式时，还要考虑其他情况。

5）运输批量

为降低大批量运输的成本，应尽可能使商品集中到最终消费地附近，并选择合适的运输工具进行运输。一般来说，20 吨以下的货物用汽车运输；20 吨以上的货物用铁路运输；数百吨以上的原材料之类的货物，如有水路可用，应选择船舶运输。

6）其他影响因素

除了上述因素，经济环境或社会环境的变化也制约着托运人对运输方式的选择。例如，随着物流量的增大，噪声、大气污染、海洋污染、事故频发等日益成为社会问题，政府为解决这些问题出台了相关法律法规，管制日益严格：对公路运输超限超载加以规制；对航空、水路、铁路、公路运输中各种货物有不同规定；为防止交通公害问题，对税金、使用费等加以规定等。

2. 运输方式选择的定性分析法

1）单一运输方式的选择

单一运输方式的选择是指只选择一种运输方式提供运输服务。公路、铁路、水路、航空和管道五种基本运输方式各有优点和不足。在实际运输中，可以根据五种基本运输方式的特点结合实际运输需求进行恰当的选择。

2）多式联运的选择

多式联运是指选择两种或两种以上的运输方式联合起来提供运输服务。多式联运的主要特点是可以在不同运输方式间自由变换运输工具，以最合理、最有效的方式完成货物的运输。在实际运输中，铁路与公路联运、公路或水路与铁路联运、航空与公路联运应用较广泛。

铁路与公路联运即公铁联运，也称驼背运输，其综合了公路运输灵活方便与铁路运输长距离、经济、准时的优势。公路或铁路与水路联运，也称鱼背运输，其最大优势是运量大、运费低。航空与公路联运可将航空运输的快捷和公路运输的灵活方便等优势融合到一起。具体选择哪种联运方式，要根据影响运输方式选择的因素综合确定。

3. 运输方式选择的定量分析法

1）成本比较法

不同的运输方式有不同的运输成本，可以通过比较运输服务成本与提供某运输服务水平产生的相关间接库存成本之间的平衡度选择运输方式，运输的速度和可靠性会影响托运人和买方的库存水平以及在途库存水平，如果选择速度慢、可靠性差的运输服务，物流渠道中就需要有更多的库存，这时库存增多使成本升高，抵销了运输服务成本的降低。因此，最佳的运输服务方案是既能满足客户的需要，又能使总成本最低。

2）综合评价选择法

综合评价选择法是指根据影响运输方式选择的四个因素——经济性、快速性、安全性、便利性进行综合评价，然后根据评价结果确定运输方式。

使用这种方法时，用f_1、f_2、f_3、f_4分别表示影响运输方式选择的四个因素值，即运输方式的经济性、快速性、安全性和便利性。由于货物的形状、价格、交货日期、运输批量和收货单位不同，四个因素的影响也各不相同。因此，可以对它们赋予不同的权重加以区别。若用k_1、k_2、k_3、k_4分别表示其权重，则运输方式的综合评价值可表示为

$$f = k_1 f_1 + k_2 f_2 + k_3 f_3 + k_4 f_4$$

二、运输路线决策

运输路线的确定是运输决策的一个重要方面，正确地确定运输路线可以降低运输成本，提高运输设备的利用率，同时提高服务水平。

1. 运输路线的类型

在运输过程中，车辆按预定计划在道路上的行驶路线，即是车辆运输路线。从不同的角度看，车辆运输路线可划分为不同的类型。

1）按出发地和目的地数目划分

Ⅰ. 单一出发地和单一目的地运输路线

独立的单一出发地和单一目的地的车辆运输路线问题可以视为网络规划问题，可用运筹学的方法来解决，其中最简单直接的是最短路线法。

Ⅱ. 多起点、多终点运输路线

实际运输中常常会碰到由多个供应商供给多个工厂，或者把不同工厂生产的同一产品分配到不同客户的问题，如果各供货地能够满足的需求数量有限，则问题会更复杂，解决这类问题可以运用特殊的线性规划算法即运输方法问题求解。

Ⅲ. 起点和终点为同一地点运输路线

用自有车辆运输时，车辆往往要回到起点。比较常见的情况是，车辆从物流中心出发到

不同的配送点送货，然后回到物流中心。要解决这类问题，需要找到一个走遍所有地点的最佳顺序，以实现运行时间或距离最小化。起点和终点相合的路线选择问题通常称为旅行推销员问题，这类问题没有固定的解题思路，通常是根据实际情况的不同结合经验寻找适用的方法。

2）按运输路线的几何形状划分

Ⅰ．往复式运输路线

往复式运输路线是指车辆在两个装卸作业点之间做一次或多次重复运输的行驶路线。这种运输路线可分为单程有载往复式、回程部分有载往复式和双程有载往复式三种。其中，双程有载往复式路线的里程利用率最高，而单程有载往复式路线的里程利用率最低，所以在实际的运输组织工作中应尽量避免单程有载往复式运输路线。

Ⅱ．环形式运输路线

环形式运输路线是指车辆在由若干个装卸作业点组成的封闭回路上，做连续单向运行的行驶路线。这种行驶路线主要有三种形式：简单环形式、交叉线三角形式和复合环形式。当车辆在环形式运输路线上进行运输活动时，应使车辆空驶行程之和小于有载行程之和，这种最大限度地组织车辆有载运行的方式即为循环运输。

Ⅲ．汇集式运输路线

汇集式运输路线是指车辆把处于运行路线上的各装卸作业点依次完成相应的装卸作业，且每运次的货物装卸量均小于该车核定载重量，直到整个车辆装满（卸空）后返回起点的行驶路线。这种路线主要有三种形式：分送式、收集式和分送收集式。安排车辆在汇集式运输路线上进行运输活动时，其组织工作较为复杂，但有利于做到“取货上门，送货到家”，为货主提供良好的服务。这种路线在配送运输中应用广泛。汇集式运输路线的形状有环形、直线形等，在汇集式运输路线上进行运输生产活动，通常以车辆每次周转作为研究对象并加以组织。汇集式运输路线的选择以运输费用最低为原则。

2. 运输路线选择的目标

运输路线选择的目标就是运输路线合理化。运输路线合理化就是按照货物流通规律组织货物运输，力求用最少的劳动消耗获得最高的经济效益，即在完成货运任务和满足客户需求的前提下，使货物运输经过最短的里程、最少的环节，且时间最快、成本最低。运输路线合理化是物流中心进行运输管理最基本的要求，合理化的运输路线可以节省运力、缩短时间，最终表现为节约运输成本和提高运输质量，增强物流中心的竞争优势。在确定运输路线选择的目标时，可根据物流中心的具体情况，选择具体目标，具体有以下几种。

1）效益最高或成本最低

实现利润最大化或成本最小化是所有企业都追求的，因此效益最高或成本最低也是运输线路选择时常用的一个目标。

2）里程最短

车辆在运输网点间的运输路线短有助于提高运送速度和降低运输费用，如果运输成本与运输里程相关性较强，而与其他因素相关性较弱，运输里程最短的实质就是运输成本最低，则可考虑以运输里程最短为目标。当运输成本不能通过运输里程反映，如道路收费、运行条件严重影响成本时，仅以里程最短作为目标就不适宜。

3）配送服务水准最优

如果准时配送成为首要要求，或需要牺牲成本来确保服务水平，应以服务水准为首选目标。成本的损失可以从其他方面弥补，如提供优质服务可以收取较高的价格。

4）运输周转次数最少

在完成货物运输任务的前提下，运输周转次数越少，运输费用就可能越低。

拓展案例

家乐福中国及其运输决策

成立于1959年的法国家乐福集团是大型超级市场概念的创始者，目前是欧洲第一、全球第二的跨国零售企业，也是全球国际化程度最高的零售企业。家乐福于1995年进入中国市场，最早在北京和上海开设了当时规模最大的大卖场。目前，家乐福在中国31个城市相继开设了86家商店，拥有员工4万多人 。家乐福中国公司经营的商品95%来自本地，因此家乐福的供货很及时，这也是家乐福在中国经营很成功的原因之一。家乐福实行“店长责任制”，对各店长给予极大的权力，所以各个店之间并不受太多的制约，店长能灵活决定所管理的店内的货物来源和销售模式等。家乐福采用的是各生产商缴纳入场费，商品也主要由各零售商自己配送的方式，家乐福中国总公司本身调配干涉力度不大，所以各分店能根据具体情况灵活决定货物配送情况，事实证明这样做的效果目前很显著。

家乐福中国在网络设计方面主要体现为运输网络分散度高，一般流通企业都是自己建立仓库及其配送中心，而家乐福的供应商直送模式决定了它的大量仓库及配送中心事实上都是由供应商自己解决的，由家乐福集中配送的货物占极少数。这样的经营模式不但可以节省大量的建设仓库和管理费用，商品运送也较集中，配送更方便，而且能及时供应商品或下架滞销商品，这有利于家乐福的销售，对供货商了解商品销售情况也是极有利的。在运输方式上，除了较少数需要进口或长途运送的货物使用集装箱挂车及大型货运卡车外，由于大量商品来自本地生产商，故较多采用送货车。这些送货车中有一部分是家乐福租的车，而绝大部分则是供应商自己长期为家乐福各店送货的车，家乐福自身所需车的数量不多，所以它并没有自己的运输车队，也省去了大量的运输费用，从另一方面提高了效益。在配送方面，供应商直送的模式下，商品来自多条线路，而无论各供应商还是家乐福自己的车辆都采用了“轻重配载”的策略，有效利用了车辆的各级空间，使单位货物的运输成本得以降低，进而在价格上取得主动地位。而先进的信息管理系统也能让供应商在最短时间内掌握货架上其所供销售的各种商品的货物数量以及每天的销售情况，补货和退货因此而变得方便，也能让供应商与家乐福之间相互信任，建立长期合作关系。

案例思考与讨论：

（1）家乐福中国的运输决策主要有哪些内容？

（2）家乐福中国的运输策略对你有什么启示？

项目小结

本项目主要讲述了运输的概念、功能、分类及基本组织原理，分别讲述了现代运输方式，即水路运输、铁路运输、公路运输、航空运输及管道运输的定义、优缺点及使用范围等，最后讨论了合理化运输的时间途径及运输决策方法。

项目练习

一、单项能力训练

1. 单选题

（1）运输是创造（　　）的主要手段。

A. 空间效用　　B. 时间效用　　C. 地理效用　　D. 地域不同效用

（2）（　　）运输特别适合长距离高价的产品运输。

A. 铁路　　B. 公路　　C. 水运　　D. 航空

（3）铁路运输的经济特点是（　　）。

A. 固定成本高，流动成本高　　B. 固定成本高，变动成本低

C. 固定成本低，变动成本低　　D. 固定成本低，变动成本高

（4）管道运输的主要缺点是（　　）。

A. 运输费用高　　B. 运输物品受限制　　C. 固定投资高　　D. 运输损耗大

（5）水路运输成本比铁路运输（　　）。

A. 高　　B. 相同　　C. 低　　D. 相当

（6）以下不是管道运输特点的是（　　）。

A. 运量大　　B. 不灵活　　C. 专用性强　　D. 运费高

（7）（　　）运输是衔接物流其他运输方式的主要手段。

A. 公路　　B. 铁路　　C. 海洋　　D. 航空

（8）现阶段在我国综合运输网络中起主导作用，承担国民经济大动脉运输方式是（　　）。

A. 航空运输　　B. 水路运输　　C. 铁路运输　　D. 公路运输

（9）（　　）是运输合理化的最基本因素。

A. 运输时间　　B. 运输工具　　C. 运输距离　　D. 运输成本

2. 判断题

(1)运输的功能主要是产品转移和短暂存储。(　　)

(2)在常用的五大运输方式中,水路运输的成本最低。(　　)

(3)铁路运输是所有运输方式中最悠久的输送形式。(　　)

(4)通常认为运输距离超过 300 千米,以公路运输较好;不足 300 千米,以铁路运输较为适宜。(　　)

(5)选择最佳的运输方式是降低运输成本的唯一方法。(　　)

(6)水路运输成本低、可达性好,适合承担大宗及笨重货物的长途运输。(　　)

(7)国际多式联运是国与国之间的多种运输方式的联合运输。(　　)

(8)公路运输是人类掌握的最古老的长途运输方式。(　　)

(9)运输距离长短是运输是否合理的一个基本判断因素。(　　)

(10)远洋航运是国际货物运输的主要形式。(　　)

3. 简答题

(1)运输的功能包括哪些内容?

(2)现代运输的主要方式有哪些?各有什么特点?

(3)不合理运输的表现形式具体包括哪些?

(4)实现合理化运输的措施主要有哪些?

(5)运输路线选择的目标是什么?

二、综合技能训练

3~5 人一组,实际走访调查一家身边的物流运输企业,了解物流运输的实际应用、常用方法及评价标准,并撰写调查报告。

项目三　仓储与库存管理

学习目标

- ❖ 掌握仓库的概念、功能和分类。
- ❖ 了解仓库规划与设计的基本原则。
- ❖ 知道仓储作业的基本流程及主要工作。
- ❖ 理解仓储作业的基本流程及主要任务。
- ❖ 理解不合理仓储的常见表现及仓储合理化的具体措施。
- ❖ 掌握库存管理的概念及功能。
- ❖ 理解库存二重性及其产生原因。
- ❖ 知道库存控制的基本任务，并了解常用的库存控制方法。
- ❖ 学会使用库存管理的常用方法（ABC 物资管理法）。

项目引入

仓储管理八部曲

仓储是集中反映物资活动状况的综合场所，是产品生产、流通过程中因订单前置或市场预测前置而使产品、物品暂时存放的综合场所，是连接生产、供应和销售的中转站，对促进生产、提高效率有重要作用。同时，围绕仓储的实体作业活动，清晰准确的报表、单据和账目，会计部门准确的信息核算等都在其工作范畴内。因此，仓储是物流、信息流、单证流的合一。

随着经济社会的不断发展，产品的生产周期越来越短，多样少量的生产方式，对库存限制的要求越来越高，因此必须建立供应链库存管理系统，借助信息化、网络化工具将供应商、制造商和客户三者密切结合，共担库存风险。

仓储管理可以简单概括为八部曲关键管理模式，具体内容如下。

第一部曲：追。

仓储管理应具备资讯追溯能力，向前延伸至物流运输与供应商生产出货状况，与供应商生产的实际出货状况相衔接。同时，仓储管理必须与物流商进行 ETD/ETA 连线追溯。ETD（Estimated to Departure）——离开供应商工厂出货的码头多少量，离开供应商外包仓库的码头多少量？ETA（Estimated to Arrival）——第三方物流与第四方物流抵达目的地多少量、抵达公司工厂的码头多少量、抵达公司生产线多少量与 VMI Min/Max 库存系统连线补货情况。

第二部曲：收。

仓库在收货时应采用条码或更先进的 RFID 扫描来确认进料状况，关键点包括：供应商送货时，送货资料没有采购VPO号，仓库应及时找相关部门查明原因，确认此货物是否今日此时该收进；在清点物料时如有物料没有达到最小包装量的散数，应开箱仔细清点，确认无误，方可收进；收货扫描确认时，如系统不接受，应及时找相关部门查明原因，确认此货物是否收进。

第三部曲：查。

仓库应具备货物的查验能力，对于甲级物料（只有几家供应商可供选择的有限竞争市场和垄断货源的独家供应市场的A类物料）特别管制，严控数量，独立仓库，24小时保安监控；建立耗材免检制度，要求供应商对于不良耗材无条件及时补货退换；对于物料储存时限进行分析，并设定不良物料处理时限。

第四部曲：储。

物料进仓做到不落地或至少做到（储放在栈板上，可随时移动）每一种物料放在固定的容器或位置，暂存时限自动警示，尽量做到存储仓位管制。

第五部曲：拣。

分拣物料依据生产命令消耗顺序进行，尽量做到按照灯号指示分拣物料，分拣物料时通过自动扫描系统实现财务统计入账及扣账，及时变更库存信息，并告知中央调度补货。

第六部曲：发。

仓库发料依据生产命令单备料、发料，生产工序命令、各种备料单及分拣料单三者协调合一为佳，做到现场物料耗用一目了然，使用自动扫描系统配合信息传递运作。

第七部曲：盘。

整理盘点始终遵循散箱、散板、散数原则。例如1种物料总数103个，是10箱（每箱10个）加3个零数，在盘点单上盘点数的方法应写成10箱×10个+3个=103个。对于物料要进行分级分类，从而确定各类物料盘点时间。

第八部曲：退。

以整包装退换为处理原则，处理时限与处理数量做到达到整包装即退或固定时限即退。做到线边仓（也称暂存仓）自动补换货制度取代退料确认做法，要求供应商免费提供包装箱。

案例讨论：

（1）仓储管理在整个物流管理中的必要性具体体现在哪里？

（2）分拣和盘库操作分别有哪些作业活动？

（3）以学校的教材管理中心为例，具体分析仓储管理八部曲的具体作业内容。

任务一　仓储概述

一、仓库的概念

仓库是存储和保管物品的建筑物和场所的总称，包括为了减少或防止物资损坏而进行作业的场所。仓库还包括设置在仓库周围为仓储作业服务的设备和设施，如地坪、货架、衬垫、传送带、升降设备及通风照明设备等。

二、仓库的功能

仓库的最基本功能是存储物资，并对储存的物资实施保管和控制。此外，仓库还肩负着物资处理、流通加工、物流管理和信息服务等功能，现代仓库的功能远远超过了单一的存储功能。从系统的观点来看，仓库的功能主要有以下几个方面。

1. 存储和保管

仓库用于存储物品，并根据存储物品的特性配备相应的设施，以保持物品存储的完好性。例如，存储粮食的仓库要防潮、防火、防虫害；存储精密仪器的仓库要防潮、防尘、恒温；存储化工用品的仓库要防潮、防爆等；存储挥发性溶剂的仓库必须设有通风设备，以防止空气中挥发性物质含量过高而引起爆炸。在仓库作业时，还有一个基本要求，就是要防止搬运和堆放时碰坏或压坏物品，为此要求搬运机具和操作方法不断改进和完善，使仓库真正起到储存和保管的作用。

2. 调节供需

创造物资的时间效用是物流的基本职能之一，它是由物流系统中的仓库来完成的。现代大生产的形式多种多样，从生产和消费的连续性来看，每种产品都有不同的特点，有些产品的生产是均衡的，而消费是不均衡的；有些产品的生产是不均衡的，而消费却是均衡的。要使生产和消费相协调，就需要仓库来起到“蓄水池”的调节作用。

3. 调节货物运输能力

各种运输工具的运输能力是不一样的，船舶的运输能力很大，海运船一般是万吨级，内河船也有几百吨至几千吨的。火车的运输能力较小，每节车皮能装运 30~60 吨，一列火车的运量最多可达几千吨。汽车的运输能力很小，一般每辆车能装运 4~10 吨。各种运输工具之间的运输衔接是很困难的，这种运输能力的差异可通过仓库进行调节和衔接。

4. 流通配送加工

现代仓库正处在由保管型向流通型转变的过程中，从储存、保管货物中心向流通、销售中心转变。仓库不仅要有储存、保管货物的设备，还要增加分拣、配套、捆装、流通加工、信息处理等设施。这既扩大了仓库的经营范围，提高了物资的综合利用率，又方便了消费，提高了服务质量。

5. 信息传递

仓库功能的转变对信息传递提出了更高的要求。在处理与仓储活动有关的各项事务时，需要依靠计算机和互联网，通过电子数据交换和条形码等技术来提高仓储物品信息的传递速度，及时、准确地了解仓储信息，如仓库利用水平、进出库的频率、仓库的运输情况、顾客的需求以及仓库人员的配置等。

6. 产品生命周期的支持

根据美国物流管理协会的定义，物流是在供应链运作中，以满足客户要求为目的，对货物、服务和相关信息在产出地和销售地之间实现高效率和低成本的正向和逆向的流动与存储而进行的计划执行和控制的过程。可见，现代物流包括了产品的整个生产、流通和服务过程，因此仓储系统能在产品生命周期内提供支持。随着强制性质量标准的贯彻和环保法规约束力度的加大，制造商和配送商要负责包装材料的回收，这必然导致退货和回收等逆向物流的产生。逆向物流与传统供应链方向相反，是将最终顾客持有的不合格产品、废旧物品回收到供应链中的各个节点作为供应链中的重要一环，仓库在逆向物流中承担着退货管理中心的职能，负责及时确定问题商品，通知所有相关方面，发现退回商品的潜在价值，为企业增加预算外或抢救性收入。

三、仓库的分类

1. 按使用范围分类

1）营业仓库

营业仓库是指企业按照仓库业管理条例取得营业许可，专门为经营储运业务而修建的仓库。与自有仓库相比，营业仓库效率更高，面向社会，并以经营为手段，以盈利为目的。

2）自用仓库

自用仓库是指生产或流通企业为了保管本公司的物品而建设的仓库，需要保管的物品确定后，企业可选择适合这些物品的仓库结构和装卸设备。

3）公共仓库

公共仓库是由国家或某个主管部门修建的为社会服务的仓库。

4）出口监管仓库

出口监管仓库是指经海关批准，在海关监管下用于存放已按规定领取出口货物许可证或批件，已对外买断结汇并向海关办理全部出口手续的货物的专用仓库。

5）保税仓库

保税仓库是指根据有关法律和进出口贸易的规定取得许可，经海关批准，在海关监管下专供存放办理关税手续而入境或过境货物的场所。

2. 按保管目的分类

1）流通中心型仓库

流通中心型仓库是指具有发货、配送和流通加工功能的仓库。

2）储存中心型仓库

储存中心型仓库是指以储存为主要功能的仓库。

3）物流中心型仓库

物流中心型仓库是指具有存储、发货、配送和流通加工功能的仓库。

3. 按专业性质分类

1）普通仓库

普通仓库对于仓库的储存条件没有特别的要求，一般指具有常温保管、自然通风的无特殊功能的仓库，用于存放一般的物资。

2）冷藏仓库

具有冷却设备并能隔热的仓库（一般温度在 10 ℃以下）称为冷藏仓库，是专门用来储存冷冻物资的仓库。

3）恒温仓库

恒温仓库即能够保持一定温度和湿度的仓库。

4）特种仓库

特种仓库用于储存具有特殊性质、要求特殊保管条件的物资，如危险品、石油等。

4. 按结构和构造分类

1）平房仓库

平房仓库是指结构很简单，有效高度一般不超过 6 米的仓库。

2）多层仓库

多层仓库是指两层以上的由钢筋混凝土建造的仓库。

3）高层货架仓库

高层货架仓库是一种自动化程度较高、存货能力较强的仓库。在作业方面，高层货架仓库主要使用电子计算机控制，能实现机械化和自动化操作。

4）罐式仓库

罐式仓库是指以各种罐体为储存库的大型容器型仓库，如球罐仓库、柱状罐体仓库等，主要用来存储石油、天然气和液体化工品等。

5. 按库内形态分类

1）地面型仓库

地面型仓库通常指单层地面库，多使用非货架型的保管设备。

2）货架型仓库

货架型仓库通常指采用多层货架保管的仓库。

3）自动化立体仓库

自动化立体仓库通常指采用运送机械存放或取出，用堆垛机等设备进行机械化、自动化作业的高层货架仓库。

6. 按选址分类

1)内陆仓库

在内陆地区建造的仓库统称为内陆仓库。

2)港口仓库

与内陆仓库相对应，港口仓库是指为了保管进出口货物在海港、空港附近建立的仓库。

3)枢纽站仓库

为了发展现代化运输，把货运枢纽站和仓库集中在一起，在流通业务集散地建造的仓库称为枢纽站仓库。

任务二　仓储规划与设计

一、宏观规划与设计

合理设计仓库系统的宏观布局需要做到以下几点：①确定设立仓库的数量，即仓库数量决策；②确定各个仓库的规模，即仓库规模决策；③确定各个仓库的类型，即仓库类型决策；④确定各个仓库布局的方式，即仓库布局模式决策；⑤确定仓库的选址，即仓库选址决策。

1. 仓库数量决策

仓库数量决策要考虑以下几种因素。

(1)要考虑市场需求因素。仓库要能够满足各个分市场的需要量，一般把企业的市场分成若干个地区市场，根据各个地区市场需求量，考虑分别在各个地区市场中设置一个或几个仓库。

(2)要考虑成本因素，包括仓储成本、存货成本、运输成本和丧失销售的成本。仓库数量对物流系统各项成本都有重要的影响。一般而言，随着物流系统仓库数量的增加，运输成本和丧失销售的成本会减少，而存货成本和仓储成本将增加。

(3)在考虑运输成本时，还要考虑运输方式的多样性和它们分别对于其他成本的影响。不同的运输方式和运输路径对于仓储成本等其他成本的影响不同，要选择总成本最小的运输方式和运输路径。例如，一个或两个具有战略性选址的仓库结合空运就能在全国范围内提供快速服务。尽管空运成本较高，但却降低了仓储的库存成本。由于运输方式多样，还要考虑其他仓储决策因素，这使得仓库数量决策变得非常困难。

(4)对于服务水平因素，一般来说，仓库规模越大，仓库数量就可以越少，建设成本和物资处理成本就会越低，仓库的规模效益可以明显降低物流成本。但是，除了考虑规模经济，还要考虑服务水平。一般而言，仓库地点越少，顾客响应程度越不灵敏，服务水平越低；仓库地点越多，顾客响应程度越灵敏，服务水平越高。应兼顾仓库规模与服务水平进行适当选择。

2. 仓库规模决策

仓库规模是指仓库能够容纳的货物的最大数量或总体积。直接影响仓库规模的因素是本地市场对仓库商品的需求量和需求速率。需求量越大，则仓库的规模也应越大。需求速率越大，说明出库速率越大，因而商品周转的速度也越快，从而仓库规模就可以小一些。因此，要综合考虑市场的需求量和需求速率，确定合适的仓库规模。

3. 仓库类型决策

确定了仓库数量和规模以后，就要逐个确定仓库的类型。企业选择仓库类型时，是选择自建仓库还是租用仓库，主要应考虑以下因素：①在本地还是在外地；②存货的种类；③存货的数量；④存货的持久性、稳定性；⑤存货保管的特殊性；⑥仓储成本。

如果是本地仓库，特别是在企业内部的仓库，由于存储量大，且物资存放持久稳定，直接与生产过程联系，为便利生产和存储，一般考虑自建仓库。如果是外地仓库，由于存货量小，而且不一定持久和稳定，如果货品保管和使用没有特别要求，而且租用成本低，则一般可以租用当地的营业仓库。租用仓库还可以利用当地的第三方物流企业力量，实现低成本、高质量和高效率的物流运作。

租用仓库一般只能提供普通仓储、普通保管条件和普通物流运输配送服务，所以如果企业的储存物品是普通品，没有特殊的保管要求和运输配送要求，可以采取租用仓库的方式。

如果企业的储存物品是特殊品、贵重品，或者存货数量很大且持续和稳定，货品的保管、运输配送有特殊的要求，或者租用仓库的仓储成本特别高，则即使是外地仓库，也应当考虑自建仓库。

4. 仓库布局模式决策

在确定了仓库网点的数量、规模和类型之后，就可以选择仓库布局的模式。仓库布局主要考虑仓库网点和其客户群的位置关系，达到方便客户、节省运输费用的目的。仓库布局模式分为辐射型、吸收型、聚集型和扇形四种类型。

（1）辐射型仓库布局指仓库位于许多用户之间的一个居中位置，物品由仓库向各个方向的用户运送，如图 3-1 所示。它适用于用户相对集中的经济区域。这种仓库布局能够为其辐射范围内的用户提供有效供货和物流服务，而且物流成本低。

（2）吸收型仓库布局指仓库位于许多货主之间的某一居中位置，货物从各个货主向配送中心运送，如图 3-2 所示。这种仓库属于集货中心，它能够有效地将各个货主的货物运输到仓库，而且总的物流成本低。

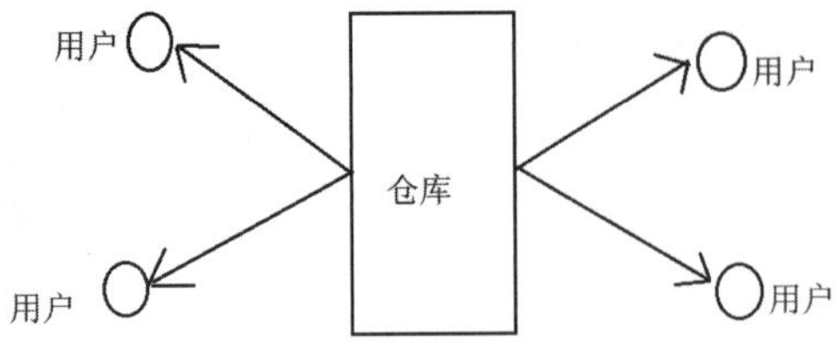

图 3-1　辐射型仓库布局

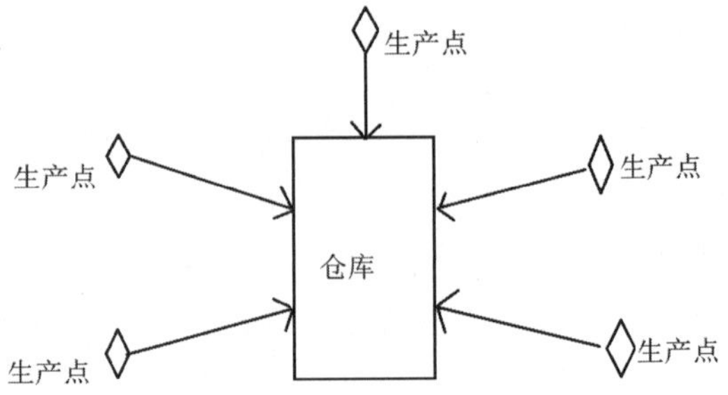

图 3-2　吸收型仓库布局

（3）聚集型仓库布局类似于吸收型仓库布局，但处于中心的不是仓库，而是中心用户，四周分散的是仓库，而不是货主和用户，如图 3-3 所示。这种布局模式适用于经济区域生产企业十分密集、不可能设置若干仓库的情况，用户周围环状分布的仓库群能够有效地保障对于用户区用户的物资供应，而且总的物流成本低。

（4）扇形仓库布局指产品从仓库朝一个方向运送，仓库辐射方向与运输路线上的运动方向一致，如图 3-4 所示。这种仓库一般处于运输干线的末端，适合在运输主干线运输方向上为用户提供物资供应，同样可以达到服务水平高和物流成本低的目的。

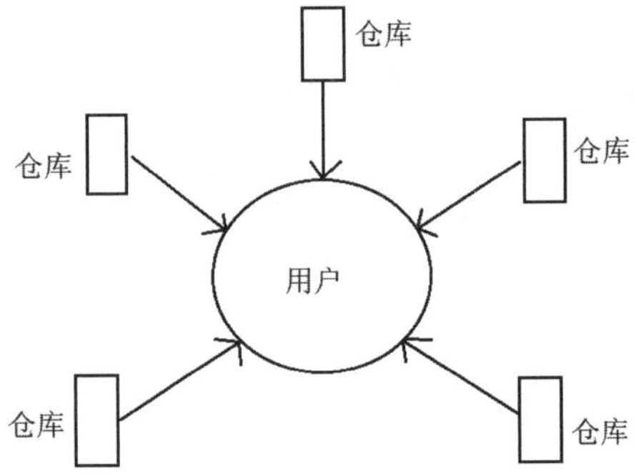

图 3-3　聚集型仓库布局

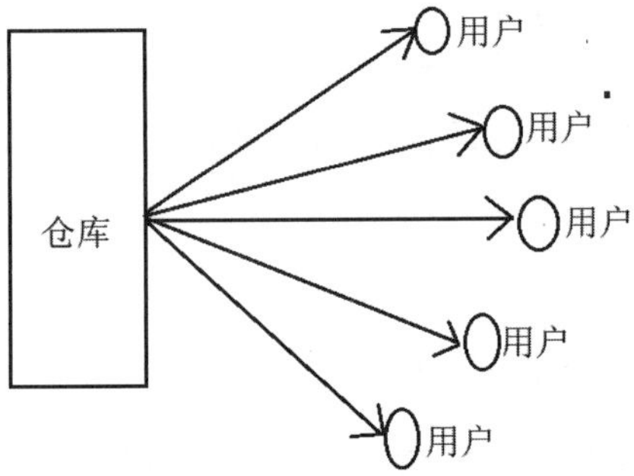

图 3-4　扇形仓库布局

常用的仓库布局方式有三种，即以市场定位的仓库布局、以制造定位的仓库布局和以中间定位的仓库布局。

（1）以市场定位的仓库布局，其仓库布置靠近用户区，属于辐射型仓库布局，通常用来向周围用户提供物资供应。其服务的市场区域的地理区域大小取决于被要求送货的响应时间长短和单位运输成本的高低。以市场定位的仓库一般由零售商、制造商与批发商共同运作或者委托第三方物流公司单独运作。

（2）以制造定位的仓库布局，其仓库布置靠近商品生产区或多家生产厂，属于吸收型仓库布局，它向生产区或多家生产厂提供物资集中储存和外运服务，可以起到各个生产厂的成品库的作用。这些企业可以不设成品库，也不需要亲自对外运输产品，产品直接存放到集运仓库中，再由仓库向市场发运。这样既提高了产品的储存发运效率，降低了物流成本，又有利于企业集中精力发展自己的核心竞争力。

（3）以中间定位的仓库布局，其仓库布置既不靠近生产区，也不靠近用户区，而是在其区间某个位置。这个位置通常是交通运输的中转枢纽位置。仓库布置在运输中转枢纽位置实际上起到了一种因势利导的作用，因为产品从生产区必须经过这个中转点进行卸货、暂存，再重新组配分别装运到各个消费区。因此，可在这里设置一个仓库，直接进行货物的集散，这个仓库处在交通枢纽位置，道路既可以通向用户区，又可以通向生产区，为货物的集散提供了极大的便利。

5. 仓库选址决策

1）仓库选址的原则

Ⅰ. 适应性原则

仓库地址的选择必须与国家及地区的经济发展方针、政策相适应，与国家物流资源分布和需求分布相适应，与国民经济和社会发展相适应。

Ⅱ. 协调性原则

仓库的选址应将区城物流网络作为一个大系统来考虑，使仓库的设施设备在地域分布、物流作业生产力、技术水平等方面互相协调。

Ⅲ. 经济性原则

仓库在建设过程中，有关选址的费用主要包括建设费用及物流费用（经营费用）两部分。仓库选址定在市区、近郊区或远郊区，其未来物流辅助设施的建设规模、建设费用以及运费等物流费用是不同的，选址时应以总费用最低为仓库选址的原则。

Ⅳ. 战略性原则

仓库的选址应具有战略眼光：一要考虑全局；二要考虑长远规划。局部要服从全局，眼前利益要服从长远利益，既要考虑当前的实际需要，又要考虑以后的发展。

Ⅴ. 可行性原则

仓库的选址要充分考虑建设的可行性，在兼顾以上四条原则的同时，考虑选址最终的可操作性。仓库选址一定要建立在现有的生产发展水平基础上，要考虑到实际的需要，使规划能够最终实现既定目标。

2）仓库选址的基本思路

Ⅰ. 影响仓库选址的因素

影响仓库选址的因素可以划分为成本因素与非成本因素。成本因素是指那些与成本直接相关的可以用货币单位直接度量的因素；非成本因素主要指与成本无直接关系，但能够影响成本和企业未来发展的因素。

成本因素主要包括运输成本、原材料供应成本、劳动力成本、建筑成本和土地成本等。非成本因素主要包括经营环境、当地政策法规、自然环境、时间限制等。

Ⅱ. 仓库选址注意事项

大中城市的仓库应采用集中与分散相结合的方式选址；在中小城镇，因仓库的数目有限且不宜过于分散，故宜选择独立地段；在河（江）较多的城镇，货品集散大多利用水运，仓库可选择沿河(江)地段。应当注意的是,要防止将占地面积较大的综合型仓库建在城镇中心地带,以免产生交通不便等问题。下面简要分析几种仓库在选址时的注意事项。

(1)存储中心型仓库主要经营国家或所在地区的中长期储备物资,应设置在城镇边缘或城市郊区的独立地段,且具备直接和方便的水路运输条件。

(2)流通中心型仓库大多经营倒装、转载或短期储存的周转类商品,使用多式联运方式,应设置在城市边缘地区交通便利的地段,以方便转运和减少短途运输。

(3)果蔬食品仓库应选择在入城干道处,以免运输距离过长,商品损耗过大。

(4)建筑材料仓库的物流量大、占地多,可能产生某些环境污染问题,有严格的防火等安全要求,应选择在城市边缘的对外交通运输干线附近。

(5)石油、煤炭及其他易燃物品仓库应满足防火要求,选择城郊的独立地段。在气候干燥、风速较大的城镇,还必须选择大风季节的下风位或侧风位,特别是油品仓库选址应远离居住区和其他重要设施,最好选在城镇外围的地形低洼处。

3)仓库选址的方法

Ⅰ.优缺点比较法

优缺点比较法是一种最简单的仓库选址分析方法,尤其适用于非经济因素的比较。当几个仓库选址方案在费用和效益方面比较接近时,非经济因素就可能成为必须考虑的关键因素,这时可采用优缺点比较法对若干方案进行分析比较。

Ⅱ.综合因素评价法

综合因素评价法是基于影响设施选址的诸多因素而设计出的选址的定量分析方法,具体分为以下几种。

(1)加权因素法。首先对设施的每项因素规定一个从 1 到 10 的权数,表示它的相对重要性;然后用符号(A=4 分,E=3 分,I=2 分,O=1 分,U=0 分)对每个备选方案进行优劣评级,再乘以它们各自的因素权数,得出该因素的分数;每个方案各因素的分数总和就是该方案的总分,最后将各方案的总分加以比较。

本方法适用于各种非经济因素比较。运用本方法的关键是合理确定权数和等级,重要的是要征询决策者的意见。如果有若干个决策部门,则可取它们的平均值。加权因素法可以用于地区选择和地点选择,也可以用于分级计分,即先分别对若干地区方案和相应的地点方案计分,然后将地区得分和地点得分相加,按总分进行比较。

(2)因次分析法是把备选方案的经济因素(有形成本因素)和非经济因素(无形成本因素)同时加权,并计算出优异性加以比较的方法。

(3)重心法适用于运输费率相同的产品,使求得的库址位置离各个原材料供应点(或需求点)的距离乘以各点供应量(或需求量)之积的总和为最小。按重心法求得的重心位置是否适合建仓库,还要根据其他条件分析确定。

(4)量本利分析法。任何选址方案都有一定的固定成本和变动成本,不同的选址方案的成本和收入会随仓库储量的变化而变化。量本利分析法可通过作图或计算比较数值进行分析。计算比较数值要求计算各方案的盈亏平衡点的储量及各方案总成本相等时的储量,最后在同一储量点上选择利润最大的方案。

二、仓库内部规划与设计

仓库布置的主要任务就是合理地利用仓库面积。仓库面积的利用率越高,越能有效地降低仓储成本。仓库内部布置是指根据库区场地条件、仓库的业务性质和规模、商品存储要求以及技术设备的性能和使用特点等因素,对仓库建筑物、货场和站点等固定设施及库内运输路线进行合理的安排和配置,以最大限度地提高仓库的储存与作业能力,降低各项仓储作业费用。仓库内部布置主要包括仓库总平面布置、仓库作业区布置和库房内部布置三部分。

1. 仓库总平面布置

仓库总平面布置应该满足以下要求:①适应仓储作业的作业流程,以保证仓库内物资流动方向合理、运输距离短、作业环节与次数最少、仓库面积利用率最高;②有利于提高仓库的经济效益;③符合安全卫生要求。

仓库总平面一般可以划分为仓储作业区、辅助作业区、行政生活区。除上述区域外,还包括铁路专用线和库内道路。

2. 仓库作业区布置

仓库作业区要以主要库房和货场为中心对各个作业区域加以合理布置。在有铁路专用线的情况下,专用线的位置与走向制约着整个库区的布局。合理安排各个区域,力求实现最短的作业路线,减少库内运输距离及道路占用面积,降低作业费用和提高面积利用率。仓库作业区布置时应主要考虑以下几个方面。

1)商品吞吐量

在仓储作业区内,各个库房、货场储存的商品品种和数量不同,且不同商品的周转快慢也不同,这些都直接影响库房、货场的吞吐作业量或出入库作业量。在进行作业区布置时应根据各个库房和货场的吞吐作业量确定它们在作业区内的位置。吞吐量较大的库房与货场应尽可能靠近铁路专用线或库内运输干线,以减少搬运及运输距离。但是这类库房不要过分集中,否则会造成交通运输相互干扰与组织作业方面的困难,降低仓储作业的及时性。

2)机械设备的使用特点

根据储存商品的特点与装卸搬运要求,矿物货场要适当配备各种作业设备,如输送带、叉车、桥式起重机及汽车等。为了充分发挥不同设备的使用特点,提高作业的效率,在布置库房、货场时就需要考虑所配置的设备情况。每种设备都有其不同的使用要求以及合理的作业半径,因此必须从合理使用设备的角度出发,确定库房、货场在作业区内及与铁路专用线的相对位置。

3)库内道路

库内道路的配置与仓库主要建筑设施的布置是相互联系、相互影响的。在进行库房、货场和其他作业场地布置的同时,就应当结合对库内运输路线的分析,制定不同方案,通过调整作业场地和道路的配置，尽可能减少运输作业的混杂、交叉和迂回。另外，在布置时还应当根据具体要求合理确定干支线的配置，适当确定道路的宽度，最大限度地减少道路的占地面积（减少道路所占面积，即使不增加仓库面积也可以相应扩大储存面积）。

4）仓库作业流程

仓库业务过程可以归纳为两种形式：一是整进整出，商品基本按原包装入库和出库，其业务过程比较简单；二是整进零出、零进整出，商品整批入库、拆零付货，或者零星入库、成批出库，其业务过程比较复杂，除了接收、保管、发运外，还有拆包、挑选、编配与再包装等业务。为了以最小的人力和物力耗费在最短的时间完成各项作业，就必须按各个作业环节之间的内在联系对作业场地进行合理布置，使作业环节之间密切衔接、环环相扣。

3. 库房内部布置

库房内部布置的主要目的是提高库房内作业灵活性，并有效利用库房内部的空间。库房内部布置应当在保证商品储存需要的前提下，充分考虑库内储存作业的合理性、协调性和作业的不同需要，合理利用库房空间。

商品保管和出入库作业是在库房内进行的两种基本作业形式。按作业的主要内容划分，库房可以分为储备型与流通型两大类。这两类库房由于主要作业内容不同，库房的布置特点也就不同。

1）储备型库房的布置特点

储备型库房是以商品保管为主的库房。在储备型库房中储存的商品一般周转较为缓慢，且以整进整出为主。储备型库房布置的重点是在尽可能压缩非储存面积的基础上，增加储存面积。

储备型库房的布置特点是突出强调提高储存面积占库房总面积的比例。为此，必须更加严格地核定各种非储存区域的占用面积。库房内非储存面积一般包括商品出入库作业场地、作业通道、墙距以及垛距。在核定作业场地，即检验区和集结区时，要根据库房平时出入库的商品数量来确定。一般来说，库房出入库作业量增大，这些区域也应当相应扩大，以保证及时、有效地组织商品出入库作业。若库房一次收发货量较少，可以将主通道作为收发货场地，就不需要另外安排场地。一方面，核定作业通道所需面积时，应当注意合理安排出入库作业通道的宽度；另一方面，确定作业通道的宽度主要应考虑使用机械设备的类型、尺寸、灵活性以及操作人员的熟练程度等。

2）流通型库房的布置特点

流通型库房是以商品收发为主的库房。在这类库房中，储存商品一般周转较快，出入库作业频繁。与储备型库房相比，流通型库房的布置有不同的特点，它缩小了储存区，增加了货物分拣及出库准备区。在流通型库房里，备货往往是一项复杂且作业量大的作业。货物分拣及出库准备区的作用就是方便商品出库作业。在这个区域内，各种商品按一定次序分别安排在各个货位上。进行备货作业时，作业人员或者机械在货位间的通道内巡回穿行，将需要的商品不断拣出，送往集结区发运。

在流通型库房中，商品经过验收后先进入储存区。在储存区内，按照一定要求进行密集堆码。随着商品的出库，拣货区的商品不断减少，然后从储存区向拣货区进行补充，通过设置一个货物分拣及出库准备区出库，可以提高作业效率和灵活性。确定货物分拣以及出库准备区面积大小时主要考虑商品出库作业的复杂程度与作业量。若作业复杂、作业量大，作业区域应当相应扩大，以免作业过程中作业场地过于拥挤、相互干扰，而降低作业效率。

对于流通型库房来说，仓库布置不以提高面积利用率为主，而要综合考虑各种需要。实际上，库房储存的商品周转越快，储存所需的面积也就越小。这是促使库房向空间发展，以争取储存空间的重要原因之一。

任务三　仓库作业流程管理

仓储作业流程是指以保管活动为中心，从仓库接收商品入库开始到按需要把商品完好地发送出去为止的全过程。仓库作业流程主要由入库、在库、出库三个阶段组成。按作业顺序，仓储作业流程还可以细分为接运、内部交接、验收、保管、出库、点交清理与发运等环节，其作业顺序关系如图 3-5 所示。

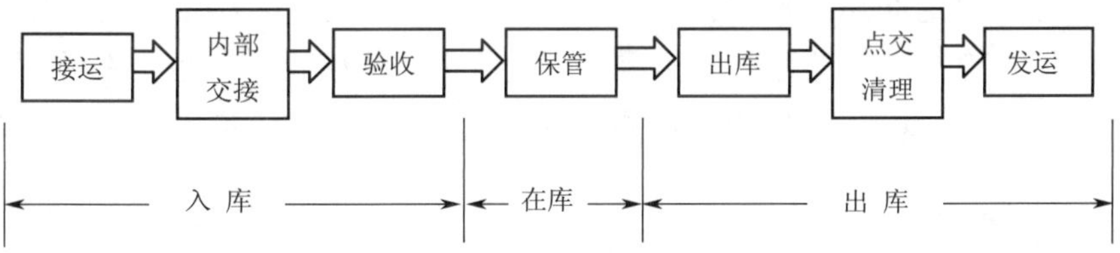

图 3-5　仓储作业流程

一、入库管理

商品入库一般要经过接运、内部交接和验收三个环节。接运是从供应商或者运输商手中接收货物的过程，接运完毕后，货物正式转入仓库中。接运有专用线接货、车站码头接货、仓库自行提货和库内接货四种方式。无论采用何种方式，接运的基本任务都一样，即确认货物的数量和质量，处理好事故责任，做好商务记录，办好交接手续。接运的货物要经过卸载、分类（分标记）、点验、签发入库凭证、入库堆码、登记账等一系列作业，对这些作业活动要进行合理安排和组织，尤其要做好以下几项工作。

1. 入库前的准备工作

做好入库前的准备工作是保证商品入库快而不乱的重要条件。入库前的准备工作一般包括以下内容。

（1）仓位准备，即根据商品的性能、数量、体积、重量等确定商品堆放地点，并进行清理、消毒等工作。

(2)接货人员、设备等准备。

(3)作业操作顺序的安排,即根据商品入库的数量、时间、品种做好接货、验收、搬运、堆码等各环节的协调配合。

(4)在机器操作条件下,要事先安排好定人、定机的作业序列。

2. 核对资料

核对资料就是要核对合同、发票、运单、货物清单、质量证明、产品说明书等,主要是确认供货商、运输商以及入库商品品种、规格和质量,只有单据齐全无误,才能接收货物。

3. 检验实物

检验实物是指对入库的商品按规定的程序和手续进行数量和质量的检验。

1)数量检验

商品运到后,收货人员要按商品入库单清点商品数量。商品数量的计量分为计数和计重两种。计数可采取大数点收、逐件计总或集中堆码点数等方法。计重的商品若需要验收净重,可根据商品包装的具体情况,采用扣除平均皮重或除皮核实等方法。

2)质量检验

质量检验是指鉴定商品的质量指标是否符合规定,分为理化鉴定和感官鉴定两种。理化鉴定一般由技术检验部门进行取样测定。感官鉴定一般由仓库保管员在验收商品时凭感官检查商品的包装、外观等,如检查商品有无破损、渗漏、污染、变形干裂及沉淀、混淆、霉烂等异常现象。

3)商品检验方式

商品检验方式有全部检验和抽验两种。全部检验主要是数量的全验,在批量小、规格尺寸和包装不整齐以及验收质量严格时采用。它需要较多的人力、物力和时间,但可以保证验收质量。抽验是在批量大、规格尺寸和包装尺寸整齐、商品质量信誉较高以及验收条件有限的情况下,特别是进行商品的理化性能检验时,通常采用的方式。近年来,商品质量的提高和数理统计学的发展为抽验方式提供了物质条件和理论根据。商品检验方式一般由供货方和接货方通过签订协议或合同加以规定。

4. 建立账、卡、档案

在实物检验中,会产生原始记录,如磅码单、入库验收单等,要根据这些原始记录,建立入库台账、货卡和物资档案。入库台账又叫物资保管台账,是按品种分页记录的物资品种入库、出库流水明细账。货卡是类似明细账的一种卡片,挂在货垛或货架上,作为入库、出库的流水记录,供保管员巡视清点时查看货品变动情况。物资档案是物资与所有供应商、运输商相关的单据、凭证、质量说明书等的集合。建立了账、卡、档案后,入库阶段结束。

二、在库管理

1. 配分和堆码苫垫

配分是把所进的货物合理分配到合适的货位，具体安排货物的存放位置。因为仓库中存放的货物出出进进，是动态变化的，货位的状态也是随时变化的，所以每次新到货物都有一个货位选择和调整的问题。货位的选择和调整主要考虑以下五个因素。

（1）服从仓库整体布置规划和存放系列化原则。

（2）考虑现有货位的空闲情况。

（3）考虑该种物品的周转速率。

（4）先进先出（或者后进先出）原则。

（5）方便作业原则。

确定好货位以后，就要将待入库存放的货物流进行分拣和入位。分拣可以是人工分拣，也可以是自动分拣，自动分拣可以是传输线自动识别、自动拣选、自动入位，也可以是智能叉车自动识别、自动拣选、自动入位。配分完毕，就要做好堆码苫垫工作。堆码、苫垫就是要妥善堆码，安全、合理、可靠存放。堆码苫垫的基本要求如下。

（1）合理，即货垛的宽度、高度、垛间距等要合理。

（2）牢固，即货垛垫脚、格架、桩柱、层间堆码以及篷盖等要结实可靠。

（3）定量，即做到“五五”堆码，过目成数，便于清点。

（4）整齐，即外观整齐好看。

（5）节省，即提高空间利用率，节省空间，降低搬运强度。

（6）方便，即方便搬运作业，方便清点。

2. 在库商品的数量管理——商品的盘点

商品的保管是指商品在储存过程中所进行的保养和管理。广义上，商品在离开生产领域而又未进入消费领域之前这段时间的保养和管理工作都称为商品的保管，商品保管的目的是通过盘点确保商品的数量准确。

1）商品盘点的概念

因为货物不断地进出库，在长期的累积下库存资料容易与实际数量产生不符的现象，或者有些产品因存放过久、存放不恰当，致使品质机能受影响，难以满足客户的要求。为了有效控制货品数量而对各储存场所进行数量清点的作业称为盘点作业。

2）盘点作业的目的

盘点的最终目的是保证账实相符，具体表现在以下几个方面。

（1）查清实际库存数量。由于多种原因，如收发中记录时库存数量多记、误记、漏记，作业时商品损坏、遗失，验收与出货时清点有误，盘点时误盘、重盘、漏盘等，往往导致账面库存数量与实际库存数量不符。盘点清查实际库存数量与账面库存数量的异同，可发现问题，查明原因，及时调整。

(2)计算企业资产的损益。库存商品的数额能够直接反映出企业流动资金的周转情况，库存量过高，企业流动资金的正常运转将受到威胁，盘点可以准确地计算出企业的实际损益。

(3)发现商品管理中存在的问题。通过盘点确定是盘亏还是盘盈后，可采取相应措施，提高库存管理水平，减少损失。

3. 在库商品的质量管理——商品的养护

1)商品养护的概念

商品养护是指在储存过程中为了保证商品质量，减少商品损耗，防止商品变质所进行的维护和保养。

2)商品质量变化的表现形式

Ⅰ. 物理变化

商品的物理变化是指只改变物质本身的外部形态而不改变其本质，在变化过程中不会形成新物质，并且可以反复变化的现象，例如挥发、溶化(尿素、食盐、食糖等)、熔化(蜡烛、香脂等)、渗漏(牛奶、天然气等)、串味(茶叶等)、玷污(针织品等)、破碎与变形(玻璃、陶瓷、铝制品等)、沉淀(饮料、墨水等)等。

Ⅱ. 化学变化

化学变化不仅改变物质的外表形态，也改变物质的本质，并生成新物质，商品中常见的化学变化有氧化、化合、分解、聚合、老化、风化、燃烧与爆炸等。

Ⅲ. 生化变化

生化变化是指有生命活动的有机体在生长过程中，为了维持生命，其自身发生的一系列变化。例如粮食、水果、蔬菜、鲜鱼、鲜肉、鲜蛋等有机物受到外界环境的影响发生的种种变化。这些变化主要有呼吸作用、发芽、胚胎发育、后熟作用等。

Ⅳ. 生物学变化

生物学变化是指商品在外界有害生物的作用下遭到破坏的现象，如虫蛀、霉腐、鼠咬等。

3)商品养护的基本任务

商品养护的基本任务是根据商品的种类及特性、发生质量变化的速度、危害程度、季节变化等，制定相应的技术措施，保证商品质量，以求最大限度地避免或减少商品损失，降低商品损耗。

养护是经常性工作，应结合商品质量变化的表现形式展开商品养护工作，主要包括温度和湿度调节控制、通风、除潮、除湿、去污染、清扫卫生、防虫、防暑、防盗、防火、货垛货架维护等。

三、出库管理

1. 出库作业流程

商品出库业务是商品储存业务的最后一个环节，是仓库根据使用单位或业务部门开出的商品出库凭证（提货单、领料单、调拨单等），按其所列的商品名称、规格、数量、时间和地点等项目，组织商品出库、登账、配货、复核、点交清理和送货等一系列工作的总称。

1）商品出库的依据

商品出库必须依据货主开出的商品出库凭证进行。在任何情况下，仓库都不得擅自动用、变相动用或者外借货主的库存商品。货主的出库通知或出库请求的格式不尽相同，不论采用何种形式，其必须是符合财务制度要求的有法律效力的凭证，要坚决杜绝凭信誉或无正式手续的发货。仓库业务部门根据提货人的提货凭证办理提货手续，并签发出库单，指示仓库保管部门交货。

2）商品出库的方式

商品出库的方式是指仓库将商品交付用户的方式。选用哪种方式出库及具体条件，由供需双方事先商定。

Ⅰ. 客户自提

客户自提是由收货人或其代理人持取货凭证直接到仓库取货，仓库凭单发货，仓库发货人与提货人可以在仓库现场划清交接责任，当面交接并办理签收手续。

Ⅱ. 仓库送货

仓库根据货主单位的出库通知或出库请求，通过发货作业把应发物品交由运输部门送达收货单位或使用仓库自有车辆把物品运送到收货地点的发货形式，即通常所称的仓库送货。

仓库实行送货有多方面的好处：仓库可预先安排作业，缩短发货时间；收货单位避免因人力、车辆等不便而产生的取货困难；可合理使用运输工具，减少运费。

Ⅲ. 过户

过户是一种就地划拨的形式，物品实物并未出库，但是所有权已从原货主转移到新货主。仓库必须根据原货主开出的正式过户凭证办理过户手续。

Ⅳ. 取样

货主由于商检或样品陈列等需要，到仓库提取货样（通常要开箱拆包、分割抽取样本），仓库必须根据正式取样凭证发出样品，并做好账务记载。

Ⅴ. 转仓

转仓是指货主为了业务方便或改变储存条件，将某批库存自一个仓库转移到另一个仓库，仓库也必须根据货主单位开出的正式转仓单办理转仓手续。

3)出库业务程序

Ⅰ.出库前的准备工作

出库前的准备工作可分为两个方面:一方面是计划工作,即根据货主提出的出库计划或出库请求,预先做好物品出库的各项安排,包括货位、机械设备、工具和工作人员,提高人、财、物的利用率;另一方面是要做好出库物品的包装和标志标记。发往异地的货物经过长途运输,其包装必须符合运输部门的规定,如捆扎包装、容器包装等。将成套机械、器材发往异地前必须做好货物的清理、装箱和编号工作,在包装上贴上贴签、书写编号和发运标记(去向),以免错发和漏发。

Ⅱ.出库程序

出库程序包括核单备货、复核、包装、点交、登账、清理等过程。出库必须遵循“先进先出,推陈出新”的原则,使仓储活动的管理实现良性循环。不论哪种出库方式,都应按以下程序做好管理工作。

Ⅰ)核单备货

如属自提物品,首先要审核提货凭证的合法性和真实性;其次核对品名、型号、规格、单价、数量、收货单位、有效期等。

出库物品应附有质量证明书、码单、装箱单等,机电设备、电子产品等物品应随货品附说明书及合格证,备料时应本着“先进先出,推陈出新”的原则,即易发霉易坏的先出,接近失效期的先出。

在备货过程中,计重货物。一般以入库验收时标明的重量为准,不再重新计重。需要分割或拆捆的应根据情况进行。在接到出库单据后,要根据出库单据生成分拣货单或分货单,然后进行拣货作业,拣货作业主要通过大量的人工作业来完成,高效、准确地完成拣货工作对仓储从业人员而言是一项重要的职业技能要求。

Ⅱ)复核

为了保证出库物品不出差错,备货后应进行复核,出库的复核形式主要有专职复核、交叉复核和环环复核三种。除此之外,在发货作业的各环节上,都贯穿着复核工作,例如理货员核对货单,守护员(门卫)凭票放行,账务员(保管会计)核对账单(票)等,这些分散的复核形式起到了分头把关的作用,都有助于提高仓库发货业务的工作质量。

复核的内容包括品名、型号、规格、数量是否同出库单一致,配套是否齐全,技术证件是否齐全,外观质量和包装是否完好。只有加强出库的复核工作,才能防止错发、漏发和重发等事故的发生。

Ⅲ)包装

出库物品的包装必须完整、牢固,标记必须正确、清楚,如有破损、受潮、捆扎松散等不能保障运输中安全的事项,应加固整理,有破包、破箱等现象的不得出库,各类包装容器上若有水渍、油迹、污损,也不能出库。出库物品如需托运,包装必须符合运输部门的要求,选用适宜的包装材料,其重量和尺寸应便于装卸和搬运,以保证货物在途的安全。包装是仓库生产过程的一个组成部分。包装时,严禁互相影响或性能互相抵触的物品混合包装。包装后,要写明收货单位、到站、发货号、本批次总件数、发货单位等。

Ⅳ)点交

商品经复核后，如果是本单位内部领料，则将商品和单据当面点交给提货人，办清交接手续，如需送料或将商品调出本单位办理托运，则与送料人员或运输部门办理交接手续，当面将商品点交清楚。交清后，提货人员应在出库凭证上签章。

Ⅴ)登账

点交后，保管员应在出库单上填写实发数、发货日期等内容，并签名。然后将出库单连同有关证件资料及时交给货主，以便货主办理货款结算，保管员把留存的一联出库凭证交实物明细账登记人员登账。

Ⅵ)现场和档案清理

现场清理包括清理库存商品、库房、场地、设备和工具等。档案清理是指对收发、保养、盈亏数量和垛位安排等情况进行分析。

2. 出库中发生问题的处理

出库过程中出现的问题是多方面的，应分情况处理，具体内容如下。

1)出库凭证(提货单)上的问题

(1)凡是出库凭证超过提货期限，用户前来提货，必须先办理手续，按规定缴足全部仓储保管费，然后才可发货，任何非正式凭证都不能作为发货凭证。提货时，用户发现规格开错，保管员不得自行调换规格发货。

(2)凡发现出库凭证有疑点以及有假冒、复制、涂改等情况的应及时与仓库保卫部门以及出具出库单的单位或部门联系，妥善处理。

(3)商品进库未验收，或者期货未进库的出库凭证，一般暂缓发货，并通知货主，待货到并验收后再发货，提货期顺延。

(4)如客户将出库凭证遗失，客户应及时与仓库发货员和账务人员联系挂失；如果挂失时货已被提走，保管人员不承担责任，但要协助货主单位找回商品；如果货还没有被提走，保管人员和账务人员查实后，做好挂失登记。将原凭证作废，缓期发货。

2)提货数与实存数不符

若出现提货数量与商品实存数不符的情况，一般是实存数小于提货数，造成这种问题的原因主要有以下几方面。

(1)商品入库时，由于验收问题，增大实收商品的签收数量，从而造成账面数大于实存数。

(2)仓库保管人员和发货人员在以前的发货过程中因错发、串发等差错，而形成实际商品库存量小于账面数。

(3)货主单位没有及时核减开出的提货数，造成库存账面数大于实际库存数，从而开出的提货单提货数量过大。

(4)仓储过程中造成了货物的毁损。

当遇到提货数量大于实际商品库存数量时，无论是何种原因造成的，都需要和仓库主管部门以及货主单位及时取得联系后再处理。

3）串发货和错发货

所谓串发货和错发货，主要是指发货人员由于对物品种类规格不是很熟悉，或者由于工作中的疏漏把错误规格、数量的物品发出库的情况。如果物品尚未离库，应立即组织人力，重新发货。如果物品已经离开仓库，保管人员应及时向主管部门和货主通报串发货和错发货的品名、规格、数量、提货单位等情况，会同货主单位和运输单位共同协商解决。一般在无直接经济损失的情况下，由货主单位重新按实际发货数冲单（票）解决。如果形成直接经济损失，应按赔偿损失单据冲转调整保管账。

4）包装破漏

包装破漏是指在发货过程中，因物品外包装破损引起的渗漏等问题。这类问题主要是在储存过程中因堆垛挤压、发货装卸操作不慎等情况引起的，发货时经过整理或更换包装方可出库，否则造成的损失应由仓储部门承担。

5）漏记账和错记账

漏记账是指在出库作业中，由于没有及时核销明细账而造成账面数量大于或小于实存数的现象，错记账是指在商品出库后核销明细账时没有按实际发货出库的商品名称、数量等登记，从而造成账实不相符的情况。无论是漏记账还是错记账，一经发现，除应及时向有关领导如实汇报情况外，还应根据原出库凭证查明原因并调整保管账，使之与实际库存保持一致，如果由于漏记账或错记账给货主单位、运输单位和仓储部门造成了损失，应予赔偿，同时应追究相关人员的责任。

6）退货管理

退货是指仓库已经发货出库并已办理出库手续的商品，由于某种原因而要退回仓库。通常这是厂商售后服务的一项工作，商品退货到仓库有多种原因，有的是仓库按出库凭证发错了货，有的是运输途中商品受到损坏经客户单位同意退回，有的是收货人订货的错误，还有的是由于商品存在质量问题等退货。退货处理的一般流程如下：

①要求退货人填写退货申请表，且该申请表必须经客户单位确认同意；

②仓库方面认真清点退货，详细做好记录；

③仓库方面核对退回的商品与退货申请表所列的内容是否相符，若有异议必须以书面形式提出；

④仓库方面将退回的商品根据退货原因分别存放和标记、登记入账，并及时向业务部门或客户单位反馈有关信息。

任务四　仓储合理化

一、仓储合理化的概念

仓储合理化就是用最经济的办法实现仓储的功能，这是合理化的前提和本质。实现合理化的仓储，首先要明确仓储合理化的标志及实现仓储的功能；其次要明确如果过分强调仓储功能的实现，又会导致仓储的数量过大。所以，合理仓储的实质是尽量保证在低成本的投入下实现仓储功能。

二、仓储合理化的标志

实现以最低成本，且又能充分满足客户需求的仓储数量是衡量仓储管理中合理化的一项原则。仓储合理化标志见表 3-1，包括质量标志、数量标志、时间标志、结构标志、费用标志和分布标志六项。

表 3-1　仓储合理化标志

标志类型	仓储合理化内容
质量标志	保证仓储物的质量是完成仓储功能的根本要求。只有这样，商品的使用价值才能通过物流得以实现。在仓储中增加了多少时间或是得到了多少利润，都是以保证质量为前提的。所以，仓储合理化的主要标志中，为首的是反映使用价值的质量
数量标志	仓储管理中的物品数量控制体现出整个仓储管理的科学化和合理化程度。合理的仓储数量应该是既满足需求又能做到最低成本
时间标志	在保证仓储功能实现的前提下，寻求合理的储存时间。在仓储管理中，物品的管理应该处于动态的周转状态。资金的周转率高，运作的成本就低。因此，仓储的时间标志反映出仓储的动态管理制度
结构标志	从所储存物品不同品种、不同规格、不同花色的仓储数量的比例关系可以对仓储合理性进行判断
费用标志	从仓储费、维护费、管理费、损失费、保险费和资金占用利息支出费用等实际费用判断仓储合理与否
分布标志	从不同地区仓储的数量比例关系可以判断当地需求比例，以及对需求的保障程度，也可以判断对整个物流的影响

三、不合理仓储的表现形式

1. 仓储时间过长

仓储时间从两个方面影响仓储这一功能要素的效果，两者彼此消长的结果是形成仓储的最佳时间，一方面是经过一定时间，仓储的商品可以获得时间效用；另一方面是随着仓储时间的增加，商品有形及无形损耗会加大，这是时间效用的一个逆反因素。从时间效用角度来考察，储存一定时间，效用可能增大，如储存时间继续增加，其效用会出现增加减缓甚至降低，时间效用甚至可能出现周期性波动。因而，仓储的总效果是确定仓储最优时间的依据。

2. 仓储数量过大

仓储数量主要从两个方面影响仓储效果，这两个方面利弊的消长使仓储数量有一个最佳的区间，超过这个数量区间的储存量就是不合理的仓储。一方面，储存一定数量以形成保证供应、保证生产、保证消费的能力，一般单就保证的技术能力而言，数量大可以有效提高这一能力，但保证能力的提高，不是与数量成正比的，而是遵从边际效用递减，每增加一单位储存数量，总能力虽然会随之增加，但所增加的保证供应能力却逐渐降低，以致最终再增加储存数量对保证能力基本不产生影响。另一方面，仓储的各种有形和无形损失是随着储存数量的增加基本上成比例增加的，仓储量越大，损失量也越大。如果仓储管理力量不能按比例增长，甚至还可能出现储存量增加到一定程度，损失陡增的现象。也就是说，储存数量的增加会引起仓储损失无限增加，而保证能力的增加却是有限的。因而，可以肯定地说，超出一定限度的储存数量是有害无益的。

3. 仓储数量过小

仓储数量过小会严重降低对供应、生产、消费的保证能力，储存数量越小，仓储的各种损失越少，两者彼此消长的结果是储存数量降到一定程度，由于保证能力的大幅度削弱会引起巨大损失，其损失远远超过由于减少储存量防止货损、减少利息支出损失等带来的收益。所以，仓储数量过小，也是一种会极大损害仓储总效果的不合理现象。

4. 仓储条件不足或过剩

仓储条件也从两个方面影响仓储效果，这两个方面利弊消长的结果决定了仓储条件的恰当范围。仓储条件不足或过剩，都会使仓储的总效益下降，因而是不合理的。仓储条件不足指的是仓储条件不足以为仓储物提供良好的仓储环境及必要的仓储管理措施，因此往往造成仓储物的损失或整个仓储工作的混乱。仓储条件不足主要反映在仓储场所简陋、仓储设施不足以及维护保养手段及措施不力，不足以保护仓储物等方面。仓储条件过剩指的是仓储条件大大超过实际需要，使仓储物过高负担仓储成本，使仓储物的实际劳动投入大大高于社会平均必要劳动量，从而出现亏损。

5. 仓储结构失衡

仓储结构是指仓储物的比例关系，仓储物的比例在宏观和微观上都会出现失调。这种失调表现在仓储物的品种、规格、花色等方面的失调。例如，总量正常，但不同品种、规格、花色此有彼无；仓储物不同品种、规格、花色的储存期失调、储存量失调，存在此长彼短或此多彼少的失调现象。仓储结构失调也会导致短缺的物资出现供应的不连续或者缺货，而多余的物资又浪费了资源。

四、仓储合理化的措施

1. 选址合理

仓储离不开仓库，仓库建设要求布局合理。仓库的位置对于商品流通速度和流通费用有直接的影响。仓库的布局要与工农业生产布局相适应，应尽可能靠近供货单位，这就是“近厂近储”原则，否则就会造成工厂远距离送货的矛盾。商品供应外地的，仓库选址要考虑邻近的交通运输条件，力求靠近车站码头，以利于商品发运，这就是“近运近储”原则。如果储存的商品主要供应本地区，则仓库宜建于中心地区，与各销售单位呈辐射状。总之，在布局时应掌握物流距离最短的原则，尽可能避免商品运输的迂回倒流，在选择建设大型仓库的地理位置时，最好能具备铺设铁路专用线或兴建水运码头的条件，同时还应具有大型集装箱运输车进出的条件，附近的道路和桥梁要有相应的通过能力。

2. 储存量合理

储存量合理是指储存有合理的数量，在新的产品运到之前，有一个正常的能保证供应的库存量。影响合理储存量的因素很多，首先是社会需求量，社会需求量越大，库存储备量就越多；其次是运输条件，运输条件好、运输时间短，则储存数量可以相应减少；最后是物流管理水平和技术装备条件（如进货渠道、中间环节、仓库技术作业等），它们将直接或间接地影响商品库存量的水平。

3. 储存结构合理

储存结构合理是指对不同品种、规格、型号的商品，根据消费要求，在库存数量上确定彼此之间有合理的比例关系，它反映了库存商品的齐备性、配套性、全面性和供应的保证性。储存结构主要根据消费需要和市场需求的变化等因素确定。

4. 储存时间合理

储存时间合理是指每类商品要有恰当的储备保管天数。储存时间不能太长也不能太短，储备时间过长，会延长资金占用；储备时间过短，则不能保供应。储存时间应根据流通销售速度来确定，其他如运输时间、验收时间等也是应考虑的影响因素。此外，某些商品的储存时间还受到该商品的性质和特点影响，如储存时间过长，产品就会发生物理变化、化学变化、生化变化等，造成变质或损坏。

任务五　库存管理

一、库存的概念

库存是指在仓库中处于暂时停滞状态，用于未来的、有经济价值的物资。广义的库存还包括处于制造加工状态和运输状态的物品。资源的闲置就是库存，与这种资源是否存放在仓库中没有关系，与其是否处于运动状态也没有关系。虽然运输的货物处于运动状态，但这些货物是为了满足未来需要而暂时闲置的，是一种在途库存。这里所说的资源，不仅包括工厂里的各种原材料、毛坯、工具、半成品、成品，而且包括银行里的现金，医院里的药品、病床，运输部门的车辆等。一般来说，人、财、物、信息等各方面的资源都有库存问题。专业人才的储备就是人力资源的库存，计算机硬盘存储的大量信息则是信息的库存。

二、库存的分类

库存物资从功能上可以分为两类：一类是生产库存，即直接消耗物资的基层企业、事业单位的库存物资，它是为了保证企业、事业单位所消耗的物资能够不间断地供应而储存的；另一类是流通库存，即生产企业的原材料或成品库存、生产主管部门的库存和各级物资主管部门的库存。此外，还有特殊形式的国家储备物资，它们主要是为了保证及时、齐备地将物资供应或销售给基层企业、事业单位的供销库存。

从生产过程的角度，库存可分为原材料库存、零部件及半成品库存、成品库存三类。

从库存货物所处状态，可分为静态库存和动态库存。静态库存是指长期或暂时处于储存状态的库存，这是一般意义上的概念。实际上，广义的库存还包括处于制造加工状态或运输状态的库存，即动态库存。

从经营过程的角度，库存可分为以下几种类型。

1. 经常库存

经常库存也叫周转库存，是指企业在正常的经营环境下，为满足客户日常的需求而建立的库存。经常库存能够衔接供需，缓冲供需之间在时间上的矛盾，保障供需双方的经营活动都能顺利进行。这种库存的补充是按照一定的数量界限或时间间隔反复进行的。

2. 安全库存

安全库存也叫保险库存，是指为了防止由于不确定因素（如突发性大量订货或供应商延期交货）影响订货需求而准备的缓冲库存。

3. 季节性库存

季节性库存是指为了满足特定季节中出现的特定需求而建立的库存，或是指对季节性货物在出产的季节大量收储所建立的库存。

4. 生产加工和运输过程的库存

生产加工过程的库存是指处于加工或等待加工而暂时处于仓储状态的货物。运输过程的库存是指处于运输状态（在途）或者为了运输的目的（待运）而暂时处于仓储状态的货物。

5. 促销库存

促销库存是指为了应付企业促销活动产生的预期销售增加而建立的库存。

6. 增值库存

增值库存也叫时间效用库存，是指为了避免货物价格上涨给企业带来亏损或为了从货物价格上涨中获利而建立的库存。

7. 沉淀库存或积压库存

沉淀库存或积压库存是指因货物品质变坏或损坏，或者是因没有市场而滞销的货物库存，还包括超额仓储的库存。

三、库存的二重性及优缺点

1. 库存的二重性

库存有二重性，一方面库存是企业生产和经营活动的前提条件，没有库存，企业的生产和经营就无法正常进行；另一方面库存也是一种负担，它需要占用企业大量的资金，增加供应链成本，使企业投入的生产经营成本增加。由于库存的二重性，企业在最大限度地追求利润的同时，必须最大限度地消除浪费和减轻负担，取消一切不必要的库存。

2. 库存的优缺点

库存的优点体现在以下几个方面：

（1）可以获得大量购买的价格折扣；

（2）可以应对涨价、政策改变以及延迟交货等情况的发生；

（3）通过大量运输降低运输成本；

（4）避免由于紧急情况而发生停产；

（5）有助于提高客户服务水平。

库存的不足之处表现以下几个方面：

（1）占用企业大量资金，通常情况下会达到企业总资产的20%~40%；

（2）增加了企业的产品成本与管理成本；

（3）掩盖了企业众多的管理问题，如计划不周、采购不力、生产不均衡、产品质量不稳定及市场销售不力等。

四、库存管理

1. 库存管理的定义

库存管理是指为了满足企业生产经营需要，而对计划储存、流通的有关物料进行管理的活动。其主要内容包括库存信息管理及在此基础上所进行的决策与分析工作。库存管理是物流管理的重要内容之一，其核心问题是如何在满足用户或企业对库存要求的前提下，保持合理的库存水平，即在防止缺货的情况下，将库存总成本控制在合理的范围内。

库存的目的主要是防止缺货成本的发生，一般在防止缺货成本发生的同时，库存也带来资金的占用并导致机会成本（即资金占用成本）的产生，也增加了储存管理成本。因此，这里就产生一个悖论，当库存增加时，缺货成本发生的概率减小，而库存的资金占用成本和管理成本增加；当库存减少时，虽然库存的资金占用成本和管理成本减少，但是缺货成本发生的概率却增加。库存管理就是要解决这个悖论。

（1）库存管理与储存保管的区别。库存管理是从物流管理的角度出发，强调库存管理的经济性和合理化；储存保管则是从物流作业的角度出发，强调储存保管的效率化。

（2）库存管理与仓库管理的区别。仓库管理主要针对仓库或库房的布置、物料运输与搬运，以及储存自动化等要素进行管理；而库存管理的主要功能是在供应与需求之间建立缓冲区，缓解用户需求与企业生产能力之间，最终装配需求与零配件之间，零件加工工序之间，制造商需求与原材料供应商供给之间的矛盾。库存管理的对象是库存项目，即企业中的所有物料，包括原材料、零部件、在制品、半成品、产成品以及辅助物料。

2. 库存管理的目标

库存好比一把双刃剑，库存水平过高会增加企业的库存持有成本，库存水平过低又会使缺货成本上升。因此，库存管理要在保证满足顾客需求的前提下，通过对企业的库存水平进行合理控制，达到降低库存总成本，提高服务水平，增加竞争力的目的。

库存管理的总目标是通过适量的库存达到合理的供应，使得总成本最低。具体包括以下分目标：

（1）合理控制库存，有效运用资金；

（2）以最低的库存量保证企业生产经营活动的正常进行；

（3）及时把握库存状况，维持适当的库存水平；

（4）减少不良库存，节约库存费用。

总之，有效的库存管理应使物流均衡顺畅，既能保障生产经营活动的正常，又能合理压缩库存占用资金，取得良好的经济效益。

3. 库存管理方法

1)ABC 分类法

ABC 分类法又称重点管理法或 ABC 分析法，该方法根据巴雷特曲线所显示的关键的少数和次要的多数，以库存物资单个品种的库存资金占整个库存资金的累积百分数为基础，将存货分为 A 类、B 类和 C 类，针对不同类型级别的货物进行分别管理和控制，如表 3-2 所示。

建立在 ABC 分类基础上的库存管理策略：购买 A 类库存的资金应远高于购买 C 类库存的资金；对 A 类库存的现场管理应更严格，应将 A 类库存存放在更安全的地方，而且为了保证它们的记录准确性，应频繁地进行检验；预测 A 类库存应比预测其他类库存更为仔细。

表 3-2 不同类型库存的管理策略

库存类型	特点（按货币量占用）	管理方法
A 类	品种数占库存总数的 5%~15%，成本占 60%~80%	进行重点管理，现场管理更加严格，应存放在更安全的地方，为了保持库存记录的准确性，要经常检查和盘点；预测时要更加仔细
B 类	品种数占库存总数的 20%~30%，成本占 20%~30%	进行次重点管理，现场管理不必投入比 A 类更多的精力，库存检查和盘点的周期比 A 类要长一些
C 类	品种数占库存总数的 60%~80%，成本仅占 5%~15%	只进行一般管理，现场管理可以更粗放一些；但是由于品种多，出现差错的可能性比较大，因此也必须定期进行库存检查和盘点，周期比 B 类长一些

ABC 分类法是库存管理中常用的分析方法，其应用步骤一般如下。

（1）收集数据：按分析对象和分析内容，收集有关数据。

（2）处理数据：对收集的数据资料进行整理，按要求计算和汇总。以平均库存乘以单价，计算各种物品的平均资金占用额。

（3）编制 ABC 分析表。

（4）根据 ABC 分析表确定分类：按 ABC 分析表，观察累计品目百分数和平均资金占用额累计百分数，将累计品目（品种数）百分数为 5%~15%，而平均资金占用额（成本）累计百分数为 60%~80% 的物品，确定为 A 类；将累计品目百分数为 20%~30%，而平均资金占用额累计百分数也为 20%~30% 的物品，确定为 B 类；其余为 C 类。

（5）绘制 ABC 分析图：以累计品目百分数为横坐标，累计资金占用额百分数为纵坐标，绘制 ABC 曲线。

2)CVA 方法

尽管 ABC 分类法在库存管理实践中取得了一定的成效，例如使企业库存总量降低，库存资金占用减少，库存结构得以优化，管理资源得到节约等，但 ABC 分类法也有不足，通常表现为 C 类物资得不到应有的重视，而 C 类物资的缺乏往往也可导致整个装配线的停工。为此，人们开发出了关键因素分析法（CVA），并在一些企业中成功应用。CVA 方法把库存物品按照关键性分为 3~5 类，分别给予不同的优先级，并采取不同的管理策略，如表 3-3

所示。

表 3-3　CVA 库存种类及管理措施

库存类型	特点	管理措施
最高优先级	经营管理中的关键物品或 A 类重点客户的存货	不许缺货
较高优先级	生产经营中的基础性物品或 B 类客户的存货	允许偶尔缺货
中等优先级	生产经营中比较重要的物品或 C 类客户的存货	允许合理范围内的缺货
较低优先级	生产经营中需要但可替代的物品	允许缺货

CVA 方法比 ABC 分类法有更强的目的性。但在使用时要注意，人们往往倾向于制定较高的优先级，使高优先级的物资种类很多，最终哪种物资也得不到应有的重视。

在实务中，将上述两种方法结合使用，可以达到分清主次、抓住关键环节的目的。特别是在对成千上万种物资进行优先级分类时，需要借助 ABC 分类法。

3）供应商管理库存（VMI）

供应商管理库存（VMI）是指按照双方达成的协议，由供应链的上游企业根据下游企业的物料需求计划、销售信息和库存量，主动对下游企业的库存进行管理和控制的库存管理方式。

供应商库存管理能够突破传统的条块分割的库存管理模式，以系统的、集成的管理思想进行库存管理，使供应链系统实现同步化的运作。这种库存管理方式能较好地适应市场变化的要求，是一种新的库存管理思想。

4）联合库存管理（JMI）

联合库存管理（JMI）是在 VMI 的基础上发展起来的上游企业和下游企业权责平衡和风险共担的一种库存管理模式。联合库存管理强调供应链中各个节点同时参与，共同制订库存计划，使供应链过程中的每个库存管理者都从相互之间的协调性考虑，保持供应链各个节点之间的库存管理者对需求的预期保持一致，从而消除需求变异的放大现象。

4. 库存控制管理

1）经济批量模型（EOQ）

每次订货的数量直接关系到库存水平和库存总成本。因此，企业都希望找到一个合适的订货数量，从而使它的库存总成本最小。经济批量模型就是为了达到这一目的而提出的一种订货方法，通过费用分析求得在库存总费用为最小时的订购批量，用以解决独立需求货物的库存控制问题。

经济批量模型中的费用主要包括以下几方面内容。

（1）储存费，包括货物占用资金应付的利息以及使用仓库、保管货物、货物损坏变质等支出的费用。

（2）订货费，包括手续费、电话往来、派人员外出采购等费用。

（3）缺货费，储存供不应求造成的损失，如失去销售机会的损失、停工待料的损失以及不能履行合同而缴纳的罚款等。在不允许缺货的条件下，在费用上处理的方式是缺货费为无穷大。

在需求量是已知的和连续的，订货和到货间隔时间是已知的和固定的，以及不发生缺货现象的条件下，假设 TC 代表每年的总库存成本，PC 代表每年的采购进货成本（包括购置价格），HC 代表每年的保管仓储成本，D 代表每年的需求量，P 代表货物的单位购买价格，Q 代表每次的订货数量，I 代表每次订货的成本，J 代表单位货物的保管仓储成本，F 代表单位货物的保管仓储成本与单位购买价格的比率。那么，每年的平均库存量为 $Q/2$，每年的保管仓储成本为 $(Q/2)\cdot J$，每年的订货次数为 D/Q，每年的订货成本为 $(D/Q)\cdot I$，每年的采购进货成本为 $D\cdot P+(D/Q)\cdot I$，每年的总库存成本 TC 等于采购进货成本 PC 和保管仓储成本 HC 之和。具体公式表述如下：

$$TC = PC + HC = D\cdot P + (D/Q)\cdot I + (Q/2)\cdot J$$
$$= D\cdot P + (D/Q)\cdot I + (Q/2)\cdot F\cdot P$$

通过对上式进行微分求导数，并令求导后的方程式等于零，最后解该方程式所求得的订货批量就是使总库存成本最小的最佳订货量，又称为经济批量 EOQ，如下式所示：

$$EOQ = \sqrt{(2D\cdot I)/J} = \sqrt{(2D\cdot I)/(F\cdot P)}$$

在按经济量进行计算的情况下，最小的总库存成本 TC，每年的订货次数 N 和每次订货之间的间隔时间 T 分别如下式所示：

$$TC = D\cdot P + \sqrt{2D\cdot I\cdot J} = D\cdot P + \sqrt{2D\cdot I\cdot F\cdot P}$$
$$N = D/Q$$
$$T = 365/N = 365\cdot Q/D$$

【例题】某公司是生产某种机械器具的制造企业，按计划每年采购 L 型的零件 10 000 件。L 型零件的单位购买价格是 16 元，每次的订货成本是 100 元，每个 L 型零件每年的保管仓储成本是 8 元，试求 L 型零件的经济批量、每年的总库存成本、每年的订货次数和每次订货之间的间隔时间。

解 经济批量：

$$EOQ = \sqrt{(2D\cdot I)/J} = \sqrt{(2\times 10\,000\times 100)/8} = 500\text{（件）}$$

每年的总存储成本：

$$TC = D\cdot P + \sqrt{2D\cdot I\cdot J}$$
$$= 10\,000\times 16 + \sqrt{2\times 10\,000\times 100\times 8}$$
$$= 164\,000\text{（元/年）}$$

每年的订货次数：

$$N = D/Q = 10\,000/500 = 20\text{（次/年）}$$

每次订货之间的间隔时间：

$$T = 365/N = 365/20 = 18.25\text{（天）}$$

在经济批量模型中，作为参数的每次订货成本 I 和单位货物的仓储保管成本 J 往往难以精确地加以估算。因此，需要分析各个参数的变化对结果（总库存成本）的影响程度，即需要进行灵敏度分析。如果某个参数的变化对结果的影响很大，那么就需要对该参数进行非常精确的估算，这样才能计算出正确的经济批量。另外，上述模型是建立在许多假定基础上的简单模型，如果考虑到实际情况的复杂性，则还需要对该模型进行修正。

2）零库存模型

对于众多的制造商和分销商来说，不断增长的库存量已成为一种沉重的负担。企业管理者希望实现他们梦寐以求的“零库存”，保证物料供应和产品分配的顺畅，实现利润最大化。库存成本降低的潜力比任何市场营销环节都要大，成功的物流战略大多以尽可能低的金融资产维持存货，在对顾客承担义务的同时实现最大限度的流通量，以保证利润最大化。

Ⅰ.“零库存”的含义

“零库存”管理是物资存储优化理论的一种理想模型，即存储理论在管理实践中的运用，它并不是指企业所有的原材料、半成品、成品的库存为零，而是指在确保企业生产经营活动顺利进行的条件下，采用各种科学的管理方法，对库存进行合理的计算和有效的控制，尽可能降低库存量的一种方法。对有条件不设库存的原材料，应按要求由外协企业定时、定点送到车间等。对资金占用量大且库存不可缺少的原材料，则通过合理的流动计划和控制将库存压缩到最低限度。不以库存的形式存在就可以免去仓库存货的一系列问题，如仓库建设、管理费用，货品维护、保管、装卸、搬运等费用，存货占用流动资金及库存物品的老化、损失、变质等问题。

值得注意的是，零库存并不等于不要储备和没有储备，也就是说某些经营实体不单独设立仓库和储存物资，并不等于取消其他形式的储存活动。实际上，企业（包括生产企业和流通企业）为了应付各种意外情况（如运输时间延误、到货不及时、生产和消费发生变化等），常常要储备一定数量的原材料、半成品和成品，只不过这种储备没有采取库存形式罢了。从理论上讲，经营实体储备一定数量的产品，并以此形成“保险储备”也是一种合理的行为，它与实现零库存的期望并不矛盾。现在，有人把零库存的使用范围无限扩大，认为零库存就是“零储备”，实现零库存即意味着可以从根本上取消库存，这种观点是片面的。

需要指出的是，上面所讲的零库存是针对微观经济领域内的经营实体的库存状况而言的一种库存变化趋势，它属于微观经济范畴。从全社会来看，不可能也不应该实现零库存，为了应付可能发生的各种自然灾害和其他各种意外事件，为了调控生产和需求，国家通常以各种形式，其中就包括以库存形式储备一些重要物资，如粮食、战略物资、抢险救灾物资等。因此，在微观领域内，一些经营实体可以进行“无库存”生产和“无库存”销售，但是整个国家和社会不能没有库存。

此外，就微观主体的储存行为而言，零库存又是在某种特定的经济环境下实现的。也就是说，某些经营实体的“零库存”是在社会集中库存及保障供应前提下得以实现的。从这个意义上说，零库存是对社会库存结构进行合理调整的结果。

Ⅱ.实现企业零库存的主要方式

Ⅰ）看板方式

看板是实现准时化生产最重要的管理工具，是用来控制生产现场的生产计划工具。具体而言,看板是一张卡片,卡片的形式随不同的企业而有差别。看板上的信息通常包括零件号码、产品名称、制造编号、容器形式、容器容量、看板编号、移送地点和零件外观等。看板管理方法是在同一道工序或者前后工序之间进行物流或信息流的传递。准时化生产是一种拉动式的管理方式,它需要从最后一道工序通过信息流向上一道工序传递信息,这种传递信息的载体就是看板。没有看板,准时化生产是无法进行的。因此,准时化生产方式有时也被称作看板生产方式。一旦主生产计划确定以后,企业就会向各个生产车间下达生产指令,然后每一个生产车间又向前面的各道工序下达生产指令,最后再向仓库管理部门、采购部门下达相应的指令。这些生产指令的传递都是通过看板来完成的。

看板方式是一种简单有效的库存控制机制,它是企业内部各工序之间、企业之间及生产企业与供应者之间生产进货的凭证。看板方式是由下一生产环节根据自己的生产需要,逆生产流程方向,向上一环节指定供应,其主要目的是在同步化供应链计划的协调下,使制造计划、采购计划、供应计划能够同步进行,缩短用户响应时间,节约采购资源,降低原材料和外购件的价格,提高企业的适应能力。在具体操作过程中,企业可以通过增减看板数量的方式来控制库存量。

Ⅱ)按订单生产方式

企业的一切生产活动都是按订单来进行采购、制造、配送的,仓库不再是传统意义上的储存物资的场所,而是物资流通过程中的一个“枢纽”,是物流作业中的一个站点。物资是按照订单信息要求而流动的,因此从根本上消除了呆滞物资,从而也就消灭了“库存”。这与传统意义上的为“库存”而生产,生产出来的产品进入仓库后再等待订单是根本不同的。

Ⅲ)准时化配送方式

准时化配送属于定时配送的一种,它强调准时,即在客户规定的时间,将合适的产品按准确的数量送到客户指定的地点。准时化配送多采用小批量、多频次的送货方式,目的是降低库存、减少浪费,满足客户多样化、个性化需求。

对生产企业而言,准时化配送就是企业及时将按照订单生产出来的物品配送到用户手中,在此过程中,通过物品的在途流通加工,减少库存的方式。企业可以通过采用标准的准时化供应运作模式和合理的配送制度,使物品在运输中实现储存,从而实现零库存。以海尔为例,海尔物流推进本部储运部,负责整个集团的成品分拨物流,统一协调及控制运输业务,为零距离销售提供物流配送保障,实现准时化配送,减少库存量。

Ⅳ)协作分包方式

协作分包及各生产企业分工协作,把总库存按计划分配给某些库存成本低、安全可靠的合作企业,通常在制造企业之间比较常见。这种形式可以以若干企业的柔性生产实现准时供应,使主企业供应库存为零;同时主企业的集中销售库存使若干分包劳务及销售企业的销售库存为零。在经济发达的国家,制造企业都是以一家规模很大的主企业和数以千百计的小型分包企业组成一个金字塔形结构。例如,分包零部件制造的企业可采取各种形式和库存调节形式,以保证主企业的生产,从而使主企业不再设原材料库存,同时以主企业集中的产品库存满足各分包企业的销售，使分包企业实现零库存。

Ⅴ）委托保管方式

委托保管方式即受托方接受用户的委托，利用其专业化的优势，以较高的库存管理水平、较低的库存管理费用，代存、代管所有权属于用户的物资，从而使用户不再设仓库，甚至可以不再保有安全库存，从而实现零库存。这种零库存方式主要是靠库存转移实现的，并不能使库存总量降低，但是委托方省去了仓库规划、建设及库存管理的大量费用，集中力量于生产经营，体现了专业化特色，是目前国内企业发展零库存的主要趋势。

Ⅵ）无库存储备

几乎所有国家都要有各种名义的战略储备。由于战略储备的重要性，一般这种储备都保存在条件良好的仓库中，以防止其损失，延长其保存年限。因而，实现零库存几乎是不可想象的事。无库存储备是仍然保持储备但不采取库存形式，以此达到零库存。例如，有些国家将不易损失的铝这种战备物资作为隔音墙、路障等储备起来，以备万一，在仓库中不再保有库存。

Ⅶ）配送方式

综合运用上述若干方式，采取配送制度保证供应，从而使用户实现零库存。

拓展案例

家乐福高效的库存管理

很多大型流通零售企业在实际的运营过程中积累了大量成功的物流和库存控制经验，特别是沃尔玛、家乐福等国际零售企业，通过信息化的管理系统及高效的管理手段，纷纷实现了合理仓储管理、最佳的存货控制。下面根据物资管理的四个阶段，具体分析家乐福的具体实施方法。

一、需求估算阶段

第一个环节是计划环节（Plan）。预先进行周全的计划，可以防止各种可能的缺失，也可以使人力、设备、资金、时机等各项资源得到有效、充分的运用，又可以规避各类可能的风险。制订一个良好的库存计划既可以减少公司不良库存的产生，又能最大效率地保证生产的顺利进行。

1. 家乐福的库存计划模式

在库存商品的管理模式上，家乐福实行品类管理（Category Management），优化商品结构。一个商品进入之后，会有POS机实时收集库存、销售等数据进行统一的汇总和分析，根据汇总分析的结果对库存的商品进行分类。然后，根据不同的商品分类拟订相应适合的库存计划模式，对于各类型的不同商品，根据分类制订不同的订货公式的参数。根据安全库存量的方法，当可得到的仓库存储水平下降到确定的安全库存量或以下的时候，该系统就会启动自动订货程序。

2. 从家乐福获得的启示

（1）运用 ABC 分类法对物料进行分类管理。家乐福根据流量大、移动快速，流量始终以及流量小、转移速度慢三种情况把物料分为 A、B 和 C 三类。这就有助于管理部门为每一个分类的品种确立集中的存货战略。

（2）根据品类管理制订不同的库存计划模式。大致而言，存货的管理模式有 7 种：A/R 法（订单直接展开法）、复仓法、安全存量法、定时定购法、定量定购法、MRP 法（用料需求规划法）以及看板法。在同一个企业中，可以同时存在两种甚至两种以上的库存计划模式，这取决于物料的类型和企业的管理制度。现假设一家制造企业的物料已经按照 ABC 分类的概念并结合自身的情况进行了品种分类，A 类的特性：流量大、移动快速，在企业物料中最为重要；采取严密的管理方式和预测准确的库存计划，即使预测的成本较高，也要尽可能使无效库存数为零；管理模式可以采用 MRP 法。B 类的特征：流量始终的物料，仅次于 A 类的重要物料品种；采用管理中度的管理方式，原则上容许少量风险的无效库存的存在；管理模式可以采取安全存量法。C 类的特征：流量小、转移速度慢，相对重要性也较低；采用宽松的管理方式即可，简化仓储出库、入库手续；管理模式使用复仓法。

二、购料订货阶段

计划层面（Plan）的下一个层面即为实施层面（Do），也就是购料订货阶段。在选用合理的存货管理模式后，就根据需求估算的结果来实施订货的动作。以确保购入的货物能够按时、按量到达，保证以后生产或销售的顺利进行。

1. 家乐福的购料订货模式

在家乐福有一个特有的部门——OP（Order Pool），也就是订货部门，是整个家乐福的物流系统核心，控制着整个企业的物流运转。在家乐福，采购与订货是分开的。由专门的采购部门选择供应商，议定合约和订购价格。OP 则负责仓库库存量的控制；生成正常订单与临时订单，保证所有的订单发送给供应商；同时进行库存异动的分析。作为一个核心控制部门，它的控制动作将它的资料联系到其他各个部门。对于仓储部门，它控制实际的和系统中所显示的库存量，并控制存货的异动情况；对于财务部门，它提供相关的入账资料和信息；对于各个营业部门，它提供存量信息给各部门，提醒各部门根据销售情况及时更改订货参数，或增加临时订量。

2. 从家乐福获得的启示

（1）在公司内部形成一个控制中心。在公司内部形成一个类似 OP 的专门的控制部门，以它为中心，成射线状对企业其他各部门形成控制，对财务提供资料，同时对各个营运部门形成互动的联系，可以形容为“牵一发而动全身”。在制造企业的内部，公司同样需要一个得力的控制中心。

（2）明确各个部门的职责。在订货这个流程中，如果各个部门的职责没有分清的话，订货的效率会显著降低，或者说订货出错率会增加。在制造业中，公司需要让采购、仓库、财务、生产等各个部门的职责明白、清晰，物料管理的效率才能够提高。

（3）优化进货流程。比较家乐福的订货流程，可以拟出制造业的一个进货流程如下：第一，电脑根据订货公式计算自动订单；第二，由业务员人工审核确认后，由计算机输出，发给供应商；第三，供应商凭借计算机订单及订单号送货；第四，收货员下载订单到收货终端，持收货终端验收商品，未订货商品无法收货；第五，上传终端数据至电脑系统，生成电脑验收单；第六，将电脑验收单加盖收货章后交给供应商作为结算凭证；最后，每日查验"超期未到货订单汇总表"，确保供应商准时送货。通过上述流程，可以达到优化进货流程的目的。

三、仓储作业阶段

1. 家乐福的仓储作业

家乐福的做法是将仓库、财务、OP、营业部门的功能和供应商的数据整合在一起。从统一的视角来考虑订货、收货、销售过程中的各种影响因素。因此，看家乐福仓储作业的管理就必须联系它的OP、财务、营业部门，这是一个严密的有机体。仓库在每日的收货、发货之外会根据每日存货异动的资料，将存储量的相关资料的数据传输给OP部门，OP则根据累计和新传输的资料生成各类分析报表。同时，家乐福已逐步用周期盘点代替传统一年两次的"实地盘点"。在实行了周期盘点后，家乐福发现，最大的功效是节省了一定的人力、物力、财力，没有必要在两次实地盘点的时候大规模兴师动众了；同时，盘点的效率也得到了提高。

2. 从家乐福获得的启示

（1）加强仓库的控制作用。根据"战略储存"的观念，仓库在单纯的存储功能以外还有更重要的管理控制功能。第一，加强成品管理，有效维护库存各物料的品质与数量。第二，强化料账管理，依据永续盘存的会计理念进行登账管理。第三，及时提供库存资讯情报，要具备稽核功能（统计功能），以料、账和盘点的数据为基准，制订出有关资讯报表。第四，注重呆废料管理，通过制订呆废料分析表，利用检查及分析等手段使仓库中的呆废料突显出来，并及早活用，最大限度地减少损失。

（2）推行周期盘点。家乐福利用周期盘点代替一年两次的实地盘点的做法在一定程度上也是值得制造业企业学习的。"周期盘点"以一个月或几星期为一个周期，根据品类管理对物料的分类，对所储存的物料进行盘点周期的分类。每一次盘点若干个储位或料项，根据盘点的结果进行调整，并生成周期盘点的相关报表。采用"周期盘点"可以达到缩短盘点周期、及时发现"人"的问题以及仓储中存在的问题。但周期盘点的实施需要企业财务、采购、仓库各个部门有更强的控制能力和相互间联系反应的能力。

四、账务管理

账务管理是物料管理循环的最后一个环节，但同时也是下一个循环的开始。账务管理包含两部分内容：一部分是仓储管理人员的收发料账；另一部分则是财务部门的材料账。对于这两类账的日常登记、定期检查汇总，称为物料的账务管理。账务管理最主要的目标是保证料、账准确，真实反映库存物料的情况。

1. 家乐福的账务管理

家乐福的做法是从整体的角度出发，考虑仓库、财务、采购各个部门的职责和功能，减少不必要的流程，最大限度地提高效率和缩短工作周期。在家乐福，账务管理的基本结构包括三个部分：一是库存管制，由仓管制订；二是异动管理，由OP部门负责入库、出库、物料增减情况的记录；三是库存资讯，包括库存量查询在内，OP提供有关管理需求的账面报表，财务提供有关财务需求的报表。

2. 从家乐福获得的启示

（1）利用计算机构建财务的结算流程。流程管理无处不在，无处不需。上面提到的进货流程是商品进出结算流程中的一环。同理，管理系统应具有一个完善的结算流程，即生成订单、依照订单验收商品并制验收单、依照验收单生成日期计算出应结算日期，生成供应商结算对账单，财务录入供应商结算单并在电脑系统中完成自动对账、在结算日进行结算并由财务开支票。在物料管理中，账务阶段的最后就要以计算机作为流程管制的要点，环环相扣，让计算机真正成为管理过程的控制工具，从而保证账料管理的有效。

（2）财务人员参加周期盘点。周期盘点可以是仓库人员自动发送，但这样的话，周期盘点就完全成为一个部门的内部作业。在家乐福，盘点的计划由OP部门制订和控制，由财务部门组织，与仓管部门共同负责实施，每一次的周期盘点都与大盘一样，必须有财务人员到场。由财务人员来组织参加周期盘点，一方面可以监督周期盘点的正确实施，维持盘点结果的准确性；另一方面也可以在部门与部门之间形成相互牵制、相互监督的关系。

案例思考与讨论：

（1）家乐福具体采用了哪些措施保障其高效的库存管理？

（2）家乐福库存管理最大的特点是什么？

（3）财务人员参与库存管理有什么作用？

项目小结

本项目主要介绍了仓储管理的基本知识，如仓库的概念、功能以及分类，仓储规划与设计（仓库宏观规划与设计，仓库内部规划与设计），仓储作业流程（入库、在库、出库管理），仓储合理化的概念、标志，不合理仓储的表现形式以及实现仓储合理化的具体措施等。在库存管理部分，主要介绍了库存的概念、分类，库存的二重性及优缺点，库存管理的常用方法，以及库存控制方法等知识。

项目练习

一、单项能力训练

1. 单选题

（1）在物流的功能要素中，被称为“物流的两根支柱”的是（　　）。

A. 运输和配送　　B. 仓储和运输　　C. 配送和包装　　D. 包装和流通

（2）在物流系统中，起缓冲、调节和平衡作用的物流活动是（　　）。

A. 运输　　B. 配送　　C. 装卸　　D. 仓储

（3）在仓储过程中，对产品进行保护和管理，防止损坏而丧失价值，体现了仓库的（　　）功能。

A. 保管　　B. 整合　　C. 加工　　D. 储存

（4）在储备型仓库中，为了满足对入库商品进行验收作业而设置的区域为商品（　　）。

A. 储存区　　B. 检验区　　C. 集结区　　D. 作业区

（5）由收货人或其代理商持取货凭证直接到仓库取货，仓库凭单发货的出库方式属于（　　）。

A. 送货　　B. 收货人自提　　C. 过户　　D. 转仓

（6）货品入库或上架后，将货品的名称、规格、数量或出入状态等内容填在料卡上，这一库存管理工作称为（　　）。

A. 登账　　B. 记录　　C. 建卡　　D. 建档

2. 判断题

（1）仓库管理的目标是使仓库空间利用率与库存货品的处置成本之间实现平衡。（　　）

（2）仓库选址既要考虑交通、主要客户位置，还要考虑建库成本、库管物品的类型及经营环境、法律法规等因素。（　　）

（3）仓储管理时，烟草、茶叶和药材等植物提取、加工制品可以在一起存放。（　　）

（4）仓储管理可以调节物资供需，实现物资的配送功能和节约物资功能。（　　）

（5）仓储管理水平是由仓库所用设备的先进性决定的。（　　）

（6）空间利用率最大化是仓储管理的最重要目标。（　　）

（7）在 ABC 物资管理法中，C 类物资是高货币量库存，这类物资只占库存总数的 15% 左右，但其所占库存成本却高达 70%~80%，是库存管理中的重要监管对象。（　　）

3. 简答题

（1）仓库具体有哪些类别，各有什么特殊功能？

（2）商品的盘点工作主要包括哪些步骤？

（3）仓储合理化的标志是什么？如何实现仓库合理化？

（4）如何理解库存的二重性？

（5）库存管理的目标是什么？

二、综合技能训练

班级同学分组进行仓储规划及库存管理实践模拟体验：假如你是一所学校的教材管理员，或是一家工厂或某物流企业的仓储管理人员，通过角色扮演体验仓储管理人员日常工作内容及注意事项。

项目四　配送管理

学习目标

❖ 掌握配送管理的概念、功能及分类。
❖ 掌握配送中心的功能和分类。
❖ 了解不合理配送的常见表现及配送合理化的具体措施。

项目引入

7-11 的物流配送

在美国电影《尖峰时刻Ⅱ》中，唠叨鬼詹姆斯·卡特有一个绰号叫 7-11，意思是他能从早上 7 点钟起床开始一刻不停地唠叨到晚上 11 点钟睡觉。7-11 便利店在建立初期的营业时间是从早上 7 点到晚上 11 点，名字即由此而来。

每一个成功的零售企业背后都有一个完善的配送系统支撑。7-11 从一开始采用的就是在特定区域高密度集中开店的策略，在物流管理上也采用集中的物流配送方案，这一方案每年大概能为 7-11 节约相当于商品原价 10% 的费用。一间普通的 7-11 连锁店一般只有 100~200 平方米大小，却要提供 23 000 种食品，不同的食品有可能来自不同的供应商，运送和保存的要求也各有不同，每一种食品又不能短缺或过剩，而且还要根据顾客的不同需要随时能调整货物的品种，种种要求给连锁店的物流配送提出了很高的要求。一家便利店的成功在很大程度上取决于配送系统的成功。

7-11 物流管理模式先后经历了三个阶段三种方式的变革。起初，7-11 并没有自己的配送中心，它的货物配送是由批发商来完成的。以日本的 7-11 为例，早期日本 7-11 的供应商都有自己特定的批发商，而且每个批发商一般都只代理一家供应商的产品，这个批发商就是联系 7-11 和其供应商的纽带，也是 7-11 和供应商间传递货物、信息和资金的通道。供应商把自己的产品交给批发商以后，对产品的销售就不再过问，所有的配送和销售都由批发商完成。对于 7-11 而言，批发商就相当于自己的配送中心，它所要做的就是把供应商生产的产品迅速有效地运送到 7-11 手中。为了自身的发展，批发商需要最大限度地扩大自己的经营规模，尽力向更多的便利店送货，并且要对整个配送和订货系统进行规划，以满足 7-11 的需要。

渐渐地，这种分散化的、由各个批发商分别送货的方式无法满足规模日渐扩大的 7-11 的需要，7-11 开始和批发商及合作生产商构建统一的集约化的配送和进货系统。在这种系统之下，7-11 改变了以往由多家批发商分别向各个便利店送货的方式，改由一家在一定区域内的特定批发商统一管理该区域内的同类供应商，然后向 7-11 统一配货，这种方式称为集约化配送。集约化配送有效降低了批发商的数量,减少了配送环节,为 7-11 节省了物流费用。

经过一段时间的运营,7-11 在特定批发商统一配货的基础上,又发展了物流共同配送,用共同配送中心代替了特定批发商,分别在不同的区域统一集货、统一配送。配送中心有电脑网络配送系统分别与供应商及 7-11 店铺相连。为了保证不断货,配送中心一般会根据以往的经验保留 4 天左右的库存。同时,配送中心的电脑系统每天都会定期收到各个店铺发来的库存报告和要货报告,配送中心把这些报告集中分析,最后形成一张张向不同供应商发出的订单,由电脑网络传给供应商,而供应商则会在预定时间之内向配送中心派送货物。7-11 配送中心在收到所有货物后,对各个店铺所需要的货物分别打包,等待发送。第二天一早,派送车就会从配送中心鱼贯而出,择路向自己区域内的店铺送货。整个配送过程就这样每天循环往复,为 7-11 的顺利运行修石铺路。

配送中心的优点还在于 7-11 从批发商手上夺回了配送的主动权,能随时掌握在途商品、库存货物等数据,对财务信息和供应商的其他信息也能掌控于股掌之中,对于一个零售企业来说,这些数据信息都是至关重要的。有了自己的配送中心,7-11 就能和供应商谈价格了。7-11 和供应商之间定期会有一次定价谈判,以确定未来一定时间内大部分商品的价格,其中包括供应商的运费和其他费用。价格一旦确定,7-11 就省下了每次和供应商讨价还价这一环节,少了口舌之争,多了平稳运行,7-11 为自己节省了时间,也节省了费用。

案例讨论:

(1)为什么说“每一个成功的零售企业背后都有一个高效、完善的配送系统支撑”?

(2)7-11 的物流配送有什么特点?

(3)通过 7-11 案例分析,讨论物流配送有哪些突出特点?

任务一　配送概述

一、配送的概念

中华人民共和国国家标准《物流术语》(GB/T 18354—2021)对配送的定义:在经济合理区域范围内,根据客户要求,对物品进行拣选、加工、分装、分割、组配等作业,并按时送达指定地点的物流活动。

配送不能简单地理解为交货或运送,与配送相近的词汇有分送、投送、输送、供应、供给、发放等,从配送的实际形态来看,这些词汇都不能给予配送恰当的标注。从配送活动的实施过程来看,配送包括两个方面的活动:“配”是对货物进行集中、分拣和组配,“送”是以各种不同的方式将货物送达指定地点或用户手中。可以从以下几个方面来深入理解配送的概念。

1. 配送不同于送货

配送不是一般概念的送货，也不是生产企业推销产品时直接从事的销售型送货，而是从物流节点至用户的一种特殊送货形式。从送货的功能看，其特殊性表现在以下几点。

（1）从事送货的是专职流通企业，而不是生产企业。

（2）配送是中转型送货，而传统意义上的送货，尤其是从工厂至用户的送货往往是直达型送货。

（3）一般送货是生产企业生产什么就送什么，有什么就送什么，而配送则是需要什么送什么，以用户为驱动源。

2. 配送不同于运输

配送不是一般的运输和输送，而是运输与其他活动共同构成的结合体，虽然配送活动离不开运输，但在整个运输过程中它处于“二次运输”“支线运输”和“末端运输”的位置，是资源的最终配置，是接近顾客的配置，是从物流节点至用户的终端运输。

3. 配送不同于供应

配送不是供应或供给，它不是广义概念上的组织资源订货、签约、进货、结算及对物资处理分配的供应，而是以供应者送货到用户的形式进行供应。从服务方式看，配送是一种门到门的服务，可以将货物从物流节点一直送到用户的仓库、营业现场、车间乃至生产线的起点。

4. 配送是按用户需求进行的综合物流活动

配送不是消极的送货、发货，而是按照用户要求的数量、种类、时间等进行分货、配货、配装等工作，按照用户要求进行服务。配送包含物流过程的若干功能要素，可以看作一次完整的微型物流过程。

5. 配送是“配”与“送”的有机结合

配送将“配”和“送”有机结合起来，是一种特殊的、综合的物流活动方式，是商流和物流的结合。

6. 配送是一项有计划的活动

配送根据客户的需要以及从事配送的企业的能力，有计划地进行集货、分拣、配货、配装和运输送达等活动。

二、配送的功能

现代配送是实现资源最终配置的经济活动，配送将支线运输及小规模搬运活动统一起来，优化和完善运输过程，提高末端物流的经济效益。配送不但为物流企业创造了经济价值，而且有效配置和利用了社会资源，是生产企业挖掘“第三利润源泉”的重要领域。在发达国家，配送是企业营业活动的重要组成部分，对优化经济结构、节约社会劳动及充分发挥物流功能起到了巨大的作用。综合来讲，配送的功能具体表现在以下几个方面。

1. 促进实现物流合理化

配送不仅能够促进流通专业化、社会化，而且能以其特有的运动形态和优势调整流通结构，使物流活动达到规模经济，并以规模优势实现较低的运输成本，提高运输效率和经济效益，减少空气污染。

2. 完善运输和物流系统

20 世纪下半叶以来，由于科学技术的进步和运输工具的改进，干线运输在多种运输方式中都达到较高的水平，长距离、大批量的运输实现了低成本化。但是，在干线运输完成之后需要支线运输和小型搬运来完成末端运输，这种支线运输和小型搬运成了物流过程的一个薄弱环节。采用配送的方式，可以将支线运输和小型搬运活动统一起来，发挥灵活性、适应性和服务性，使运输过程得到进一步优化和完善。

3. 提高末端物流的效益

配送通过增大经济批量来实现经济进货，通过将各种商品的用户集中在一起统一发货来代替分别向不同用户小批量发货，实现经济发货，使末端物流经济效益得到提高。

4. 降低企业库存

准时制配送方式使生产企业可以依靠配送中心的准时配送进行准时化生产，而无须保持自己的库存或仅需少量的库存。这样生产企业就可以实现“零库存”，极大地降低库存占用资金，从而改善企业的财务状况。实行集中库存后，库存总量会大大低于各企业的分散库存的总量，同时也增加了调节能力，提高了社会经济效益。此外，集中库存还可以发挥规模经济优势，使单位存货成本下降。

5. 提高供应保证程度、方便用户

生产企业自主保持库存来推持生产时，由于受库存费用的制约，提高供应的保证程度很难，保证供应和降低库存成本存在二律背反问题。配送中心的集中存货可以调节企业间的供需关系，同时库存量更大，可降低企业因断货、缺货影响生产的风险。通过配送，用户只需向一处提出订货就能达到向多处采购的目的，因而极大地减少了工作量和负担，也节省了订货等一系列事务的开支。

6. 为电子商务的发展提供基础和支持

电子商务的发展需要具备两个重要的条件：一是货款的支付；二是货物的配送。网上购物无论多么方便、快捷或减少流通环节，都不能缺少货物配送，如果配送服务不能跟上，网上购物就不能发挥其方便、快捷的优势。

三、配送的分类

1. 按配送组织者分类

1)商店配送

商店配送是指配送组织者是商业零售网点的配送,这些网点主要承担商品的零售业务,规模一般不大,但经营品种较齐全。除日常零售业务,还可根据客户的要求将商店经营的品种配齐,或代客户订购一些本商店平时不经营的商品,然后和商店经营的品种一起配送给客户。这种配送组织者实力有限,往往只是小量、零星商品的配送。由于所配送的商品种类繁多,客户需用量不大,而且有些商品只是偶尔需要,很难与大配送中心建立计划配送关系,所以宜利用小零售网点从事此项工作。其商业零售网点数量较多,配送距离较短,所以比较灵活机动,可承担生产企业非主要生产物资的配送以及对个人客户的配送。

商店配送有以下两种形式。

(1)兼营配送形式,指商店在进行一般销售的同时兼具配送的职能,商店的备货可用于日常销售及配送,因此有较强的机动性,可以将日常销售与配送相结合,互相补充。这种形式在一定条件下可达成更高的销售额。

(2)专营配送形式,指商店不进行销售而专门进行配送。在商店位置条件不好,不适合零售,又有某方面的经营优势及渠道优势时,可采取这种方式。

2)配送中心配送

配送中心配送是指配送组织者是专职从事配送的配送中心,专业性强,与客户有固定的配送关系,一般实行计划配送,需配送的商品通常有一定的库存量,一般情况下不会超出配送中心的经营范围。配送中心的设施及工艺流程是根据配送需要专门设计的,配送能力强、配送距离较长、配送品种多、配送数量大,可以承担企业主要物资的配送及补充性配送等。

配送中心配送覆盖面较广,是一种大规模的配送形式,需要有配套的大规模配送设施,如配送中心建筑、车辆、路线等,一旦建成很难改变,灵活机动性较差,投资较大,因此这种配送形式有一定局限性。

3)仓库配送

仓库配送是以一般仓库为节点进行配送的形式,可以将仓库彻底改造成配送中心,也可以仓库原功能为主,增加一部分配送职能。由于仓库不是按配送中心要求专门设计和建立的,所以仓库配送规模较小,配送的专业化程度较低,但仍可以充分利用原仓库的储存设施及能力、收发货场地、交通运输线路等,是开展中等规模的配送可选择的形式,也不需要大量投资。

4)生产企业配送

生产企业配送的组织者是生产企业,尤其是进行多品种生产的生产企业。在运作时,直接由生产企业进行配送而无须将产品发运到配送中心再进行配送。生产企业配送避免了一次物流中转,所以有一定优势,在地域性较强的产品生产企业中应用较多。就地生产、就地消费的食品、饮料、百货等，某些不适于中转的化工产品及地方建材等都可采取这种方式。

2. 按配送对象的种类和数量分类

1)少品种或单品种、大批量配送

当客户所需的商品品种较少，或对某个品种的商品需求量较大、较稳定时，可采用此种方式配送，这种方式由于数量大，因此不必与其他商品配装即可使用整车运输。这种形式多由生产企业或专业性很强的配送中心直送客户。由于配送量大、品种单一或较少，可提高车辆利用率，而且配送中心内部的组织工作也较简单，故配送成本一般较低。

2)多品种、少批量、多批次配送

在现代生产过程中，客户的需求在不断变化，市场的供求状况也随之变化，这就促使生产企业的生产朝多样化方向发展。生产的变化引起了企业对原材料需求的变化，在配送上也需按照客户的要求，随时改变配送品种、数量或增加配送次数。由此，就形成了多品种、少批量、多批次的配送形式。

多品种、少批量、多批次配送是按客户要求，将所需的各种商品配备齐全，凑整装车后由配送节点送达客户。这种配送作业要求的服务水平较高、使用设备较复杂、计划难度大，需要有高水平的组织工作来保证和配合。这种高水平、高技术的配送方式符合现代“消费多样化”“需求多样化”的新观念。

3)设备成套、配套配送

设备成套、配套配送是为满足企业的生产需要，按其生产进度，将装配的各种零配件、部件、成套设备定时送达生产线进行组装的一种配送形式。这种配送方式完成了生产企业的大部分供给工作，使生产企业能够致力于生产，与多品种、少批量、多批次配送的效果相同。

3. 按配送时间和数量分类

1)定量配送

定量配送是指每次按固定的数量(包括商品的品种)在指定的时间范围内进行配送，它的计划性强，每次配送的品种和数量固定，备货工作简单。由于可以按托盘、集装箱及车辆的装载能力规定配送，因此定量配送方式能有效利用托盘、集装箱等集装方式，配送效率较高，成本较低，由于时间不是严格限定的，配送时可以将不同客户所需商品凑成整车后配送，从而提高车辆利用率，而客户每次接货都处理同等数量的货物，也有利于其人力、物力的准备。

2)定时配送

定时配送是指按规定的时间间隔进行配送，如数天或数小时一次，每次配送的品种和数量均可按计划执行，或者按事先商定的联络方式下达配送通知，按客户要求的品种、数量和时间进行配送。这种方式由于时间固定，所以易于安排工作计划，客户也易于安排接货。但是由于备货的要求下达较晚，配货和配装难度较大，在配送数量变化较大时，会使配送计划安排出现问题。

3)定时定量配送

定时定量配送是指按规定时间和规定的商品品种及数量进行配送，它结合了定时配送和定量配送的特点，服务质量水平较高，但组织工作难度很大，通常只针对固定客户提供这项服务。

4)定时定量定点配送

定时定量定点配送是指按照确定的周期、确定的商品品种和数量、确定的客户进行配送。这种配送方式一般事先由配送中心与客户签订协议，双方严格按协议执行，有利于保证重点需要并降低企业库存，主要适用于重点企业和重点项目。

5)定时定线路配送

定时定线路配送是指在规定的运行路线上制定到达时间表，按运行时间表进行配送，客户可按规定路线及规定时间接货，这种配送方式有利于安排车辆及驾驶人员，在配送客户较多的地区，配送工作组织相对容易。客户既可选择一定路线和一定时间，又可有计划地安排接货力量，如连锁商品配送活动可以采用这种方式。

6)即时配送

即时配送即随要随送，按照客户提出的时间和商品品种、数量的要求，随时进行配送。这种方式是以某天的任务为目标，在充分掌握了这一天有需要的客户、客户的需要量及种类的前提下，及时安排最优的配送路线，并安排相应的配送车辆进行配送。它能做到每天的配送都实现最优安排，因而是水平较高的配送方式，这种方式适合零星商品、临时需要商品或急需商品的配送。采用即时配送方式时，可以在初期按预测的结果制订计划，以便统筹安排某一时期的任务，并准备相应的力量，实际的配送实施计划则可在配送前一两天根据任务书做出。

4. 按配送的组织形态分类

1)自营配送

自营配送是指由厂商(一般是生产商)自建自营配送中心，将物品送达各个用户。

2)共同配送

共同配送是指生产、批发或零售连锁企业共同参与，由一家配送中心承担它们的配送作业的配送行为。如多家公司将各自的商品汇总装在同一辆卡车上，共同进行配送工作。由于配送是共同化的，所以这种方式可以提高配送车辆的利用率，从而降低物流成本，增加企业的经济效益。共同配送是发达国家广泛使用的一种配送方式。

3)代理配送

代理配送是指交易双方将物流进行外包，由第三方物流服务企业承担货物的运输、仓储和配送的配送方式。社会物流服务企业依靠自身的专业优势、规模优势和信息优势为供需双方提供及时、准确、快速的门到门、门到库、门到点的配送服务，并附加包装或流通加工等增值服务，为企业快速响应市场变化创造有利条件。例如，美国联合包裹运送服务公司(UPS)和美国USCO物流公司是北美较大的两家专业物流公司，公司内部有专业的医疗药品供应链，负责代理大型医药批发商向医院、诊所、研究所、公司、政府机构、零售药店等用户提供药品配送服务。

5. 按配送的经营权限分类

1）物流模式的配送

物流模式的配送只进行物流作业，商品经营决策或者说商流的任务由相关部门来完成。例如，在实施自营配送的连锁企业中，商流工作由连锁总部的商品部负责，配送中心只负责根据总部发来的进货和配送指令进行相关物流作业。

2）授权模式的配送

授权模式的配送指一些企业或连锁企业总部将商品采购权及定价权授予配送中心，企业或连锁总部则保留商品组合、批发销售以及业务监管的权利。配送中心既负责商品的配送，也负责配送商品的采购。

3）配销模式的配送

配销模式的配送是指既负责商品采购，又可以向用户直接批发销售商品的配送。配销模式的配送中心一般也是相对独立的利润中心。

6. 按配送的功能分类

1）转送模式的配送

转送模式的配送的主要功能是中转，不具有商品保管、在库管理等功能，主要进行商品的周转、分拣等作业。采用这种模式的配送中心通常称为转送中心，一般与供货商管理密切，货源充足，商品在配送中心的储存时间较短，存储量也较少。

2）分销模式的配送

分销模式的配送拥有商品保管、在库管理等功能，同时又能进行商品周转、分拣和配送业务。采用这种模式的配送中心通常称为分销中心，一般设立在口岸或中心城市，以便对腹地和周边进行分拨和分销。

3）储存模式的配送

储存模式的配送兼有储存和配送双重功能，以商品的储存、保管功能为主，商品在配送中心的储存时间比转送模式要长。采用这种模式的配送中心通常称为储存中心，此类配送中心拥有较大规模的仓储设施，具有强大的储存功能，可以把零售店铺的商品储存时间和空间缩减至最低限度。

4）加工模式的配送

加工模式的配送将大批采购的半成品（多为生鲜食品）进行加工、解冻、分割、包装，然后分送到各分店或用户，这种配送方式比较适合超市生鲜食品部。采用这种模式的配送中心通常称为流通加工中心，此类配送中心的主要功能是对产品进行清洗、整理、包装、再生产，以保证其上市即可出售并消费。

7. 按配送专业化程度分类

1)综合配送

综合配送是指配送商品种类较多,不同专业领域的产品在同一个配送节点组织对客户的配送。它可以减少客户为组织所需全部商品进货的负担,只需通过和少数配送企业联系便可解决多种需求的配送问题。因此,它是对客户服务能力较强的配送方式。

由于产品性能、形状差别很大,在组织综合配送时技术难度较大,因此一般只是在形状相同或相近的不同类产品方面实行综合配送,差别过大的产品难以实现综合配送。

2)专业配送

专业配送是指按产品形状不同适当划分专业领域的配送方式。专业配送并非越细分越好,实际上在同一形状而类别不同的产品方面也具有一定的综合性。专业配送可按专业的共同要求优化配送设施、优选配送机械及配送车辆、制定适应性强的工艺流程,从而大大提高各配送环节的工作效率。

任务二　配送的组织与管理

一、配送的组织模式

配送模式是企业对配送所采取的基本战略和方法,根据国内外的发展经验及我国的配送理论与实践,主要介绍以下四种配送模式。

1. 自营配送模式

自营配送模式是指企业物流配送的各个环节由企业自身筹建并组织管理,实现对企业内部及外部货物配送的模式。这种模式有利于企业供应、生产和销售的一体化,系统化程度较高,既可满足企业内部原材料、半成品及成品的配送需要,又可满足企业对外进行市场拓展的需求。但是这种配送方式也有不足,主要表现为企业为建立配送体系的投资规模将会大大增加;在企业配送规模较小时,配送的成本和费用较高。

一般而言,采取自营配送模式的企业大都是规模较大的集团公司。具有代表性的是连锁企业的配送,其基本通过组建自己的配送系统来完成企业的配送业务,包括对内部各场、店的配送和对企业外部顾客的配送。

2. 共同配送模式

共同配送模式是物流配送企业之间为了提高配送效率以及实现配送合理化而建立的一种功能互补的配送联合体,如图 4-1 所示。它的优势在于有利于实现配送资源的有效配置,弥补配送企业功能的不足,促进企业配送能力的提高和配送规模的扩大,更好地满足客户需求,提高配送效率,降低配送成本。

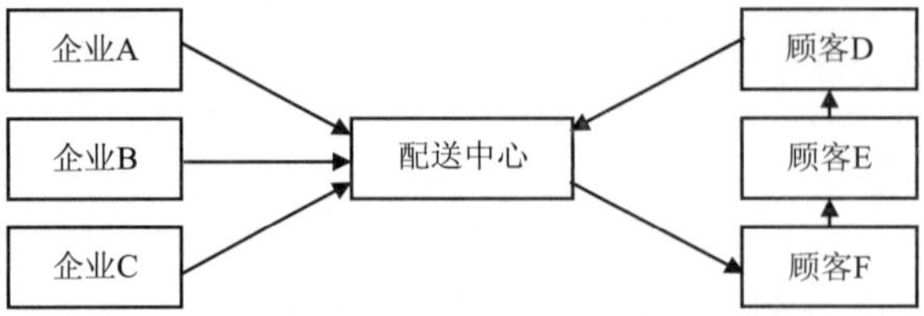

图 4-1　共同配送模式

共同配送模式的核心在于充实和强化配送的功能，提高配送效率，实现配送的合理化和系统化。因此，作为开展共同配送的联合体成员，首先要有共同的目标、理念和利益。

开展共同配送、组建联合体要坚持以下几个原则：功能互补、平等自愿、互惠互利、协调一致。需要注意的是，在开展共同配送、组建联合体的过程中，要避免行政干预。

在实际运行过程中，共同配送的种类很多，根据它们之间的关系可归纳为紧密型、半紧密型和松散型配送中心。根据配送中心的运行模式可分为集货型、送货型和集送型等。

3. 互用配送模式

互用配送模式是十几家企业为了各自的利益，以契约的方式达成某种协议，互用对方的配送系统而进行配送的模式，如图 4-2 所示。这种配送模式的优点在于企业不需要投入较大的资金和人力就可以扩大自身的配送规模和范围，但需要企业有较高的管理水平以及相关企业组织协调的能力。

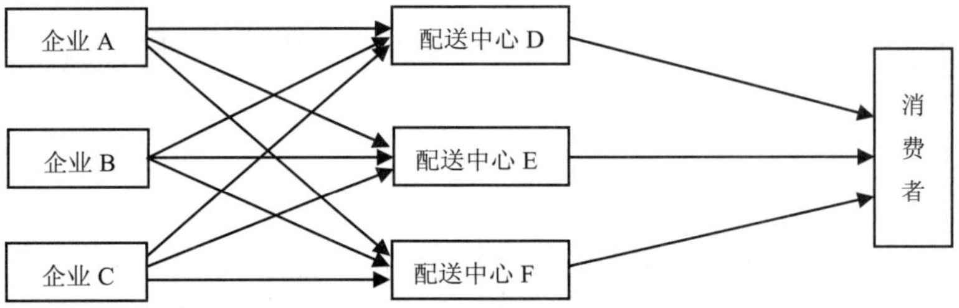

图 4-2　互用配送模式

互用配送模式与共同配送模式相比较，区别主要体现在以下几方面。

（1）互用配送模式的目的在于提高企业自身的配送功能，以企业自身服务为核心；而共同配送模式旨在建立配送联合体，以强化配送功能为核心，为社会服务。

（2）互用配送模式主要强调企业自身的作用，共同配送模式主要强调联合体的共同作用。

（3）互用配送模式的稳定性较差，共同配送模式的稳定性较强。

（4）互用配送模式的合作对象既可以是经营配送业务的企业，也可以是非经营配送业务的企业；而共同配送模式的合作对象主要是经营配送业务的企业。

4. 第三方配送模式

第三方是指为交易双方提供部分或全部配送服务的一方。第三方配送模式就是指交易双方把自己需要完成的配送业务委托给第三方来完成的一种配送运作模式。第三方配送企业根据采购方的小批量和多频次的要求，按照地域分布密集情况，决定供应方的取货顺序，并应用一系列的信息技术和物流技术，保证准时取货和配送。

二、配送中心

1. 配送中心的概念

配送中心是组织配送性销售或供应，专门从事实物配送工作的物流节点。配送中心是物流领域社会分工、专业分工细化的产物，它适应了物流合理化、生产社会化、市场扩大化的客观需求，集储存、加工、集货、分货、装运、情报等多项功能于一体，通过集约化经营取得规模效益。具体来讲，配送中心是从事货物配备（集货、加工、分货、拣货、配货）和组织对用户的送货，以高水平实现销售或供应的现代流通设施。这个配送中心的定义要注意以下几个问题。

（1）定义中的“货物配备”是指配送中心按照生产企业的要求，对货物的数量、品种、规格、质量等进行的配备。这是配送中心最主要、最独特的工作，全部由其自身完成。

（2）定义中的“组织送货”是指配送中心按照生产企业的要求组织货物定时、定点、定量送抵用户。由于送货方式较多，有的由配送中心自行承担，有的利用社会运输力量完成，有的由用户自提，因此就送货而言，配送中心是组织者而不是承担者。

（3）定义强调了配送活动和销售或供应等经营活动的结合，配送成为经营的一种手段，以此排除了它是单纯的物流活动的看法。

（4）定义强调了配送中心为现代流通设施，意在与以前的流通设施诸如商场、贸易中心、仓库等相区别。配送中心以现代装备和工艺为基础，不但处理商流，而且处理物流、信息流，是集商流、物流、信息流于一体的全功能流通设施。

2. 配送中心的功能

配送中心综合了集货中心、分货中心、加工中心等的职能，因此配送中心具有以下一些功能。

1）集货

集货是指配送中心根据客户的需要，将各种物品按需要的品种、规格、数量，从仓库的各个货位拣选集中起来，以便进行装车配送。集货是为配送业务的顺利实施而从事的组织商品货源的活动，它是配送的准备工作或基础工作。中心集货工作包括采购订货、集货进货、合理配货及有关的质量检查、结算、交接等活动。配送中心的优势之一就是可以集中用户的需要进行一定规模的集货。集货是决定配送成败的初期工作，如果集货成本太高，会大大降低配送的效益。

2）储存

配送中心的储存有储备及暂存两种形态。配送储备是按一定时期的配送经营要求形成的对配送的资源保证，这种类型的储备数量较大，储备结构较完善，视货源到货情况可以有计划地确定周转设备及保险储备结构和数量。配送的储备保证有时在配送中心附近单独设库解决。配送暂存是具体执行日常配送时，按分拣配货要求，在理货场地所做的少量储存准备。由于总体储存效益取决于储存总量，所以这部分暂存数量只会对工作便利性造成影响，而不会影响储存的综合效益，因而在数量上控制得并不严格。还有一种形式的暂存即分拣、配货之后形成的货物暂存，这种暂存主要是调节配货与送货的节奏，暂存时间不长。

3）分拣

分拣是依据顾客的订货要求或配送中心的送货计划，迅速、准确地将商品从其储位或其他区域拣取出来，分别堆放到指定的装卸点，并按一定的方式进行分类、集中，等待配装送货的作业过程。分拣可以提高送货服务水平。在配送作业的各环节中，分拣作业是非常重要的环节，是配送中心不同于其他物流形式的功能性要素。分拣是完善送货、支持送货的准备性工作，也是关系到配送成功的一项重要支持性工作。同时，分拣技术水平也是决定整个配送系统水平的关键因素。

4）配货

配货是指将各个配送车辆所要配送的各个客户所需要的各种货品，按用户需要的品种规格、按车辆的装载容量组配起来，以便装载和配送运输。通常使用各种拣选设备和传输装置，将存放的物品按客户要求分拣出来，配备齐全后，送到指定发货地点。

5）配装

在单个客户配送数量不能达到车辆的有效运载负荷时，就存在如何集中不同客户的配送货物，进行搭配装载以充分利用运能运力的问题，这时就需要配装。配装跟一般送货的不同之处在于，配装送货可以大大提高送货水平，并降低送货成本，所以配装是现代配送不同于以往送货的重要区别之一。

6）配送运输

配送运输是距离较短、规模较小、额度较高的运输形式，一般使用汽车作为运输工具，配送运输的路线选择问题是一般干线运输所没有的，干线运输的干线是唯一的运输线，而配送运输由于配送客户多，城市交通路线一般又较复杂，所以组合成最佳路线以使配装和路线有效搭配是配送运输的重点。

7）送达服务

送达服务指圆满实现货物的移交，并有效、方便地处理相关手续和完成结算，与客户协商好卸货地点、卸货方式等。

8）配送加工

配送加工是按照配送客户的要求进行的流通加工。在配送中，配送加工这一功能要素不具有普遍性，但是具有重要作用的功能要素。配送加工可以大大提高客户的满意度，国内外许多配送中心都很重视提升自己的配送加工能力，通过按照客户的要求开展配送加工提高配送的效率和客户的满意度。配送加工是流通加工的一种，但配送加工有别于一般的流通加工，它取决于客户的要求。销售性配送中心有时也根据市场要求进行简单的配送加工。

9)信息处理

配送中心有相当完整的信息处理系统,能有效地为整个流通过程的控制、决策和运转提供依据。无论是在集货、储存、分拣、流通加工、配送等一系列环节的控制,还是在物流管理和费用、成本、结算方面,均可实现信息共享,而且配送中心通过与销售商店建立信息直接交流平台,可及时得到商店的销售信息,有利于合理组织货源,控制最佳库存。同时,配送中心还可将销售和库存信息迅速、及时地反馈给制造商,以指导商品生产计划。配送中心因此成为这个流通过程的信息中枢。

3. 配送中心的分类

1)按经营主体分类

Ⅰ. 制造商主导型配送中心

这类配送中心是指制造型企业为满足本企业产品的生产和销售需要所建立的配送中心,一般专门服务于本企业的生产和销售活动,可降低企业产品销售费用,提高企业的客户服务水平。一般来说,这类配送中心只能为零售商配送一个生产企业的产品,难以满足销售的需要,是一种社会化程度较低的配送中心。

Ⅱ. 批发商主导型配送中心

这类配送中心是批发商为实现产品的汇集和再销售而建立的配送中心。其基本运作流程是批发商先把多个制造商的产品集中起来,再向零售商配送。这类配送中心一方面可以使批发商在集中采购时获得规模效益,从而降低采购价格、节省运输成本;另一方面可充分满足零售商的需求,实现多品种一次送货。因此,其是社会化程度较高的配送中心。

Ⅲ. 零售商主导型配送中心

这类配送中心一般是指大型零售企业所属的配送中心。零售商先从批发商进货或从制造商直接进货,再向自己的网点直接送货。这类配送中心可以不断地向商店各部门送货,有利于减轻商店的库存压力。

Ⅳ. 物流企业主导型配送中心

这类配送中心是由物流企业建立的,为货主企业提供配送服务的配送中心。其服务对象一般比较固定,物流企业在与货主企业签订长期服务合同的基础上,代理货主企业开展配送服务,属于第三方服务形态。这类配送中心具有较强的运输、配送能力,能按照货主企业的要求迅速将货物送到指定地点,且物流设施的利用率高、成本低、服务范围广。

2)按功能分类

Ⅰ. 储存型配送中心

储存型配送中心是充分强化了货物储存功能的配送中心,在充分发挥储存作用的基础上开展配送活动。我国目前建设的配送中心多为储存型配送中心,库存量较大。储存型配送中心通常需要较大规模的仓库和储存场地,以便储备丰富的资源。

Ⅱ. 流通型配送中心

流通型配送中心是以暂存或随进随出方式进行配货和送货的配送中心,基本没有长期储存功能。其典型运作方式是大量货物整批进入，然后按一定批量运出。这类配送中心一般采用大型分货机进行分拣和配货作业，货物直接进入分货机传送带，然后分送到各用户货位或直接分送到配送车辆，货物在配送中心仅做短暂停留。流通型配送中心通常用来向用户提供库存补充，其规模取决于用户要求的送货速度、平均订货量以及单位用地成本等。

Ⅲ.加工型配送中心

加工型配送中心是以流通加工为主要业务的配送中心，其主要功能是对货物进行清洗、分解、集装等加工活动，并以加工为核心开展配送活动。因此，在加工型配送中心的配送作业流程中，储存作业和加工作业占主导地位。

3)按服务范围分类

Ⅰ.区域配送中心

区域配送中心是在省、市、全国乃至国际范围内为用户配送货物的配送中心。其活动范围大、辐射能力强，经营规模与配送批量也较大，服务对象往往是下一级的城市配送中心、生产企业或零售商等。区域配送中心在国外已经非常普遍，一般由大型连锁集团建立，负责某一区域范围内部分商品的集中采购，再配送给下一级配送中心。

Ⅱ.城市配送中心

城市配送中心是在城市范围内，向众多用户提供门到门配送服务的配送中心。一般来说，其辐射能力较弱，配送货物品种多、批量小，服务对象多为城市范围内的零售商、连锁店或生产企业等。由于城市范围内货物的配送距离较短，因此往往与零售经营相结合。城市配送中心运送距离短、反应能力强，一般采用中小型厢式货车送货。

4)按物的流向分类

Ⅰ.供应型配送中心

供应型配送中心是专门为某个或某些客户组织供应的物流配送中心。例如，为大型连锁超市组织供应的物流配送中心，代替零件加工厂送货的零件物流配送中心，等等。

Ⅱ.销售型配送中心

销售型配送中心是以销售经营为目的，以配送为手段的配送中心，主要有以下三种类型。

(1)生产企业为将本企业产品直接销售给消费者建立的配送中心。在国外，这种类型的配送中心很多。

(2)流通企业建立的配送中心。作为自身经营的一种方式，流通企业通过建立配送中心以扩大销售，我国目前拟建的配送中心大多属于这种类型。

(3)流通企业和生产企业联合建立的协作型配送中心。目前，国内外配送中心正朝着以协作型配送中心为主的方向发展。

4.配送中心的运作流程

1)配送中心的一般流程

配送中心的主要特点：有较大的存储场所；分货、拣货、配货的场地及装备较大；对理货、分类、配货的功能要求较强；流通加工功能较弱。

采用这种流程的配送中心有：以中小件杂货配送为代表的配送中心；固体化生产品的配送中心；没有保质期的食品的配送中心。由于货种多，为保证配送，配送中心需要有一定的存储量，属于有储存功能的配送中心。配送中心的一般流程如图 4-3 所示。

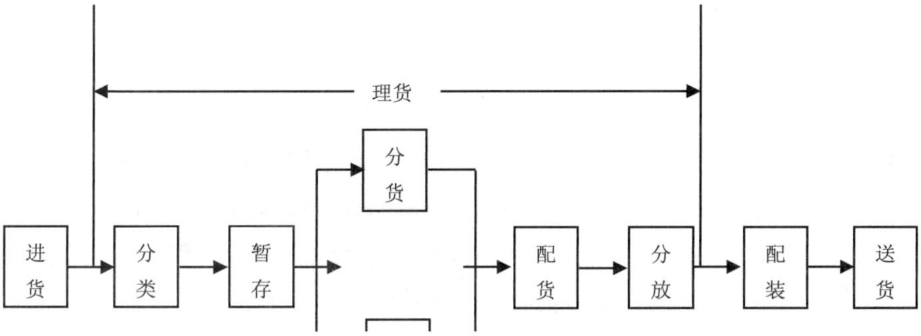

图 4-3　配送中心的一般流程

2）配送中心的特殊流程

配送中心的特殊流程又可以分为不带存储库的配送流程、加工配送型配送流程和批量转换型配送流程三种情况。

Ⅰ．不带存储库的配送流程

这种配送流程的特点：配送中心无须大量库存，只需满足一时配送之需的备货暂存即可。暂存地点设在配货场地中，在配送中心不单设存储区。采用这种流程的配送中心以配送为专门职能，将大面积储存场所转移到配送中心以外。

Ⅱ．加工配送型配送流程

加工配送型配送流程的特点：进货批量大、品种少，分类工作少；储存后进行的加工一般按用户的要求进行；加工后的产品直接按用户分放、配货。加工配送型配货流程不止一种模式，随着加工方式的不同，流程会有所区别，典型的流程如图 4-4 所示。

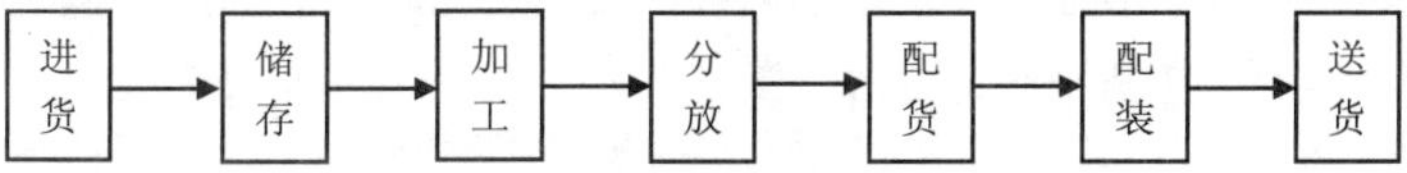

图 4-4　加工配送型配送流程

Ⅲ．批量转换型配送流程

批量转换型配送流程的特点：流程十分简单，基本不存在分类、拣货、分货、配货、配装等工序；进货批量大，品种单一，但发货时需转换成小批量；由于大量进货，储存能力较强，储存工序及装货工序是主要工序。采用这种流程的配送中心包括不需要再加工的煤炭、水泥、油料等产品的配送中心，其流程如图 4-5 所示。

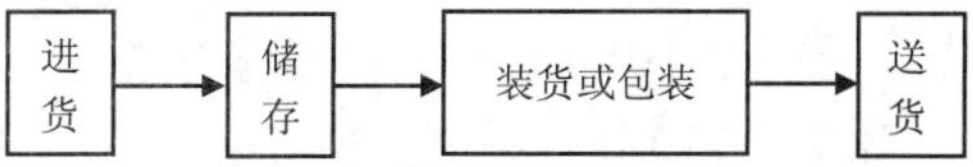

图 4-5　批量转换型配送流程

任务三　配送合理化

一、不合理配送的表现形式

1. 资源筹措不合理

配送要大批量筹措资源，通过筹措资源的规模效益来降低资源筹措的成本，使配送资源筹措的成本低于用户自己筹措资源的成本，从而取得优势。如果不是集中多个用户需要批量筹措资源，而仅仅是为一两个用户代购代筹，对于用户来讲，就不仅不能降低资源筹措费，相反还要多支付一笔配送企业的代筹代办费，因而是不合理的。

资源筹措不合理还表现在配送量计划不准确，资源筹措过多或过少，在资源筹措时未考虑建立与资源供应者之间的长期、稳定的供需关系，等等。

2. 库存决策不合理

配送应充分利用集中库存总量低于各用户分散库存总量的优势，从而极大地节约社会财富，同时降低用户实际平均分摊库存的负担。因此，配送企业必须依靠科学管理来实现一个低总量的库存，否则就会出现不合理的库存决策。配送企业库存决策不合理还表现在储存量不足，不能保证随机需求，失去了应有的市场等方面。

3. 价格不合理

总体来讲，配送的价格应低于用户不实行配送、自己进货时的产品购买价格加上自己提货、运输、进货的成本总和，这样才会使用户有利可图。有时候，由于配送有较高的服务水平，即使价格稍高，用户也可以接受。但这不是普遍适用的。如果配送价格普遍高于用户自己的进货价格，损害了用户利益，就是一种不合理的表现。价格制定得过低，使配送企业在无利或亏损状态下运行，也是不合理的。

4. 配送与直达决策不合理

配送增加了物流环节，但是这个环节的增加，可以降低用户平均库存水平，不但抵销了增加环节的支出，还能取得剩余收益。但是如果用户使用批量大，可以直接通过社会物流系统均衡地批量进货，且比通过配送中转送货更加节约费用，在这种情况下不直接进货而通过配送就属于不合理范畴。

5. 配送中的不合理运输

与用户自提相比，尤其对于多个小用户来讲，可以集中配装一车送货，这比一家一户自提大大节省了运力和运费。如果不能利用这一优势，仍然一户一送，而车辆达不到满载（即时配送过多过频时会出现这种情况），就属于不合理配送。

二、配送合理化的措施

1. 推行一定综合程度的专业化配送

通过采用专业设备、设施及操作程序取得较好的配送效果，并降低配送过分综合化的复杂程度及难度，追求配送合理化。

2. 推行加工配送

通过加工和配送结合，充分利用本来应有的中转，而不增加新的中转，求得配送合理化。同时，借助配送，加工的目的更明确，且与用户的联系更紧密，更避免了盲目性。这两者有机结合，投入不增加太多即可获得两个优势、两种效益，是配送合理化的重要经验。

3. 推行共同配送

联合多个企业共同配送，可以充分利用运输工具的容量，提高运输效率，以最近的路程、最低的配送成本完成配送，从而实现合理化。

4. 实行送取结合

配送企业与用户建立稳定、密切的协作关系，配送企业不仅成了用户的供应代理人，而且承担用户储存据点的作用，甚至成为产品代销人。在配送时，可将用户所需的物资送到，再将用户生产的产品用同一车辆运回，这时这种用户生产的产品也成了配送中心的配送产品之一，免去了生产企业的库存包袱。这种送取结合的方式使运力得到充分利用，也使配送企业的功能有更好的发挥，从而实现合理化。

5. 推行准时配送系统

准时配送是配送合理化的重要内容。只有配送做到了准时，用户才有资源把握，才可以实现低库存或零库存，才可以有效安排接货的人力、物力，实现高效率。另外，保证供应能力也取决于准时供应。准时供应配送系统是许多配送企业实现配送合理化的重要手段。

6. 推行即时配送

作为计划配送的应急手段，即时配送是最终解决用户断供之忧、大幅度提高供应保证能力的重要手段。即时配送是配送企业快速反应能力的具体化，是配送企业能力的体现，即时配送成本较高，但它是整个配送合理化的重要保证手段。此外，用户实行零库存，即时配送也是重要保证手段。

任务四　配送计划

一、配送计划概述

开展配送业务首先要做配送计划，因为配送往往涉及多种产品、多个用户、多辆车以及各种车的载重量不同等多种因素，所以需要认真制订配送计划，实现科学组织，合理调配资源，达到既满足用户要求，又实现总费用最省、车辆充分利用、效益最好的目的。

配送业务程序的关键在于配送计划的制订。在配送活动中，临时配送、紧急配送和无计划的随时配送是降低配送效率和配送经济效益的主要因素。临时配送是因为事前计划不周，未能提前确定正确的配装方法和配送路线，到了临近配送截止日期，匆忙安排专车，进行单线配送，导致车辆装载不足、运输里程浪费等。紧急配送则是因顾客的紧急订货而发生的，为保证按时送到货物，来不及认真安排货物配装及配送路线，造成运力的浪费。随时配送是对配送要求不做计划安排，有一批送一批，灵活性大，随机性强。要提高配送的效率，应尽可能平抑配送量的波动，使发货量稳定化，配送路线标准化。

二、最短路径法

1. 最短路径法基本原理

货物运输在途时间的长短可以通过运输工具在一定时间内运送货物的次数和所有货物的总运输距离来反映。其中，最常见的决策问题就是找到运输工具在公路网、铁路线、水航道和航空线运行的最短线路，以尽可能缩短运输时间或运输距离，从而使运输成本降低，同时客户的服务也得到改善。因此，最简单、最直接的方法就是最短路径法。

Dijkstra（迪杰斯特拉）算法是典型的最短路径算法，用于计算图中一个节点到其他所有节点的最短路径。Dijkstra 最短路径算法的主要思想是在一个网络图形结构中，用各个节点代表不同的送货位置，用图中的边代表其连接的相邻节点之间的配送成本，如距离、时间或距离和时间的加权平均等。Dijkstra 算法描述如下。

在图 $G=(V,\ E)$ 中，V 表示所有顶点集合，把图中顶点集合 V 分成两组，第一组为已求出最短路径的顶点集合，用 S 表示，初始时 S 中只有一个原点，即起点，以后每求得一条最短路径，就将其加入集合 S 中，直到全部顶点都加入 S 中，算法就完成了；第二组为其余未确定最短路径的顶点集合，用 U 表示，按最短路径长度的递增次序依次把 U 中的顶点加入 S 中。在加入的过程中，总保持从起点到 S 中各顶点的距离最短。具体算法步骤如下。

（1）初始时，S 只包含原点，即 $S=\{v\}$，v 的距离为 0；U 包含除 v 外的其他所有顶点，即 $U=\{$ 其余顶点 $\}$，若 v 与 U 中顶点 u 有边，则 $<u,\ v>$ 正常有权值，若 u 不是 v 的出边邻接点，则 $<u,v>$ 权值为∞。

(2)从 U 中选取一个距离 v 最小的顶点 k，把 k 加入 S 中（该选定的距离就是 v 到 k 的最短路径长度）。

(3)以 k 为新考虑的中间点，修改 U 中各顶点的距离；若从原点 v 到顶点 u 的距离（经过顶点 k）比原来距离（不经过顶点 k）短，则修改顶点 u 的距离值，修改后的距离值的顶点 k 的距离加上边上的权。

(4)重复步骤(2)和(3)，直到所有顶点都包含在 S 中。

Dijkstra 算法是最常用的最短路径路由算法，用于计算单源最短路径（单个起点到其他所有节点的最短路径）问题，其主要思想就是以起点为中心，层层迭代不断向外扩展，直到扩展到终点为止，得出最短路径的最优解，但由于它遍历计算的节点很多，所以效率较低。

2. 应用举例

某运输公司签订了一份运输合同，要把 A 地的一批货物运输到 B 地，A 地与 B 地之间的公路运输网络如图 4-6 所示，图中圆圈表示公路连接处，边上的数字表示平均行车时间（单位：min），试找出从 A 地到 B 地的行车最短时间路线。

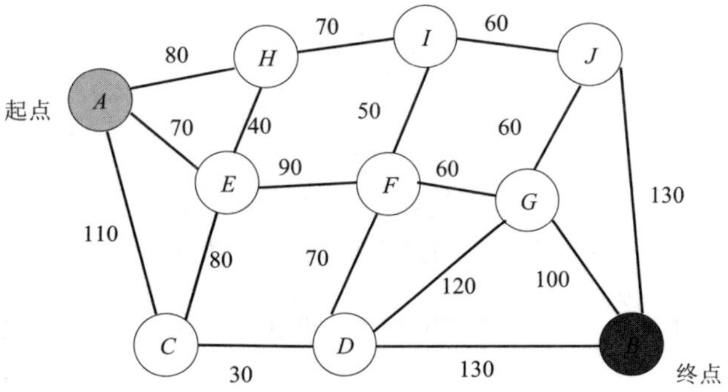

图 4-6 运输路径优化问题图示

用 Dijkstra 算法求起点 A 到终点 B 的最短路径的过程见表 4-1。

表 4-1 求最短路径过程

步骤	S 集合	U 集合	最新路线	最短时间(min)
1	{A}	{B,C,D,E,F,G,H,I,J}		
2	{A,E}	{B,C,D,F,G,H,I,J}	AE	70
3	{A,E,H}	{B,C,D,F,G,I,J}	AH	80
4	{A,E,H,C}	{B,D,F,G,I,J}	AC	110
5	{A,E,H,C,D}	{B,F,G,I,J}	CD	140
6	{A,E,H,C,D,I}	{B,G,F,J}	HI	150
7	{A,E,H,C,D,I,F}	{B,G,J}	EF	160
8	{A,E,H,C,D,I,F,J}	{B,G}	IJ	210
9	{A,E,H,C,D,I,F,J,G}	{B}	FG	220
10	{A,E,H,C,D,I,F,J,G,B}	{}	GB	320

由表 4-1 可得到起点 A 到终点 B 的最短路径为 $A \to E \to F \to G \to B$，最短运行时间为 320 分钟。当然，在实际的运输过程中还要考虑成本、路况等实际问题。

三、节约里程法

最短路径法解决了单起点最短路径的选择问题，但是在现实生活中，配送活动往往是频繁面向多个用户的往返式活动，例如我们每天看到穿梭于大街小巷的快递小哥进行的电商配送。对于多点循环配送问题，可以用节约里程法来规划最佳路线，提高配送效率。

1. 节约里程法基本原理

节约里程法的原理如图 4-7 所示，假设从配送中心 P 到用户 A 和 B 的运输距离分别是 L_1 和 L_2，A 和 B 之间的距离是 L_3。如果从配送中心到各个用户配送货物沿往返路线运输，车辆的行驶总里程 L_T 为

$$L_T = 2L_1 + 2L_2 = 2 \times (L_1 + L_2)$$

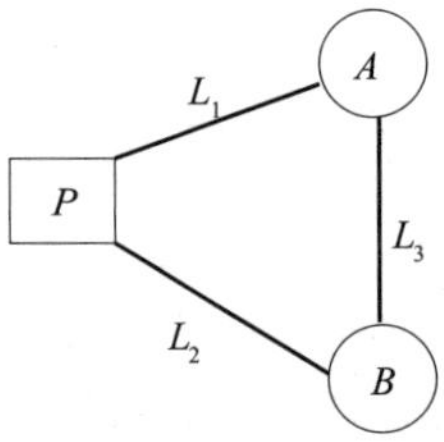

图 4-7　节约里程法基本原理图

如果改用一辆车同时向 A 和 B 两个用户循环配送，车辆的行驶总里程 L_T 为

$$L_T = L_1 + L_2 + L_3$$

三角形的两边之和大于第三边，所以循环配送相对于单个往返配送节约的里程 ΔL_T 为

$$\Delta L_T = 2 \times (L_1 + L_2) - (L_1 + L_2 + L_3) = L_1 + L_2 - L_3$$

2. 应用举例

图 4-8 为某配送中心的配送网络图，由配送中心 P 向 A、B、C、D、E 五个节点配送物品。图中连线的数字表示公路里程数（km），靠近各节点的括号里的数字表示的是每个节点对应的货物需求量（t）。配送中心备有 2 t 和 4 t 两种类型的载重汽车，且汽车一次巡回行驶的里程数不能超过 30 km，用节约里程法求解该配送中心的送货方案。

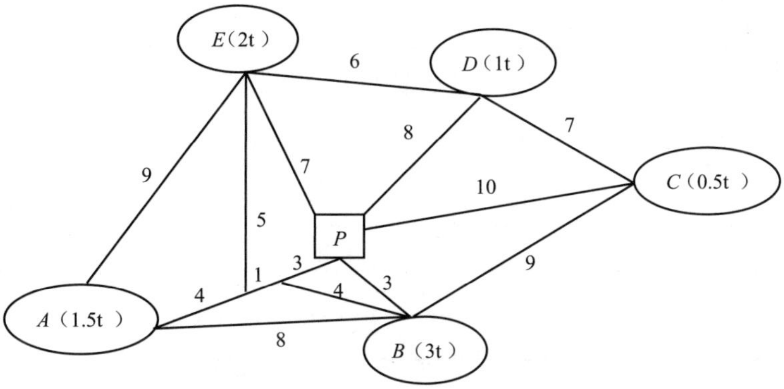

图 4-8 某配送中心配送网络图

第一步,确定每两个节点间的最短距离,如表 4-2 所示。

表 4-2 确定两节点间最短距离

	P					
A	8	*A*				
B	3	8	*B*			
C	10	17	9	*C*		
D	8	15	11	7	*D*	
E	7	9	10	13	6	*E*

第二步,根据最短距离表计算任意两点之间的节约里程(计算结果有正有负,当节约里程为负数时没有实际意义,在表内输入 0),计算结果如表 4-3 所示。

表 4-3 节约里程表

	A				
B	3	*B*			
C	1	4	*C*		
D	1	0	11	*D*	
E	6	0	4	9	*E*

第三步:根据节约里程表中节约里程数额的多少从大到小排序,编制节约里程顺序表,结果如表 4-4 所示。

表 4-4 节约里程顺序表

序号	路程	节约里程数
1	*C*—*D*	11
2	*D*—*E*	9

续表

序号	路程	节约里程数
3	*A*—*E*	6
4	*B*—*C*	4
5	*C*—*E*	4
6	*A*—*B*	3
7	*A*—*C*	1
8	*A*—*D*	1

第四步，根据节约里程顺序表和配送中心的约束条件，分步骤渐进绘制配送路径方案。从节约里程由大到小依次确定的 3 条路线均符合配送中心的约束条件。最后选择的方案是使用两辆 4 t 车，一辆 2 t 车，它们的行驶路线如下。

路径 1：4 t 车，载货 3.5 t，行驶 30 km。

路径 2：2 t 车，载货 1.5 t，行驶 16 km。

路径 3：4 t 车，载货 3 t，行驶 6 km。

绘制的配送方案如图 4-9 所示。

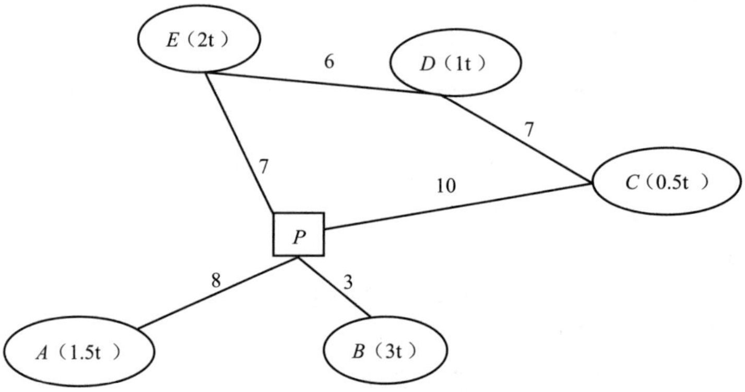

图 4-9　节约里程法得到的配送路径

3. 节约里程法的优缺点

节约里程法的最大优点是简单易行，在优化运输过程的同时规划了合适的配送路线。另外，节约里程法还体现了物流配送网络的优势，实现了企业物流活动的整合，而且思路清晰明了，便于实现。正因如此，节约里程法在国内外物流活动中得到了广泛应用。

节约里程法的缺点体现在以下几方面。

（1）利用节约里程法选择的配送路线过于强调节约里程，而没有考虑行程中的时间因素，在许多情况下，时间更能体现物流配送的成本与服务质量。

（2）节约里程法选择配送路线不能对客户的需求进行灵活多变的处理，由于消费者的需求倾向于个性化，导致企业的生产、销售和配送越来越倾向于小批量、多品种、多批次，而节约里程法更适合需求稳定或需求时间不紧迫的配送情况。然而，这种假设明显与多变的市场环境不符。

（3）节约里程法所计算的最终结果并一定能保证总里程最小。节约里程法一方面要考虑使总里程最短，另一方面要充分利用车辆的运力减少配送车次。而且若在前一条预设路线上正在运行的配送车辆的运输能力允许，下一运输路线就必须按照节约里程多少的顺序选择节约里程多的线路，而不考虑其他线路。因此，在实际情况下选择的路线并一定能节约里程和有效利用运输空间，而且车辆的运输能力也不一定能达到最高利用率。

拓展案例

专送与众包配送——共享经济时代的新宠

近几年来，人们的生活习惯发生了翻天覆地的变化，最为明显的变化之一，就是外卖逐渐成为生活中不可或缺的一部分，这也意味着互联网餐饮将成为未来餐饮行业的主流。正因为外卖市场的火热，所以诞生了“外卖小哥”这个现在炒得很火热的职业。从企业配送角度来分析，外卖配送也经历了由专送到众包的发展历程，下面以美团为例，具体分析。

1. 美团专送

美团专送是一个专门负责方圆三千米内外卖订单的外卖团队，专送的唯一好处就是“不缺订单”。专送人员一天下来送20~30单都是稀松平常的。当然也有拼命跑单的人，一天40~50单也不在话下。而且专送也有丰富的奖励，一个月只需够480单，就会有600元的奖励，够600单就有800元的奖励。而且每月订单量最多的人还会有额外的1 000元奖励。由于奖励机制的丰富性，许多人挤破头去跑专送。按照一个月480单，平均一天16单的情况来看收入都是极为可观的，更别说一个月600单、800单的收入了。可想而知，月入上万可不是吹出来的。而且针对送外卖这个行业的危险性，美团还有医疗保险，一个月在工资里扣除100元，给很多外卖小哥都吃了一颗定心丸。但是，一个地区的专送团队是规定人数的，而且里面的条条框框就限制了很多人，对于服饰、头盔等方面，要求得十分严格，配送过程中发现没佩戴头盔的人扣除1 000元工资，发现没穿制服的人扣除100元工资。而且服务方面也有严格要求，若是服务不到位，顾客给了一个一星评价，那么扣除100元。如果顾客投诉则需要扣除500元。所以，很多人都对专送望而却步，而选择了美团众包。

2. 众包配送

提到众包配送，大多数骑手想到的就是自由、灵活、起点低、要求少。不会出现一星评价、投诉扣工资的情况。美团众包配送秉承着“自由接单，想赚就赚”的理念吸引了一大批喜欢自由的爱好者。而且配送要求也只需要两点：会骑车、会用智能手机。现在很多人平时都会有无聊、不知道该干什么的时候，与其虚度光阴还不如用零零散散的时间去跑众包配送，挣点自己的“零用钱”。于是很多想做兼职的人或者暂时没事情做的人都会想去试试。而且美团众包配送还有推荐有奖活动，这是一个很高明的手段。他向每个已经在众包配送的骑手做活动，只要你推荐一个人或者几个人来众包配送，那么你就能获得推荐奖金，而且众包配送的新骑手奖励也是颇丰的。根据了解,一些地区的新骑手只要一天配送完8单,就能获得120元的额外奖励,意思是新骑手一天随随便便跑8单, 200多元轻松到手,于是这时候他们就会想,"一天这么轻松就可以挣200块钱,一个月下来不就6 000多了吗?众包真是太好了!"他们心里就滋生了这种想法。

但是对于一些看破行业的老手来说,赚不赚钱取决于订单量的多少。单子多,挣得多,反之就少,这是不争的事实。而且有些地区的订单单价还降低了不少,这对于众包配送骑手来说可谓是一个很大的打击,既然不能要求美团或者饿了么将订单单价提升,那么就只能尽量抢到更多的订单。美团、饿了么、滴滴等很多个外卖平台都有众包配送。但是骑手们又不可能把所有众包配送软件都下载下来一个一个去抢订单,太麻烦了。

那么,可不可以将外卖平台的订单集中在一个软件上呢?事实证明这个想法是可行的!快跑者调度就完成了这个设想,开发了快跑者调度系统。使用快跑者配送调度系统,就可以同时对接美团、饿了么等多个外卖平台,对接后即可同时配送所有平台上的单子。另外,配送运营方面和大平台差不多,拥有总调度后台、商家发单app、骑手配送app,支持地图派单、群抢单和AI智能派单,多种运营模式自由切换,可适应各种配送需求。系统会根据管理员设置的参数实时统计商家配送费、骑手应得配送费,支持商家充值储备金每单自动扣除,或是统计后线下支付;支持配送员配送费线上申请提现,或是每月线下发薪水。

案例思考与讨论:

(1)专送和众包配送有什么特点?

(2)在线搜索众包及众包配送的相关新闻,在校大学生可以利用众包概念进行哪些方面的应用和创新?

项目小结

本项目主要介绍了配送的概念、功能、分类、要素以及常见的配送模式,对配送中心进行了详细的介绍,具体包括配送中心的概念、功能、分类及运作流程,最后还介绍了不合理配送的表现形式以及实现配送合理化的具体措施,详细介绍了节约里程法的基本原理和计算方法,评价了节约里程法的优缺点。

项目练习

一、单项能力训练

1. 单选题

(1)以下关于配送的描述,正确的是(　　)。

A. 配货就是送货　　B. 配送就是运输

C. 配送就是配货和送货　　D. 配送是物流末端环节

(2)配送中心以(　　)发出的订单信息为驱动源。

A. 生产订单　B. 客户订单　C. 采购订单　D. 内部订单

(3)配送作业计划的核心是(　　)。

A. 最大配送效益　B. 最高配送收入　C. 最大配送货量　D. 最低配送成本

(4)配送中心在物流系统中属于(　　)环节。

A. 首端　B. 中间　C. 末端　D. 主要

(5)(　　)是配送活动的重点内容,也是配货和理货工序的延伸。

A. 物流　B. 送货　C. 仓储　D. 运输

2. 判断题

(1)配送是最重要的电商物流环节。(　　)

(2)最短路径法适合进行循环配送路径的选择时应用。(　　)

(3)不合理的配送包含资源筹措不合理、库存决策不合理、价格不合理等。(　　)

(4)制订配送计划时,寻找单起点最短路径,适合使用迪杰斯特拉最短路径法。(　　)

3. 简答题

(1)什么是配送?配送的功能有哪些?

(2)配送要素具体有哪些?

(3)不合理配送的表现形式有哪些?如何实现配送的合理化?

二、综合技能训练

实际走访1~3个学校附近的快递配送点,和配送人员沟通,调查物流配送的日常业务及主要业务环节,了解配送工作的难点在哪里。回校后分组讨论(3~5人一组)配送活动哪些是我们在课堂上讲授过的?哪些是实际应用的新内容?探讨如何帮助配送人员解决工作中的难点。

项目五　包装、装卸搬运与流通加工

学习目标

❖ 掌握包装的功能。
❖ 知道包装的基本原则和常用技术。
❖ 知道装卸搬运的特点。
❖ 了解各类装卸搬运工具的特性。
❖ 掌握流通加工的概念、目的和类型。
❖ 知道流通加工合理化的途径。

项目引入

包装成功案例——看产品价值的升华

1. 包装的重要性

首先，产品是企业实现各种利益的载体，而包装又是以具体的形式向顾客传递价值。其次，包装又是代表企业与消费者接触最多、成本最低的一种媒介，传递着品牌与产品的价值。顾客在购买产品时首先会通过包装判断产品的价值，而对价值的判断不仅仅是从审美的角度，而是通过包装所传递的满足或引导潜在需求的信息来实现的。包装能发挥的这些作用既需要我们重视包装设计，使其为我们创造新的价值，也需要有新的包装设计理念和方法来实现这一目的，从理论与实际相结合的角度，探讨包装设计怎样为产品创造价值。

2. 包装设计创造的价值及创造价值的方法

产品的价值主要由两部分组成：一部分是产品的使用价值即产品的质量，这一价值消费者只有使用以后才能感知；另一部分是通过包装设计所传达出的品牌与产品卖点价值，它是用通过图形暗示引导消费者的心理感受来实现的。因此，好的包装设计不仅能有效传递产品信息，而且能提升产品的心理价值。在顾客购买某个产品时，不仅要了解实际使用价值，还要通过包装设计所传递的信息暗示他能获得许多非产品的利益。怎样来创造产品质量以外的附加价值呢？我们可以从以下几个方面利用外部资源与产品关联，以提升产品的核心价值。

1）利用地域象征与产品的关联

许多产品的生产地有很高的知名度和美誉度，把象征该产地的图形巧妙运用于包装设计中会使消费者对产品有很好的联想。例如，把象征桂林的象鼻山运用在包装设计上，消费者会联想到这是来自山清水秀的桂林，在把产品卖给他的同时，也把桂林山水卖给了他，从而创造更多附加价值。

2)利用人文文化与产品的关联

许多产品之所以有名,是因为一首诗或一个名人的原因,巧妙利用这些人文因素进行设计,也能提高产品的附加价值。

3)利用当代名人与产品的关联

这是当前运用比较多的手法,可以借助名人效应,迅速提高产品的知名度和附加值。如姚明代言的麦当劳产品,消费者很容易将姚明健康、向上、充满活力的一面与产品相联系,进而产生购买欲。

4)利用品牌及相关符号与产品的关联

知名的品牌及其符号浓缩了品牌价值,运用在产品上就可以迅速提升产品价值。

可以提升产品附加值的外部资源并不是所有的企业和产品都拥有或利用得上的,大多数的产品只能从产品上寻找特点,把这些特点从需求的角度加以提炼,形成产品的概念,通过包装设计的图形设计,用视觉与消费者进行沟通,使消费者在短时间内知道产品的特点,让包装会说话。当我们只能从内部挖掘产品特点,提炼包装设计概念时,我们会发现,有些产品有特点,有些产品与竞争产品同质化,特点并不明显,还有些产品在一定程度上还存在缺点。针对这些情况,我们在包装设计之前要根据消费者不同的需求动机,运用夸张的手法表现产品特点。例如,"白加黑,白天吃白片,不瞌睡;晚上吃黑片,睡得香",把产品特点与消费者能获得的利益紧密联系在一起,而且通过包装设计的视觉表现很好地强化了产品特点。在生产过剩的时代,产品同质化现象非常普遍,我们只有善于运用主题与营销概念,才能为产品创造更多差异。总之,无论是从外部还是从产品本身找特点,在包装设计前必须要提炼出产品的概念,也就是说卖给消费者的利益点,即满足消费者的需求点。

案例讨论:

(1)产品包装的意义有哪些?

(2)如何设计产品包装以提升产品价值?

任务一　包装

一、包装概述

1.包装的定义

包装是为在流通过程中保护产品、方便储运、促进销售,按一定的技术方法所用的容器、材料和辅助物等的总体名称;也指为达到上述目的在采用容器、材料和辅助物的过程中施加一定技术方法等的操作活动。盛装没有进入流通领域物品的用品不能称为包装,只能称为包裹、箱子、盒子、容器等,因为除了盛装功能外,对物品进生产修饰,使其获得受众的青睐也是包装的重要作用。

在社会再生产过程中,包装处于生产过程的末尾,是物流活动过程的开端。所以,包装既是生产的终点，又是物流的起点。作为生产的终点，包装必须根据产品的性质、形状与生产工艺来进行，必须满足生产的要求。作为物流的起点，包装完成后，产品就进入物流环节，在整个物流过程中，包装可以发挥对产品的保护作用以及方便物流作业的作用，最后实现销售。

在现代物流观念形成以前，包装被自然地看作生产的终点，因而一直属于生产领域活动，包装的设计往往从生产终结的要求出发，所以常常不能满足流通的要求。物流研究认为，包装与物流的关系比包装与生产的关系密切得多，其作为物流起点的意义比作为生产终点的意义大得多。因此，包装应当进入物流系统，这是现代物流的新观念之一。

2. 包装的功能

1）保护功能

（1）防止商品破损变形。在物流运输及仓储等环节，要求包装能够承受在装卸、运输、保管过程中的各种力的作用，如冲击、振动、颠簸、压缩等，防止商品发生物理性损坏。

（2）防止商品发生化学变化，也就是防止商品受潮、发霉、变质、生锈，这要求包装能在一定程度上起到阻隔水分、溶液、潮气、光线及空气中的酸性气体的作用，对商品进行保护。

（3）防止商品发生腐败、虫咬等破损。这要求包装不仅要能防止由外到内的损伤，也要防止由内到外的破坏。

2）便利功能

（1）提高装载率。在运输活动中，与运输设备容积利用率有关的运输包装件因素有两个：一是尺寸，二是结构材料。商品运输包装的尺寸主要是指底面尺寸。如果它能与运输设备间有模数配合，就能大大提高设备容积利用率。

（2）缩短运输时间。例如，采用集合包装有利于运输活动的有效管理，减少差错，大大缩短运输时间。

3）销售功能

在市场竞争日益激烈的今天，包装的作用与重要性越来越被厂商重视。如何让自己的产品畅销，如何让自己的产品从琳琅满目的商品中脱颖而出，只靠产品自身的质量与媒体的轰炸是远远不够的，好的包装能直接吸引消费者的眼球，让消费者产生强烈的购买欲，从而达到促进销售的目的。

3. 包装的分类

1）按包装在流通中的作用分类

Ⅰ. 运输包装

运输包装是指以保护运输和保管过程中的物品为主要目的的包装，也称工业包装。

Ⅱ. 商业包装

商业包装是以促进商品销售为主要目的的包装，也称零售包装或消费包装。

2)按包装层次及防护要求分类

Ⅰ.个体包装

个体包装又称小包装,指以单个商品为一个销售单位的包装形式,如香烟盒、火柴盒等。

Ⅱ.内包装

内包装又称中包装,指商品的内层包装。在流通过程中,内包装与个体包装共同起到促进销售、方便使用的作用,所以个体包装和内包装也称为销售包装。内包装一般是由若干个单位商品的小包装组成小的整体包装,如十盒香烟为一条,十盒火柴为一包等。

Ⅲ.外包装

外包装是指商品的外部包装,在流通中主要起到保护商品、方便运输的作用,又称运输包装或大包装,如包装纸箱、包装木箱等。

3)根据包装容器分类

(1)根据包装容器的抗变形能力可分为硬包装和软包装。硬包装又称刚性包装,包装体本身有固体形状和一定的强度,如油桶;软包装又称柔性包装,包装体有一定程度的变形,具有弹性,如包装袋。

(2)根据包装容器的形状可分为包装袋、包装箱、包装盒、包装瓶、包装罐等。

(3)根据包装容器的结构形式可分为固定式包装和拆卸折叠式包装。

(4)根据包装容器的使用次数可分为一次性包装和多次周转包装。

4)根据包装的通用性分类

根据包装的通用性可分为专用包装和通用包装。

5)根据包装的使用次数分类

根据包装的使用次数可分为一次性包装、多次用包装和周转用包装。

6)根据包装商品种类划分

根据包装商品种类可分为食品包装、药品包装、机械包装、危险品包装等。

此外,包装还可以根据物品的状态和性质分为液体包装、粉末体包装、颗粒体包装;根据物品的流通阶段分为生产者包装、集货地包装、店铺包装等。

二、包装常用材料

包装材料是指用于制造包装容器、包装装潢、包装印刷、包装运输等满足产品包装要求所使用的材料,它既包括塑料、金属、玻璃、陶瓷、纸和纸板、木材、天然纤维、化学纤维、复合材料等主要包装材料,又包括涂料、黏合剂、捆扎带、装印刷材料等辅助材料。

1.塑料

塑料包装材料目前在包装中普遍应用。塑料包装材料在包装中可用于个体包装、内包装、外包装,用于运输包装时可制成各种塑料容器。聚乙烯塑料袋是最常见的包装物,可以替代包装用纸袋。聚乙烯和聚丙烯塑料编织袋(俗称蛇皮袋)可以替代包装用麻袋。在箱袋结合的运输包装中,将塑料制成各种盛液体的容器,可以替代玻璃瓶、金属罐、木桶等,再把塑料容器放入瓦楞纸箱内。成型容器(塑料罐、箱)也是塑料包装的重要领域,受价格和成型难易影响,多数用聚乙烯材料制成,国家在容量、尺寸、强度等方面都有规定。另外,用于替代木箱的运输用塑料箱也使用广泛,一般用在食品、饮料等物品的运输包装方面。

首先,塑料包装最大的优点就是价格低廉、重量轻、机械性能好、易于成型且整体性能良好,对于需要长途运输的货物来说,能起到减轻运输重量、便于运输等作用。这是玻璃、金属材料所不能比拟的。其次,塑料材料有着非常适宜的阻隔性和防渗透性,在塑料包装中,有阻气包装、防潮包装、防水包装,还有各种各样用来保鲜水果的保鲜包装。这些都是塑料包装为了满足新鲜食材的呼吸作用而延伸出来的包装。再次,塑料包装的光学性能非常好,由于塑料包装材料能制成透明的,因此当它被制成包装容器时,我们对其中的内装物看得一清二楚。最后,塑料包装材料的卫生性良好,对于那些纯的聚合物树脂来说,塑料包装几乎可以说是没有毒性的。塑料制品作为一种新型材料,具有质轻、防水、耐用、生产技术成熟、成本低的优点,在全世界被广泛应用且用量呈逐年增长趋势。塑料包装材料在世界市场中的增长率也超过其他包装材料。

塑料包装材料最大的缺点是容易产生白色污染,用聚苯乙烯、聚丙烯、聚氯乙烯等高分子化合物制成的各种包装袋,使用后被弃置成为固体废物,由于随意乱丢乱扔,难以降解处理,给生态环境造成永久性的污染。另外,有些塑料包装材料所含聚乙烯超标,当这些有毒物质达到一定浓度时,很容易被包装内的食物所吸收,从而对人体产生一定的危害。因此,对于部分塑料包装材料来说,它们并不普遍适用于食品包装。此外,塑料包装还有强度、硬度不如金属等材料高、耐热性差、材料易老化等特点,这些都是无法回避的塑料包装材料的缺点。

2. 金属

金属包装材料包括低碳薄钢板、镀锡薄钢板、非镀锡薄钢板、铝合金等。金属包装的优点是强度高,有独特的光泽,便于印刷、装饰,具有良好的综合保护性。金属包装材料资源丰富、加工性能好。金属罐生产历史悠久,工艺比较成熟,能连续化、自动化生产。金属包装材料有着很好的延展性和强度,可以捆扎成各种厚度的板材、箔材,板材可以进行冲压、轧制、拉伸、焊接制成形状大小不同的包装容器,箔材可以与塑料、纸等进行整合。金属铝、金、银、铬、钛等还可电镀在钢料薄膜或纸张上。因而,金属能以多种形式充分发挥其优良的、综合的防护性能。另外,金属包装材料有着十分优秀的综合防护性能。金属的水蒸气透过率很低,完全不透光,能有效避免紫外线的有害影响。其阻气性、防潮性、遮光性和保香性大大优于塑料、纸等包装材料。所以,金属包装能长时间保持商品的质量,这对于食品包装尤其重要。

但是,金属材料及焊接用料中的铅、砷等易渗入食品中,污染食品,金属离子还会影响食物口味;当金属容器采用酚醛树脂作为内壁涂料时,若加工工艺使用不当,也会影响食品的质量。同时,金属包装材料化学稳定性较差,耐蚀性不如塑料和玻璃,尤其是钢质包装材料容易锈蚀。金属包装材料大多需要在金属包装材料的表面再覆盖一层防锈物质,这样既抵御外界和被包装物的腐蚀破坏作用，同时也防止金属中的有害物质对商品的污染。

3. 玻璃

玻璃包装材料坚固耐用，化学性质稳定，是包装的优秀原材料。玻璃的优点：具有良好的阻隔性能，可以很好地阻止氧气等气体对内装物的侵袭，可以阻止内装物的可挥发性成分的挥发，玻璃瓶可以重复使用，包装成本低；易于进行颜色和透明度的改变；安全卫生，有良好的耐腐蚀性和耐酸蚀性，适合进行酸性物质（如果蔬汁饮料等）的包装，由于玻璃包装材料适合自动灌装生产线的生产，国内的玻璃瓶自动灌装技术和设备发展也较成熟，采用玻璃瓶包装果蔬汁饮料在国内有一定的生产优势；玻璃原材料资源丰富，价格较稳定。玻璃包装材料最大的缺点就是材质比较脆，耐冲击强度不高。

4. 纸和纸板

纸和纸板在包装材料中的应用较为广泛。纸板属于软性薄片材料，所以无法形成固定形状的容器，常用作包裹衬垫和口袋。纸板属于刚性材料，能形成固定形状的容器。纸与纸板用于包装的优点有：成型性和折叠性优良，便于加工并能高速连续生产；容易达到卫生要求；易于印刷，便于介绍和美化商品；价格较低，不论是单位面积价格还是单位容积价格，与其他材料相比都是更加经济的；本身重量轻，能够降低运输费用；质地细腻、均匀，耐摩擦、耐冲击，容易黏合，不受温度影响，无毒、无味、易于加工，适合不同包装的需要；废弃物容易处理，可回收使用和再生，不造成公害，节约资源。但是纸和纸板也有一些缺点，如受潮后强度下降，气密性、防潮性、透明性差等。

5. 木材

木材是一种容易获得的包装材料，但由于树种不同、生长环境不同，在性质上有很大的差别，因此使用时应当合理选择和处理。木材用于包装的主要优点有：木材具有优良的强度重量比，有一定的弹性，能承受冲击、振动、重压等；木材资源广泛，可以就地取材；木材加工方便，不需要复杂的加工机械设备；木材可加工成胶合板，不仅外观好，可以减轻包装重量，而且可以提高材质的均匀性，因此扩大了木材的应用范围。但是，木材有易吸收水分、易变形开裂、易腐朽、易受白蚁蛀蚀等缺点，再加上资源有限、价格高等因素，木材在包装中的应用受到限制。

6. 复合材料

复合材料是将两种或者两种以上具有不同特性的材料，通过各种方法复合在一起，以改进单一材料的性能，发挥更多材料优点的包装材料。复合材料在包装领域有着广泛的应用。目前已经开发研制出的复合材料有三四十种，使用较多的是塑料与玻璃复合材料、塑料与金属箔复合材料等。另外，还有纸基复合材料、塑料基复合材料、金属基复合材料等。

三、包装常用技术

1. 防震保护技术

防震包装又称缓冲包装，在各种包装方法中占有重要地位。产品从生产出来到开始使用要经过一系列的运输、保管、堆码和装卸过程，并置于一定的环境中。产品在任何环境中都会受外力作用，并发生机械性损坏。为了防止产品遭到破坏，就要设法减小外力的影响。所谓防震包装，就是指为减缓内装物受到的冲击和振动，保护其免受损坏所采取的具有一定防护措施的包装。防震包装方法主要有以下三种。

1)全面防震包装方法

全面防震包装方法是指内装物和外包装之间全部用防震材料填满进行防震的包装。

2)部分防震包装方法

对于整体性好的产品和内装容器的产品，只在产品或内包装的拐角或局部使用防震材料进行衬垫即可。所用包装材料主要有泡沫塑料防震垫、充气型塑料薄膜防震垫和橡胶弹簧等。

3)悬浮式防震包装方法

对于某些贵重易损的物品，为了有效保证在流通过程中不被损坏，外包装容器比较坚固，然后用绳、带、弹簧等将被装物悬吊在包装容器内。在物流中，无论在哪个操作环节，内装物都被稳定悬吊而不与包装容器发生碰撞，从而减少损坏。

2. 防破损保护技术

缓冲包装有较强的防破损能力，因而是防破损包装技术中比较有效的一类。此外，还可以采取以下几种防破损保护技术。

1)捆扎及裹紧技术

捆扎及裹紧技术的作用是使杂货、散货形成一个牢固的整体，以增加整体性，便于处理及防止散堆，从而减少破损。

2)集装技术

利用集装技术，减少与货体的接触，从而防止破损。

3)选择高强度保护材料

通过外包装材料的高强度来防止内装物受外力作用破损。

3. 防油气包装技术

1)防锈油防锈蚀包装技术

大气锈蚀是空气中的氧气、水蒸气及其他气体等作用于金属表面引起电化学作用的效果。如果使金属表面与引起大气锈蚀的各种因素隔绝，就可以达到防止金属大气锈蚀的目的。防锈油包装技术就是根据这一原理将金属涂封以防止腐蚀。用防锈油封装金属制品，要求油层有一定厚度、连续性好、涂层完整。不同类型的防锈油要采用不同的方法进行涂覆。

2)气相防锈包装技术

气相防锈包装技术就是利用气相缓蚀剂(挥发性缓蚀剂),在密封包装容器中对金属制品进行防腐蚀处理的技术。气相缓蚀剂是一种能减慢或完全停止金属在侵蚀性介质中被破坏的物质,它在常温下具有挥发性,在密封包装容器中,在很短的时间内挥发或升华的缓蚀气体能充满整个包装容器,同时吸附在金属制品的表面,从而起到抑制大气对金属腐蚀的作用。

4. 防霉腐包装技术

在运输包装内装运食品和其他碳水化合物类货物时,货物表面可能生长霉菌,在流通过程中如遇潮湿,霉菌生长繁殖极快,甚至延伸至货物内部,使货物腐烂、发霉、变质,因此要采取特别防护措施。

防霉烂变质的包装措施,通常是采用冷冻包装、真空包装或高温灭菌方法。冷冻包装的原理是减慢细菌活动和化学变化的过程,以延长储存期,但不能完全防止食品变质;高温杀菌可消灭引起食品腐烂的微生物,在包装过程中用高温处理即可防霉。有些经干燥处理的食品包装应防止水汽进入以防霉腐,可选择防水汽和气密性好的包装材料,采取真空和充气包装。

真空包装法也称减压包装法或排气包装法,这种包装可阻挡外界的水汽进入包装容器内,也可防止在密闭的包装内部存有潮湿空气,在气温下降时结露。采用真空包装法,要注意避免真空度过高,以防损伤包装材料。为防止运输包装内货物发霉,还可使用防霉剂。机电产品的大型封闭箱,可酌情采用开设通风孔或通风窗等相应的防霉措施。

5. 防虫包装技术

防虫包装技术常用的是驱虫剂,即在包装中放入有一定毒性和气味的药物,利用药物在包装中挥发气体杀灭和驱除各种害虫。常用的驱虫剂有含萘物质、对二氯化苯、樟脑等,也可采用真空包装、充气包装、去氧包装等技术,使害虫无生存环境,从而防止虫害。

6. 危险品包装技术

危险品包装技术就是根据危险品的性质、特点,按照有关法令、标准和规定专门设计的包装技术与方法,危险品的运输包装上必须标明不同性质、类别的危险货物标志以及装卸搬运的要求标志。易燃易爆物品,如过氧化氢有强烈的氧化性,遇到微量不纯物质或受热就会急剧分解引起爆炸,防爆包装方法是采用塑料桶包装,然后将塑料桶装入铁桶或木箱中,每件净重不超过 50 千克,并有自动放气的安全阀,当桶内的压力达到一定值时能自动放气减压。腐蚀性物品应注意避免与包装容器的材料发生化学反应,如金属类的包装容器要在容器内壁涂上涂料,防止腐蚀。对有毒物品防毒的主要措施是严密包装、不透气,包装上要有明显的有毒标志,并标明装卸搬运的要求。

7. 集合包装技术

集合包装是指将若干包装件或商品组合在一起形成一个适合运输的单元，它能促使装卸合理化、包装合理化，方便运输及保管，有利于管理，有效利用运输工具和保管场地的空间，改善环境。集合包装技术以集装箱为主，可以将装满货物的托盘和集装容器、集装货捆一起装进大型的集装箱内，以便搬运、装卸和运输。

1）托盘包装

托盘包装是指为了有效装卸、运输、保管，将商品按一定的数量组合放置于一定形状的台面上，这种台面有供叉车从下部插入并将台板托起的插入口。以这种结构为基本结构的平板台板和各种在这种基本结构基础上所形成的各种形式的集装器具都叫托盘包装。

2）集装箱包装

集装箱包装是一种用于货物运输，便于货物用机械装卸的集合包装，集装箱适用于多种运输工具，为大型包装箱，具有安全、迅速、简便、节约等优点。集装箱运输是一种较好的运输方式。

8. 收缩包装与拉伸包装技术

1）收缩包装技术

收缩包装技术是用收缩薄膜将欲包装物品包裹，然后对收缩薄膜进行相关处理（如适当加热处理，使薄膜收紧紧贴于物品）的包装技术，其作用主要有两方面：①有利于销售，使内装物品形体突出，形象鲜明，质感好；②有利于提高装卸搬运效率，如使用收缩包装技术把物品固定于托盘，不仅有利于提高物流效率，而且有利于保管与使用。

2）拉伸包装技术

拉伸包装技术是用机械装置在常温下将弹性薄膜拉伸后，将待包装件裹紧的一种包装技术。拉伸包装技术可提高物流效率，方便仓储与使用。

四、包装标准化

1. 标准化概念

为在一定的范围内获得最佳秩序，对实际或潜在的问题制定共同的和重复使用的规则的活动，称为标准化。包装标准化工作就是制定、贯彻实施包装标准的全过程的活动。

目前，我国的产品包装标准主要包括建材、机械、电工、轻工、医疗机械、仪器仪表、中西药、食品、农畜水产、邮电、军工等大类，共计 500 多项。包装标准是以包装为对象制定的标准。

2. 包装标准化分类

（1）包装基础标准，主要包括包装术语、包装尺寸、包装标志、包装基本试验、包装管理标准。

（2）包装材料标准，包括各类包装材料的标准和包装材料试验方法。

（3）包装容器标准，包括各类容器的标准和容器试验方法。

（4）包装技术标准，包括包装专用技术、包装专用机械、防霉包装技术方法、防锈包装等标准。

（5）产品包装标准。

（6）相关标准，主要指与包装关系密切的标准，诸如集装箱技术条件、尺寸，托盘技术条件、尺寸，叉车规格等。

3. 包装标准化具体内容

1）包装材料标准化

商品包装应尽量选择标准材料，少用或不用非标准材料，以保证材料质量和材料来源的稳定。要经常了解新材料的发展情况，结合企业生产的需要，有选择地采用。

包装材料主要有纸张、塑料、金属、木材、玻璃、纤维织物等。对这几大类包装材料的强度、伸长、每平方米重量、耐破程度、水分等技术指标应做标准规定，以保证包装材料制成包装容器后能够承受流通过程中损害商品的外力和其他条件。

2）包装容器标准化

包装容器的外形尺寸与运输车辆的内部尺寸和包装商品所占的有效仓库容积有关。因此，应对包装外形尺寸做严格规定。运输包装的内尺寸和商品中包装的外尺寸也有类似的关系，对运输包装的内尺寸和商品包装的外尺寸，也应做严格规定。为了节约包装材料和便于搬运、堆码，一般情况下，包装容器的长与宽之比为 3 ∶ 2，高与长相等。

3）包装工艺标准化

凡是包装箱、桶等，必须规定内装商品数量、排列顺序、合适的衬垫材料，并防止包装箱、桶内空隙太大、商品游动。如为木质包装箱，必须规定木质箱板的厚度、装箱钉子的规格、相邻钉子距离、包角的技术要求及钉子不得钉在夹缝里等。纸箱必须规定如何封口、腰箍的材料、腰箍的松紧以及牢固度等。布包则要规定针距及捆绳的松紧度等。回收复用的木箱、纸箱及其他包装箱也都必须制定标准。

4）装卸作业标准化

在车站、港口、码头、仓库等处装卸货物，都要制定装卸作业标准，要做到文明操作。机械化装卸要根据商品包装特点选用合适的机具，如集装箱、托盘等。工业、商业、交通运输部门交接货物时，要实行验收责任制，以做到责任分明。

5）集合包装标准化

集合包装既适合机械化装卸，又能保护商品安全。我国集合包装近几年有较快的发展，并制定了部分国家标准，其中 20 吨以上的集装箱采用国际标准。托盘的标准应与集装箱标准规定的尺寸相配套。

五、包装合理化

1. 不合理包装的表现形式

1)包装不足

包装不足指:包装强度不足;包装材料水平不足;包装容器的层次及容积不足,包装成本过低,不能保证有效的包装。

2)包装过剩

包装过剩指:包装物强度设计过高;包装材料选择标准过高;包装技术过高;包装层次过多,包装体积过大;包装成本过高。包装过剩可能使包装成本支出大大超过减少损失可能获得的效益,或者包装成本在商品成本中所占比重过高,损害了消费者利益。根据日本的调查,目前发达国家包装过剩问题很严重,过剩率在20%以上。

2. 包装合理化的途径

包装合理化既包括包装总体的合理化,也包括包装材料、包装技术的合理组合及运用。做好包装合理化工作,应注意以下内容。

1)包装轻薄化

包装只起保护作用,对产品使用价值没有任何意义,因此在强度、寿命、成本相同的条件下,更轻、更薄、更短、更小的包装可以提高装卸搬运的效率,而且轻、薄、小的包装一般价格较低廉,如果用作一次性包装,还可以减少废弃包装材料的浪费。

2)包装单纯化

为了提高包装作业的效率,包装材料及规格应力求单纯化,包装规格还应标准,包装形状和种类也应单纯化。

3)包装的标准化

包装的规格和托盘、集装箱关系密切,因此应考虑到与运输车辆、搬运机械的匹配,应从系统的观点制定包装的尺寸标准。

4)包装的机械化

为了提高作业效率和包装现代化水平,各种包装机械化的开发和应用十分重要。

5)包装的绿色化

绿色包装是指无害、少污染的符合环保要求的各类包装物品。其主要包括纸包装、可降解塑料包装、生物包装和可食用包装等,包装的绿色化是包装合理化的发展主流。

任务二　装卸搬运

一、装卸搬运的定义

装卸搬运是指在同一场所内，以改变物品的存放状态和空间位置为主要目的的作业。装卸是指将物品装上运输机具或从运输机具卸下，搬运是指使物品在较短的距离内移动，一般在同一场所内进行。两者既有区别又有联系，因为在空间上发生绝对的、完全的垂直位移与水平位移的情况是少有的，多数情况下是两者的结合。装卸是改变物体的存放、支撑状态的活动，主要指物体上下方向的移动；而搬运是改变物体的空间位置的活动，主要指物体横向或斜向的移动，它们统称为装卸搬运。

二、装卸搬运的特征

1. 装卸搬运是附属性的活动

装卸搬运是物流每一项活动开始及结束时必然发生的活动，因而时常被人忽视。有时则被看作其他操作中不可缺少的组成部分。例如，常说的运输实际上就伴随着装卸搬运，仓库中泛指的保管活动也含有装卸搬运。

2. 装卸是支持、保障性活动

装卸搬运的附属性不能理解成被动的，其对其他物流活动有一定决定性。装卸搬运会影响其他物流活动的质量和速度。例如，装车不当会引起运输过程中的损失，卸放不当会引起货物下一步运送活动困难。物流活动只有在有效的装卸搬运支持下才能实现高水平、高效率。

3. 装卸搬运是衔接性活动

任何其他物流活动的衔接都是以装卸搬运来进行的，装卸搬运往往成为整个物流的瓶颈。建立一个有效的物流系统，关键看这一衔接是否有效。

4. 装卸搬运是增加物流成本的活动

对于传统物流而言，物流过程中多次的装卸搬运活动，不仅延长了物流时间，而且需要投入大量的活劳动和物化劳动，这些劳动不能给物流对象带来附加价值，只是增大了物流的成本，当装卸搬运反复进行的次数很多时，累计成本不可忽视。

三、装卸搬运方式的分类

1. 按装卸搬运施行的物流设施、设备对象分类

装卸搬运可分为仓库装卸、铁路装卸、港口装卸、汽车装卸、飞机装卸等。仓库装卸配合出库、入库、维护保养等活动进行，并且以堆垛、上架、取货等操作为主。铁路装卸是对火车车皮的装进及卸出，特点是一次作业就实现一车皮的装进或卸出，很少有像仓库装卸时出现的整装零卸或零装整卸的情况。港口装卸包括码头前沿的装船，也包括后方的支持性装卸搬运，有的港口装卸还采用小船在码头与大船之间过驳的办法，因而其装卸的流程较为复杂，往往经过几次的装卸及搬运作业才能最后实现船与陆地之间货物过渡的目的。汽车装卸一般一次装卸批量不大，由于汽车较好的灵活性，可以减少或根本减去搬运活动，而直接利用装卸作业达到车与物流设施之间货物转移的目的。机场的飞机装卸至少需两次装卸、一次搬运才能完成，即货物从仓库装上搬运车，再从搬运车装上飞机。

2. 按装卸搬运的机械及机械作业的方式分类

装卸搬运可分为吊上吊下方式、叉上叉下方式、滚上滚下方式、移上移下方式、散装散卸方式等。

1）吊上吊下方式

采用各种起重机械将货物吊上吊下，依靠起吊装置的垂直移动实现装卸，并在吊车运行的范围内或回转的范围内实现搬运，或依靠搬运车辆实现搬运。由于吊起及放下属于垂直运动，因此这种装卸方式属垂直装卸。

2）叉上叉下方式

采用叉车从货物底部托起货物，并依靠叉车的运动进行货物位移，搬运完全靠叉车本身，货物可直接放置到目的地。这种方式垂直运动幅度不大而主要是水平运动，故属水平装卸。

3）滚上滚下方式

滚上滚下方式主要指港口装卸的一种水平装卸方式。这种方式利用叉车或半挂车、汽车承载货物并将车辆开上船，到达目的地后车辆再从船上开下，因此称为滚上滚下方式。在船上卸货后，叉车、半挂车或汽车必须离船。这种方式需要有专门的船舶，对码头也有不同要求，这种专门的船舶称为滚装船。

4）移上移下方式

移上移下方式是在两车之间（如火车及汽车）进行靠接，然后利用各种方式，不使货物垂直运动，而靠水平移动从一个车辆上推移到另一个车辆上。这种方式需要使两种车辆水平靠接，因此经过对站台或车辆货台进行改造，并配合移动工具实现装卸。

5）散装散卸方式

散装散卸方式指对散装物进行装卸时，一般从装点直到卸点，货物中间不再落地。这是

集装卸与搬运于一体的装卸方式。

3. 按被装物的主要运动形式分类

装卸搬运可分为垂直装卸、水平装卸两种形式。

4. 按装卸搬运对象分类

装卸搬运可分为散装货物装卸、单件货物装卸、集装货物装卸等。

5. 按装卸搬运的作业特点分类

装卸搬运可分为连续装卸、间歇装卸两种形式。

1)连续装卸

连续装卸主要是指同种大批量散装或小件杂货通过连续输送机械,连续不断地进行作业,中间无停顿。装卸量较大、装卸对象固定、货物对象不易出现大包装的情况,适用这种方式。

2)间歇装卸

间歇装卸有较强的机动性,装卸地点可在较大范围内变动,主要适用于货流不固定的各种货物,尤其适用于包装货物、大件货物,散粒货物也可采取这种方式。

四、装卸搬运设备的选择原则及分类

1. 选择原则

1)根据作业性质和作业场合进行配置、选择

装卸搬运应根据作业性质,如单纯的装卸、单纯的搬运、装卸及搬运兼顾和作业场合,配备适合的装卸搬运设备。

2)根据作业运动形式进行配置、选择

装卸搬运应根据作业运动形式,配备适合的装卸搬运设备。水平运动,可配备或选用卡车、牵引车、小推车等装卸搬运设备;垂直运动,可配备或选用提升机、起重机等装卸搬运设备;倾斜运动,可配备或选用连续运输机、提升机等装卸搬运设备;垂直加水平运动,可配备或选用叉车、起重机、升降机等装卸搬运设备;多平面式运动,可配备或选用旋转起重机等装卸搬运设备。

3)根据作业量进行配置、选择

装卸搬运作业量关系到设备应具有的作业能力,从而影响所需配备的设备类型和数量。作业量大时,应配备作业能力较强的大型专用设备;作业量小时,最好采用构造简单、造价低廉又能保持相当生产能力的中小型通用设备。

4)根据货物种类、性质进行配置、选择

货物的物理性质、化学性质以及外部形状和包装千差万别,有大小、轻重之分,有固体、液体之分,有散装、成件之别,对装卸搬运设备的要求也不尽相同。

5)根据搬运距离进行配置、选择

长距离搬运一般选用牵引车和挂车等装卸搬运设备,较短距离搬运可选用叉车、跨运车等装卸搬运设备,短距离搬运可选用手推车等装卸搬运设备。为了提高设备的利用率,应当结合设备种类和特点,使行车、货运、装卸、搬运等工作密切配合。

6)装卸搬运设备配套

成套地配备装卸搬运设备,使前后作业相互衔接、相互协调,是保证装卸搬运工作持续进行的重要条件。因此,需要对装卸搬运设备的数量、吨位、作业时间、场地条件、周边辅助设备等方面做适当协调。

2. 分类

1)根据作业性质分类

按装卸及搬运两种作业性质的不同,可分为装卸机械、搬运机械及装卸搬运机械三类。

有些机械功能比较单一,只满足装卸或搬运一种功能,这种单一作业功能的机械有很大优点,即机械结构较简单,多余功能较少,专业化作业能力强,因而作业效率高,作业成本较低,但使用受限。有时,从这种机械的单独操作来看效率确实很高,但其功能单一,作业前后需要烦琐的衔接,会降低系统的效率。具有单一装卸功能的机械种类不多,手动葫芦最为典型,固定式吊车如卡车吊、悬臂吊等虽然也有一定的移动半径,也有一些搬运效果,但基本上还是被看作单一功能的装卸机械。单一功能的搬运机械种类较多,如各种搬运车、手推车及斗式输送机、刮板式输送机之外的各种输送机等。物流领域很注重装卸、搬运两种功能兼具的机械,这种机械可将两种作业操作合二为一,因而有较好的系统效果。属于这类机械的主要是叉车、港口中用的跨运车、车站用的龙门吊以及气力装卸输送设备等。

2)根据机具工作原理分类

按装卸搬运机具的工作原理可将其分为叉车类、吊车类、输送机类、作业车类和管道输送设备类。

(1)叉车类,包括各种通用和专用叉车。

(2)吊车类,包括门式、桥式、履带式、汽车式、岸壁式、巷道式等各种吊车。

(3)输送机类,包括辊式、轮式、皮带式、链式、悬挂式等各种输送机。

(4)作业车类,包括手车、手推车、搬运车、无人搬运车、台车等各种作业车辆。

(5)管道输送设备类,包括液体、粉末的装卸搬运一体化的以泵、管道为主体的一类设备。

3)按有无动力分类

按有无动力可将装卸搬运设备分为重力式装卸输送机、动力式装卸搬运机具、人力式装卸搬运机具。

(1)重力式装卸输送机,辊式、滚轮式等输送机属于此类。

(2)动力式装卸搬运机具,又有内燃式及电动式两种,大多数装卸搬运机具属于此类。

(3)人力式装卸搬运机具,用人力操作进行作业,主要是小型机具和手动叉车、手车、手推车、手动升降平台等。

五、装卸搬运合理化

由于装卸搬运作业仅是衔接运输、保管、包装、配送、流通加工等多个物流环节的活动，本身不创造价值，所以应尽量节约时间和费用。在装卸搬运作业合理化方面，可遵循以下六项原则。

1. 省力化原则

所谓省力，就是节省人力和物力。因为货物装卸搬运不产生价值，作业的次数越多，货物破损和发生事故的频率越大，费用越高。因此，首先要考虑尽量不装卸搬运或尽量减少装卸搬运次数，集装化装卸、多式联运、集装箱化运输、托盘一贯制物流等都是有效的做法。

具体做法包括：利用货物本身的重量和落差原理，如使用滑槽、滑板等工具；减少人力从下往上的搬运，多采用斜坡式，以减轻负重；水平装卸搬运，如仓库的作业台与车厢处于同一高度，用手推车直接进出；卡车后面带尾板升降机，仓库作业月台设装卸货升降装置等。总之，省力化装卸搬运的原则是能往下则不往上，能直行则不拐弯，能用机械则不用人力，能滑动则不摩擦，能连续则不间断，能集装则不分散。

2. 活性化原则

这里所说的活性化是指从物的静止状态转变为装卸状态的难易程度。如果容易或适于下一步装卸搬运作业，则活性化高。例如，仓库中的货物摆放乱七八糟与整齐堆码的差别，散乱状态与放在托盘上的差别，等等。此外，在装卸机械灵活化方面的例子有叉车、铲车、带轨道的吊车、能 360° 转动的吊车和带轮子、履带的吊车等。

3. 顺畅化原则

货物装卸搬运的顺畅化是保证作业安全、提高作业效率的重要方面。所谓顺畅化，就是作业场所无障碍，作业不间断，作业通道畅通。例如，叉车在仓库中作业，应留有安全作业空间，转弯、后退等动作不应受空间限制；人工进行货物搬运，要有合理的通道，脚下不能有障碍物，头顶留有空间，不能人撞人、人挤人；用手推车搬运货物，地面不能坑坑洼洼，不应有电线、工具等杂物影响人员和小车活动；人工操作电葫芦吊车时，地面防滑、行走通道两侧的障碍等问题均影响到作业顺畅与否；机械化、自动化作业途中停电、线路故障、作业事故的防止等都是确保装卸搬运作业顺畅和安全的因素。

4. 短距化原则

短距化，即以最短的距离完成装卸搬运作业，最典型的例子是生产流水线作业把各道工序连接在输送带上，通过输送带的自动运行，使各道工序的作业人员以最短的动作距离完成作业，从而大大地节约了时间，减少了人的体力消耗，大幅度提高了作业效率。转动式吊车、挖掘机等是短距化装卸搬运机械。短距化在人们生活中也能找出实例，如转盘式餐桌，各种美味佳肴放在转盘上，人不必站起来就能夹到菜。缩短装卸搬运距离，不仅省力、省能，又能使作业快速、高效。

5. 单元化原则

单元化装卸搬运是提高装卸搬运效率的有效方法，如集装箱、托盘等单元化设备的利用等都是单元化的例证。

6. 标准化原则

为了促进物流各环节的协调，装卸作业各工艺阶段间的工艺装备、设施、效率与管理工作需要相互协调。标准化原则促进物流各环节的协调。装卸作业的工艺、装备、设施、货物单元或包装、运载工具、集装工具、信息处理等作业的标准化、系列化、通用化是装卸作业实现机械化、自动化的基本前提。

任务三　流通加工

一、流通加工的概念

1. 流通加工的定义

流通加工是为了提高物流速度和物品的利用率，在物品进入流通领域后，按客户的要求进行的加工活动，即在物品从生产者向消费者流动的过程中，为了促进销售、维护商品质量和提高物流效率，对物品进行一定的加工。流通加工通过改变或完善流通对象的形态来实现桥梁和纽带的作用，因此流通加工是流通中的一种特殊形式。随着经济增长，国民收入增加，消费者的需求逐渐多样化，促使流通领域开展流通加工。目前，在世界许多国家和地区的物流中心或仓库经营中都存在流通加工业务，日本、美国等物流发达国家更为普遍。

2. 流通加工与生产加工的区别

（1）从加工的对象来说，流通加工的对象是进入流通领域的商品；生产加工的对象不是最终商品，而是原材料、零配件、半成品。

（2）从加工程度来说，流通加工大都为简单加工，是生产加工的一种辅助和补充；而生产加工则较为复杂。

（3）从加工目的来说，生产加工的目的是创造价值和使用价值；流通加工的目的是完善商品的使用价值，并在不对原商品进行大的改动的情况下提高其价值。

（4）从组织加工者来说，流通加工的组织者是从事流通工作的商业企业或物流企业；而生产加工的组织者则是生产企业。

二、流通加工的目的

1. 方便客户

由于社会需求的复杂性，导致生产企业无法完全满足客户在产品品种、规格型号上的需求，从批发到零售的流通环节，经常出现这类问题。而且，物流配送中心比生产企业更接近客户，能够更及时了解多样化的顾客需求，更有针对性地对商品进行简单的流通加工。

2. 提高保存机能

在食品保存方面，通过流通加工可以使食品保质期延长。

3. 增加附加值

物流企业发展流通加工是一项极为理想的创造价值的选择，可以获得更多的收益，这也是流通加工作业得以产生和发展的动力。

4. 创造配送条件

配送是出库、拣货、分拣、流通加工、集货和运输等一系列活动的集合。配送的开展和进行须借助流通加工，流通加工是配送的前提。

5. 提高生产效益和流通效益

采用流通加工，生产企业可以进行标准化、整包装生产，这种做法符合大生产的特点，提高了生产效率，节省了包装费用和运输费用，降低了成本；流通企业可以促进销售，增加销售收入，从而提高流通效益。

6. 可实现废弃物再利用，促进物资充分利用和综合利用，提高物资利用率

例如，集中下料可以实现优材优用、小材大用，合理套裁具有明显提高原材料利用率的效果。

三、流通加工的类型

1. 增值性流通加工

1）为弥补生产领域加工不足进行的深加工

生产环节的各种加工活动往往不能完全满足消费者的需要。生产资料的品种成千上万，规格型号极其复杂，要完全做到统一标准化极其困难。而流通企业往往对生产领域的物品供应情况和消费领域的商品需求量最为了解，这为它们从事流通加工创造了条件。因此，对于弥补生产环节加工活动的不足，流通加工是一种理想的方式。

2)为满足需求多样化进行的服务性加工

从需求角度看,需求存在多样化和多变化两个特点,为满足需求,用户经常是自己要求设置加工环节,例如生产型用户的再生产活动往往从原材料初级处理开始。现代生产要求其尽量减少流程环节,集中力量从事较复杂的、技术性较强的生产过程,因而不愿意将大量初级加工都包揽下来。这种初级加工带有服务性,若由流通加工来完成,生产型用户便可以缩短自己的生产流程,使生产技术密集程度提高。对一般消费者而言,服务性加工可使其省去烦琐的预处置工作,集中精力从事较高级的、能直接满足需求的活动。

3)为提高原材料利用率进行的流通加工

普通企业利用其综合性强、用户多的特点,可以采用合理规划、合理套裁、集中加工的办法,有效提高原材料的利用率,减少损失和浪费。

4)为提高加工效率进行的流通加工

许多生产企业的初级加工由于数量有限,加工效率不高,难以投入先进技术。流通加工以集中加工的形式解决了单个企业加工效率不高的弊端,用一家流通加工企业代替若干生产企业的初级加工工序,促使生产水平进一步提高。

5)以提高经济效益、追求企业利润为目的的流通加工

充分利用流通加工的一系列优点,可以形成一种“利润中心”的经营形态,这种流通加工是经营的一环,在满足生产和消费要求的基础上取得利润,同时在市场和利润引导下使流通加工的作用在各个领域得到有效发挥。

2. 增效性流通加工

1)为保护产品进行的流通加工

在物流过程中,直到用户投入使用前都存在对产品的保护问题,以防止产品在运输、储存、装卸、搬运和包装等过程中遭受损失,而使使用价值不能顺利实现。与其他的加工不同,为保护产品所进行的加工并不改变进入流通领域的物的外形及性质,这种加工主要采取稳固、改装、冷冻、保鲜和涂油等方式。

2)提高物流效率、方便物流的流通加工

有一些产品由于本身的形态难以进行物流操作,例如鲜鱼装卸、储存操作困难,体积过大的设备搬运、装卸困难,气体运输、装卸困难等。对这类产品进行加工,可以使物流的各环节易于操作,如冷冻鲜鱼、解体过大设备、液化气体等。这种流通加工往往改变物的物流状态,但并不改变其化学特性,最终仍能恢复物原来的物流状态。

3)为促进销售进行的流通加工

流通加工可以从若干方面起到促进销售的作用。例如,将过大包装或散装物分装成适合一次销售的小包装的分装加工;将原来以保护产品为主的运输包装改换成以促进销售为主的装潢性包装,起到吸引消费者、指导消费的作用;将零配件组装成用具、车辆以便于直接销售;将蔬菜、肉类洗净切块以满足消费者要求等。这种流通加工可能不会改变物的本体,只进行简单改装,也可能是组装、分块等深加工。

4)衔接不同运输方式,使物流合理化的流通加工

在干线运输及支线运输的节点,设置流通加工环节可以有效解决大批量、低成本、长距离干线运输与多品种、少批量、多批次末端运输和集货运输之间的衔接问题,可在流通加工点与大生产企业间形成大批量定点运输的渠道,以流通加工中心为核心,组织对多用户的配送,也可在流通加工点将运输包装转换为销售包装,从而有效衔接不同目的的运输方式。

5)生产流通一体化的流通加工

依靠生产企业与流通企业的联合,或者生产企业涉足流通,或者流通企业涉足生产,形成对生产和流通加工合理分工、合理规划、合理组织,统筹进行生产与流通加工安排,这就是生产流通一体化的流通加工形式,这种形式可以促进产品结构及产业结构的调整,充分发挥企业集团的经济技术优势,这是目前流通加工领域的新形式。

四、流通加工合理化

1. 不合理流通加工的几种表现形式

流通加工是在流通领域对生产的辅助性加工,从某种意义上讲,它有效地补充和完善了产品的使用价值,但若设计不当,会产生负效应,所以应尽量避免不合理的流通加工。不合理的流通加工主要表现在以下方面。

1)流通加工地点设置不合理

流通加工地点设置即布局状况是关系整个流通加工是否有效的重要因素。一般而言,为衔接单品种大批量生产与多样化需求的流通加工,加工地应设置在需求地区,这样才能实现大批量的干线运输与多品种末端配送的物流优势。如果将流通加工地设置在生产地区,其不合理之处有以下两点。

(1)将存在多样化需求的产品多品种、小批量地由产地向需求地长距离运输。

(2)在生产地增加了一个加工环节,同时增加了近距离运输、装卸、储存等一系列物流活动。在这种情况下,不如由原生产单位完成这种加工而无须设置专门的流通加工。一般而言,为方便物流的流通加工环节,应设置在进入社会物流之前,如果将其设置在社会物流之后,即设置在消费地,则不但不能解决物流问题,而且在流通中增加了一个中转环节,因而也是不合理的。即使产地或需求地设置流通加工的选择正确,还有流通加工在小地域范围的正确选址问题,如果处理不当,仍然会出现不合理,这种不合理主要表现在交通不便,流通加工与生产企业或用户之间距离较远,流通加工点的投资过高(如受选址的地价影响),加工点周围社会环境条件不良等。

2)流通加工作用不大,成为多余环节

有的流通加工过于简单,对生产者及消费者作用都不大,甚至有时流通加工存在盲目性,未能解决品种、规格、质量、包装等问题,反而增加了环节与成本,这也是流通加工设置(无论设置在何地)中容易忽视的。

3)流通加工方式选择不当

流通加工方式包括流通加工对象、流通加工工艺、流通加工技术、流通加工程度等。流通加工方式的正确选择实际上是指与生产加工的合理分工。本来应由生产加工完成,却错误地由流通加工完成,本来应由流通加工完成,却错误地由生产加工完成,都会造成不合理性。流通加工不是对生产加工的代替,而是一种补充和完善。流通加工方式选择不当会出现与生产过程夺利的情况。一般而言,如果工艺复杂,技术装备要求较高,或加工可以由生产过程延续,则不宜再设置流通加工环节,尤其不宜与生产过程争夺技术要求较高、效益较高的最终生产环节。

4)流通加工成本过高,效益不好

流通加工之所以有生命力,其重要原因之一是有较大的投入产出比,因而有效起到补充和完善的作用,其他流通加工成本过高,则不能实现以较低投入实现更高使用价值的目的。除了一些必需的,按照政策要求即使亏损也应进行的加工外,其他流通加工成本过高、效益不好,都应看成是不合理的。

2. 实现流通加工合理化的途径

为了避免各种不合理现象,对是否设置流通加工环节,在什么地点设置,选择什么类型的加工,采用哪些技术装备等都需要做出正确抉择。目前,国内一些企业在进行流通加工合理化的管理过程中已积累了经验,实现流通加工合理化主要应考虑以下几个方面。

1)加工和配送结合

加工和配送结合是指将流通加工设置在配送点中,一方面按配送的需求进行加工,另一方面加工也是配送业务流程中分货、拣货、配货中的一环,加工后的产品直接投入配货作业,而无须单独在配送点之外设置一个加工的中间环节,使流通加工有别于独立的生产,将流通加工与中转流通巧妙结合在一起。同时,由于配送之前有加工,可使配送服务水平大大提高,这是当前对流通加工进行合理选择的重要形式,在生活资料领域已经广泛应用,在煤炭、水泥等产品的流通中也已显现出较大的优势。

2)加工和配套结合

在对配套要求较高的流通中,配套的主体来自各生产单位,但是完全配套有时无法全部依靠现有的生产单位,进行适当流通加工可以有效促成更广泛领域内社会资源的配套,更有效发挥流通的桥梁与纽带作用。

3)加工和合理运输结合

流通加工能有效衔接干线运输与支线运输,促进两种运输形式的合理化。支线运输转干线运输或者干线运输转支线运输是本来就必须停顿的环节,在停顿过程中,按下一步干线或支线运输的合理要求进行适当加工,可大大提高运输及转载水平。

4)加工和商流相结合

通过加工有效促进销售,使商流合理化,是流通加工合理化的努力方向之一。加工和配送相结合,通过加工提高配送水平、强化销售,是加工与合理商流相结合的一个成功例证。

此外，通过简单地改变包装加工，形成便于购买的包装容量，通过组装加工解决用户使用前进行组装、调试的难题，都可有效促进商流。

5）加工和节约相结合

节约能源、节约设备、节约人力和节约耗费是流通加工合理化的重要方面，也是我国设置流通加工的重要目标，对于流通加工合理化的最终判断，首先在于其是否能满足物流为用户服务的本质要求，同时还要看其能否实现社会的和企业自身的两个效益，是否取得了最优效益。流通加工企业与一般生产企业相比的一个重要不同之处是流通加工企业更应树立社会效益第一的观念。如果流通加工企业只是追求企业的自身效益，不适当地进行加工，甚至与生产企业争利，就有违流通加工的初衷。

拓展案例

上海联华生鲜食品加工配送中心流通加工的运作

上海联华生鲜食品加工配送中心是我国国内目前设备最先进、规模最大的生鲜食品加工、配送中心，在生产加工的同时，还从事配送任务。连锁经营的利润重点在物流，物流系统的评判标准主要有两点：物流服务水平和物流成本。联华生鲜食品加工配送中心是在这两方面都比较好的一个物流系统。联华生鲜食品加工配送中心采用先进的物流软件跟踪系统，及时地跟踪物流过程，评估投资与收益率，使其物流服务水平和物流成本始终保持在一个较好的平衡点。

生鲜商品按其称重包装属性可分为定量商品、称重商品和散装商品，按物流类型可分为储存型、中转型、加工型和配送型；按储存运输属性可分为常温品、低温品和冷冻品；按商品的用途可分为原料、辅料、半成品、产成品和常规商品。生鲜商品大部分要冷藏，所以其物流周期必须要短。生鲜商品保质期很短，客户对其色泽等要求很高，所以在物流过程中需要快速流转。两个评判标准在生鲜配送中心通俗的归纳起来就是“快”和“准确”，联华生鲜食品加工配送中心的流通加工做法如下。

1. 生鲜食品的冷冻养护

生鲜食品（主要是指肉类食品）储存在冷藏低温库，库温一般控制在 -18 ℃。在此温度下，微生物近乎完全停止繁殖，商品内部的生化反应将大大受到抑制，表面水分和蒸发量也较小，能保持商品质量。冷藏仓间的空气温度应保持相对稳定，一昼夜波动幅度不得超过 ±1 ℃，商品进出时的仓间温度不得波动 4 ℃。温度波动太大会造成食品肉体组织结晶和再结晶，增加商品的干耗损失，加速脂肪酸败，对商品的质量极为不利。冷藏间的空气相对湿度应保持在 95%~98%，波动范围不超过 ±5 ℃。

2. 生鲜食品的加工与物流运作

生鲜的加工按原料和成品的对应关系可分为两种类型：组合和分割。两种类型在 BOM 设置和原料计算以及成本核算方面都存在很大的差异。在 BOM 中，每个产品设定一个加工车间，在产品上区分为最终产品、半成品和配送产品，商品的包装分为定量和不定量的加工，对于称重的产品/半成品需要设定加工产品的换算率(单位产品的标准重量)，原料的类型区分为最终原料和中间原料，设定各原料相对于单位成品的耗用量。

生产计划或任务中需要对多级产品链计算嵌套的生产计划或任务，并生成各种包装生产设备的加工指令，指导生产人员从仓库领取原料以及生产时的投料。在生产计划中考虑产品链中前道与后道的衔接，各加工指令、商品资料、门店资料、成分资料等下发到各生产自动化设备。加工车间人员根据加工批次和加工调度，协调不同商品间的加工关系，满足配送要求。

3. 配送运作

商品分拣完成后，都堆放在待发库区，按正常的配送计划，这些商品在晚上送到各门店，门店第二天早上将新鲜的商品上架。在装车时，按计划路线门店顺序进行，同时抽样检查准确性。在货物装车的同时，系统能够自动算出包装物的各门店使用清单，装货人员也据此来核对差异。在发车之前，系统根据各车的配载情况出各运输的车辆随车商品清单，各门店的交接签收单和发货单商品到门店后，由于数量的高度准确性，在门店验货时只要清点总的包装数量，退回上次配送带来的包装物，完成交接手续即可，一般一个门店的配送商品交接只需要5分钟。

案例思考与讨论：

(1)通过案例分析上海联华生鲜食品加工配送中心的生鲜食品加工特点主要有哪些？

(2)常用的生鲜食品加工还有哪些形式，举例说明？

项目小结

本项目主要介绍了包装、装卸搬运与流通加工相关的知识点，具体包括包装的概念、功能、分类、材料、包装技术及包装合理化等；装卸搬运的概念、功能、合理化及设备分类；流通加工的概念、目的、类型以及合理化等知识。

项目练习

一、单项能力训练

1. 单选题

(1)以下不是包装的主要功能的是(　　)。

A. 保护产品　　B. 提升价值　　C. 方便运输　　D. 促进销售

(2)在同一区域内，以改变货物的存放状态和空间位置为主要内容和目的活动是(　　)。

A. 运输　　B. 仓储　　C. 装卸搬运　　D. 流通加工

(3)将货品置于集装单元容器内时，其装卸搬运活性(　　)。

A. 最低　　B. 较低　　C. 较高　　D. 最高

(4)在物流系统中,提高物流系统效率的关键活动是(　　)。

A. 装卸搬运　　B. 信息处理　　C. 流通加工　　D. 包装设计

(5)物品放置时要有利于下次搬运,装上时要考虑便于卸下,这体现了装卸搬运作业的(　　)原则。

A. 利用重力　　B. 消除无效搬运

C. 提高装卸搬运的灵活性　　D. 合理利用机械

(6)流通加工是(　　)。

A. 生产加工的补充和完善　　B. 残次品的返工

C. 回收旧货的改造　　D. 产品再生产

(7)根据流通加工的定义,以下属于流通加工作业的是(　　)。

A. 服装生产厂采购布料等加工成时装后销售

B. 某运输公司在冷藏车皮中保存水果

C. 杂货店将凌晨从批发市场进购的新鲜蔬菜,分成一把一把的小分量包装好并打价

D. 将土豆清洗、去皮、研磨、过筛等,最终加工成土豆粉

2. 判断题

(1)包装的寿命很短,而各种包装材料的回收和再利用又不到位,所以应当尽量减少包装用料,达到保护产品的目的即可。(　　)

(2)在生产过程中,装卸搬运通常称为货物装卸;在流通领域,装卸搬运多称为物料搬运。(　　)

(3)一般来讲,如果必须进行复杂加工才能生产出人们所需要的产品,这种复杂加工应设专门的生产加工过程,而流通加工大多是简单加工,流通加工是对生产加工的补充和完善。(　　)

(4)产品包装具有保护产品、方便流通、促进销售的作用,所以应当精心设计包装的形式,精选包装材料,以便取得更好的经济效益。(　　)

(5)流通加工具有完善产品的使用价值,提升产品附加价值的作用。(　　)

3. 简答题

(1)包装有哪些保护功能?如何进行包装合理化?

(2)托盘具有什么功能,它在装卸搬运作业中有什么特殊意义?

(3)如何做到装卸搬运合理化,要注意什么问题?

(4)什么是流通加工,流通加工有什么类型?

二、综合技能训练

某运动品牌在美国有一家超级市场,设立了组合式鞋店,摆放着的不是做好了的鞋,而是做鞋用的半成品,款式花色多样,有 6 种鞋跟、8 种鞋底(均用塑料制造),鞋面的颜色以

黑、白为主，鞋带的颜色有 80 种，款式有百余种，顾客进来可任意挑选自己喜欢的各个部位，交给职员当场进行组合。只要 10 分钟，一双崭新的鞋便唾手可得。这家鞋店昼夜营业，职员技术熟练，鞋子的售价与成批制造的鞋子的售价差不多，有的还稍便宜些。因此，顾客络绎不绝，销售金额比邻近的鞋店多十倍。

分组讨论：流通加工的作用及其现实意义有哪些？并举例说明。

项目六　物流信息管理

学习目标

❖ 了解物流信息的概念。
❖ 理解物流信息对物流活动各环节的作用。
❖ 掌握现代物流信息的特点。
❖ 了解常用的现代物流信息技术。
❖ 了解物流信息系统的概念及功能。

项目引入

信息化让食品更新鲜

王丹是北京三元食品股份有限公司运营中心的经理,从2018年4月开始,每天清晨她都能在办公桌上看到前一天的最新分销情况报表,对各个库区的销售情况有了准确的了解之后,她就依据这些信息和客户当天的订货情况,调整给生产厂家下的订单。全新的信息化系统正在让三元的管理者更好地跟随企业跳动的脉搏。

对三元这样一家每天必须配送产品的企业来说,节省时间、保证销售品质是销售的重中之重。从接受订单到生产,再到最终出货送达用户,都必须在当天完成。在信息化实施之前,生产者由于系统信息不能共享,就只能预估生产,而当日生产的产品往往不能满足订单的要求,客户们却挤在大门口等待提货。

20世纪90年代末,三元开始了信息化建设进程。首先从信息数据管理的角度开始,2005年又拓展到实施整个企业管理软件系统。2005年10月,神州数码ERP系统在三元华冠生产厂正式上线,同时组建了一个10人左右的数据信息中心,专门负责包括采购、车间耗用、成品入库等从订单到产品出库的各个环节,将各种信息及时录入、汇总,确保订单响应时间在一天内完成,同时直接向财务部汇总报表。

“在没有上新的信息化系统之前,这是很难协调和完成的事。”三元食品股份有限公司信息部经理陈燕勇告诉记者,“而现在的系统可根据数据进行直接配货,生产和销售的信息沟通可以无缝衔接,生产企业和物流企业可以及时了解订货的数量和品种,实现信息共享后,前端生产和后端物流都能有序进行。”现在,三元华冠生产厂日产量已达16吨,较之前成倍增长。

在促销管理方面,信息化也在发挥着重要作用。通过信息系统的支撑,促销品可以准确地配送到批发、商超等各个渠道的终端网点,渠道也能更加切合实际地根据区域和主打产品的市场情况进行促销活动。

谈及公司营运中心未来需要的IT技术支撑，王丹表示，“我们考虑未来对产品进行条码管理，让产品从生产到入库再到出库所有信息都在条码里有所反映，这样我们的管理就更加精细了。”同时，三元也希望将来信息系统可以帮助三元有效地规避风险，比如可以制定新的订货规则，使客户按照产品的生产周期去订货。“对客户而言，提前订货可以百分之百地保证货源；对于三元，这则意味着库存管理更加完善。”王丹如是说。

案例讨论：

（1）信息系统的应用对三元的物流配送带来了哪些好处？

（2）结合最新的物联网及区块链技术应用，讨论物流信息系统的应用还有哪些优势？

任务一　物流信息概述

一、物流信息的概念

根据中华人民共和国国家标准《物流术语》（GB/T 18354—2021）的定义，物流信息是反映物流各种活动内容的知识、资料、图像、数据、文件的总称。从物流信息来源看，一部分来自物流活动本身，另一部分来自商品交易活动和市场。因此，物流信息包含的内容可以从狭义和广义两个方面来理解。狭义方面，物流信息是指与物流活动（如运输、仓储、包装、装卸搬运、流通加工和配送等）有关的信息，在物流活动的管理与决策中，如货物批量的确定、在途货物的跟踪、运输工具的选择、运输路线的确定、订单管理、库存数量的确定等，都需要详细、准确的物流信息。广义方面，物流信息不仅指与物流活动有关的信息，还包括与其他流通活动有关的信息，如商品交易信息、市场信息、政策信息、通信交通等基础设施信息；不仅起到连接整合生产厂家、批发商、零售商、消费者的整个供应链的作用，还在应用现代信息技术的基础上促进了整个供应链活动效率的提高。

二、物流信息的特点

1. 广泛性

由于物流是在大范围内的活动，因此物流信息源也分布在大范围内，信息来源广、信息量大，涉及生产和生活的各个方面。物流信息的广泛性可从两个角度来理解：一是物流系统本身信息的广泛性；二是物流相关信息的广泛性。就物流系统本身信息而言，包括交通运输信息、仓储信息、装卸搬运信息、包装信息、流通加工信息和配送信息；物流相关信息则包括商流信息、资金流信息、生产信息、消费信息等。

2. 联系性

物流活动是多环节、多因素、多角色共参与的活动，其目的就是实现产品从产地到消费地的顺利移动，因此在该活动中所产生的各种物流信息必然存在十分密切的联系，如生产信息、运输信息、储存信息、装卸信息都是相互关联、相互影响的。这种相互联系的特性是保证物流系统中各子系统、供应链各环节以及物流内部系统与物流外部系统相互协调运作的重要因素。为了保证物流系统中的各子系统、供应链各环节以及物流内部系统与物流外部系统相互协调运作，物流各环节所产生的物流信息之间具有紧密的联系，保证了物流系统的正常运作。物流信息种类繁多，从其作用的范围来看，物流系统内部各个环节有不同种类。

3. 多样性

物流信息种类繁多，从其作用的范围来看，物流系统内部各个环节有不同种类的信息，如流转信息、作业信息、控制信息、管理信息等；物流系统外部也存在各种不同的信息，如市场信息、政策信息、区域信息等。从其稳定程度来看，有固定信息、流动信息与偶然信息等。从其加工程度来看，有原始信息与加工信息等。从其发生时间来看，有滞后信息、实时信息和预测信息等。

4. 动态性

多品种、小批量、多频度的配送技术与 POS、EOS、EDI 等数据收集技术的广泛应用使得各种物流作业频繁发生，因此物流信息的动态性较强。及时收集、快速响应、动态处理物流信息已成为关系现代物流经营活动成败的关键。

5. 复杂性

物流信息的广泛性、联系性、多样性和动态性决定了物流信息的复杂性。在物流活动中，必须对不同来源、不同种类、不同时间和相互联系的物流信息进行反复研究和处理，才能得到具有实际应用价值的信息，以此指导物流活动。这是一个非常复杂的过程。

三、物流信息的作用

1. 实时记录并监控物流过程

物流信息实时记录了物流活动过程，是物流组织者实时监控物流过程的具体实现，是及时调整物流计划安排的重要依据，所以物流信息是物流活动的神经中枢，连接整个物流系统各个组成部分，物流系统内部各子系统的相互衔接通过物流信息实现，各子系统内部基本资源的调度也通过物流信息传递和沟通。物流信息是物流活动的基本支撑，通过信息流的指导，才能保证物流各项活动的高效运转，通过物流信息的融会贯通，物流活动七大环节相互联系、相互融合，共同组成一个统一调度、协调运作的有机整体。

2. 辅助物流规划及决策

物流信息与商流、资金流紧密相连，是物流现代化管理的重要手段。通过物流信息的监控可以优化各个物流活动环节，如选择合适的设备，设计最佳的物流路线，决定最优的库存储备等。物流信息准确反映了实际物流运行状况，使得物流规划与决策避免盲目性，对提高物流效率和效益都有非常重要的意义。

物流信息对现代化的管理也很重要。物流现代化具体表现：①供产销活动一体化；②组织管理系统化；③管理方法定量化；④管理手段现代化和智能化；⑤管理思想超前化。这些特征的实现都与物流信息息息相关。没有现代化的物流信息，就没有可靠预测、计划和决策，在当下激烈的市场竞争中，及时、准确、全面、可靠的信息获取、传递和加工处理，是任何系统、任何组织保持自身稳定性的最有效、最重要的措施。

3. 部分替代物流活动

对于无形的货品转移，如软件或服务，物流信息传递就可以替代实物流过程，完成商品的交付。

任务二　物流信息技术

一、物流信息技术的概念

物流信息技术（Logistics Information Technology，LIT）指现代信息技术在物流各作业环节中的应用，包括 Barcode（条形码）、GIS（地理信息系统）、GPS（全球卫星定位系统）、EDI（电子数据交换）、ITS（智能交通系统）等，是物流现代化的重要标志。物流信息技术是物流现代化的重要标志，也是物流技术中发展最快的领域之一。物流信息技术是物流技术中发展最迅猛的领域，从数据采集技术到物流信息系统都发生了日新月异的变化，计算机、网络技术的飞速发展促进了物流产业的信息化进程，从真正意义上提高了现代物流技术和管理水平。同时，随着物流信息技术的不断发展，产生了一系列新的物流理念和物流经营方式，推进了物流的变革。物流信息技术在现代企业的经营战略中占有越来越重要的地位，建立物流系统，充分利用各种现代信息技术，提供迅速、及时、准确、全面的物流信息是现代企业获得竞争优势的必要条件。

二、现代物流信息技术的应用

1. 条码技术

条码技术是 20 世纪在计算机应用中产生和发展起来的一种自动识别技术，是集条码理论、光电技术，计算机技术、通信技术、条码印制技术于一体的综合性技术。条码技术具有制作简单、信息收集速度快、准确率高、信息量大、成本低和条码设备轻便易用等优点。从生产到销售的流通转移过程中，条码技术起到了准确识别物品信息和快速跟踪物品历程的重要作用，它是整个物流信息管理工作的基础。条码技术在物流领域的应用主要体现在以下几个方面。

1)条码技术在货物运输中的应用

随着条码技术的不断发展,条码在包裹、货物运输上扮演着越来越重要的角色。特别是近几年来,许多国家的运输公司纷纷采用一维条码和PDF417二维条码相结合的标签,来实现货物运输中的条码跟踪和信息传递。PDF417二维条码信息容量大,可以储存包裹、货物的详细信息,并且容易打印,可以采用原来的标签打印机打印,同时它可以根据需要进行加密,防止数据的非法篡改。此外,由于PDF417二维条码具有很强的自动纠错能力,因此在实际的包裹运输中,即使条码标签受到一定的污损,依然可以正确识读。PDF417二维条码这些突出的特点,使得它广泛应用于各个国家的邮局、铁路、机场码头等的包裹和货物运输,实现了货物运输的全过程跟踪,消除了数据的重复录入,加快了货物运输的数据处理速度,降低了对计算机网络的依赖程度,从而实现了物流管理和信息流管理的完美结合。

2)条码技术在供应链物流中的应用

条码技术的应用解决了数据录入和数据采集的瓶颈问题,为供应链管理提供了有力的技术支持。从供应链物流的角度来讲,利用条码技术,可以对供应链上的物流信息进行采集跟踪,满足企业针对物料准备、生产制造、仓储运输、市场销售、售后服务、质量控制等方面的信息管理。

Ⅰ.物料管理

现代化生产物料配套的不协调极大地影响了产品生产效率,杂乱无序的物料仓库、复杂的生产备料及采购计划的执行几乎是每个企业都会遇到的难题。条码技术可以将物料编码,并且打印条码标签,不仅便于物料跟踪管理,而且有助于合理的物料库存准备,提高生产效率,促进企业资金的合理运用。对采购的生产物料按照行业及企业规则建立统一的物料编码,从而杜绝因物料无序而导致的损失和混乱。

Ⅱ.作业管理

作业管理中对条码的应用主要体现在条码成为联系工作流各环节的工具。以仓储作业为例,验货、备货、分拣、上架等环节之间的联系是很复杂的。在传统的操作方式下,业务中心与仓储工作人员之间一般以纸面单据交流,完成工作流的衔接。在应用条码之后,可以借助无线局域网建立半自动化的作业管理方式,业务中心通过无线网络将业务指令直接下达到仓储工作人员,仓储工作人员通过手持终端接收指令,并扫描条码确认工作准确无误地完成,仓储工作人员的工作完成情况又即时传回业务中心得到确认。

Ⅲ.生产管理

在生产中可应用产品识别码监控生产,采集生产测试数据和生产质量检查数据,进行产品完工检查,建立产品识别码和产品档案,从而有序安排生产计划,监控生产流程及流向,提高产品合格率。

Ⅳ.产品售后跟踪

供应链上的企业建立信息系统的连接后,可统一产品的条码,及时进行信息共享,减少不必要的信息录入,还可将条码技术与GPS/GIS等技术结合使用,对产品进行跟踪。

2. 无线射频识别技术

无线射频识别（RFID）是通过射频信号识别目标对象，并获取数据信息的一种非接触式自动识别技术。RFID 技术的基本原理是电磁理论，利用无线电波对记录媒体进行读写，无线通信技术和存储器技术是该技术的核心。典型的 RFID 系统由射频标签、读写器及计算机通信网络三部分组成。其工作过程是读写器在一个区域内发射射频能量形成电磁场，作用距离的大小取决于发射功率，射频标签经过这个区域时被触发，发送存储在标签中的数据，或根据读写器的指令改写存储在射频标签中的数据，读写器接收射频标签发送的数据或向标签发送数据，并通过标准接口与计算机通信网络进行对接，实现数据的传输。RFID 的应用最早可以溯源到第二次世界大战期间，那时 RFID 就已应用于军用飞行目标的识别。20 世纪 60 年代，第一个电子物品监视反盗窃系统开始投入商业运营，它就是现在常见的商场防盗系统——电子物品监控系统的前身。目前在我国，电子标签应用于铁路、邮政、公安、制造、物流、烟草、零售、医药等诸多领域。

1)RFID 在物流配送跟踪中的应用

对货物进行配送跟踪的基本思想：首先记录货物的各种属性并将它们附着在货物上，货物随着业务流动，属性信息也跟着传递到下一个业务环节，每个环节都可以利用货物属性指导业务操作，并补充、修改货物可变属性；同时依据货物不变属性即可跟踪货物在整个配送过程中的流动，向上游追溯或向下游跟踪各环节属性的变化。依据上述基本思想，采用 RFID 技术跟踪货物在物流配送的流动过程如下：首先在每个货物上附一个电子标签，每个电子标签有唯一的标识，这个标识是不能更改的，它与货物一一对应，是货物的不变属性，同时电子标签可以存储信息，通过读写器读取或写入货物标签、存储可变属性，读写器与电脑相连接，读取或写入的数据均来自物流配送管理系统服务器统一的数据库，这样整个物流配送过程的货物流均纳入系统的跟踪管理之下。

2)高速公路自动收费系统

高速公路自动收费系统是 RFID 技术最成功的应用之一，目前我国的高速公路发展非常快，而高速公路收费却存在一些问题：一是导致交通堵塞，在收费站许多车辆排队等待缴费，成为交通瓶颈；二是少数收费员贪污受贿，使国家财政收入受损。RFID 技术在高速公路自动收费上的应用充分体现了非接触识别的优势，可以杜绝上述问题。对于高速公路自动收费系统，由于车辆的大小和外形不同，需要大约 4 米的读写距离和很快的读写速度，系统的感应频率应在 900 MHz~2 500 MHz。在设计系统时，车上的射频卡可安装在汽车挡风玻璃后面，阅读器天线则架设在道路的上方，将多车道的收费口分为自动收费口和人工收费口两个部分，在距收费门 50~100 米处，当车辆经过天线时，车上的射频卡被上方的天线接收到，由此判别车辆是否带有有效的射频卡。读写器指示灯指示车辆进入不同车道，进入自动收费口的车辆的养路费款将被自动从用户账户中扣除，通过指示灯及蜂鸣器告诉司机收费是否完成，因此车辆不用停车就可完成缴费，挡车器将拦下恶意闯入的车辆。人工收费口仍维持现有的操作方式。

3）生产线自动化控制

在生产流水线上应用RFID技术可实现自动控制和监视，提高生产率，改进生产方式，节约生产成本，如汽车装配流水线。宝马汽车是基于用户提出的要求式样而生产的，用户可以从上万种内部和外部选项中选定车的颜色、引擎型号以及轮胎式样等，没有精心设计的、复杂的控制系统很难完成这种复杂的任务。宝马公司就在其装配流水线上安装了RFID系统，工作人员使用可重复使用的射频卡，读取汽车制造过程中的所有技术要求，在每个工作点都有读写器，这可以保证汽车在各个流水线上能毫不出错地完成装配任务。

4）仓储管理

RFID系统与条码结合，可用于智能仓库货物管理，有效解决与仓库及货物流动有关的信息管理，不但可增加一天内处理货物的件数，还可监控某些货物的所有流动信息。一般来说，射频卡贴在货物要通过的仓库大门边上，读写器天线则置放在叉车上，每个货物都贴有条码，所有条码信息都存储在仓库的中心计算机里，货物的有关信息都能在计算机中查到，当货物被装走运往别地时，由另一读写器识别并告知计算中心它被放在哪个拖车上，这样管理中心就可以实时了解到生产了多少产品，发送了多少产品，并可自动识别货物，确定货物位置。

3. 全球定位技术

全球定位系统（GPS）是利用空中卫星全天候、高准确性地对地面目标的运行轨迹进行跟踪、定位与导航的技术。GPS系统由空间星座部分、地面监控部分和用户设备部分三部分组成。

1）空间星座部分

GPS的空间部分由24颗工作卫星组成，它位于距地表20~200千米的上空，均匀分布在6个轨道平面上（每个轨道平面4颗），轨道平面相对于赤道平面的倾角为55° 各轨道平面之间的夹角为60° 。此外，还有3颗备用卫星在轨运行。卫星的分布使得在全球任何地方、任何时间都可观测到4颗以上的卫星，并能保证良好定位解算精度的几何图像，从而提供了在时间上连续的全球导航能力。

2）地面监控部分

地面监控部分由1个主控站、5个全球监测站和3个地面控制站组成。监测站均配装有精密的铯钟和能够连续测量到所有可见卫星的接收机，监测站将取得的卫星观测数据，包括电离层数据和气象数据，经过初步处理后，传送到主控站，主控站从各检测站收集跟踪数据，计算出卫星的轨道和时钟参数，然后将结果送到3个地面控制站。地面监测站在每颗卫星运行至上空时，把这些导航数据及主控站指令注入卫星，这种注入对每颗GPS卫星每天一次，并在卫星离开注入站作用范围之前进行最后的注入，如果某地面站发生故障，在卫星中预存的导航信息还可用一段时间，但导航精度会逐渐降低。

3）用户设备部分

用户设备部分即GPS信号接收机。其主要功能是能够捕获到按一定卫星截止角所选择的待测卫星，并跟踪这些卫星的运行。当接收机捕获到跟踪的卫星信号后，即可测量出接收天线至卫星的伪距离和距离的变化率，解调出卫星轨道参数等数据，根据这些数据，接收机中的微处理计算机就可按定位解算方法进行定位计算，计算出用户所在地理位置的经纬度、高度、速度、时间等信息。

接收机硬件、机内软件以及GPS数据的后处理软件包构成完整的GPS用户设备。GPS接收机的结构分为天线单元和接收单元两部分，接收机一般采用机内和机外两种直流电源。设置机内电源的目的在于更换外电源时不中断连续观测。在用机外电源时，机内电池自动充电。关机后，机内电池为RAM存储器供电，以防数据丢失。目前的接收机体积越来越小，重量越来越轻，便于野外观测使用。

GPS最初只运用于军事领域，现在已在物流领域得到了广泛应用，如汽车自定位及跟踪调度、铁路车辆运输管理、船舶跟踪及最佳航线的确定、空中运输管理、服务救援、远程监控、轨迹记录和物流配送等领域。例如，利用卫星对物流及车辆运行情况进行实时监控，用户可以随时“看到”自己的货物状态，包括运输货物车辆所在位置（如某城市的某条道路上）、货物名称、数量、重量等，同时可实现物流调度的即时接单和即时排单以及车辆动态实时调度管理；GPS可提供交通气象信息、异常情况报警信息和指挥信息，以确保车辆、船只的运营质量和安全；客户经授权后可以通过互联网随时监控运送自己货物车辆的具体位置；GPS还能进行各种运输工具的优化组合、运输网络的合理编织，如果货物运输需要临时变化线路，可随时指挥调动，大大降低车辆的空载率，提高运输效率，促进资源的最佳配置。

由于GPS融合了目前国际上最先进的信息技术和各类高科技成果，因此安装了GPS的车辆将会实现许多功能，如能够在任意时刻发出指令查询运输车辆所在的地理位置，并在电子地图上显示出来，车辆出车后就可以立刻掌握其行踪。若有不正常的偏离、停滞与超速等异常现象发生，GPS监控中心能立即显示并发出警告信号，并可迅速查询纠正，避免危及人员、车辆和货物安全的情况发生。同时，货主可登录查询货物运送状况，实时了解货物的动态信息，真正做到让客户放心。

4. 地理信息技术（GIS）

1）GIS的概念

地理信息系统（GIS）是由计算机软硬件环境、地理空间数据、系统维护和使用人员四部分组成的空间信息系统，可以对整个或部分地球表层（包括大气层）中有关地理分布数据进行采集、存储、管理、运算、分析显示和描述。GIS处理的对象是多种地理空间实体数据及其关系，包括空间定位数据、图形数据、遥感图像数据、属性数据等，用于分析和处理在一定地理区域内分布的各种现象和过程，解决复杂的规划、决策和管理问题。

2）GIS在物流中的应用

GIS在物流中的应用主要体现在辅助物流信息系统的分析。GIS技术具有强大的地理数据功能，将GIS、GPS和无线通信技术进行有效结合，再辅以车辆路线模型、最短路径模型、网络物流模型、分配集合模型和设施定位模型等，能够建立功能强大的物流信息系统，使物流变得实时且成本最优化，具体优势体现在以下几个方面。

（1）打造数字物流企业。GIS 的应用必将提升物流企业的信息化程度，使企业日常运作数字化，包括企业的物流设备或者客户的任何一笔货物都能用精确的数字来描述，不仅可以提高企业运作效率，同时还能提升企业形象，争取更多的客户。

（2）利用 GPS 和 GIS 技术可以实时显示出车辆的实际位置，并任意放大、缩小、还原、换图；可以随目标移动，使目标始终保持在屏幕上，利用该功能可对重要车辆和货物进行跟踪运输。对车辆进行实时定位、跟踪、报警、通信等技术，能够满足掌握车辆基本信息、对车辆进行远程管理的需要，有效避免车辆的空载现象，同时客户也能通过互联网技术了解自己的货物在运输过程中的细节情况。

（3）有效监控司机的行为。在物流企业中，司机为了逃避过桥费而绕远路延误时间、私自拉货、途中私自停留等现象司空见惯，导致物流企业不能有效监控司机的行为。因此，利用 GPS 技术能对车辆实时监控，规范司机行为。

（4）形成协同商务的运作模式。GIS、GPS、互联网等技术的相互结合，能够更好地提供相关信息给企业和客户，使信息传递更加及时、准确和透明。

5. 电子数据交换技术

电子数据交换（EDI）采用标准化的格式，利用计算机网络进行商务数据的传输和处理。EDI 是一种利用计算机进行商务处理的新方法，将贸易、运输、保险、银行和海关等领域的信息以一种国际公认的标准格式通过计算机通信网络传输，使各有关部门和企业之间进行数据交换和处理，并完成以贸易为中心的全部业务过程。由于 EDI 的使用可以完全取代传统的纸质文件，因此也有人称它为"无纸贸易"或"电子贸易"。

EDI 最初是美国企业应用于企业间订货活动中的电子数据交换系统，其后 EDI 的应用范围从订货业务向其他业务扩展，如 POS 销售信息传送业务、库存管理业务、发货送货信息和支付信息的传送业务等。近年来，EDI 在物流中应用广泛，被称为物流 EDI。

物流 EDI 主要是指货主、承运业主以及其他相关单位之间，通过 EDI 系统进行物流数据交换，并以此为基础实施物流作业活动的方法。物流 EDI 参与单位有托运方、承运方（如独立的物流承运企业等）、运输企业（铁路企业、公路运输企业等）、协助单位（政府有关部门、金融企业等）和其他的物流相关企业（如仓储企业等）。物流 EDI 的优点在于供应链各方基于标准化的信息格式和处理方法通过 EDI 共享信息，提高流通效率，降低物流成本。其在物流中的主要优势表现在以下几个方面。

1）节省时间和资金，提高工作效率和竞争力

在全球范围内发送一份电子单证只需几秒钟，发票能在更短的时间内投递，数据能立即进行处理。采用 EDI 之后，订购、制造和货运之间的周期大大缩短，减少了库存开销。

2）降低纸张消费和重复劳动

联合国组织的一次调查显示，进行一次进出口，贸易双方约需交换近 200 份文件和表格，其纸张、行文、打印及差错可能引起的总开销等大约为货物价格的 7%。据统计，美国通

用汽车公司采用 EDI 后，每生产一辆汽车大约节约成本 250 美元，按每年生产 500 万辆计算，可以产生 12.5 亿美元的经济效益。同时，重复录入会浪费人力、时间，降低效率。纸质贸易文件成了阻碍贸易发展的一个比较突出的因素，EDI 能够有效地解决这些问题。

3）改善对客户的服务

EDI 也是一种改善对客户服务的手段，它巩固了 EDI 贸易伙伴之间的市场和分销体系，提高了办事效率，加快了对客户需求的反应。

6. 物联网技术

物联网（Internet of Things，IoT）指的是将各种信息传感设备（如射频识别装置、红外感应器、全球定位系统、激光扫描器等）与互联网结合起来而形成的一个大网络，其目的是让所有物品都与网络连接在一起，系统可以自动地、实时地对物体进行识别、定位、追踪、监控并触发相应事件。物联网是继计算机、互联网与移动通信网之后的世界信息产业第三次浪潮。物联网概念的问世，打破了之前的传统思维。过去一直是将物理基础设施和 IT 基础设施分开：一方面是机场、公路、建筑物；另一方面是数据中心、个人计算机、宽带等。在物联网时代，钢筋混凝土、电缆将与芯片、宽带整合为统一的基础设施。在此意义上，基础设施更像是一个新的地球工地，世界就在它上面运转，其中包括经济管理、生产运营、社会管理乃至个人生活。

任务三　物流管理信息系统

一、物流管理信息系统的概念

物流管理信息系统（Logistics Management Information System，LMIS）是一个以人为主导，以优化物流企业战略、提高效益和效率为目的，利用计算机硬件、软件、网络通信设备及其他办公设备，进行物流信息的收集、传输、加工、存储、更新和维护，支持物流企业高层决策、中层控制、基层运作的集成化的人机系统。

物流管理信息系统是企业信息化的基础，也是企业物流信息系统中与企业业务层关系最密切的一个基础组成部分。企业物流信息系统通常包含物流管理信息系统、决策支持系统、专家系统、企业内部网、办公自动化系统等一系列信息系统。

二、物流管理信息系统的分类

根据分类方法的不同，物流管理信息系统可从以下几个角度进行分类。

1. 按系统的结构分类

按这种分类标准，物流管理信息系统可分为单功能系统和多功能系统。

1)单功能系统

单功能系统是指只能完成一种职能的系统,如物流财务系统、合同管理系统、物资分配系统等。

2)多功能系统

多功能系统是指能够完成一个部门或一个企业所包括的物流管理职能的系统,如仓库管理系统、某个企业的经营管理决策系统等。

2. 按系统功能的性质分类

按这种分类标准,物流管理信息系统可分为操作型系统和决策型系统。

1)操作型系统

操作型系统是指为管理者处理日常业务的系统。它的主要工作是进行数据处理,如记账、汇总、统计、打印报表等。

2)决策型系统

决策型系统是在处理日常业务的基础上,运用现代管理方法,进一步加工计算,为管理人员或领导者提供决策方案的定量依据。这类系统通常又被称为辅助决策系统或决策支持系统。

3. 按系统所采用的设备和技术分类

按这种分类标准,物流管理信息系统可分为单机系统和网络系统。

1)单机系统

单机系统只使用一台计算机,这台计算机可以只有一个终端,也可以有多个终端,对数据采用批处理方式。如果计算机采用分时处理方式,就必须配有多个终端。

2)网络系统

网络系统使用多台计算机,相互间以通信网络连接起来,实现资源共享。

三、物流管理系统的特征

1. 服务性

物流管理信息系统的目的是辅助物流企业进行事务处理,为管理决策提供信息支持。为了满足管理方面提出的各种要求,系统必须具备大量的基础数据(当前数据和历史数据、内部数据和外部数据等)和管理功能模型(如预测、计划、决策、控制模型等)。

2. 动态性

物流活动是一个动态的过程,随着时空的变化而变化,物流管理信息系统要能根据环境的变化及时进行调整,适应新变化的要求,保证对物流过程的有效跟踪和控制。

3. 易用性

物流管理信息系统要便于用户使用。要实现这一点，友好的用户界面是一个基本条件。易用性是物流管理信息系统推广的重要因素。

4. 网络化

物流活动不再是运行于单机上，而是运行在网络环境下。因此，物流管理信息系统是网络化的系统，通过互联网实现上下游企业间的有效沟通，从而能够更好地为用户服务。物流企业内部也可以通过内联网与互联网进行物流活动的跟踪与管理，提高物流活动的运作效率。

5. 实时化

物流管理信息系统利用自动识别技术、GPS、GIS、网络通信等现代信息技术对物流活动进行准确、实时的跟踪和信息采集，并通过网络完成实时的信息处理，帮助企业对物流活动进行管理，满足顾客的要求。

四、物流管理信息系统的功能

物流管理的基本功能通常包括仓储管理、运输管理、配送管理等，因此仓储管理信息系统、运输管理信息系统、配送管理信息系统是最常见的物流管理信息系统。根据应用对象的不同，它们可以是独立应用的系统，也可以是整合在一起的集成系统。物流管理信息系统可以实现对物流服务全程的管理，控制物流服务全过程，具体来讲具备以下功能。

1. 集中控制功能

集中控制功能主要是对物流全过程进行监控，其实现的功能控制有业务流程的集中管理、各环节的收费管理、责任管理、结算管理、成本管理、仓储环节的管理、运输环节的管理、统计报表系统等，通过对各环节数据的统计和分析，得出指导企业运营的依据。

2. 运输流程管理功能

运输流程管理功能主要是针对运输流程的各个环节实施的接单管理、发运管理、到站管理、签收管理以及运输过程中的单证管理，如路单、报关单、联运提单、海关提单等。

3. 调度管理功能

调度管理功能用于解决运输过程中的货物配载、车辆调度、车辆空返等问题。使用该系统能够更好地利用运输工具的装载空间，更合理地进行车辆的调度，并能圆满解决大型运输集团中各分公司车辆空返的问题。

4. 仓储管理功能

仓储管理功能针对货物的入库、在库、出库进行管理，其中在库管理是指对库中作业的管理，如货物的包装、拆卸、库中调配、配货等典型的物流服务。通过对出入库货物数量的计算可以得出准确的货物结存量。此外，还可以根据物流订单信息进行库存的预测管理。

5. 统计报表功能

统计报表功能是最主要的信息输出手段，是企业决策者和客户了解业务状况的依据。它既可以提供动态的统计报表功能，也可以提供多种特定的统计报表，如货物完整率报表、时间达标率报表、延期签收统计报表、业务量分析图、财务结算统计表等。

6. 财务管理功能

财务管理功能主要是管理物流业务中和成本、费用相关的各种数据，并建立物流系统和专业财务系统的数据接口。

7. 客户查询功能

客户查询功能为客户提供灵活多样的查询条件，使得客户可以共享物流企业的信息资源，如货物的物流分配状况，货物的在途运输状况，货物的库存情况、签收情况等。

8. 客户管理功能

物流服务是以客户为中心的服务，对于任何一个物流系统来说，客户管理功能是必不可少的。它主要由托运人管理、收货人管理、中间承运人管理三部分组成。

拓展案例

亚马逊如何借助大数据给物流“降本增效”

近日，电商巨头亚马逊宣布了一项重要举措：要求所有三方卖家从 8 月 31 日开始，将其包裹的投递速度提高 40%。那么，亚马逊究竟是如何在保证销量的同时，提高整个平台物流效率的呢？其实，亚马逊不仅仅是电商平台，还是一家科技公司，其在业内率先使用了大数据，利用人工智能和云技术进行仓储物流的管理，创新推出了预测性调拨、跨区域配送、跨国境配送等服务，并由此建立了全球跨境云仓库。可以说，大数据应用技术是亚马逊提升物流效率、应对供应链挑战的关键。

1. 引领电商物流的技术优势

亚马逊物流运营体系的强大之处在于，它已把仓储中心打造成了全世界最灵活的商品运输网络，通过强大的智能系统和云技术，将全球所有仓库联系在一起，以此做到快速响应，并能确保精细化的运营。

1)智能入库

智能预约系统通过供应商预约送货,能提前获知供应商送货的物品,并相应调配好到货时间、人员支持及存储空间。收货区将按照预约窗口进行有序作业,货物也将根据先进先出原则,按类别存放到不同区域。入库收货是亚马逊大数据采集的第一步,为之后的存储管理、库存调拨、拣货、包装、发货等每一步操作提供了数据支持。这些数据可在全国范围内共享,系统将基于这些数据在商品上架、存储区域规划、包装推荐等方面提供指引,提高整个流程的运营效率和质量。

2)智能存储

亚马逊开拓性地采用了“随机存储”的方式,打破了品类之间的界限,按照一定的规则和商品尺寸,将不同品类的商品随机存放到同一个货位上,不仅提高了货物上架的效率,还最大限度地利用了存储空间。

此外,在亚马逊运营中心,货架的设计会根据商品品类有所不同,所有存储货位的设计都是基于后台数据系统的收集和分析得来的。例如,系统会基于大数据的信息,将爆款商品存储在距离发货区比较近的地方,从而减少员工的负重行走路程。

3)智能拣货与订单处理

在亚马逊运营中心,员工拣货路径通过后台大数据的分析进行优化,系统会为其推荐下一个要拣的货在哪儿,确保员工永远不走回头路,而且其所走的路径是最短的。此外,大数据驱动的仓储订单运营非常高效,在中国亚马逊运营中心最快可以在30分钟之内完成整个订单处理,订单处理、快速拣选、快速包装、分拣等一切操作都由大数据驱动。由于亚马逊后台的系统运算和分析能力非常强大,因此能够实现快速分解和处理订单。

4)全程可视

做过物流的想必都知道,实现精细化物流管理的精髓是运营管理过程中的可视性。全程可视的难点在于确保产品在任何时间、任何状态下,包括在途中都是可视的。亚马逊物流的精细化管理正是要确保这一点。电商物流的开创者亚马逊是多年美国“黑色星期五”购物节中的主力,不仅在全球物流体系布局上早有建树,而且在物流供应链准备方面也早已领先一步。

5)“超强大脑”的神机妙算

亚马逊智能系统就像一个超强大脑,可以洞察到每小时、每一个品类甚至每一件商品的单量变化,让订单量预测的数据细分到全国各个运营中心、每一条运输线路和每一个配送站点,提前进行合理的人力、车辆和产能的安排。同时,系统预测还可以随时更新,并对备货方案进行实时调整。在国内多数电商刚刚开始利用大数据备货的阶段,亚马逊早已实现了供应链采购和库存分配高度自动化、智能化。在一定程度上讲,供应链前端的备货是保证高峰期后端物流高效、平稳的基础。

2. 从仓储到末端配送,每一步都精打细算

在物流的计划和准备方面,亚马逊供应链系统基于历史销售数据进行运算和分析,从管理、系统等方面严谨地分析仓储物流的每一个环节,让单量预测的数据细分到全国各个运营中心、每一条运输线路和每一个配送站点,提前进行合理的人力、车辆和产能的安排。

在亚马逊运营中心内部，系统还会基于大数据的信息，结合近期促销、客户浏览和下单情况对库内存储区域进行及时优化，将热卖商品存储在距离发货区附近的地方，加速从收货到发货的效率，客户下单时可以直接进行包装出库，缩短了库内操作时间，这些对高峰期的运营效率都至关重要。针对"最后一公里"末端配送的难点，亚马逊基于对高峰期单量的分布情况优化了配送路径，更科学、合理地安排每个配送员的派单工作。通过智能系统的辅助，提升了快递员的配送效率，使送达时间较之前有所提前。

1）精准才是核心生产力

亚马逊智能系统具备全年365天，每天24小时连续自动盘点的能力。这意味着，从上架、拣货、分拣、包装到出库，系统在运营操作的每一步都可以及时发现错误，并能及时纠错，这是国内大多数仓储运营尚无法具备的核心能力。可以说，亚马逊标准化的运营体系会基于大数据运算提供拣货、包装、分拣指引，即使是刚刚上岗的操作人员只需简单培训即可根据系统指引操作，让员工不用花太多精力就能迅速学会和上手，系统的纠错和学习能力减少了人工犯错的可能，从而大幅度提高了生产力。

2）争做跨境物流先行者

谁在跨境物流方面具备优势，谁将会获得未来的最大商机。而在搭建跨境物流网络方面，亚马逊早已抢先一步。2019年，随着海外购商店的推出，亚马逊成功打通了中美跨境物流网络，实现了系统和网络的对接。随着业务的扩张和出货量的增加，亚马逊在不断提升仓储能力。近年来，亚马逊在致力于提升发货配送速度的同时，降低运输成本。为了将物流速度提到最快，减少中转环节，保障商品安全，亚马逊跨境物流主要具备六大核心优势：①四通八达的境外运营网络；② 1小时订单处理发货；③优先发运不等待；④ 24小时入境清关；⑤国内网络无缝对接；⑥跨境全程可追踪。

3）四通八达的境外运营网络，减少长途运输

目前，亚马逊在美国有超过70个运营中心，并已构建了非常密集的运营中心网络，联结各大机场或港口，避免了远距离的长途运输，缩短了运输时间。此外，对于Prime包裹，在跨境运输前，亚马逊智能分拣系统将其进行更进一步的分拣，从而可以根据Prime包裹的目的地提供最佳的跨境运输线路，将其直接发往国内距离目的地最近的口岸，节省转运时间。

4）"海外购"订单发货仅需一小时

亚马逊运营中心采用先进的智能机器人技术和大数据仓储管理，可以加速订单的处理效率，商品的存储和处理能力较之前显著提高50%以上。此外，该系统还能自动根据Prime会员下单时的预计送达时间优先安排Prime订单的拣货、包装、分拣和出库，确保加速处理，更快速地发货。而在货品完成包装后，由Slam一体化操作设备在包裹经过的一瞬间就能完成一系列称重、贴标签、扫描等工作，平时用人力费时费力的分拣在这里只要几秒钟就能完成。更重要的是，它还能自动纠错，通过高精度的称重能力快速识别并将错误的包裹剔除出来。

5）优先发运不等待

大量来自亚马逊美国各地仓库，发往中国的商品被专门放在机场的空港仓库集中进行

装箱，这样做的好处：一方面通过集约化配置资源，集中发货，减少等待时间；另一方面可以降低空仓率，最大程度地节省物流成本。此外，由于货量大，亚马逊在欧美日等主要线路可以实现常态化包机和固定航班，提供稳定的7×24小时不间断的运力保障。无论是高峰期还是平时，都可以实现任何时段的优先发运，减少等待时间。同时，为了让Prime会员尽早拿到包裹，亚马逊也会安排Prime包裹的优先装载发货，减少等待时间。

6）国内物流网络无缝对接，快速出货和配送

包裹完成清关后，直接进入亚马逊中国的物流体系，在运营中心只需要30分钟加贴中文面单后就能直接出货。截至目前，亚马逊已在中国建立了13个运营中心，其中“海外购”直邮的订单主要通过亚马逊天津、上海、广州的运营中心入境，之后通过亚马逊全国300多条干线网络快速运往全国各地，为近3 000个城市区县的消费者提供优质的配送服务，其中在1 400多个区县提供当日达、次日达配送服务。对于亚马逊Prime会员的跨境包裹，亚马逊北京、天津、上海和广州四地的运营中心为其设立了单独交接区域和快速处理通道，将其优先发往各地的亚马逊配送站点，送达消费者手中。

7）跨境物流全程可追踪

对消费者而言，跨境物流链条长，流程透明和商品安全是他们最关心的。亚马逊国际物流与国内物流体系可以直接对接，减少中间转手环节，也意味着更低的商品破损和遗失风险。而亚马逊智能系统记录着每一辆载满包裹的卡车应该在几点几分到达，几点几分取货离开，如果卡车在某个不该停顿的位置停了十分钟，系统会立刻发出警报提示，并试图了解发生了什么问题。

案例思考与讨论：

（1）亚马逊大数据技术的突出优势是什么？

（2）在跨境电商物流方面，亚马逊有哪些出色的表现？

（3）结合“一带一路”中国跨境电商发展现状，分析亚马逊的哪些做法可供我们效仿借鉴？

项目小结

本项目主要介绍了物流信息的概念和特点，常用的现代物流信息技术的应用，例如条码技术、二维码技术、无线射频技术、GPS系统、EDI技术、物联网技术等，最后介绍了物流信息系统的概念、特征和分类等知识。

项目练习

一、单项能力训练

1. 单选题

（1）以下不是物流信息特点的是（　　）

A. 多样性　　B. 动态性　　C. 复杂性　　D. 创新性

（2）物流系统由物流作业系统和（　　）两部分组成。

A. 物流信息系统　　B. 配送信息系统　　C. 运输信息系统　　D. 仓储信息系统

（3）在交通运输行业，EDI 始用于（　　），后来才逐渐被推广到其他运输方式中。

A. 铁路运输　　B. 沿海运输　　C. 公路运输　　D. 集装箱远洋运输

（4）将各类业务文件按一个公认的标准在网络上传递，以实现信息的交流和各类账据凭证的共享，这种电子传递方式称为（　　）。

A.EOS　　B.EDI　　C.ECR　　D.ERP

（5）在编码的几个功能中，（　　）功能是最基本的，任何代码都必须具备这种功能。

A. 标识的唯一性　　B. 编码的简洁性　　C. 数据的安全性　　D. 信息的可读取性

2. 判断题

（1）物流信息化是现代物流的主要表现形式。（　　）

（2）条码技术的应用解决了数据的录入和采集等瓶颈问题。（　　）

（3）二维码和条码一样，也是记录信息的常用技术，但二维码如果大量无节制的使用，会有枯竭的危险。（　　）

（4）全球定位技术 GPS 是通过卫星来定位地球上的位置信息的。（　　）

（5）先进的物流技术和先进的物流管理是提高物流能力，推动现代物流迅猛发展的两个车轮，二者缺一不可。（　　）

（6）无线射频识别技术是一种非接触式的自动识别技术。（　　）

（7）物流信息一般是指物流系统的内部信息。（　　）

3. 简答题

（1）简述物流信息的特点。

（2）常用的现代物流信息技术有哪些，请举例说明。

（3）GPS 技术的原理是什么，为什么它可以实现全球高准确率定位？

（4）物流信息系统具有哪些功能？

二、综合技能训练

上网搜索物联网、区块链等新型技术及其应用，并分析讨论这些新技术将会给未来的物流管理带来哪些新的改变。

项目七　企业物流

学习目标

- ❖ 掌握生产物流的概念、分类和应用技术。
- ❖ 掌握采购物流的定义和分类。
- ❖ 熟悉销售物流的定义及主要环节。

项目引入

海尔的"一流三网"物流管理系统

为了与国际接轨，建立起高效、快速的现代物流系统，海尔采用了SAP公司的ERP系统和BBP系统(原材料网上采购系统)，对企业进行流程改造。经过近两年的实施，海尔的现代物流管理系统不仅很好地提高了物流效率，而且将海尔的电子商务平台扩展到了包含客户和供应商在内的整个供应链管理，极大地推动了海尔电子商务的发展。

海尔集团认为，现代企业运作的驱动力只有一个：订单。没有订单，现代企业就不可能运作，围绕订单而进行的采购、设计、制造、销售等一系列工作中，最重要的一个流程就是物流，离开物流的支持，企业的采购与制造、销售等行为就会带有一定的盲目性和不可预知性。因此，海尔与SAP公司合作，建立了以订单信息流为中心的物流信息系统，使其能够在物流方面一只手抓住用户的需求，另一只手抓住可以满足用户需求的供应链。

通过分析，海尔集团认为实施物流信息化管理的目的主要有以下两个方面：一方面，现代物流区别于传统物流的主要特征是速度，而海尔物流信息化建设需要以订单信息流为中心，使供应链上的信息同步传递，能够实现以速度取胜；另一方面，海尔物流需要以信息技术为基础，能够向客户提供竞争对手所不能给予的增值服务，使之顺利地从企业物流向物流企业转变。于是，海尔采用了SAP公司提供的ERP系统和BBP系统，组建了自己的ERP物流管理系统，该系统共包括五大模块：MM(物料管理)、PP(制造与计划)、SD(销售与订单管理)、FI(财务管理)、CO(成本管理)。实施ERP后，清除了原有的"信息孤岛"，使信息同步集成，提高了信息的实时性与准确性，加快了对供应链的响应速度，如订单以前由客户下达传递到供应商要10天以上的时间，而且准确率低，实施ERP后订单不但一天内可完成"客户—商流—工厂计划—仓库—采购—供应商"的过程，而且准确度高，对于每笔收货，扫描系统能够自动检测采购订单，防止暗箱收货，而财务在收货的同时自动生成入库凭证，使财务人员从繁重的记账工作中解放出来，发挥真正的财务管理与财务监督职能，效率与准确性大大提高。

完善后的海尔物流管理系统可以用"一流三网"来概括，这充分体现了现代物流的特征:"一流"是指以订单信息流为中心;"三网"分别指全球供应链资源网络、全球用户资源网络和计算机信息网络。海尔在实施ERP物流系统后效果显著,采购成本降低,库存资金周转从30天缩短到12天,呆滞物资降低73.8%,库存面积减少50%,节约资金7亿元,同比减少67%,整合了2 336家供货商,优化为840家,提高了国际化大集团供应商的比例,达到71.3%。同时,海尔的物流速度大为提高,订单量增加,增幅在50%以上。外部使用B2B采购平台,100%的供应商订单从网上获得,网上付款达80%以上,仅此一项,每年可为供应商节约上千万元费用;实现了信息替代库存,国内零部件的库存量在3天以内就可以保证每天数十万台产品的生产。

案例讨论:

(1)海尔的"一流三网"之间有什么逻辑关系?

(2)海尔的物流管理对你有什么启示?

任务一　采购物流

一、采购的定义

采购是企业需要频繁进行的一项物料获取活动,从日常生活到企业运作,人们都离不开它。所谓采购,是指采购人员或者单位根据各种目的和要求,从资源环境中获取产品或服务的一种行为,它具有明显的商业性。采购过程一般包括提出采购需求、制订采购计划、选定供应商、经过商务谈判确定价格、确定交货及相关条件、签订合同并按照要求送达消费者手中。在这个过程中,一要实现将资源的所有权从供应者手中转移到消费者手中;二要实现将资源的物质实体从供应商手中转移到消费者手中。前者主要通过商品交换实现其所有权的转移,是一个商流过程;后者主要通过运输、储存、包装、装卸搬运、流通加工等方法实现商品使用价值的转移,即实体转移,是一个物流过程。因此,采购实际上是商流和物流相结合的过程。

狭义的采购,就是买东西,买方一定要先具有支付能力,也就是要有资金,才能换取相同价值的物品来满足自己的要求。当然,为了满足需求不一定非要拥有该物品的所有权,通过获得该物品的使用权也能达到满足需求的目的。因此,广义的采购是指除了以购买的方式占有商品之外,还可以通过各种途径取得物品的使用权,这些途径主要有租赁、借贷、交换三种方式。租赁是指采用支付租金的方式取得他人物品的使用权;借贷是指凭借自己的信用和彼此之间的友好关系获得他人物品的使用权;交换是指双方采用以物换物的方式取得物品的使用权和所有权,不用货币直接支付物品的全部价值。

综上所述,可以认为采购是以各种不同的途径,包括购买、租赁、借贷、交换等方式,取得物品及劳务的使用权或所有权,以满足使用需求。随着贸易全球化及信息技术和计算机网络的飞速发展,采购环境发生了巨大的变化,采购的内涵也进一步深化。传统观点认为,采购是指买方应该具有一定支付能力，从而使资源的所有权从卖方转移到买方，并最终归买方所有的过程。现代观点认为，采购就是买方从外部目标（供应商）获得经营、维护和管理公司所需的使所有活动处于最有利位置的所有货物、服务、能力和知识的过程，因此现代采购的含义不仅是指交易过程，还涵盖采购部门的工作，如供应商之间的业务、对外贸易、缔结广告合同等活动。在一个大型企业里，采购就其功能来讲不单是采购员或是采购部门的工作，而且是企业整体活动的重要组成部分，是集团或团队工作。

二、采购物流的定义

采购物流指包括原材料等一切生产物资的采购、进货运输、仓储、库存管理、用料管理和供应管理的物流，也称为原材料采购物流。它是生产物流系统中独立性相对较强的子系统，并且和生产系统、财务系统等生产企业各部门以及企业外部的资源市场、运输部门有密切的联系。采购物流是企业为保证生产节奏，不断组织原材料、零部件、燃料、辅助材料供应的物流活动，这种活动对企业生产的正常与高效率进行发挥着保障作用。企业采购物流不仅要实现保证供应的目标，而且要在低成本、少消耗、高可靠性的限制条件下组织采购物流活动，因此难度很大。

采购物流是企业生产经营活动的重要组成部分，它占用了企业大部分的流动资金，形成了企业主要的流动资产，对企业有着重要影响。所以，对企业的采购物流必须进行系统、有效的控制，以实现企业生产经营利润最大化的目标。

三、采购的分类

1. 按采购主体分类

1）个人采购

个人采购是指个人生活用品的采购，一般是单一品种、单个决策、随机发生的，有很大的主观性和随意性。即使其采购失误，也只影响个人，损失不会太大。

2）集团采购

集团采购是指两人或两人以上公用物品的采购，一般是多品种、大批量、大金额、多批次甚至持续进行的，由集体决策，直接关系到多人利益的采购活动。如果其采购决策失误，将对集团造成较大的损失。所以，集团采购一定要慎重、严格、科学。家庭采购也可以算是集团采购的一种，但典型的集团采购主要是指企业采购、政府采购、事业单位采购、军队采购等，这些不同类型的采购，有共同点，也有各自独有的特点，其中企业采购尤为广泛和重要，也是被大多数人关注的。企业采购根据企业类型的不同，可分为流通企业采购和生产企业采购。

2. 按采购方法分类

1)传统采购

企业传统采购的一般模式是在每个月末，企业各个单位报下个月的采购申请单及需要采购货物的品种、数量，交采购部门汇总，制定出统一的采购计划，并于下个月实施采购。采购回来的货物储存于企业的仓库中，满足下个月对各个单位的货物供应。这种采购以各个单位的采购申请单为依据，以填充库存为目的，管理简单粗糙，对市场响应不灵敏，库存量大，资金积压多，库存风险大。

2)科学采购

科学采购的方式有以下几种。

Ⅰ. 订货点采购

订货点采购是严格根据需求的变化和订货提前期的长短，精确确定订货点、订货批量或订货周期、最高库存量等，建立起连续的订货机制和库存控制机制，达到既满需求又使得库存总成本最小的目的。这种采购模式采用计量方法，兼顾需求满足和库存成本控制，原理比较科学，操作比较简单。但是，由于市场的随机因素多，该方法同样具有库存量大、市场响应不灵敏的缺陷。

Ⅱ. 供应链采购

供应链采购是一种供应链机制下的采购模式。在供应链机制下，采购不再由采购者操作，而是由供应商操作。采购者只需要把自己的需求信息及库存信息向供应商连续并及时地传递，供应商根据自己产品的消耗情况，及时连续小批量补充库存，保证采购者既能满足需求又使得总库存量最小。供应链采购对信息系统和供应商操作的要求都比较高，也是一个较科学、理想的采购模式。

Ⅲ.MRP 采购

MRP 采购主要应用于生产企业。它是生产企业根据主生产计划和主产品的结构以及库存情况，逐步推导出生产主产品所需要的零部件、原材料等的生产计划和采购计划的过程。这个采购计划规定了采购品种、数量及需要的时间，计划比较精确、严格。它也是以需求分析为依据，以满足库存为目的的一种采购模式。相对于订货点方法，它的市场响应灵敏度及库存水平都较好。

Ⅳ.JIT 采购

JIT 采购又称准时化采购，是一种完全以满足需求为依据的采购方法。它对采购的要求是供应商在用户需要的时候，将合适的品种、合适的数量送到用户要求的合适的位置。它以需求为依据，改造采购流程和采购方式，使它们完全适合需求的品种时间、数量，做到既能灵敏响应需求的变化，又能尽量满足零库存。这是一种较科学、理想的采购模式。

Ⅴ. 电子商务采购

电子商务采购即网上采购，是在电子商务环境下的采购模式。它的基本特点是在网上寻找商品和供应商，网上交易洽谈，网上下单和网上付款结算，货物通过物流系统进行配送。

这种模式的好处是扩大了采购市场的范围，缩短了供需距离，简化了采购手续，减少了采购时间和采购成本，提高了工作效率，是一种很有发展前景的采购模式，但是它依赖于电子商务的大力发展和物流水平的不断提高，而这两者都取决于整个国民经济发展水平和科技发展水平，现在我国已经有不少企业和政府采购采用了网上采购的方式，但是要把网上采购真正搞好，还需要一个相当长的过程。

3. 按采购价格分类

1)比价采购

采购人员邀请数家厂商提供价格，进行比价后，选择厂商进行采购。

2)询价现购

采购人员选择信誉可靠的厂家，对其说明采购条件，并询问价格或寄出询价单，请对方报价，比较现价后采购。

3)招标采购

将物料采购的所有条件(如物料名称、规格、品质、数量、交货期、付款条件、处罚规则、投标押金、投标资格等)详细列明，刊登公告进行招标。

4)定价收购

购买货物数量巨大，并非某几家厂商能全部提供，如纺织厂订购棉花、糖厂订购甘蔗等，或当市场上该物资匮乏时，则定价现款收购。

5)公开市场采购

大量采购货物时，价格变动频繁，采购人员在公开交易或拍卖时随机采购。

6)议价采购

采购人员与厂商经过讨价还价，议定价格进行采购。

一般来说，询价、比价、议价采购是结合使用的，很少单独使用。

4. 按采购形态分类

1)有形采购

有形采购的结果是有形的物品，例如钢笔、电脑、电路板等。有形采购主要采购具有实物形态的物品，如原料、辅助材料、机械设备、仪器仪表、工具燃料等。

2)无形采购

无形采购是相对于有形采购而言的，其采购结果不具有实物形态的技术和服务。例如，服务、软件、技术、保险及工程发包等。无形采购主要是咨询服务采购、技术采购，或是采购设备附带的服务。

任务二　生产物流

一、生产物流的定义

生产物流一般指原材料、燃料、外购件被购入企业后，经过下料和发料并配送到各加工点和储存点，以在制品的形态，从一个生产单位（仓库）流入另一个生产单位，按照规定的工艺过程进行加工、储存，借助一定的运输装置，在某个点内流转然后从某个点流出，始终体现着物料实物形态的流转过程。它构成了企业内部物流活动的全过程。

生产物流的边界起于原材料、外购件和辅料的出库，止于成品入库，贯穿生产全过程。在这个过程中，物料随着时间进程不断改变自己的实物形态和场所位置，物料不是处于加工、装配状态，就是处于储存、搬运和等待状态。生产物流与供应物流、销售物流和回收物物流的最大区别在于它与企业的生产过程紧密联系，只有合理组织生产物流，才能使企业生产过程始终处于最佳状态，生产物流不畅会导致企业生产混乱，甚至发生生产停顿的现象。

中华人民共和国国家标准《物流术语》（GB/T 18354—2021）将生产物流定义为“企业生产过程中发生的涉及原材料、在制品、半成品、产成品等所进行的物流活动。”一个产品从原材料到成品，直至送到用户手中，经历了整个产品供应链的各个环节。产品供应链的上游主要是产品制造和加工的阶段，供应链的下游主要是产品流通阶段。供应链上游占主导地位的是产品及其关键零部件的制造企业。制造企业内部的物流以生产物流为主导。

现代生产物流管理的主要内容如下。

1. 物料管理

管理生产中所需要的各种物料，如毛坯、工具、半成品、废品和成品等，物料管理具体体现为库存管理，即对入库和出库进行管理，并协调出库与入库，以保证有足够的物料供应生产。物料管理过程的主要功能如下。

（1）协调生产工序之间、生产与消费之间的时间差异，以保证工序与工序之间、使用与生产之间完好的衔接。

（2）解决生产过程中工序与工序之间或生产与消费之间的空间差异。例如，一个产品需要在不同的地点进行加工，一地生产的产品需要在异地进行消费等。

2. 物流作业管理

物流作业管理指根据生产加工的需要，计划和调度各种运输设备，规划运输路线，使所需的物料及时、通畅地运达指定位置。这里既包含作业计划，也包含作业控制。

3. 物流系统状态监控

生产物流系统设置各种检测装置对系统的物流设备状态、物料状态、物流路线等进行检测。通过模拟屏或计算机屏幕实时显示各种状态，以掌握物流实际运行的情况。在出现故障的情况下，及时采取措施，排除故障，保障系统正常运行。

4. 物流信息管理

物流信息管理对生产物流系统和各种信息进行采集、处理、传输、统计和报告，无论是物料管理、状态监控还是作业管理，都离不开物流信息管理。生产物流过程实际上是物料流动加信息流动的过程。

上述各项内容并非截然分开的，它们之间有着密切的联系。其中，物流信息管理是现代生产物流管理的核心和基础。生产物流在生产制造过程中起着承上启下的作用，是生产制造各环节有机组合的纽带。生产物流也是生产过程得以维持和延续的基础和保障。

二、生产物流的分类

1. 以物流流向划分

根据物料在生产工艺过程中的流向，把生产物流划分为项目型、连续型、离散型三种类型。

1）项目型生产物流

项目型生产物流是指在固定式生产方式中的凝固型物流，即当生产系统需要的物料进入生产场地后，几乎处于停止的凝固状态，或者说在生产过程中物料流动性不强。

2）连续型生产物流

连续型生产物流是指在流程式生产方式中物料均匀、连续地流动，不能中断。连续型生产物流的特点是生产出的产品和使用的设备、工艺流程都是固定且标准化的，工序之间几乎没有在制品储存，管理的重点是保证连续供应物料和确保每个生产环节的正常运行。由于工艺相对稳定，有条件采用自动化装置实现对生产过程的实时监控。化工生产多属此类型。

3）离散型生产物流

离散型生产的产品由许多零部件构成，且各零件的加工过程各自独立，整个产品的生产是离散的，各个生产环节之间有一定的在制品储备。离散型生产物流管理的重点是在保证及时供料和零部件的加工质量基础上，准确控制零部件的生产进度，缩短生产周期，既要减少在制品积压，又要保证生产的配套性。

2. 以物料流经的区域划分

从物料流经的区域可以把生产物流分为工厂间物流和工序间物流（车间物流）。

1）工厂间物流

工厂间物流指大企业中的分厂与分厂之间，中小企业的车间与车间之间的物流，其内容是各分厂或各车间生产的零部件和半成品在分厂或车间之间的流动。从管理的角度考虑，其重点是建立良好的供应伙伴关系，积极协调交通运输环节。

2)工序间物流

工序间物流也称工位间物流或车间物流,指生产过程中车间内部和车间与仓库之间的物流。其内容包括:接收各工序原材料、零部件的储存活动;仓库向生产车间输送原材料等。

三、生产物流控制技术

1. JIT(准时)生产物流控制方式

JIT 生产方式的基本思想是只在需要的时刻生产需要的数量。这种生产方式使生产系统的库存达到最小,在这种思想引导下开发了包括看板在内的一系列具体方法,逐渐形成了一套独具特色的生产管理体系。JIT 生产方式的应变能力以及对质量、成本、生产周期的有效控制方法,越来越强烈地影响着制造业。

1)JIT 生产方式的组成

Ⅰ.JIT 生产方式新思维

JIT 之所以成功,首先是由于它大胆地向传统管理观念提出挑战,使得生产管理的观念发生了一场革命。JIT 生产方式新思维是 JIT 最基础的方面,只有在此思想基础上,才能设计规划 JIT 生产系统,才能实施 JIT 生产系统。

Ⅱ.JIT 生产系统设计

为实现准时生产、杜绝浪费、合理利用资源,在 JIT 系统中要进行广义的生产系统设计,包括销售、供应、产品设计、加工工艺、质量工程、工厂布局以及组织均衡生产等。JIT 生产系统设计技术体现了 JIT 的新思维,也为 JIT 现场控制打下了基础。

Ⅲ.JIT 生产现场管理

JIT 生产的要求与 MRP(物料生产计划)十分相似,但是 MRP 的实施是按主生产计划的需求,在需要的时间、地点生产需用的零部件,是受主生产计划推动的生产方式,而零部件仅当后续工序提出要求时才生产,是一种拉动的生产方式,即后道工序需要多少,前道工序就生产或供应多少,它将传统生产过程中前道工序向后道工序送货,改为后道工序根据看板向前道工序取货,前道工序按看板要求只生产后道工序取走的数量的工件作为补充,现场操作人员根据看板进行生产作业。看板系统是 JIT 生产现场控制技术的核心,利用看板技术控制生产和物流,以达到精益生产的目的。

2)JIT 生产方式的目标及其实施方法

企业的经营目标一般是利润最大化,而降低成本则是生产管理子系统的目标。在多品种、小批量生产的情况下,JIT 生产方式力图通过彻底消除浪费来达到这个目标。

Ⅰ. 适时、适量生产

在需要的时候,按需要的数量,生产所需的产品。当今已经从“只要生产出来就能卖得出去”的时代进入“只能生产卖得出去的产品”的时代,只有适时、适量生产,才能避免生产过剩所造成的人员、设备、物资、资金的浪费。

Ⅱ.弹性配置作业人数

在劳动力费用越来越高的今天,降低劳动费用是降低成本的一个重要方面,实现这一目标的方法是根据生产量的变动,弹性地增减生产线上的作业人数,以及尽量用较少的人力完成较多的工作。它与历来采用的定员制不同,是一种全新的人员配置方法。为此,要设计独特的设备布置,以便能够将由于生产量减少而节约的工时集中起来,以削减人员。但这样做将引起作业内容、作业时间、作业组合以及作业顺序等一系列变化,要求作业人员必须拥有多种技能。

Ⅲ.质量保证

管理界历来认为,要想提高质量,必须增加成本。然而, JIT 生产方式却与这一认识相反,而是将质量管理贯穿每一道工序,来实现提高质量与降低成本的一致性。其具体做法是在生产组织中融入自动化机制。

3)JIT 生产方式中生产计划的特点

对 JIT 生产方式有一种误解,即认为既然是在需要的时候,按需要的量生产所需的产品,那生产计划就无足轻重了。但实际上恰恰相反,以看板为主要管理工具的 JIT 生产方式,从生产管理理论的角度来看,是一种计划主导型的管理方式。但它又在很多方面打破了历来在生产管理中被认为是常识的观念。在 JIT 生产方式中,同样根据企业的经营方针和市场预测制订年度计划、季度计划与月度计划,然后再以此为基础制订日程计划,并根据日程计划制定投产顺序。其最独特的一点是只向最后一道工序以外的各个工序出示每月大致的生产品种量计划,作为其安排作业的参考基准。而真正作为生产指令的投产顺序计划只下达到最后一道工序,具体到汽车生产线,就是只下达到总装配线,其余所有的机械加工工序以及粗加工工序等的作业现场没有任何生产计划表或生产指令数等,而是在需要的时候通过看板,由后道工序顺次向前道工序传递生产指令。

在 JIT 生产方式中,由于生产指令只下达到最后一道工序,其余几个工序的生产指令由看板在需要的时候向前道工序传递,这就使得各工序只生产后道工序所需要的产品即可,避免了生产不必要的产品。因为只有在后道工序需要时才生产,减少和避免了不急需品的库存量。因为生产指令只下达给最后一道工序,最后的生产成品数量于生产前一两天才下达,从而能够反映最新的订货和最新的市场需求,大大缩短了从订货或市场预测到产品投放市场的距离。总而言之,既然是适时适量生产,生产指令发出的时间就变得格外重要。因此,生产指令也应该“只在需要的时候发出”,这就是 JIT 生产方式中关于生产计划的基本思想。

4)生产计划的制订程序

现在很多企业都采用 JIT 生产方式,这些企业在实施 JIT 生产方式的过程中,对生产计划的制订和控制方式当然不会完全一样,但其基本思想是相同的。为了便于理解,下面以丰田汽车公司的生产计划方法为例来加以说明。

丰田汽车公司的生产计划由公司总部的生产管理部制定。生产管理部下设生产规划科以及生产计划一科、二科和三科。生产规划科的主要任务是制订长期生产计划。其中,长期生产计划是指年度生产计划以及之后两年的生产计划。这样的计划要制订两次,主要是规划大致准备生产的车型和数量，不把它具体化。真正准备实行的是即将到来的三个月的生产计划。在第（N-1）月制订出第 N 月、第（N+1）月以及第（N+2）月的生产计划。这样制订出来的第 N 月生产计划为确定了的计划，第（N+1）月以及第（N+2）月的生产计划只作为“暂定”，等第（N+1）月变为第 N 月时，再进行确定。

关于生产品种和生产数量的具体计划，按照面向日本国内市场的产品和出口产品来分别确定。出口车的生产计划主要依据订货情况来制订。订货情况将汇总到当地的负责部门并由其提出方案，然后将情报全部汇总到设在东京的海外规划部，由海外规划部进行调整后送交生产管理部，各国的负责部门与海外规划部通过计算机网络连接，情报可以快速传递。内销车的生产计划同时根据订货和市场预测分别确定。

第 N 月的生产计划在第（N-1）月的中旬开始时确定，到第（N-1）月的中旬结束时再根据订货情况进行数量调整；在第（N-1）月的下旬，进行所需零部件数量的计算，并决定各种产品每天的生产量、生产工序的组织以及作业节拍等。这些计算都使用计算机来进行。

以上工作完成后，开始制订真正作为日生产指令的投产顺序计划，即决定混合装配线上各种车型的投入顺序。投产顺序计划每天制订，然后只下达给装配线以及几个主要的部件组装线和主要协作厂家，其他绝大多数的工序都通过看板来进行产量和品种的日生产管理。

在丰田汽车公司，从车体加工到整车完成的生产周期大约为一天，投产顺序计划每天制订，每天下达，下达时间最早在生产开始前两天，最晚不迟于生产开始前一天半，因此顺序计划可以准确地反映市场的最新情况和顾客的实际订货情况，根据顾客的实际订货情况及其变更来安排实际生产。这样的生产计划制订方法是实现适时适量生产的第一步，通过这种方式能够快速捕捉市场动向，把握市场最新情况，做到只在必要的时候对必要的产品进行必要的计划。现在丰田汽车公司能够做到，对国外的订货，4 个月内将产品交到顾客手里；而对日本国内，只需 5 天到半个月。

5）投产顺序计划的制订方法

投产顺序计划要确定混合装配线上同种产品的投入顺序，在不同情况下必须做不同的考虑。如果各工序的作业速度不一样，就有全线停车的可能，为了避免这种情况，就必须制订使各工序的作业速度差保持最小的投产顺序计划，很多投产顺序计划的制订方法都是基于这种思想。但是，在制订投产顺序计划时，还要注意到混合装配前的各工序的生产均衡化，为此应该考虑设法减少供应零部件的各工序产量以及运送量的变化，减少在制品的储存量。

6）JIT 实现适时适量生产的具体方法

Ⅰ. 生产同步化

为了实现适时适量生产，首先需要致力于生产的同步化。即工序间不设置仓库，在产品在前一工序的加工结束后，立即转到下一工序，装配线与机加工几乎平行运作，产成品被一件一件连续地生产出来。在铸造、锻造、冲压等必须成批生产的工序，则通过尽量缩短作业更换时间来尽量缩小生产批量。

Ⅱ.生产均衡化

生产均衡化是实现适时适量生产的前提条件。所谓生产均衡化，是指总装配线在向前道工序领取零部件时，应均衡地使用各种零部件，混合生产各种产品。在制定生产计划时就必须对此加以考虑，然后将其体现于产品投产顺序计划之中。在制造阶段，均衡化是通过专用设备通用化和制定标准作业来实现的。专业设备通用化是指通过在专用设备上增加一些工具等方法，使之能够加工多种不同的产品。标准作业是指将作业内一个作业人员所应承担的一系列作业内容标准化。

Ⅲ.实现适时适量生产的管理工具

在实现适时适量生产中具有极为重要意义的是作为其管理工具的看板，看板管理也可以说是JIT生产方式中最独特的部分，因此也有人将JIT生产方式称为看板方式。严格地讲，这种说法是不准确的。因为JIT生产方式的本质是一种生产管理技术，而看板只不过是一种管理工具。

2. MRP 生产物流控制方式

1)MRP 原理

按需求的来源不同，企业内部的物料可分为独立需求和相关需求两种类型。独立需求是指需求量和需求时间由企业外部的需求来决定，例如客户订购的产品、科研试制需要的样品、售后维修需要的备品备件等；相关需求是指根据物料之间的结构组成关系由独立需求的物料所产生的需求，例如半成品、零部件、原材料等的需求。MPR的基本任务：第一步，从最终产品的生产计划（独立需求）导出相关物料（原材料、零部件等）的需求量和需求时间（相关需求）；第二步，根据物料的需求时间和生产（订货）周期来确定其开始生产（订货）的时间。MRP的基本内容是编制零件的生产计划和采购计划。然而，要正确编制零件计划，首先必须落实产品的生产进度计划，用MRP的术语表述就是主生产计划（MPS），这是MRP展开的依据。MRP还需要知道产品的零件结构，即物料清单（BOM），才能把主生产计划展开成零件计划；同时，必须知道库存数量才能准确计算出零件的采购数量。因此，基本MRP的依据包括：①主生产计划；②物料清单；③库存信息。

MRP主要回答了四个问题：生产什么？要用到什么？已经有了什么和还缺什么？什么时候下达采购或加工计划？这四个问题是任何制造业在编制计划时都要回答的问题，被人们称为制造业的通用公式。第一个问题指的是为了满足市场（或客户）需求需要生产的产品，产品的生产计划是根据销售合同或市场预测，由主生产计划确定的。第二个问题指的是产品结构或某些在制造过程中必要的资源（如能源、工具等），由产品信息或物料清单来回答。物料清单是计算机可识别的产品结构数据文件，是MRP的主导文件。第三个问题由库存信息，或者说由物料的可用量来回答。物料的可用量不同于手工管理的库存台账，它是一种动态信息，主生产计划是确定每一具体的最终产品在每一具体时段内生产数量的计划。这里的最终产品是指对于企业来说最终完成、要出厂的产成品，它要具体到产品的品种、型号。这里的具体时间段，通常是以周为单位，在有些情况下，也可以是日、旬、月。主生产计划详细规定生产什么、什么时段应该产出，它是独立需求计划。主生产计划根据客户合同和市场预测，把经营计划或生产大纲中的产品系列具体化，使之成为展开物料需求计划的主要依据，起到了从总体计划向具体计划过渡的承上启下的作用。

2)产品结构与物料清单

MRP 系统要正确计算出物料需求的时间和数量，首先要使系统知道企业所制造产品的结构和要使用的物料。产品结构需要列出构成产成品或装配件的所有部件、零件等的组成、装配件关系和数量要求。它是 MRP 产品拆零的基础。

MRP 的原理依据企业生产管理实践，没有复杂的数学理论，只需直观的流程图解，很容易理解。一方面，它从分析制造业的产品结构出发，建立“时间坐标上的产品结构”，提出了新的期、量标准概念；另一方面，它按照“制造业的通用公式”进行逻辑运算，这两点是 MRP 最基本的概念和出发点。MRP 的特点是由它的原理决定的。既然强调时间坐标，就要按照需求（交货）时间的先后顺序制订计划，这是一种优先级计划。为了分辨优先顺序，时间段必须细化到周甚至天，因此它是一种分时段的计划。为了快速响应市场，它必须是一种能借助计算机的强大功能进行快速修订的计划。为了使 MRP 系统正常运行，需要准确把握市场需求，既要制订稳定的主生产计划，又要使计划期长于总生产提前期，否则无法根据 MRP 展开结果进行采购。

3. MRP Ⅱ的原理与实施

1)MRP Ⅱ的集成功能

20 世纪 70 年代末，MRP 系统已经推行多年，一些企业又提出了新的问题，要求系统在处理物料计划信息的同时，同步处理财务信息。也就是说，把产品销售计划用金额表示以说明销售收入；对物料赋予货币属性以计算成本并方便报价；用金额表示能力、采购和外协计划以编制预算；用金额表示库存量以反映资金占用，等等。总之，要求财务会计系统能同步地从生产系统获得资金信息，随时控制和指导生产经营活动，使之符合企业的整体战略目标。为了做到这一点，必须把企业的宏观决策纳入系统，也就是说，把说明企业长期经营目标的经营规划、说明企业销售收入和产品系列的销售与运作规划纳入系统。这几个层次确定了企业宏观规划的目标与可行性，形成了一个小的宏观层闭环，成为企业计划层的必要依据。同时，必须把对产品的计划与控制纳入系统的执行层，要对照企业的总体目标，检查计划执行的效果。这样，MRP 经过进一步发展，把物料流动同资金流动结合起来，形成了一个完整的经营信息系统。

MRP Ⅱ通过以下两种方式把物流和资金流的信息集成起来：一种是为每个物料定义标准成本，并与会计科目建立物料和资金的静态关系；另一种是为各种库存事务，即物料的移动（实际的或逻辑的）或数量、价值的调整建立凭证，定义相关的会计科目和借贷关系，来说明物流和资金流的动态关系。物流信息和资金流信息的统一，通俗地说，就是“实物账”和“财务账”的统一，这是企业财会人员的普遍愿望，MRP Ⅱ用简单的原理和软件工具实现了这个愿望。只要企业各个业务部门的人员能严格执行 MRP Ⅱ的工作流程，按照规定及时输入正确的信息，那么就可以随时掌握和查询各个部门的资金占用、库存物料的价值、在产品成本、各项支出、现金支出等信息。

2）实施 MRP Ⅱ系统的效益

推行 MRP Ⅱ系统会给企业带来什么好处？这是每个企业的高层领导在决定采用 MRP Ⅱ模式之前都会关心的问题。MRP Ⅱ带来的效益可以分为定量和定性两方面。就定量的效益而言，由于企业的行业、产品类型、生产规模和原有管理基础不同，会有更大的出入，国内外的数据不一定有可比性。所提及的各种项目很多，但综合起来有以下五个方面。

（1）降低库存，包括原材料、在制品和产成品的库存。如降低库存资金占用（15%~40%），提高库存资金周转次数（50%~200%），降低库存盘点误差（控制在 1%~2%）。

（2）合理利用资源，缩短生产周期，提高劳动生产率。如减少装配面积（10%~30%），减少加班工时（10%~50%），减少短缺（60%~80%），提高生产率（5%~15%）。

（3）按期交货，提高客户服务质量。一般按期交货履约率可达 90% 以上，接近 100%。

（4）降低成本。如降低采购费，减少加班费。由于生产周期缩短、库存减少，而降低成本（7%~12%），提高利润（5%~10%）。

（5）MRP Ⅱ系统同财务系统集成，可减少财务收支上的差错或延误，减少经济损失。

4. 企业资源计划

企业资源计划（ERP）是对企业的所有资源进行计划、控制和管理的一种手段。

1）ERP 演变过程

（1）MRP（20 世纪 60—70 年代）：利用物料清单、库存数据、生产计划计算物料的需求。

（2）闭环 MRP（20 世纪 70—80 年代）：在 MRP 的基础上，集成资源需求计划、能力需求计划、生产和采购，形成反馈，构成封闭的循环。

（3）MRP Ⅱ（20 世纪 80—90 年代）：在闭环 MRP 的基础上，集成财务、供销链管理和制造，构成一个完整的企业物料管理系统。

（4）ERP（20 世纪 90 年代至今）：在 MRP Ⅱ的基础上，系统集成能力更强，其设计适用于全球运作。

2）ERP 的风险

ERP 的风险主要来自以下几个方面：项目决策风险、项目选型风险、需求分析风险、项目管理风险、对现有管理体制的冲击风险、实施质量风险、市场冲击风险、财务损失风险、人力资源风险和其他隐性风险。风险造成的损失可以分为四类：财产价值损失、净收入价值损失、法律责任、劳动力损失。风险治理包括以下几种方式。

Ⅰ. 回避风险

通常是在项目选择阶段要对企业的需求进行详细的分析、了解、掌握，选择合适的软件和实施服务供应商，仔细调查、分析供应商的案例。

Ⅱ. 预防风险

预防风险指降低风险发生的频率，减少风险发生的可能性，但并不能完全消除风险，因此剩余风险还需要用其他方式来处理。

Ⅲ. 转移风险

转移风险是 ERP 项目较好的风险处理办法，通过合同方式规定风险承担者，以此来划分风险的责任，使风险向其他责任方转移。

任务三　销售物流

一、销售物流的定义

中华人民共和国国家标准《物流术语》(GB/T 18354—2021)对销售物流的定义是生产企业、流通企业在出售商品过程中所发生的物流活动。

销售物流又称企业销售物流，是企业为保证自身的经营利益，伴随销售活动将产品所有权转给用户的物流活动。在现代社会中，市场环境是一个完全的买方市场，因此销售物流活动带有极强的服务性，以满足买方的要求，最终实现销售。在这种市场前提下，销售往往以送达用户并经过售后服务才算终止，因此销售物流的空间范围很大，这便是销售物流的难度所在。企业销售物流的特点是通过包装、送货、配送等一系列物流实现销售，这就需要研究送货方式、包装水平、运输路线等，并采取诸如少批量、多批次、定时定量配送等特殊的物流方式达到目的。

二、销售物流的环节

1. 产品包装

销售的产品要经过一定的包装才能进入流通领域，销售包装的目的是向消费者展示、传递消息，吸引顾客、方便零售。但是，销售物流中还会用到运输包装，运输包装的目的是保护商品，便于运输、装卸搬运和储存。

2. 产品储存

储存能够平衡供给和需求的时间和数量，是满足客户对商品可得性的前提。仓储规划、库存管理与控制、仓储机械化等有助于提高仓储物流工作效率、降低库存水平、提高销售物流的及时性，从而提高客户服务水平。进行产品储存，同时帮助客户管理库存，有利于稳定客源，便于与客户建立长期合作关系。

3. 货物运输与配送

运输与配送是实现商品销售的必要手段，转移以商品本身为载体的产品使用价值。运输是货物在空间上的位移，是长距离干线运输；配送是在局部范围内对多个用户实行单一品种或多品种的按时按量送货。根据客户的需求进行配送，客户可以得到更高水平的服务；通过共同配送、合作配送，企业可以降低物流成本，减少城市的环境污染。同时，还要考虑制定配送方案，提高客户服务水平的方法和措施。

4. 装卸搬运

装卸是物品在局部范围内由人或机械装入运输设备或卸下的垂直移动；搬运是物品进行以水平移动为主的物流作业。装卸搬运改变了物品的空间和储存状态。装卸搬运频率高，时间长，产生货损的概率大，装卸搬运又是销售物流必不可少的环节，所以要考虑通过提高机械化水平、减少无效作业、实现集装单元化、提高机动性能、利用重力和减少附加重量、各环节均衡与协调、系统效率最大化来改进装卸搬运，提高销售物流作业效率。

5. 流通加工

流通加工是根据需要进行分割、计量、分拣、刷标志、拴标签、组装等作业的过程。在销售物流的过程中进行流通加工，不但可以提高物流的效率，还可以满足消费者多样化的需求，促进产品的销售。进行流通加工主要考虑流通加工方式、成本和效益、与配送的结合运用、废弃物再生利用等。

6. 订单及信息处理

客户在考虑批量折扣、订货费用和存货成本的基础上，合理地订货；企业若能为客户提供方便、经济的订货方式，就能吸引更多的客户。

拓展案例

物流配送——沃尔玛的成功利器

沃尔玛作为世界上最大的商业零售企业，其销售收入一度超过“制造之王”的汽车工业，超过世界所有的银行、保险公司等金融机构，超过引领“新经济”的信息企业，成为各方关注的焦点。沃尔玛的成功可以从以下几个方面略窥一斑。

1. 配送设施成功关键

沃尔玛前任总裁大卫·格拉斯这样总结：“配送设施是沃尔玛成功的关键之一，如果说我们有什么比别人干得好的话，那就是配送中心。”其配送中心的基本流程是供应商将商品送到配送中心后，经过核对采购计划、进行商品检验等程序，分别送到货架的不同位置存放；提出要货计划后，电脑系统将所需商品的存放位置查出，并打印有商店代号的标签；整包装的商品直接由货架上送往传送带，零散的商品由工作台人员取出后也送到传送带上。一般情况下，商店要货的当天就可以将商品送出。

沃尔玛公司共有六种形式的配送中心。第一种是“干货”配送中心，主要用于生鲜食品以外的日用商品进货、分装、储存和配送，目前该公司这种形式的配送中心数量很多。第二种是食品中心，包括不易变质的饮料等食品，以及易变质的生鲜食品等，需要有专门的冷藏仓储和运输设施，直接送货到店铺。第三种是山姆会员店配送中心，这种业态批零结合，有三分之一的会员是小零售商,配送商品的内容和方式同其他业态不同,使用独立的配送中心。由于这种商店1983年才开始建立,数量不多,有些商店使用第三方配送中心的服务。考虑到第三方配送中心的服务费用较高,沃尔玛公司已决定在合同期满后,用自行建立的山姆会员店配送中心取代。第四种是服装配送中心,不直接送货到店铺,而是分送到其他配送中心。第五种是进口商品配送中心,为整个公司服务,主要作用是大量进口以降低进价,再根据要货情况送往其他配送中心。第六种是退货配送中心,接收店铺因各种原因退回的商品,其中一部分退给供应商,一部分送往折扣商店,一部分就地处理,其收益主要来自出售包装箱的收入和供应商支付的手续费。

2. 高新技术助力发展

为了满足国内3 000多个连锁店的配送需要,沃尔玛公司在国内共有近3万个大型集装箱挂车,5 500辆大型货运卡车,24小时昼夜不停地工作。每年的运输总量达到77.5亿箱货,总行程6.5亿千米。合理调度如此规模的商品采购、库存、物流和销售管理,离不开高科技的手段。为此,沃尔玛公司建立了专门的电脑管理系统、卫星定位系统和电视监控系统,拥有世界一流的先进技术。

沃尔玛公司总部只是一座普通的平房,但与其相连的计算机控制中心却是一座外貌类似体育馆的庞然大物,公司的计算机系统规模在美国仅次于五角大楼(美国国防部),甚至超过了联邦航天局。全球4 000多个店铺的销售、订货、库存情况可以随时调出查问。公司同休斯飞机公司合作,发射了专用卫星,用于全球店铺的信息传送与运输车辆的定位及联络。其5 500辆运输卡车,全部装备了卫星定位系统,每辆车在什么位置,装载什么货物,目的地是什么地方,总部一目了然。其可以合理安排运量和路程,最大限度地发挥运输潜力,避免浪费,降低成本,提高效率。

案例思考与讨论:

(1)沃尔玛的物流配送有什么特点?

(2)通过沃尔玛物流配送的成功经验,分析提高物流配送效率的具体途径有哪些。

项目小结

本项目主要介绍了企业物流的主要形式——采购物流、生产物流和销售物流的定义、分类及主要工作环节,还介绍了生产物流中JIT(精益生产控制)及MRP(物料需求计划)等技术的应用及实施步骤。

项目练习

一、单项能力训练

1. 单选题

(1)在设施之间和企业流程中的物资和信息流动过程是指(　　)。

A. 工场物流　B. 设施物流　C. 企业物流　D. 供应链物流

(2)企业物流活动相对于转换环节是(　　)。

A. 供应物流或输入物流　B. 销售物流或输出物流

C. 生产物流或转换物流　D. 回收物物流或废弃物物流

(3)生产企业出售商品时,物品在供方与需方之间的实体流动称为(　　)。

A. 采购物流　B. 企业内物流　C. 销售物流　D. 退货物流

(4)向物料生产厂商的采购是(　　)。

A. 间接采购　B. 委托采购　C. 直接采购　D. 询价采购

(5)采购是(　　)。

A. 供应物流与生产物流的衔接点　B. 供应物流的转换点

C. 供应物流与社会物流的衔接点　D. 供应物流与销售物流的衔接点

(6)生产物流的类型与(　　)相关。

A. 产品的成本、质量　B. 产品的品种、产量、专业化程度

C. 产品的销售、交货期　D. 产品的设计、工艺

(7)准时生产 JIT 的目标是(　　)。

A. 节约装配时间,减少装配中可能出现的问题

B. 通过产品的合理设计,使产品易生产

C. 彻底消除无效劳动造成的浪费

D. 有效地利用各种生产资源

(8)准时生产 JIT 强调(　　)的意义。

A. 不发生任何延误　B. 零库存生产　C. 零资金占用　D. 安全库存

(9)看板使用的规则之一是只生产(　　)需要的工件数量。

A. 后道工序　B. 前道工序　C. 加工工序　D. 毛坯工序

(10)下列不属于企业物流特点的是(　　)。

A. 社会性　B. 经济性　C. 配合性　D. 静态性

2. 判断题

(1)在企业物流系统中,配送与包装互不影响。(　　)

(2)准时生产 JIT 和看板管理是两种完全不同的生产物流控制方法,准时生产 JIT 是应用拉式生产控制原理的方法,看板管理的实质是推动式生产控制。(　　)

(3)采购活动是连接制造商与供应商的纽带。(　　)

(4)精益物流的内涵是运用精益思想对企业物流活动进行管理。(　　)

(5)采购时间和采购数量决定了资金的调度及库存成本。(　　)

(6)传统的 ERP 系统侧重于整合企业内部的资源,将各业务环节贯穿起来,实现内部效率的最大化。(　　)

(7)企业的两大核心业务流程是销售物流和采购物流。(　　)

3. 简答题

(1)简述生产物流的定义。
(2)简述现代生产物流管理的具体内容。
(3)简述生产物流的基本业务及其特点。
(4)采购的分类有哪些？具体内容是什么？
(5)销售物流的具体环节有哪些？

二、综合技能训练

实际走访本地1~2家大型生产企业，调查分析其采购、生产或销售物流的实际运行情况，并做简要记录，分析其生产物流的组织与JIT模式相比有哪些优缺点。

项目八　第三方物流

学习目标

- ❖ 掌握第三方物流的概念和特点。
- ❖ 知道第三方物流的价值及作用。
- ❖ 熟悉第三方物流的运作模式。
- ❖ 理解第四方物流的概念。
- ❖ 了解第四方物流的形成特点及发展趋势。

项目引入

杭州奥普公司的高效物流管理

物流是所有生意人都不得不考虑的事情，一条顺畅、廉价的物流链条将给企业带来更多的额外福利。从去年至今，燃油、人工等直接运输成本的增加日渐困扰着企业的物流支出。不少企业甚至餐馆店家都开始寻找快捷路径，合理调配运力和控制进货数量，从而力求消化物流要素带来的涨价压力。如何有效降低物流成本，提高物流效率已经成为一道企业经营的关键命题。

杭州奥普电器有限公司把700个浴霸运到上海市场，这些供应春节市场的浴霸在当地售价为每个350元，其中的物流成本平均为5元钱，占售价的1.4%，主要包括运输保险费、汽油和人工费用等直接成本。奥普电器副总经理孙立军说，这个百分比是比较稳定的，不论在四川、北京还是新疆，运价提升后，总的售价也有相应提升。从全国各地市场计算，每个物流成本在5~7元。通常情况下，商品成本中约有8成以上是流通成本，而流通成本中有80%是物流成本，物流成本占商品成本的64%以上。商品从开始生产到最终用户所需时间，加工仅需5%，而其余95%均用于物流环节。

从5年前起，企业开始引进物流管理，从自身合理调配，至第三方物流企业的兴起，奥普电器的平均物流成本从10元降至5元。考虑到物流成本主要由库存费用、运输费用和管理费用三部分组成，而运输保险费、油价等支出逐年上涨，企业省钱只能从库存费用和管理上腾出空间。“以前起码要两天以上，光找个车就要一天时间，而现在一两个小时就搞定了”，杭州共速达物流公司行政高级主管王存良说，以前从杭州去厦门一趟，一辆5吨车固定费用达3 300元，现在只要1 500元，省了一大半，原因在于调度和管理水平提高了。

举个明显的例子，奥普电器把700个电器运送到上海市场，杭州当地的仓储费用大约为每天1 000元，如果产品下午下线不需耽搁就能直接上路，即使油价和人工支出涨价500元，企业还是节约了500元的物流成本。由此可见，利润的源泉更集中在降低库存、加速资金周转方面。

由于周围有康桥等物流基地，包括奥普电器在内，位于九堡镇、祥符桥的企业原材料、产品进出的速度明显加快。要知道，现在从传化物流基地出发，运送一车5.5吨的进口棉布到南京，从托运方下单子到货物运抵目的地，总共不到32个小时，这在以前是不可想象的。

值得关注的是，杭州物流发展的定位和目标是"把杭州建设成长江三角洲重要的现代物流枢纽城市和浙江省的综合物流中心"，确定了发展都市配送型物流、产业基地型物流、行业分拨型物流三大重点领域和五大重点区域（下沙、江南、临平、江东和康桥区域）、若干物流功能区、若干物流中心三个层次的空间布局结构。

案例总结：高效的物流，关键是要在服务表现和总成本开支之间形成一种均衡力。这种均衡力体现在多个方面，降低物流成本最主要、最基本的措施是选择合理的运输途径，合理资源配置体系，减少中间环节不必要的费用；其次是整合各种有效资源，发挥企业自身优势；而更高层次的成本节约则是充分利用现代化信息手段，掌握行业信息动态，实施起来还是有难度的。物流价格还有下降空间，目前首要问题是过于分散，全国有200多万家运输公司，管理着500万至600万辆货车。算上延误、审批以及和无数小公司打交道所需的行政开支，跨国公司大约要把在中国的20%运营成本投入到和物流有关的事项中，而在发达国家，平均大约只有10%。

案例讨论：

（1）杭州奥普电器主要使用什么措施提升了自身的物流效率？

（2）你对杭州未来的物流规划有什么建议？

任务一　第三方物流概述

一、第三方物流的概念

中华人民共和国国家标准《物流术语》（GB/T 18354—2021）中对第三方物流（Third Party Logistics，TPL或3PL）的表述是"由供方与需方以外的物流企业提供物流服务的业务模式"。第三方物流的概念源自管理学中的业务外包，指企业动态地配置自身和其他企业的功能和服务，利用外部的资源为企业内部的生产经营服务。将业务外包引入物流管理领域，就产生了第三方物流的概念。

1. 广义的第三方物流

广义的第三方物流是相对于自营物流而言的，凡是由社会化的专业物流企业按照货主要求所从事的物流活动都可以包含在第三方物流范围内。至于第三方物流从事的是哪一个阶段的物流，以及物流服务的深度和服务的水平，这要看货主的要求。

2. 狭义的第三方物流

狭义的第三方物流主要是指能够提供现代的、系统的物流服务的第三方物流企业，其具体标志有以下几点。

（1）有提供现代系统物流服务的企业素质。

（2）可以向货主提供包括供应链物流在内的全程物流服务和定制化服务的物流活动。

（3）不是货主向物流服务商偶然的、一次性的物流服务购销活动，而是采取委托—承包形式的业务外包的长期活动。

（4）不是向货主提供的一般性服务，而是提供增值物流服务的现代物流活动。

一般而言，在研究和建立现代物流系统时，第三方物流不是按照自营物流与否来区分的，尤其在我国，小生产式的物流服务活动仍然相当多，在很短的时间内还不能解决这个问题，如果把这些企业都包括在第三方物流企业之中，显然会混淆人们对第三方物流的认识。所以，我们在讲第三方物流时，应当从狭义的角度来理解，把它看成是一种高水平、现代化的物流服务方式，看成是网络经济时代社会物流服务的发展。

二、第三方物流的作用

1. 提升企业核心竞争力

利用第三方物流，可使企业专注于提高核心竞争力。生产企业的核心能力是生产、制造产品，销售企业的核心能力是销售产品。随着外部市场环境的变化，企业的生产经营活动已变得越来越复杂，一方面，企业需要把更多的精力投入到自己的生产经营中去；另一方面，企业交往的对象更多，所要处理的关系更加复杂，在处理各种关系和提高自身核心竞争力上，企业的资源分配便会出现矛盾。如果将企业和顾客间的物流活动由第三方物流企业来承担，便可大大降低企业在关系处理上的复杂程度。企业采用第三方物流后，原来直接面对多个顾客的一对多的关系变成了直接面对第三方物流的一对一关系，企业在物流作业处理上避免了直接与众多顾客打交道而带来的复杂性，简化了关系网，便于将更多的精力投入到自身的生产经营中，从而提升了核心竞争力。

2. 降低经营成本

在激烈的竞争市场上，降低成本、提高利润往往是企业的首选目标。而物流成本通常被认为是企业经营中较高的成本之一，所以降低物流成本已成为企业的“第三利润源泉”。

企业将物流业务外包给第三方物流公司，由专业物流管理人员和技术人员充分利用物流设备、设施和先进的信息系统，发挥专业化物流运作的管理经验，以求得整体最佳的效果。企业可以不再保有仓库、车辆等物流设施，对物流信息系统的投资可以转嫁给第三方物流企业承担，从而减少投资和运营物流的成本；还可以减少直接从事物流的人员，从而减少工资支出；提高单证处理效率，从而减少单证处理费用；库存管理控制的加强，可以降低存货水平，削减储存成本；通过第三方物流企业广泛的物流节点网络实施共同配送，可以大大提高运输效率，减少运输费用等。

3. 提高服务质量

在社会化生产日益扩大、专业化分工越来越细的今天，服务的重要性日益显现，客户会将服务与产品同等看待，对服务的关注甚至超过产品本身。物流能力是企业服务的重点内容之一，它会制约企业的顾客服务水平，物流服务水平实际上已经成为企业实力的一种体现。以最小的成本提供预期的顾客服务已经成为企业努力的方向，帮助企业提高顾客服务水平和质量也是第三方物流所追求的目标。

4. 分散企业风险

企业如果自己运作物流，要面对两大风险：一是投资风险：二是存货风险。一方面，企业自营物流需要进行物流设施的投资，如建立仓库、购买车辆等，这样的投入往往很大。如果企业的物流管理能力很低，不能使拥有的物流资源尽量发挥作用，会导致企业物流效率低下，那么企业在物流上的投资就会失败，这部分在物流固定资产上的投资就会面临无法回收的风险。通过第三方物流，企业就可以规避这一风险。另一方面，企业由于配送能力和管理水平有限，为了及时对客户的订货做出反应，防止缺货和快速交货，往往会采取高水平的库存策略。一般来说，企业防止缺货的期望越高，所需要的安全储备就会越多，平均存货数量也越多。存货越多，企业的流动资金被占用的就越多，随着时间的推移，存货流动速度加快，企业可以减少内部的安全库存量，从而降低企业的资金风险。

5. 增强市场应变能力

将物流职能交由第三方管理可以增强企业对市场的应变能力。当需求变化和技术进步时，第三方物流企业能不断更新其设施、信息技术和管理能力，根据环境变化进行相应调整，增强灵活性，而非物流企业往往无法做到这些。企业可以根据市场需求的灵活变动与第三方物流企业合作，这样可以减少投资，增强企业对市场的灵敏度。对于季节性生产而言，灵活性显得更为重要，由于需求的季节性，生产往往先于消费季节，并被要求根据市场的反馈能够及时进行生产调整，这使得生产计划具有很大的灵活性，同时对仓储等活动的需求也是季节性的。使用第三方物流可以及时调整企业的生产和销售，使之具有季节灵活性。

6. 加速产品和服务投放市场的进程

为了使产品和服务在时间上获得竞争力，必须将其快速推向市场，第三方物流可以利用其强大的物流网络帮助客户在速度上实现竞争优势。它通过加强信息交流，提高如仓储运送等物流活动的速度，加快交货、发送和响应时间，减少产品生产和交货的提前期，迅速将产品送到各生产基地或市场需求地，从而获得时间优势。

7. 增加社会效益

以上六个方面可以归结为第三方物流的经济价值。除了其独特的经济效益外，第三方物流还具有社会效益。第三方物流可将社会上众多的闲散物流资源有效整合利用起来。受“大而全”“小而全”思想的制约，我国很多企业存在物流设备利用率低下、运输空载率高、成本高等问题，最终导致社会物流资源配置不合理，造成严重浪费，而通过第三方物流企业的专业管理控制能力和先进的信息系统，对企业原有的仓库、车队等物流资源进行统一管理运营，组织共同运输、共同配送，将企业物流系统社会化，实现信息、资源共享，则可以极大地促进社会物流资源的整合优化，提高全社会整体物流效率。

任务二　第三方物流的运作

一、第三方物流的价值分析

1. 第三方物流的成本价值

降低成本、提高利润率是企业在竞争中所追求的首选目标。这也是物流作为“第三利润源泉”受到普遍重视的根本原因。完整的企业物流成本，应该包括对物流设施设备等固定资产的投资、仓储、运输、配送等物流费用，以及为管理、协调物流活动所需的管理费用、人工费用和伴随而来的信息传递与处理的信息费等，企业将物流业务外包给第三方物流企业，可以减少投资物流的成本，减少直接从事物流的人员，从而减少工资支出、降低存货成本、提高运输效率、降低空载率、减少单位商品的运输费用等。所有这些都是第三方物流所体现的成本价值。

2. 第三方物流的服务价值

在社会化大生产范围更广、专业化分工更加细化的今天，服务成为企业竞争的关键因素。服务水平的提高会增加客户满意度，增强企业信誉，促进企业的销售，提高利润率，进而扩大企业市场占有率。物流能力是企业服务的一大内容，制约企业的客户服务水平。例如，在生产时由于物流问题使采购的材料不能如期到达，也许会迫使企业停工，因不能如期交付客户订单而承担巨额违约金，更重要的是会使企业自身信誉受损，销量减少，甚至失去合作良好的客户。这就是现代企业如此重视服务、重视物流的原因之一。物流服务水平实际上已成为企业实力的一种体现。而第三方物流企业的信息网络和节点网络能够加快对客户订货的反应能力，加快订单处理，缩短从订货到交货的时间，进行门对门运输，实现货物的快速交付，提高客户满意度；通过其先进的信息技术和通信技术可加强对在途货物的监控，及时发现、处理配送过程中的意外事故，保证订货及时、安全送达目的地，尽可能实现对客户的承诺；产品的售后服务、送货上门、退货处理、废品回收等也可由第三方物流企业来完成，保证企业为客户提供稳定、可靠的高水平服务。

企业对物流的控制和管理，实际上是成本与服务之间的一种均衡，而且在市场环境下，服务甚至比成本更重要。现代企业必须充分认识到客户服务的重要性，在考虑是否采用第三方物流时，应处理好成本与服务的均衡问题，不应一味追求物流成本的削减，即使在企业自己从事物流时也应如此。因为低成本往往容易导致低服务水平，过分压价会使第三方利益受损，无力通过自身积累来扩大规模，也就无法给企业提供更好的服务，反过来也会损害企业自身的长远利益。应该说，只要企业客户服务水平的提高所带来的效益大于其成本支出，那么这种决策就是可取的。只有当企业采用第三方物流后既增加成本，服务水平又不见提高甚至有所下降时，企业才应该重新决策。

3. 第三方物流的风险分散价值

企业自营物流要面临投资和存货两大风险，从投资风险方面来看，企业自营物流所需设施设备等固定资产往往占用较大份额的资金，再加上非物流企业的物流管理能力和运作效率较低，物流设备闲置，因此企业就面临投资无法收回的风险。从存货风险方面来看，物流通常不是非物流企业的核心业务，由于企业自身运作和配送能力、管理水平有限，往往采用提高库存的策略来降低缺货的风险，这样会导致存货增加、占用流动资金，如果存货不能在短期内实现交易，就会面临贬值的风险。企业通过第三方物流企业进行专业化配送，由于第三方物流企业高水平的配送能力，使得存货流动速度加快，既可以加速资金周转，又可以减少内部的安全库存量，从而降低企业的资金风险。

4. 第三方物流的竞争力提升价值

在前面提到，利用第三方物流，可使企业专注于提高核心竞争力。而且，第三方物流企业可以站在比单个生产或销售企业更高的角度上来处理物流问题，通过其掌握的物流系统开发设计能力、信息技术能力将原材料供应商、制造商、批发商、零售商等处于供应链上下游的各相关企业的物流活动有机衔接起来，使企业形成一种更为强大的供应链竞争优势，这是单个企业无法实现的。

5. 第三方物流的社会价值

除了以上所说的实际上可归为第三方物流的经济价值的内容外，第三方物流还具有一个为大多数人所忽视的价值，即社会价值。

1)将社会上的闲散物流资源有效利用和整合

非物流企业由于物流资源的限制，很难依靠自身的力量来完善物流运作和强化物流管理。此外，我国很多企业都自营物流并建有自己的仓库、车队等，有的企业仓库规模小，需扩建，而有的企业仓储过量，造成大量闲置和浪费，使得社会物流资源得不到充分利用和合理配置。同时，非物流企业自行组织运输，不能优化运输路线，车辆空驶现象普遍，运输效率低下，社会运力得不到有效利用。通过第三方物流企业专业化的管理控制能力和强大的物流信息系统对多个企业原有的仓库、车队等物流资源进行统一管理、运营，组织共同存储和配送，实现信息和资源的共享，将企业物流系统社会化，可以极大地促进社会物流资源的合理配置和综合利用，提高物流整体运作能力。

2）第三方物流有助于缓解城市交通压力

通过第三方物流的专业技能，以及制定合理的运输路线和运输方式，组织共同配送等，可以有效实施运输控制，减少城市车辆运行数量和车辆空驶、迂回运输等，缓解城市交通压力，从而减少能源消耗、降低废气排放量和噪声污染等，有利于环境的保护与改善，有利于促进经济的可持续发展。

第三方物流的成长和壮大可带动我国物流业的快速发展，对我国产业结构的调整和优化具有重要意义。大力发展第三方物流，不仅可促进物流业平稳、快速发展，同时也是我国产业升级、服务和支撑其他产业调整与发展，增加消费，扩大就业的需要，对于促进产业结构调整、转变经济增长方式和增强经济增长内生动力都具有重要意义。

二、第三方物流的运作模式

企业在为客户提供物流服务的过程中，必须站在客户的立场上思考物流合理化问题，以客户需求为导向，采用符合客户要求以及与企业自身能力相适应的运作模式，实现客户满意与企业盈利双赢。

第三方物流的运作模式主要有以下六种。

1. 项目物流服务模式

项目物流服务模式是指为具体的项目提供全程物流服务的模式，这类需求主要集中在我国一些重大的基础设施建设项目和综合性的展会、运动会中，如三峡水电站秦山核电站、国家体育馆等基建项目以及奥运会、展览会等大宗商品的运输物流服务。实施这种模式的物流企业必须具备丰富的物流运作经验和强大的企业实力。

2. 行业物流服务模式

行业物流服务模式是通过运用现代技术手段和专业化的经营管理方式，在拥有丰富目标行业经验和对客户需求深入理解的基础上，在某一行业领域内提供全程或部分专业化物流服务的模式。这种经营模式的主要特点是将物流服务的对象分为几个特定的行业领域，然后分别对这些行业进行深入细致的研究，掌握其物流运作特性，提供具有特色的专业服务。

商业运作方式决定着物流服务方式，只有深入掌握目标行业或项目的具体特征才能提供专业化的物流服务。实际上，行业物流服务模式体现了细分物流市场的特征，物流企业必须不断研究目标市场行业的物流特点和发展趋势，才能成为这些行业的物流服务专家。目前，全球只有极少数物流企业能提供所有种类的物流服务。绝大多数物流企业可采用目标集聚战略进行准确的市场定位，各有侧重地展开各具特色的物流服务。

行业物流服务是近年来我国物流市场发展的一个趋势，我国物流产业振兴规划已将钢铁、医药、汽车等行业列为重点发展对象，行业物流具有巨大的发展空间和市场潜力。

3. 定制物流服务模式

定制物流服务模式是指将物流服务具体到某个客户，为该客户提供从原材料采购到产成品销售过程中各个环节的全程物流的服务模式，涉及储存、运输、加工、包装、配送、咨询等全部业务，甚至还包括订单管理、库存管理、供应商协调等在内的其他服务。现代物流服务强调与客户建立战略协作伙伴关系，采用定制物流服务模式不仅能保证物流企业有稳定的业务，而且能节省企业的运作成本。物流企业可以根据客户的实际情况，为其确定最合适的物流运作方案，以最低的成本提供高效的服务。

4. 物流管理输出模式

物流管理输出模式是指物流企业在拓展国内企业市场时，强调自己为客户企业提供物流管理与运作的技术指导，由物流企业接管客户企业的物流设施或者成立合资公司承担物流具体运作任务的服务模式。采用物流管理输出模式时，可有效减少客户企业内部物流运作与管理人员的抵制，使双方更好地开展合作；可以利用客户企业原有设备、网络和人员，大幅减少投资，并迅速获取运作能力，加快满足相应市场需求的速度。在具体运作时有以下两种方式。

1）系统接管客户物流资产

如果客户在某地区已有车辆、设施、员工等物流资产，而物流企业在该地区又需要建立物流系统，则可以全盘买进客户的物流资产，接管并拥有客户的物流系统甚至接收客户的员工，接管后物流系统可以在为该客户服务的同时为其他客户服务，通过资源共享以改进利用率并分担管理成本。

2）与客户合资成立物流公司

物流企业与客户共建合资物流公司的方式，即使客户保留物流设施的部分产权并在物流作业中保持参与，以加强对物流过程的有效控制，又注入了专业物流公司的资本和技能，使物流企业在物流服务市场竞争中处于有利地位。

5. 物流连锁经营模式

物流连锁经营模式是指特许者将自己所拥有的商标（包括服务商标）、商号、产品、专利和专有技术、经营方式等以特许经营合同的形式授予被特许者使用，被特许者按合同的规定，在特许者同意的业务模式下从事经营活动，并向特许者支付相应费用的物流经营形式。物流连锁经营借鉴了成功的商业模式，可以迅速扩大企业规模，实现汇集资金、人才、客户资源的目标，同时在连锁企业内部，可以利用互联网技术建立信息化的管理系统，更大程度地整合物流资源，用以支持管理和业务操作，为客户提供全程的物流服务。

6. 物流战略联盟模式

物流战略联盟模式是指物流企业为了达到比单独从事物流服务更好的效果，相互之间形成互相信任、共担风险、共享收益的物流伙伴关系的经营模式。中小型物流企业自身力量薄弱，难以与大型跨国物流企业竞争，因此中小型物流企业的发展方向是相互之间的横向或纵向联盟。这种自发的资源整合方式，经过有效的重组联合，依靠联盟企业各自的优势，可以在短时间内形成一种合力和核心竞争力；同时，在企业规模和信息化建设两个方面加以提高，形成规模优势和信息网络化，实现供应链全过程的有机结合，从而使企业在物流服务领域实现质的突破，形成一个高层次、完善的物流网络体系。

任务三　第四方物流

一、第四方物流的产生与发展

现代物流业始于20世纪60年代，70、80年代在西方国家得到了大规模发展，第四方物流的产生和发展由最初的成品配送发展为贯穿生产和流通的综合物流过程。20世纪80年代末90年代初，随着全球竞争的加剧和信息技术的飞速发展，第三方物流随之产生并逐渐成为西方物流理论和实践中的宠儿，企业试图通过优化库存与运输、利用地区服务代理商以及第三方物流服务商，来满足客户服务需求的增长。供应链中的许多供应商以及大企业为了适应市场的需求，降低存货成本，提高配送效率和准确性，将物流业外包给了第三方物流服务商。在第三方物流运作中，一些物流企业自身的运作能力、专业素质、对客户需求的理解等方面有欠缺，加之物流客户也希望在与第三方物流企业合作过程中对物流及其服务主体能多一些控制，以及对物流企业的规划设计空间的限制和在许多业务模式及管理方式上的约束，使得第三方物流在实际运作中存在不尽如人意的地方，主要表现就是第三方物流在供应链管理中的地位提升很慢，在供应链管理中所体现出的作用与理想情况有较大差距。第三方物流作为整个供应链的一个组成部分，通常情况下不可能向客户提供整个供应链的物流服务，即使是供应链的某些环节的服务，也仅能完成其中的部分项目。为了降低成本，企业不断扩大物流的外包范围，将物流业务外包给多家第三方物流服务商，由于第三方物流服务商更多关注的是企业客户的物流成本和物流效率，而很少关注社会整个企业链条上的物流成本和物流效率，不能有效地对企业所处行业或供应链的物流系统进行规划和决策，在综合能力、集成技术、战略管理等方面难以满足用户的需要；同时，由于市场的全球化与国际化，供应商的网络范围不断扩展，因此供应链的复杂性和管理难度不断增大。

市场的这些变化给物流和供应链管理提出了更高的要求和期望。为了改变这种现状，一些第三方物流企业、信息技术企业以及咨询公司结成服务商联盟，为客户提供更加全面系统的供应链物流服务，而不是以前的分散无序状态。从管理的效率和效益看，将物流业务外包的企业更愿意与一家公司合作，将业务统一交给能提供综合物流服务和供应链解决方案的企业，以获得整体效益的最大化。供应链管理的这些变化使得第三方物流企业、信息技术企业以及咨询公司开展协作，以增强竞争能力。随着联盟的密切合作及其团队的发展壮大，产生了一种新的外包服务方式，即第四方物流（Fourth Party Logistics，4PL）。企业向某个单一的组织外包其整个供应链流程，由它评估、设计、制定及运作全面的供应链集成方案，这就是第四方物流。

二、第四方物流的概念

美国著名管理咨询机构埃森哲公司最早提出了第四方物流的概念，并为该术语注册了商标。目前，关于第四方物流的定义比较多，总体上可以理解为第四方物流创造了一种协同的环境，从而使协同后的整体效果优于各部分的简单相加，这种商业实践鼓励个体组织为达到整体优化而共享信息和资源。关于第四方物流主要有两种看法：一种看法认为第四方物流是指集成商利用分包商来控制与管理客户公司的点到点式供应链运作；另一种看法认为第四方物流是一个集中管理自身资源、能力和技术，并提供互补服务的供应链综合解决方法的供应者。埃森哲公司将第四方物流定义为一个供应链的整合者以及协调者，调配与管理组织自身与其他互补性服务者所有的资源、能力和技术来提供综合的供应链解决方案。这一定义因为更贴切而被广泛采用和接受，它可理解为由独立于第三方物流提供者、客户、商业过程管理者、信息供应商的供应链整合者，将其自身的资源、能力和技术同来自补充服务提供者的资源、能力和技术整合起来，并对之进行管理，从而提供一体化的供应链解决方案。其他的咨询公司也开始使用“总承包商”或“领衔物流服务商”的名称提供类似的服务。

从以上几种定义可知第四方物流既是一种全新的物流运作模式和一类新的物流服务提供商，也是一套更高效率、更低成本的供应链解决方案，而面向供应链是其理论的核心。第四方物流是一种将自身的核心资源优势（包括专业知识、管理服务能力和特有技术）与其他方资源整合，以为企业提供整个供应链解决方案的物流服务运作模式。它通过整个供应链的信息和资源共享来协同运作，以达到提高整个供应链的服务水平和运作效率、降低整体运营成本，实现多方共赢的目的。第四方物流企业即为提供以上供应链解决方案，整合多方资源的具有核心管理优势的综合性物流咨询服务公司。这样，第四方物流就是供应链的集成者、整合者和管理者，它主要通过对物流资源、物流设施和物流技术的整合和管理，提出物流全程的方案设计、实施办法和解决途径。第四方物流是在第三方物流基础上的进化和发展，比第三方物流服务的内容更多、覆盖的地区更广、技巧更复杂。从概念上看，第四方物流是具有领导力量的物流提供商，它通过整个供应链的影响力，提供综合的供应链解决方案，为客户带来更大的价值。它不仅对特定的物流活动进行控制和管理，而且对整个物流过程提出解决方案，并通过电子商务将这个过程集成起来。第四方物流正日益成为一种帮助企业实现持续降低运作成本和区别于传统的外包业务的真正的资产转移。它依靠业内最优秀的第三方物流供应商、技术供应商、管理咨询顾问和其他增值服务商，整合社会资源，为客户提供独特的、广泛的供应链解决方案。第四方物流通过提供综合的供应链解决方案来影响整个供应链的物流活动，从宏观角度来看，它的发展满足了整个社会物流系统的要求，最大限度地整合了社会资源，减少了货物物流时间，节约了资源，提高了物流效率，也减少了环境污染，缩短了与实现零库存的目标的距离，是从一个更为宏观的角度来安排社会物流的运作。

未来物流企业发展的方向是对供应链的渗透，第四方物流理论是在面向供应链的基础上建立起来的。第四方物流已超出了传统物流服务的概念，它必须与信息流、资金流和企业生产业务流程一起进行综合考虑，这样才能够对供应链整体的资源、技术和能力进行合理的调配、组织和管理。第四方物流给社会带来的价值，远远超出降低空驶率、提高仓库利用率和交货及时准确率等传统的物流管理目标概念，它将物流整合于整个人类物质资料生产过程之中，支持生产、分配、交换和消费四大环节，使物流所带来的“第三利润源泉”体现出其价值。

三、第四方物流的运作模式

1. 协同化模式

在这种模式中，第四方物流和第三方物流共同开发市场，第四方物流向第三方物流提供一系列第三方物流缺少的技术和战略技能，如供应链策略、进入市场的能力和项目管理的专业能力等。双方通常会采用商业合同的方式或者战略联盟的方式合作。

2. 方案集成者模式

在这种模式中，第四方物流为客户提供服务，做出整个供应链运作和管理的解决。第四方物流对自身和第三方物流的资源、能力和技术进行整合，借助第三方物流为客户提供全面的、集成的供应链方案。此时，第三方物流通过第四方物流的方案为客户提供服务，第四方物流成为联系所有第三方物流提供商和其他提供商的枢纽，负责集成多个服务供应商的能力。

3. 行业创新模式

在这种模式中，第四方物流为多个行业的客户开发和提供供应链解决方案，以整合整个供应链的职能为重点。此时，第四方物流的责任重大，因为它连接了上游第三方物流的集群和下游客户集群，它通过高超的运作策略和技术来提高整个行业的效率。

无论采用哪一种模式，作为物流业务的中间人，第四方物流都连接着供应链企业与第三方物流两方利益主体。第四方物流的核心能力在于强大的资源整合能力和卓越的供应链优化技术，可以将每一个地方的最佳物流提供商组合起来，为客户提供最佳的物流服务，从而形成最优物流方案或供应链管理方案。

拓展案例

第三方物流：科龙的战略性选择

中国目前正在成为世界家电的制造中心，同国际一流的企业比较，物流是制造企业最后也是最有希望降低成本、提高效益的环节。科龙通过参股专业的物流公司，在家电生产企业和物流服务商之间利用资本纽带关系，构建家电物流的平台，开创了国内家电企业向第三方物流转型的路子。

1. 第三方物流是战略性选择

2002 年开始，科龙就对中国的冰箱行业进行了产业整合，陆续收购了吉林的基诺尔电器、远东的阿里斯顿设备和杭州的西能冰箱，并在杭州、珠海分别投资建设冰箱生产基地，形成了顺德、珠海等冰箱生产基地和空调生产基地。在两年时间里，聚集起 1 300 万台的冰箱产能，跃居亚洲第一、世界第二。同时，科龙在推行国际化进程中也获得了明显的发展，近两年，科龙和美国的惠尔普、伊莱克斯等全球著名的品牌进行合作，国际性的营销网络覆盖了全球 90 多个国家和地区。2001 年出口 6 700 万美元，到现在已达到 5 亿美元。科龙通过产业整合和国内外的扩张，对物流管理的广度和深度提出了更高的要求，原来的物流体系已经远远跟不上发展的需要，因此优化价值链、引入第三方物流成为科龙的战略性选择。

2. 资本打造国内第三方物流平台

2002 年，科龙和中远广东公司、无锡小天鹅公司共同出资成立了中国广州安泰达公司，科龙集团控制公司的物流价格管理，物流业务统一交给安泰达公司。同时，科龙和无锡小天鹅形成了互补性的战略关系，充分利用第三方物流。

第三方物流的引入，带来了四个优化和两个延伸。

四个优化：一是物流组织整合和流程的优化，改变了过去冰箱、空调、冷柜、小家电四大类产品、子公司物流的独立运作体系，按专业物流部门合并起来，组成了一个物流部门，人员由过去的 100 多人减少到了 50 多人，简化的运作流程，引入了“5156 物流业务运作信息系统”，全流程数据库通过运输计划和仓储计划统一管理，实现了在途库存以及有效跟踪；二是物流运输整合和系统的优化，公司原来有一个自有的车队，改制以后，全部推向市场，通过联合招标，将科龙旗下的冰箱、空调、冰柜和小家电四类产品的干线运输进行整合，同时将战略合作方的逆向物流进行捆绑招标，使采购物流、生产物流、分销物流统筹起来，提高了物流的整体效率和效益；三是物流仓储整合和资源的优化，根据生产计划及时调整原来的作业半径，通过调仓、换仓、拆小取大，形成了四大产品的仓储发运片区，进行集中管理，同时与战略合作方联手进行招标；四是整个信息资源的整合和效率的优化。

两个延伸：一是物流向二次配送延伸，家电在大城市的竞争非常激烈，目前科龙要把冰箱、小家电推到农村去，根据高、中、低端全面覆盖的营销战略，安泰达公司在一些重点城市，尝试开拓二次配送业务，实现以销售指导配送、以配送促进销售的良性循环；二是向外部物流的延伸，安泰达公司以科龙、小天鹅的物流为平台开拓了伊莱克斯、惠尔普等业务。

3. 国际第三方物流合作举足轻重

科龙在向国际主流家电制造商迈进的过程中，国际第三方物流的作用举足轻重。一方面，企业需要借助国际第三方物流遍布全球的物流网络和完善的服务经验；另一方面，科龙的高速发展也吸引了国际第三方物流企业的关注，现在一些世界级的船东已成为科龙物流的主要合作伙伴。

科龙和国际家电企业在设计制造领域的战略性合作也相应地延伸到了物流方面。例如科龙和美国的美泰克公司合资，这个公司从科龙采购冰箱销售到国外，都是由第三方物流和第四方物流来完成的，整条供应链的运转由这两个专业的物流公司全程服务。

目前，科龙和马士基物流、KLINE等一些国外知名物流公司进行接触，并进行广泛的全球性物流合作，使国际第三方物流成为科龙国际战略的重要力量。作为一个制造企业，科龙正在利用物流为自己带来更好的效益，物流企业也在为制造商提供服务的过程中获得丰厚的回报。

案例思考与讨论：

(1)科龙利用第三方物流实现了四个优化和两个延伸，具体内容是什么？

(2)通过科龙第三方物流的成功经验，分析企业发展第三方物流应注意的问题有哪些。

项目小结

本项目主要介绍了第三方物流的概念、分类、特点及其作用，对第三方物流的社会价值进行了深入分析，讨论了第三方物流的运作模式，介绍了第四方物流的形成和发展、第四方物流的特点及运作模式等内容。

项目练习

一、单项能力训练

1. 单选题

(1)第三方物流出现的主要原因是(　　)。

A. 社会分工　　B. 管理水平提高

C. 物流行业竞争　　D. 企业物流外包需求

(2)电子商务物流包括第三方物流和(　　)两大类。

A. 委托物流　　B. 联合物流　　C. 外包物流　　D. 企业自营物流

(3)“物流提供者可以同时以低成本进行外协”指的是第三方物流服务的成功因素中的(　　)因素。

A. 成本　　B. 服务　　C. 可靠性　　D. 稳定性

(4)“提供有经验的专家管理供应链的所有方面”是第三方物流服务成功因素中的(　　)因素。

A. 长期合作　　B. 管理专业知识　　C. 健全的配送体系　　D. 服务能力强

(5)第三方物流是(　　)。

A. 由生产者组织的物流　　B. 由销售者组织的物流

C. 由专业物流企业组织的物流　　D. 由生产者和销售者共同组织的物流

(6)由专业物流组织进行的物流称为(　　)。

A. 第一方物流　　B. 第二方物流　　C. 第三方物流　　D. 第四方物流

(7)第四方物流的运营模式不包括(　　)。

A. 协同运作型　　B. 企业自营型　　C. 方案集成型　　D. 行业创新型

(8)货运代理公司属于(　　)。

A. 第一方物流　　B. 第二方物流　　C. 第三方物流　　D. 第四方物流

(9)第四方物流成功的关键在于(　　)。

A. 为客户提供一个最佳的增值服务　　B. 为客户提供一套完整的供应链解决方案

C. 为客户提供快速高效的物流服务　　D. 为客户提供高质量和人性化的物流服务

2. 判断题

(1)TPL 是第四方物流的缩写。(　　)

(2)第四方物流是随着物流外包需求而出现的专业化物流形式。(　　)

(3)第三方物流是中间物流企业。(　　)

(4)第三方物流是建立在现代信息技术基础之上的现代物流形式。(　　)

(5)不把拥有实物类资产作为向客户服务的手段,而是以本身的管理、信息、人才等优势作为第三方物流的核心竞争力,这种类型的第三方物流称为管理型第三方物流。(　　)

(6)企业物流业务对企业经营的重要性越大,企业越应选择第三方物流服务。(　　)

(7)第四方物流是第三方物流的高级形态,因此只有实力雄厚的第三方物流企业才能成长为第四方物流企业。(　　)

(8)第四方物流的主要作用是对制造企业或分销企业的供应链进行监控,在客户和物流信息供应商中充当唯一联系人的角色。(　　)

3. 简答题

(1)第三方物流是怎么发展起来的？有什么优势？

(2)第三方物流的特点有哪些？

(3)简述第三方物流的运作模式。

(4)什么是第四方物流？

(5)简述第四方物流的发展历程。

二、综合技能训练

观察分析你的身边有哪些第三方物流企业,他们的主要业务是什么？有哪些专业化的工具和管理方法？把分析结果写出来,在课堂上与其他同学分享并讨论第三方物流的专业化运作模式。

项目九　现代新型物流模式

学习目标

- ❖ 掌握逆向物流的概念、特点和分类。
- ❖ 理解回收物和废弃物价值。
- ❖ 知道逆向物流的重要性。
- ❖ 了解绿色物流的概念和特点。
- ❖ 了解冷链物流的特点及要求。
- ❖ 了解区域物流的特点及应用。
- ❖ 了解国际物流的特点及应用。

项目引入

一个“一本万利”的传说——江淮、奇瑞等获准试点汽车零部件再造

基本情况介绍：2009 年 9 月，国家循环经济专家组对安徽江淮汽车集团有限公司、奇瑞汽车股份有限公司开展汽车零部件再制造试点工作进行评审活动。据悉，国家发展改革委批准了首批全国 14 个汽车零部件再制造试点，其中整车企业 3 家，安徽就有奇瑞、江淮两家整车企业入选。

汽车零部件再制造在国外已经是一个成熟的产业，在技术方面并不存在问题，而且经过再制造的零部件在质量和性能上也等同于新件。目前，我国汽车的市场保有量已达到 3 586 万辆，2004 年达到报废标准的汽车已经超过 250 万辆，而且这个数字还在以平均每年 200 万辆的速度递增。这就意味着一个数量庞大的报废汽车群正在形成和扩大，而如何利用好报废汽车中蕴含的可再生的汽车资源已经迫在眉睫。

美国从事汽车零部件再制造的企业有 50 000 多家，产值达到 360 亿美元。通过再制造生产的汽车零部件占美国汽车售后服务市场份额的 45%~50%。欧盟则对汽车报废和再制造有严格的规定，根据规定，从 2006 年 1 月起，欧盟所有报废汽车材料的最低回收利用率为 85%，最低再利用率达到 80%；2015 年 1 月后，欧盟报废汽车材料回收利用率将达到 95%，再利用率将达到 85%。欧美等国汽车零部件再制造的范围已经涵盖发动机、传动装置、离合器、转向器、启动机、化油器、闸瓦、水泵、空调压缩机等部件，并已在技术、加工、销售等方面形成一套完整体系，汽车零部件的回收再利用率约占 80%。

所谓的汽车零部件再制造，主要是指以旧的零部件为“毛坯”，在经过检测、清洗、表面工程等先进技术的加工之后，使其性能恢复到新品的质量和技术水平。因为省去了采矿、冶炼、锻铸、机械加工等多道工序，所以再制造的零部件在质量和性能达到或超过原型新品

的基础上，可以实现节约成本、节约能源、节约原材料。无怪乎有专家称其既是一种节约能源的先进制造，又是一种保护环境的绿色制造。

对于广大的消费者来说，再制造能够带来的更是切身的实惠。以再制造的发动机为例，它的价格仅为新机的55%，因此与更换新机相比，用户仅此一项就可节约7 000多元。除此之外，使用再制造零部件还可以大大缩短维修所需的时间。

目前，我国汽车工业产值高达1万亿元，如发展10%的汽车零部件再制造，产值就有1 000亿元；再制造产品成本仅为新品的50%，能够节能60%、节材70%，对环境的不良影响与制造新品相比显著降低。废旧汽车零部件经批准的试点单位再制造后，将来可以直接进入市场使用。

汽车再造评审专家组组长、中国工程院院士、再制造重点实验室主任徐滨士介绍安徽的汽车零部件再制造虽然目前只是起步阶段，但是应该得到足够重视。他强调了再制造产品“质量不低于新品”的技术要求，提示江淮、奇瑞在开展再制造试点工作时，要建立独立的质量控制体系，掌握高端的检测、修理技术。除了汽车以外，还有很多商品可以再制造，如电视、洗衣机、电脑、手机等。

有关专家对国内从事零部件再制造企业调研后总结，这类企业一般都具有较为完整的工艺流程、技术标准和不同的再制造修复技术及检测设备，所生产的产品完全可以达到新品的质量要求，质量标准也与新品等同。消费者完全可以放心购买和使用。要进一步加强对再制造的宣传力度，正确引导社会各界对再制造进行重新认识，鼓励消费者接受并使用再制造的产品，从观念上为再制造的发展扫清障碍。废除《报废汽车回收管理办法》中有关“禁止报废的汽车整车、五大总成和拼装车进入市场交易，拆解的五大总成应当作为废金属销售给钢铁企业作为冶炼原料”的规定。在政策开放的同时，还要加强对再制造企业的监管，谨防一些低劣的再制造商品进入市场，误导消费者。

无独有偶，2020年8月，国家发改委发布了关于《汽车零部件再制造管理暂行办法(征求意见稿)》公开征求意见的公告。鼓励汽车整车生产企业通过售后服务体系回收旧机动车零部件用于再制造。鼓励专业化旧零件回收公司从维修渠道为再制造企业提供符合要求的旧件。《办法》提出后，再制造企业应当将收购的报废汽车“五大总成”部件用于本企业的再制造，不得进行转卖；未用于本企业再制造的部分，应作为废材料交售给冶炼或破碎企业。这是继7月31日七部委正式发布《报废机动车回收管理办法实施细则》后，关于报废机动车回收拆解的进一步详细规定。在《细则》中，已先行规定了允许报废拆解企业将“五大总成”销售给具有再制造、再利用资格的企业。

我国报废汽车回收水平较低，千亿市场空间待激活。2019年，我国汽车保有量2.6亿辆，汽车理论报废数量910万辆，实际回收数量195万辆，回收率仅为0.75%。随着国内汽车回收制度体系的进一步完善和落实，汽车报废率和回收率有望提升。据前瞻经济研究院的预测，2020年国内报废汽车理论数量为1 851万辆。保守估计下，以轿车单车报废重量1.28吨计算，2020年国内报废汽车理论总重量为2 369.28万吨，包括废钢铁、废有色金属，还有2 156.05万吨的拆解产物需要进一步处理，为废品处理企业和资源再生企业带来商业机遇。

案例讨论：

(1)为什么说汽车零部件回收是一件"一本万利"的项目？

(2)汽车二手部件回收要注意什么问题？

(3)通过此案例思考，现实生活中还有哪些回收物再利用的应用？

任务一　逆向物流

一、逆向物流的概念

中华人民共和国国家标准《物流术语》(GB/T 18354—2021)将逆向物流定义为"从供应链下游向上游的运动所引发的物流活动"。逆向物流可以概括为组织对来源于客户的物资的管理。其对象包含来自客户的物资包装品和产品，具体指因损坏、季节性库存、重新进货、召回和过量库存而退回的商品。

逆向物流的表现是多样化的，从使用过的包装到处理过的计算机设备，从未售商品的退货到机械零件等。也就是说，逆向物流是包含来自客户手中的产品及其包装品、零部件、物料等物资的流动，简而言之，逆向物流就是从回收客户手中用过的过时的或者损坏的产品和包装开始，直至最终处理环节的过程。目前，普遍接受的观点是逆向物流是在整个产品生命周期中对产品和物资的完整、有效和高效利用过程的协调。

二、逆向物流的分类

关于逆向物流，可以从不同的角度进行分类。

1. 按回流物品的特征和回流流程分类

按回流物品的特征和回流流程，可以将逆向物流分为低价值产品物料逆向物流、高价值产品的零部件逆向物流及可以直接再利用的产品的逆向物流等三类。

2. 按照回收物品的渠道分类

按照回收物品的渠道，可以将逆向物流分为退货逆向物流和回收逆向物流两类。退货逆向物流是指下游顾客将不符合订单要求的产品退回给上游供应商，其流程与常规产品流向正好相反。回收逆向物流是指将最终顾客所持有的废旧物品回收到供应链上各节点企业。

3. 按照逆向物流材料的物理属性分类

按照逆向物流材料的物理属性，可以将逆向物流分为黑色金属和有色金属制品逆向物流、橡胶制品逆向物流、木制品逆向物流、玻璃制品逆向物流等。

4. 按成因、途径和处置方式及其产业形态分类

根据逆向物流中产品回流的原因、途径和处置方式以及其产业形态的不同，逆向物流常见的分类如下。

1）商业退换货逆向物流

供应链的下游成员，如分销商、代理商、零售商、最终客户等，由于产品质量问题或产品库存积压等原因，将质量有瑕疵的商品或未经使用的商品退回到供应链的上一个节点，由此产生的逆向物流就属于商业退换货逆向物流。商业退换货发生的原因主要如下。

Ⅰ. 库存积压

库存积压包括家电、时装、化妆品、食品等季节性或有时效性的产品，由于时效原因需要退货到上游的中间商或生产商。这些商品通过快速的回收和正确的处理，有的可以直接再销售、再使用，从而恢复商品价值

Ⅱ. 物流造成的破损品

此类退货的形成一般是因为产品在流转的过程中发生了破损。由于物流作业系统的不完善、操作的不规范等，在物流过程中可能造成产品缺件、功能受损或包装受损，从而导致客户不满意，出于对客户服务理念的重视，企业往往会对这类产品优先进行处理。

Ⅲ. 产品召回

此类回流主要是由于产品缺陷导致的。虽然产品创新是许多企业在发展过程中不断追求的，也是企业持续发展的有效手段，但创新产品生产体系和生产工艺的不成熟性增加了产品产生缺陷的风险。由于产品设计或制造过程形成的产品固有的质量缺陷会对使用者造成不良影响，因此产品生产商或进口销售商需要对已进入流通市场的缺陷产品实行召回，如汽车召回制。

Ⅳ. 客户退货

因为产品滞销、瑕疵、生产过剩、过期等原因，零售业的退货问题越来越普遍，随着客户服务意识的增强，越来越多的零售商将允许退货，商品由市场流回企业的现象越来越普遍，企业面临降低退货处理成本和提高客户退货满意度的双重压力。随着退货处理复杂性的增加和重要性的加强，很多企业都构筑起自己的逆向物流系统。

2）产品寿命终结退回的逆向物流

产品经过使用后，其使用价值被消费掉，然而一些丢弃或处理的部分还具有一定的残余价值，可以通过回收、再处理后重新使用，这就形成了产品寿命终结退回的逆向物流。

从经济层面来看，回收这些有残余价值的物品，并通过适当的处理途径，尽可能地进行资源价值的重复利用；从法律法规的限制来看，随着全球资源环境问题的日益严峻，越来越多的国家通过立法，强制规定生产厂家对包装容器、家电产品、汽车零部件的回收处理负有责任和义务。这些变化直接促进了逆向物流的产生和发展。

不同行业的不同产品，具有不同的物流模式，这些产品废弃后的再利用方式及逆向物流过程也相差很大。按照产品特点或行业特点的不同，产品寿命终结退回的逆向物流又可以

分为机械产品逆向物流、电子产品逆向物流、家电产品逆向物流、建筑废弃物逆向物流等。

3)包装物回收的逆向物流

包装在保护产品、提高物流效率、促进销售等方面起着十分重要的作用,是商品流通不可或缺的一部分。不管是商业包装还是物流包装,都会消耗大量的自然资源,且大量的包装物废弃后对环境的污染十分严重。为缓解包装对资源的消耗和对环境的污染,包装物的回收再利用就成为一种重要选择。与包装物回收再利用相关的物流活动,就形成了包装物回收的逆向物流。

许多国家在20世纪80年代就制定了包装容器回收法规,规定了包装物生产者和使用者对包装物的回收应负法律责任。对于饮料瓶、罐、板条箱、包装袋、托盘等包装物,一些国家还制定了回收再利用的目标值。

根据包装容器是否能够直接多次重复利用,包装容器可以分为一次性使用的包装容器和可以多次使用的包装容器。这两种类型的包装容器回收再利用的方式在逆向物流渠道与处理流程上都存在差异。一次性使用的包装容器的逆向物流主要是回收后进行检验和清洗、修复等流程可以直接重复使用。

4)维修再制造的逆向物流

产品在销售出去并经过一段时间使用后发生故障,根据售后服务承诺条款的要求,允许退回给制造商或其委托服务商进行产品维修。这类逆向物流通常发生在生产周期的中期,例如有缺陷的零部件、手机和家电等。产品维修可以使客户将故障产品送回到维修服务商那里,形成产品的逆向物流;由维修服务人员携带备件上门维修引发备件物流和人员流动。不论何种形式,故障产品经过维修服务商维修处理后,一般会经过原来的销售渠道返还给客户。若产品损害严重,经修理仍不能恢复产品正常功能,企业将对回流产品实施再制造工程,包括产品拆卸、更新有故障的部件、替换性能完好的部件等,以从整体上恢复产品功能,使其重新进入使用环节。由产品制造引发的逆向物流参与者多,网络结构及管理过程非常复杂。

5)企业内部的逆向物流

生产过程中出现的废品和副产品,出于经济原因和环保法规的限制,一般应该在生产企业内部进行逆向流动,通过再循环、再生产,使生产过程中出现的残次品和副产品重新进入生产制造环节,得到再利用。生产过程中的报废品和副产品在药品行业、钢铁业、汽车制造业等许多行业都存在,生产组织内部的逆向物流可节约原料,降低生产成本,减少对自然环境的污染。

三、逆向物流的特点

与正向物流相比,逆向物流作为企业价值链中特殊的一环,有着明显的不同。首先,逆向物流产生的地点、时间和数量是难以预见的;正向物流则不然,按量、准时和指定发货点是其基本要求。其次,发生逆向物流的地点较为分散和无序,不可能集中一次向接收点转移。再次,逆向物流发生的原因通常与产品的质量和数量的异常有关。最后,逆向物流的处理系统与方式复杂多样，不同处理手段对恢复资源价值的贡献差异显著。对逆向物流特点的重视与否，形成了企业逆向物流管理能力及水准高低的分水岭。具体来讲，逆向物流具有以下特点。

1. 分散性

由于逆向物流产生的大部分原因与产品的质量和数量的异常有关，任何领域、部门或个体在任何时间都有可能发生逆向物流，这种多元性使其具有分散性。

2. 缓慢性

逆向物流开始时数量少、品种多，通过不断汇集，形成较大规模；而且逆向物流中的商品只有经过加工和改制等环节后才能重新被利用，甚至有些商品只能作为原料回收利用。另外，这些物资的收集和整理也是一个复杂的过程，这一切都决定了逆向物流的缓慢性。

3. 混杂性

在逆向物流中，往往不同种类、不同状态的产品混杂在一起，必须经过检查和分类后才能区分。

4. 多变性

由于逆向物流的分散性和消费者的要求不同，企业很难控制回收时间和空间，导致了逆向物流的多变性。其主要表现在不确定性、处理系统与方式复杂多样、物流技术具有一定的特殊性及相对高昂的成本。

5. 处理费用高

一方面，回流物品通常缺乏规范的包装，又具有不确定性，难以形成运输和储存的规模效益；另一方面，许多物品需要人工检测、分类和处理，效率比较低，会极大增加人工处理的费用。

6. 价值递减性与递增性

一些回流物品，由于在逆向物流过程中会产生一系列的运输、仓储及处理费用，因而会使其本身的价值递减；而另一些回流物品，对消费者而言没有价值，但是通过逆向物流系统处理后，会变成二手产品、零件或者生产的原材料，获得了再生的价值，因此逆向物流具有价值的递增性。

四、逆向物流的经济价值

企业实施逆向物流，不仅有利于保护环境，也是增强企业竞争优势的重要方式之一，逆向物流的经济价值可从以下几个方面进行分析。

1. 降低原料成本，提升产品竞争力

1)零配件逆向物流具有良好的盈利前景

产品回收利用的零部件经过拆卸、拼修、翻新、改制等逆向物流活动，可以重新获得价值，直接进入产品生产过程或销售市场。

2)废旧家电逆向物流中的商机

废旧家电就像一把双刃剑，既有污染环境的潜在性，又具有再生资源回收的价值，积极发展家电逆向物流，加大增值服务，可取得较好的经济效益。

3)增加顾客价值，增强企业在整个供应链中的竞争优势

顾客价值是决定企业生存和发展的关键因素，顾客满意是企业的无形资产，可以按“乘数效应”向有形资产转化。逆向物流可以提高供应链上所有顾客对产品或服务的满意度，有利于培养终端顾客的忠诚度和促进企业间的战略合作，强化整个供应链的战略竞争优势。

4)构建供应链集成组织模式，提升企业核心竞争力

构建供应链集成的逆向物流组织模式，就是在供应链的网络内构建企业的逆向物流系统。无论何时，企业的生存与发展都必须依靠供应链上的每一个节点。一些大型设备制造商，特别是跨国企业，已经从抢占市场转向供应链上的另一个节点即售后服务领域，并因此获得了可持续发展机会和更大的利润空间。它们把零配件物流作为提高服务水平的秘密武器，通过售后服务实现产品的差异化，将制造相似产品的制造商区分开来，开发自身新的利润来源，成就企业的核心竞争力，许多制造商发现，服务利润最高能达 40%，而成品利润最高只不过 13% 左右，卖设备是为了争得市场，卖服务才是利润的来源。逆向物流的关键节点——零配件维修中心，如今已成为最赚钱的部门。

2. 提高环境业绩，塑造企业形象

随着工业化进程的不断深入，环境日益恶化，资源日趋枯竭，工业化国家或地区纷纷制定相关法律法规，约束、规范企业行为，将环境业绩作为评价企业经营绩效的重要指标。企业实施逆向物流战略，一方面通过对终端用户废弃物的回收，承担起企业的环保责任；另一方面通过回收资源，减少废弃物的排放量，从而降低处理费用。有调研报告通过对比分析发现，与从矿石中提炼同样数量的金属相比，金属的再生利用所消耗的能源、材料、环境治理的成本是前者的几十分之一。因此，企业通过实施良好的逆向物流战略，可以提高环境业绩，塑造企业形象。

3. 节约资源，促进社会经济的可持续发展

在资源日益枯竭的今天，人们越来越重视通过逆向物流将可以利用的废弃物通过收集、加工，重新补充到生产、消费系统中去循环利用。我国既是资源消耗大国，也是再生资源产生的大国。对废旧物资的开发利用，可以减少人类对原生资源的开发。尤其是近年来，资源类物资价格大幅上涨为这些废旧物资的循环利用创造了条件。废旧物资的循环利用还可以减少“三废”排放量，节约能源，为建设友好型社会降低原料成本，为促进社会、经济的可持

续发展做出贡献。

五、逆向物流与正向物流的关系

1. 逆向物流与正向物流的关系

逆向物流是在正向物流运作过程中或运作结束后产生和形成的，没有正向物流就没有逆向物流。逆向物流的流量、流向、流速等特征都是由正向物流的特性决定的。在一定条件下，正向物流与逆向物流也可以相互转化。正向物流与逆向物流（回收物和退换货）关系如图 9-1 所示。

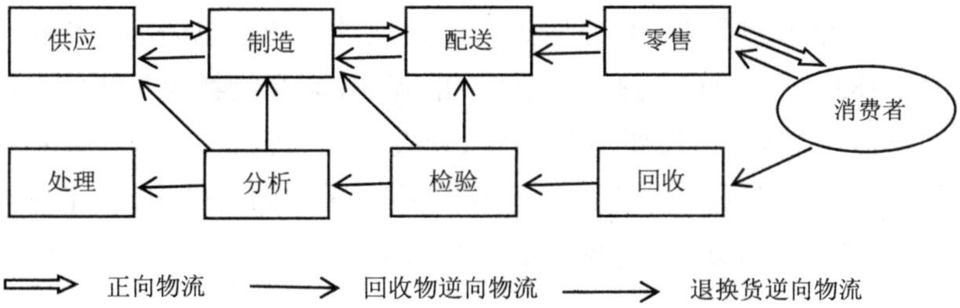

图 9-1　逆向物流与正向物流的关系

2. 逆向物流与正向物流的主要区别

逆向物流与正向物流的区别，主要体现在以下几个方面：

（1）逆向物流与正向物流运作的起点完全相反；

（2）逆向物流产生的地点、时间和数量难以预见；

（3）逆向物流的发生地点较为分散、无序；

（4）逆向物流的处理方式与系统复杂多样，不同的处理手段对恢复资源价值的贡献差异显著；

（5）逆向物流的处理费用高；

（6）一般来说，逆向物流具有价值递减规律。

任务二　回收物和废弃物物流

一、回收物与废弃物物流的概念

1. 回收物物流

回收物物流指不合格物品的返修、退货以及周转使用的包装容器从需方返回到供方所形成的物品实体流动。在生产销售过程和生活消费中，部分物料可通过收集、分类、加工、供应等环节转化成新的产品，重新投入到生产或消费中，这样就形成了回收物物流。例如，货物运输和搬运中所发生的包装容器、废旧装载工具及工业生产中产生的边角余料、废旧钢材等在回收中所发生的物流活动。在一个企业中，如果回收物品处理不当，往往会影响整个生产过程，甚至影响产品的质量，也会占用很大空间，造成浪费。另外，值得注意的是，在企业的经营管理活动中，有时会产生突发性回收物物流，这种情况较多地出现在汽车、医药和食品等行业，多半是由于产品质量方面的问题而产生了回收的需求，这种问题如果处理不好，将会影响企业的信誉，甚至危及企业的生存。

2. 废弃物物流

废弃物物流是指将经济活动或人们生活中失去原有使用价值的物品，根据实际需要进行收集、分类、加工、包装和搬运等，并分送到专门处理场所的物流活动。根据中华人民共和国国家标准（GB/T 18354—2021）《物流术语》中的表述，废弃物物流是指将经济活动中失去原有使用价值的物品，根据实际需要进行收集、分类、加工、包装、储存、搬运等，并分别送到专门处理场所时所形成的物品实体流动。它仅从环境保护的角度出发，不管对象物有没有价值或利用价值，而将其妥善处理，以免造成环境污染。

二、回收物与废弃物物流的特点

1. 流向逆反性

回收物和废弃物物流都是典型的逆向物流，包含从不再被消费者需求的废旧品变成重新投放到市场上的可用商品的整个过程的所有物流活动。回收物物流是与传统的正向物流方向正好相反的系统。企业在生产、供应、销售的活动中总会产生各种边角余料和废料，这些东西的回收都需要伴随逆向回收物物流活动。

2. 价值递减性

一般而言，回收物和废弃物在使用、流转的过程中，它的价值是逐渐减少的，例如多次回收利用的塑料，一手塑料就比二手塑料的价值高。但是对于已经报废的产品，如汽车、电脑、手机等，回收的价格很低，但是回收再加工、再利用以后，它的价值会有很大的增加，所以具有价值递增性。

3. 来源多样性

由于回收物和废弃物大多数都是在产品消耗的过程中产生的，即回收物和废弃物来自消费者一端，同样的产品有各种各样的消费者，产品消耗的程度也各有不同。因此，回收物和废弃物物流的产品来源具有多样性，回收或废弃产品的价值也参差不齐。

4. 地域分散性

逆向物流是从消费者向生产加工企业进行的物流活动，消费者遍布全国、甚至是世界各地。因此，回收物和废弃物的回收是一个从分散向集中聚拢的过程，由大到小呈喇叭状收拢。

5. 难以控制性

回收物物流和废弃物物流的发生时间、地点，回收的批量，所含残值等信息都具有很大的随机性，与之伴随而产生的物流信息庞杂、多样、处理难度大，物流管理与控制的难度也相应增加。

三、回收物与废弃物物流的意义

（1）具有经济意义和社会意义双重价值。

①经济意义。回收物重新进入生产领域作为原材料，可以节省开支，为企业带来经济效益。同时，回收物和废弃物作为一种必须付出成本才能处理的经济活动，它们的循环再利用，也会降低企业的经营成本，降低企业的生产投入。

②社会意义。如果对废弃物置之不理，那么社会环境将遭到巨大的破坏，会严重影响人类赖以生存的生态环境。所以，要实现人类社会可持续发展，就必须有组织地开展对废弃物的回收，变废为宝，将减少废弃物对人类生产生活的影响。

（2）变废为宝，扩大资源的相对供应量，减少人类对资源的开采，减轻环境的负担和压力。

（3）提高技术创新，促进社会可持续发展，构建和谐社会。

四、回收物与废弃物物流的基本环节

废弃物资和普通物资一样，也有收集、分类、包装、搬运、储存的过程。以下通过物流的各个子系统来研究废弃物物流形成的基本框架，并提出一些具体措施。

1. 废弃物的收集和分类

城市垃圾的收集分为定期收集和随时收集两种，但大多是混合收集的。为了保证废弃物的顺利流动，应全面实行垃圾分类收集，按可回收物、不可回收物和危险物进行分类收集管理，并迅速送往不同的处理场地。如国外垃圾中的玻璃瓶，就根据不同的颜色分类，送往不同的玻璃回收工厂，既有利于资源回收，降低处理成本，又减少了危险废弃物对环境造成的潜在污染。实行垃圾分类和科学管理，可使我国固体废弃物的鉴别、分类和收集体系更加标准化和专业化

2. 废弃物的运输

废弃物的及时清运是实现废弃物物流的重要保证。固体废弃物可根据产生地、中转站距处置场地的距离，以及废弃物的特性和数量来选择适宜的运输方式和处置方法。在搬运和运输途中产生的散状物和粉尘会对铁路货场、车站、机场造成污染，因此垃圾运输的效率

与收集车辆的数量和类型、收集工具和劳动力的配备、收集时间等因素有关。这些因素若与科学设计的收集路线结合起来，会使人力、财力、运输工具得到更加合理的配置，收到更好的效果。

3. 废弃物的包装与储存

废弃物的储存有“物资中转站”之意，废弃物的保管是将收集的废弃物分类后利用一定的设备设施（如中大型中转站、容器等）进行短期的储存和防护，以便集中运输到其他处理场所。因此，废弃物的保管一般应采取防止其飞散、流出、向地下渗透、散发恶臭等措施。对于不同状态的废弃物，在保管时应该选择与之相适应的保管容器进行“包装”。对于放射性废弃物，必须选择有安全防护屏蔽的包装容器。优良合适的包装可以减少运输途中及对车站、中转站的污染。

4. 废弃物的回收加工与资源化

在性质上、形态上和用途上丧失其原有使用价值而可以回收再利用的废弃物品形成了回收物物流，包括工业方面的边角废料和设备、人们消费剩余的残留物等。与废弃物物流不同，回收物物流的内涵在于回收是基础，加工是手段，利用是最终目的。

5. 废弃物的中间处理与最终处理

将废弃物中的有用物质回收之后，最终仍然有相当多的无利用价值的固体存在。及时清运这些废弃物，将其送到中间处理和最终处理场地，尽量减少其停留在环境中的时间并对其进行管理，是非常重要的。否则，废弃物无控制的排放、堆存和倾倒，会使其污染成分进入环境并参与生物圈的循环，对环境产生破坏。废弃物的最终处理就是使其安全化、稳定化和无害化，通过填埋、灌注等方式回归自然。

五、废弃物物流技术

1. 垃圾掩埋

在一定区域内，利用原来的废弃坑塘或人工挖掘深坑，将垃圾倒入，达到一定处理量后用土掩埋。

2. 垃圾焚烧

在一定地区用高温焚烧垃圾，以减少垃圾和防止污染及病菌、虫害的滋生。这种方法对环境损害极大，应谨慎采用。

3. 垃圾堆放

在远离城市地区的沟、坑、塘、谷中，选择合适位置直接倒放垃圾，也是一种物流方式。

4. 净化处理加工

对垃圾进行净化处理，以减少其对环境的危害，尤其是废水的净化处理。这是未来废弃物物流处理技术的重点方向。

任务三　绿色物流

一、绿色物流的概念

根据中华人民共和国国家标准《绿色物流指标构成与核算方法》（GB/T 37099—2018）中的定义，绿色物流是指在物流过程中抑制物流对环境造成危害的同时，实现对物流环境的净化，使物流资源得到最充分的利用。它包括物流作业环节和物流管理全过程的绿色化。从物流作业环节来看，包括绿色运输、绿色包装、绿色流通加工等。从物流管理过程来看，主要是从环境保护和节约资源的目标出发，改进物流体系，既要考虑正向物流环节的绿色化，又要考虑供应链上的逆向物流体系的绿色化。绿色物流的最终目标是可持续性发展，实现该目标的准则是经济利益、社会利益和环境利益的统一。

从管理学的角度讲，绿色物流是指为了实现顾客满意，连接绿色需求主体和绿色供给主体，克服空间和时间限制，有效、快速的绿色商品和服务的绿色经济管理活动过程。绿色物流里的绿色是一个特定的形象用语，它泛指保护地球生态环境的活动、行为、计划、思想和观念在物流及其管理活动中的体现。

绿色物流要求以降低对环境的污染、减少资源消耗为目标，利用先进物流技术规划和实施运输、储存、包装、装卸、流通加工等各个物流环节均实现绿色管控的物流活动。绿色物流是以经济学一般原理为基础，建立在可持续发展理论、生态经济学理论、生态伦理学理论、外部成本内部化理论和物流绩效评估的基础上的科学物流发展观。同时，绿色物流也是一种能抑制物流活动对环境的污染，减少资源消耗，利用先进的物流技术规划和实施运输、仓储、装卸搬运、流通加工、包装、配送等作业流程的物流活动。

在生产企业内部，要进行产品生产、组配等工作，就必须获取各类资源，如原材料、人力资源、电力等各类能源。在加工制造的过程中，不断有废弃的边角料及残次品产生，按照绿色生产的理念，这些伴随品都要得到很好的利用，使其物有所用，而不是直接抛弃。在生产过程中不可避免地还会产生很多废气、废水、噪声等影响环境的因素，企业也要运用一定技术处理后再排放。企业绿色物流系统运行全过程都要体现绿色，杜绝浪费和污染。图 9-2 就是生产企业绿色物流系统运行模式。

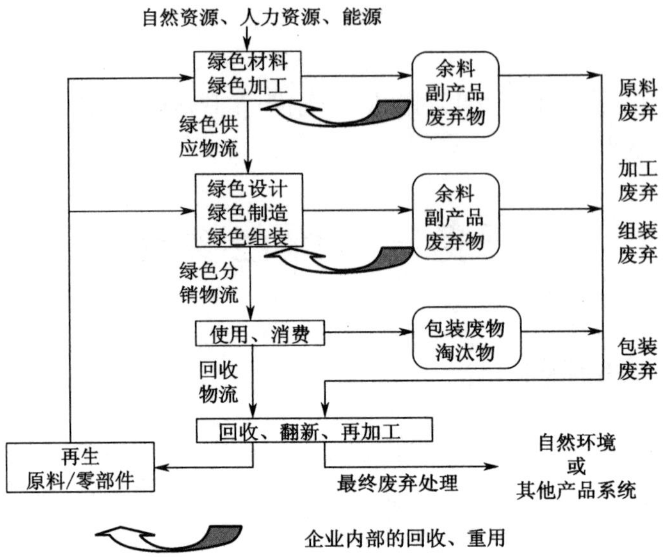

图 9-2　生产企业绿色物流系统运行模式

二、绿色物流的内涵

1. 集约资源

集约资源是绿色物流的本质内容，也是物流业发展的主要指导思想之一。通过整合现有资源，优化资源配置，企业可以提高资源利用率，减少资源浪费。

2. 绿色运输

运输过程中的燃油消耗和尾气排放，是物流活动造成环境污染的主要原因之一。因此，要想打造绿色物流，首先要对运输线路进行合理布局与规划，通过缩短运输路线，提高车辆装载率等措施，实现节能减排的目标。另外，还要注重对运输车辆的养护，使用清洁燃料，减少能耗及尾气排放。

3. 绿色仓储

绿色仓储一方面要求仓库选址要合理，有利于节约运输成本；另一方面要求仓储布局科学，使仓库得以充分利用，实现仓储面积利用的最大化，减少仓储成本。

4. 绿色包装

包装是物流活动的一个重要环节，绿色包装可以提高包装材料的回收利用率，有效控制资源消耗，避免环境污染。

三、绿色物流的意义

1. 环保的需要

随着世界经济的不断发展，人类的生存环境也在不断恶化。具体表现是能源危机、资源枯竭、臭氧层空洞扩大、环境遭受污染、生态系统失衡。以环境污染为例，全球20多个特大城市的空气污染超过世界卫生组织规定的标准。人类的认识往往滞后于自然界的发展，当前生态环境保护的意义逐渐被人类所认识。20世纪60年代以来，人类环境保护意识开始觉醒，十分关心和重视环境问题，认识到地球只有一个，不能破坏人类的家园。于是，绿色消费运动在世界各国兴起。消费者不仅关心自身的安全和健康，还关心地球环境的改善，拒绝接受不利于环境保护的产品、服务及相应的消费方式，进而促进绿色物流的发展。

2. 各国政府和国际组织的倡导和要求

绿色物流的发展与政府行为密切相关。凡是绿色物流发展较快的国家，都得益于政府的积极倡导。各国政府在推动绿色物流发展方面所起的作用主要表现在：一是追加投入以促进环保事业的发展；二是组织力量监督环保工作的开展；三是制定专门政策和法令来引导企业的环保行为。

3. 经济全球化潮流的推动

随着经济全球化的发展，一些传统的关税和非关税壁垒逐渐淡化，环境壁垒逐渐兴起。为此，ISO 14000成为众多企业进入国际市场的通行证。ISO 14000的两个基本思想是预防污染和持续改进，它要求建立环境管理体系，使其经营活动、产品和服务的每一个环节对环境的影响最小化。ISO 14000不仅适用于第一、二产业，也适用于第三产业，更适用于物流业。物流企业要想在国际市场上占一席之地，发展绿色物流是其理性选择。尤其是中国加入WTO后，将逐渐取消大部分外国股权限制，外国物流业将进入中国市场，势必给国内物流业带来巨大冲击，也意味着未来的物流业会有一场激烈的竞争。

4. 现代物流业可持续发展的需要

绿色物流是现代物流可持续发展的必然趋势。物流业作为现代新兴产业，有赖于社会化大生产的专业分工和经济的高速发展。而物流要发展，一定要与绿色生产、绿色营销、绿色消费等绿色经济活动紧密衔接。人类的经济活动不能因物流而过分地消耗资源、破坏环境，以至于造成重复污染。此外，绿色物流还是企业最大限度降低经营成本的必由之路。一般认为，产品从投产到销出，制造加工时间仅占10%，而几乎90%的时间为仓储、运输、装卸、分装、流通加工、信息处理等物流过程。因此，物流专业化无疑为降低成本奠定了基础。

四、绿色物流管理

1. 绿色供应商管理

供应商的原材料、半成品的质量好坏直接决定着最终产成品的性能，所以要实施绿色物流还要从源头上加以控制。由于政府对企业的环境行为的严格管制，使供应商的成本绩效和运行状况对企业经济活动构成直接影响。因此，在绿色供应物流中，有必要增加供应商选择和评价的环境指标，即要对供应商的环境绩效进行考察。

2. 绿色生产管理

绿色生产包括绿色原材料的供应、绿色设计与制造以及绿色包装。绿色产品的生产首先要求构成产品的原材料具有绿色特性，绿色原材料应符合以下要求：环境友好性；不加任何涂镀，废弃后能自然分解，并能为自然界吸收；易加工且加工中无污染或污染最小；易回收、易处理、可重用，并尽量减少材料的种类，这样有利于原材料的循环使用。

绿色制造则追求两个目标，即通过可再生资源、二次能源的利用及节能降耗措施缓解资源枯竭，实施持续利用；减少废料和污染物的生成排放，提高工业品在生产过程和消费过程中与环境的相容程度，降低整个生产活动给人类和环境带来的风险，最终实现经济和环境效益的最优化。

包装是商品营销的一个重要手段，但大量的包装材料在使用一次以后就被消费者遗弃，从而造成环境问题。例如，中国比较严重的白色污染问题，就是不可降解的塑料包装随地遗弃引起的。绿色包装是指采用节约资源、保护环境的包装，其特点是材料最省，废弃最少且节约资源和能源；易于回收利用和再循环；包装材料可自然降解并且降解周期短；包装材料对人的身体和生态无害。

3. 绿色运输管理

交通运输工具的大量能源消耗；运输过程中排放的大量有害气体，产生的噪声污染；运输易燃、易爆化学品等危险原材料或产品可能引起的爆炸、泄漏等事故，都会对环境造成很大的影响。因此，构建企业绿色物流体系就显得至关重要。

（1）合理配置配送中心，制定配送计划，提高运输效率，以降低货损量和货运量。开展共同配送，减少污染。共同配送是以城市一定区域内的配送需求为对象，人为地进行有目的、集约化的配送。它是由同一行业或同一区域的中小企业协同进行配送。共同配送统一集货、统一送货，可以明显地减少货流，有效消除交错运输，缓解交通拥挤状况，提高市内货物运输效率，减少空载率；有利于提高配送服务水平，使企业库存水平大大降低，甚至实现“零”库存，降低物流成本。

（2）实施联合一贯制运输。联合一贯制运输是指以杂货为对象，以单元装载系统为媒介，有效地巧妙组合各种运输工具，从发货方到收货方始终保持单元货物状态而进行的系统化运输方式。通过运输方式的转换可削减总行车量，包括转向铁路、海上和航空运输。联合一贯制运输是物流现代化的支柱之一。

（3）评价运输者的环境绩效，有专门运输企业使用专门运输工具负责危险品的运输，并制定应急保护措施。企业如果没有绿色运输，将会加大经济成本和社会环境成本，影响企业经济运行和社会形象。

4. 绿色储存管理

储存在物流系统中起着缓冲、调节和平衡的作用，是物流的一个中心环节。储存的主要设施是仓库。现代化的仓库是促进绿色物流运转的物资集散中心。绿色仓储要求仓库布局合理，以节约运输成本。布局过于密集，会增加运输的次数，从而增加资源消耗；布局过于松散，则会降低运输的效率，增加空载率。仓库建设前还应当进行相应的环境影响评价，充分考虑仓库建设对所在地的环境影响。例如，易燃易爆商品仓库不应设置在居民区，有害物质仓库不应设置在重要水源地附近。采用现代储存保养技术是实现绿色储存的重要方面，如气幕隔潮、气调储存和塑料薄膜封闭等技术。

5. 绿色流通加工管理

流通加工是指在流通过程中继续对流通中的商品进行生产性加工，以使其成为更加适合消费者需求的最终产品。流通加工具有较强的生产性，也是流通部门对环境保护大有作为的领域。

绿色流通加工的途径主要分为两个方面：一方面，变消费者分散加工为专业集中加工，以规模作业方式提高资源利用效率，以减少环境污染；另一方面，集中处理消费品加工中产生的边角废料，以减少消费者分散加工所造成的废弃物污染。

6. 产品绿色设计、绿色包装和标识

绿色物流建设应该起自产品设计阶段，以产品生命周期分析等技术提高产品整个生命周期环境绩效，在推动绿色物流建设上发挥先锋作用。包装是绿色物流管理的一个重要方面，乳白色塑料的污染已经引起社会的广泛关注，过度的包装造成了资源的浪费。

五、绿色物流的实施策略

1. 树立绿色物流观念

观念是一种带根本性和普遍意义的世界观，是一定生产力水平、生活水平和思想素质的反映，是人们活动的指南。由于长期的低生产力，人们更多地考虑温饱等低层次问题，往往为眼前利益忽视长远利益，为个体利益忽视社会利益，企业因这种非理性需求展开掠夺式经营，忽视长远利益、生态利益及社会利益，进而导致来自大自然的警告。

2. 推行绿色物流经营

物流企业要从保护环境的角度制定其绿色经营管理策略，以推动绿色物流进一步发展。

（1）选择绿色运输。通过有效利用车辆，提高配送效率。例如，合理规划网点及配送中心，优化配送路线，提高共同配送、提高往返载货率；改变运输方式，由公路运输转向铁路运输或海上运输；使用绿色工具配送，降低废气排放量等。

（2）提倡绿色包装。包装不仅是商品卫士，而且也是商品进入市场的通行证。绿色包装要醒目环保，还应符合 4R 要求，即少耗材、可再用、可回收和可再循环。

（3）开展绿色流通加工。由分散加工转向集中加工，以规模作业方式提高资源利用率，减少环境污染；集中处理流通加工中产生的边角废料，减少废弃物污染等。

（4）搜集和管理绿色信息。物流不仅是商品空间的转移，也是相关信息的搜集、整理、储存和利用。绿色物流要求搜集、整理、储存的都是各种绿色信息，并及时运用于物流中，促进物流的进一步绿色化。

3. 开发绿色物流技术

绿色物流的关键所在，不仅依赖绿色物流观念的树立、绿色物流经营的推行，更离不开绿色物流技术的应用和开发。没有先进物流技术的发展，就没有现代物流的立身之地；同样，没有先进绿色物流技术的发展，就没有绿色物流的立身之地。而我们的物流技术与绿色要求有较大的差距，如物流机械化方面、物流自动化方面、物流的信息化及网络化，与西方发达国家的物流技术相比，大概有 10~20 年的差距。要大力开发绿色物流技术，否则绿色物流就无从谈起。

4. 制定绿色物流法律法规

绿色物流是当今经济可持续发展的一个重要组成部分，它对社会经济的不断发展和人类生活质量的不断提高具有重要意义。正因为如此，绿色物流的实施不但是企业的事情，而且还必须从政府约束的角度，对现有的物流体制强化管理。

一些发达国家的政府非常重视制定政策法规，在宏观上对绿色物流进行管理和控制，尤其是要控制物流活动的污染发生源。物流活动的污染发生源主要表现在：运输工具的废气排放污染空气，流通加工的废水排放污染水质，一次性包装的丢弃污染环境等。因此，他们制定了诸如污染发生源、限制交通量、控制交通流等的相关政策和法规。国外的环保法规种类很多，有些规定相当具体、严格，国际标准化组织制定的最新国际环境标志也已经颁布执行。

5. 加强对绿色物流人才的培养

绿色物流作为新生事物，对营运筹划人员和各专业人员的素质要求较高。因此，要实现绿色物流的目标，培养一批熟悉绿色理论和实务的物流人才是当务之急。

任务四　冷链物流

一、冷链物流的概念

冷链物流泛指冷藏、冷冻类食品在生产、贮藏运输、销售，到消费前的各个环节中始终处于规定的低温环境下，以保证食品质量，减少食品损耗的一项系统工程。冷链物流是以保持低温环境为核心要求的供应链系统，它是随着科学技术的进步、制冷技术的发展而建立起来的，是以冷冻工艺学为基础、以制冷技术为手段的低温物流过程。通常情况下，冷链物流是需要特别装置，需要注意运送过程、时间掌控、运输形态，且物流成本所占成本比例非常高的特殊物流形式。

冷链物流的要求比较高，比一般常温物流系统的要求更高、更复杂，建设投资也要大很多，相应的管理和资金投入也比普通的常温物流要大。所以，冷链物流是一个庞大的系统工程。由于易腐食品的时效性要求冷链各环节具有更高的组织协调性，所以食品冷链的运作始终是和能耗成本相关联的，有效控制运作成本与食品冷链的发展密切相关。

二、冷链物流的适用范围

冷链物流适合的商品一般可以分为三类：一是初级农产品，如瓜果蔬菜、肉禽蛋奶、水产花卉等；二是加工后的熟食产品，如速冻食品、冻肉、鲜奶、熟食、冰激凌等；三是需要冷藏保存的一些特殊商品，如一些药品和疫苗等。

农产品冷链货运物流体系如图 9-3 所示。

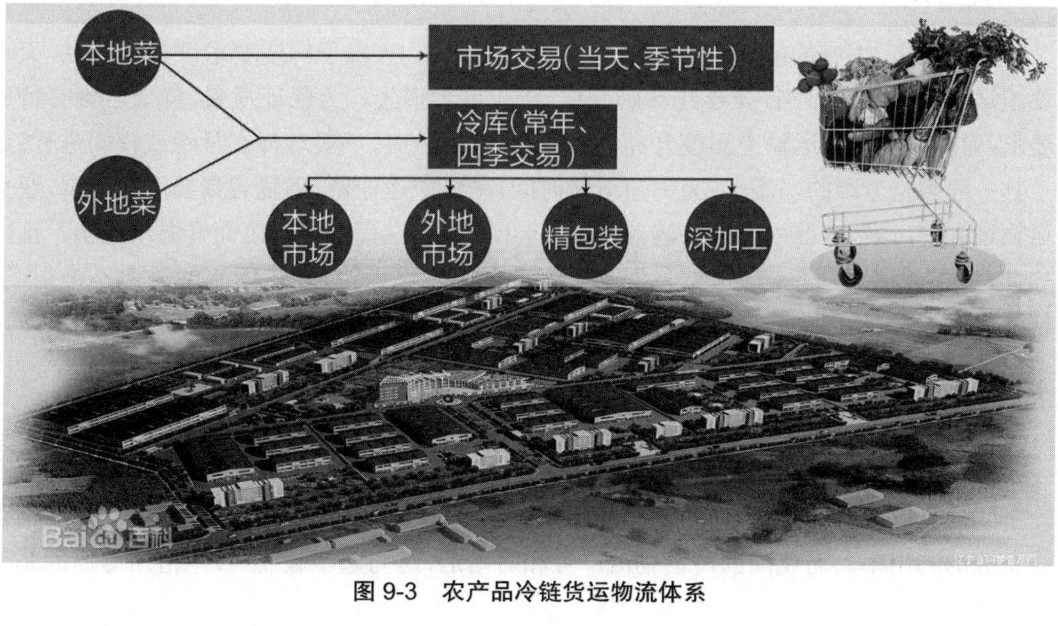

图 9-3　农产品冷链货运物流体系

1. 农产品冷链物流特点

农产品冷链物流泛指水果、蔬菜、肉类等物品在生产、贮藏运输、销售，到消费前的各个环节中始终处于规定的低温环境下，以保证物品质量和性能的一项系统工程。它由冷冻加工、冷冻贮藏、冷藏运输及配送、冷冻销售四个方面构成。冷链物流需要综合考虑生产、运输、销售、经济和技术性等各个要素，并协调好各要素间的关系，以确保易腐、生鲜食品在加工、运输和销售过程中保值增值。冷链所适用的食品范围包括蔬菜、肉类、水产品、奶制品和速冻食品等，其特点如下。

（1）建设投资大，系统庞大复杂。比一般常温物流系统的要求更高、更复杂，建设投资也要大很多，是一个庞大的系统工程。

（2）时效性。要求各环节具有更高的组织协调性。由于易腐食品的时效性，要求冷链体系中的各个环节具有更高的组织协调性，所以食品冷链的运作始终是和能耗成本相关联的，有效控制运作成本与食品冷链的发展密切相关。

（3）高成本性。为了确保生鲜果蔬等在流通各环节中始终处于规定的低温条件下，必须安装温控设备，使用冷藏车或低温仓库，采用先进的信息系统等。农产品冷链物流的成本要比其他物流系统成本偏高。

2. 速冻食品分析

速冻食品是利用现代速冻技术，在 −25 ℃迅速冻结，然后在 −18 ℃或更低温条件下贮藏并远距离的运输、长期保存的一种新兴食品，常见的有速冻水饺、速冻汤圆、速冻馒头等。速冻食品对贮藏运输要求十分严格，必须保证在 −18 ℃以下。专业化、社会化，并能不断适应市场变化的速冻食品冷链配送体系还尚未形成。

3. 乳制品分析

一般情况下，生产的鲜奶都需要运至乳品厂进行加工，属于鲜度要求严格的商品，天天都要配送。如果运输不当，会导致鲜奶变质，造成重大损失。为保证质量，鲜奶运输有特殊的要求：为防止鲜奶在运输中温度升高，尤其在夏季运输时，一般选择在早晚或夜间进行；运输工具一般都是专用的奶罐车；为缩短运输时间，严禁中途停留；运输容量要严格消毒，避免在运输过程中污染，容器内必须装满盖严，以防止在运输过程中因震荡而升温或溅出。正因为如此，为了能保证质量，专业奶类企业大都是希望自己运输，外包物流的意愿不是很高。即使外包，大多也是部分区域短途配送和路线运输外包，而且对技术和质量的要求比较高。

三、发展冷链物流的制约因素

目前，我国冷链物流增速持续上涨，从中央到地方都在大力支持并提倡。专家认为，发展冷链物流可以促进诸如农产品、水产品、畜禽肉类等的商品流通，降低资源损耗，从而增强社会资源的利用率。而我国的冷链物流产业相对落后，这与起步较晚、技术落后等原因是分不开的，食品冷链产业蕴藏着很好的投资机遇，但有关专家同时指出，中国食品冷链产业发展存在以下三大制约因素，企业投资冷链产业应扬长避短，从突破制约因素中找到商机。

1. 设施设备不足

中国易腐物品装车大多在露天而非在冷库和保温场所操作，80%~90% 的水果、蔬菜、禽肉、水产品都是用普通卡车运输，大量的牛奶和豆制品是在没有冷链保证的情况下运输的，运输这些易腐食品时大多在上面盖一块帆布或塑料布，有时棉被还成了最好的保温材料。

造成这种窘境的直接原因是中国冷链设施和冷链装备严重不足，原有设施设备陈旧，发展和分布不均衡，无法为易腐食品流通系统提供低温保障。

2. 技术标准缺位

由于食品冷链是以保证易腐食品品质为目的，以保持低温环境为核心要求的供应链系统，所以它比一般常温物流系统的要求更高、更复杂，建设投资也要大很多。而中国的冷链系统还只是一个早期的冷冻设备市场，掌握的冷链技术在很多食品种类上还不能完全应用，相对于国际先进水平差距很大。同时，中国冷链的实施没有国家或行业的专项标准，只有一些大型食品生产加工企业自己制定了一些标准，因此在监管上也是空白。

3. 产业配套不全

易腐食品的时效性要求冷链各环节必须具有更高的组织协调性。然而，中国冷链产业的整体发展规划欠缺影响了食品冷链的资源整合，供应链上下游之间缺乏配套协调。如在冷库建设中就存在着重视肉类冷库建设，轻视果蔬冷库建设；重视城市经营性冷库建设，轻视产地加工型冷库建设；重视大中型冷库建设，轻视批发零售冷库建设等问题。这些失衡使得中国食品冷链产业还未形成独立完善的运作体系。

四、冷链物流的发展规划

1. 统筹多方协调

构建适合中国国情的农产品冷链物流体系，应充分发挥政府的宏观调控作用，建立政府、行业协会和龙头企业联动机制，制定国家农产品冷链物流发展规划。根据中国优势农产品区域布局和农产品冷链物流的特点，建立多种组织形式并存的农产品冷链物流体系，以加工企业为核心，产供销一体化的农产品冷链物流体系；以物流配送中心为核心，发展区域内农产品短途冷链物流体系；利用第三方物流，发展跨区域的农产品长途冷链物流体系。实施供应链物流管理模式，推动中国农产品冷链物流的健康、稳定、快速发展。

2. 整体梯度推进

选择重点品种、重点区域先行试点。充分调动冷链环节行为主体的积极性，特别是重点培育第三方物流，提高农民的组织化程度。根据国家农产品冷链物流发展规划的总体要求，以及区域资源禀赋和优势农产品布局，积极推进各具特色的区域农产品冷链物流体系建设，选择重要品种（高价值量农产品，如热带水果；易腐败产品，如肉类等）建立冷链通道试点。一是在大城市开展“生产基地＋配送中心＋超市”冷链物流试点和“生产基地＋大型批发市场＋配送中心＋超市”试点。二是在农产品出口优势产区开展“加工企业＋生产基地”冷链物流试点和“加工企业＋生产基地＋第三方物流”试点。在总结示范、试点成功经验的基础上，逐步向全国辐射、推广。

3. 建多元化机制

加大投入，建立以“企业为主体、政府引导、多方参与”的多元化投入机制。加拿大冷链物流发展的成功经验表明，不管是物流企业、批发市场，还是配送中心，在起步阶段，政府的支持和引导资金的投入至关重要。中国农产品冷链物流还处于起步发展阶段，一方面，在硬件设施建设、微观技术和宏观管理上还缺乏经验；另一方面，由于从“田间—餐桌”整个物流过程链条太长，一家企业难以完成冷链物流系统建设。2005年，中国物流业增加值为1.2万亿元，同比增长12.5%，物流对国民经济发展的支撑和促进作用日益显现，更需要政府对现有的交通运输、仓储、配送各环节资源进行有效整合。因此，根据冷链物流自身发展的特点和发展的实际需求，政府需要加大资金投入，并逐步形成多方参与的多元化投入机制。依据供应链物流管理模式和多种形式农产品冷链物流体系的要求，由政府引导资金支持的对象，一是大型批发市场和配送中心，二是提供社会公共服务的第三方物流中心，三是产地加工企业。支持的重点内容主要是硬件设施建设、分析检测设备、标准的制定与人员培训等。

4. 重视科技作用

通过原始创新、集成创新和引进消化吸收再创新等多种形式，不断提高多式联运基础设施和硬件建设水平，加强生产、储藏、加工、运输、销售各节点技术的改造与升级，全面推动中国农产品冷链物流的跨越式发展。一是继续加强运输主干线及其附属场站的基础设施改造，尽快形成与多式联运相适应的配套的综合运输网络及完善的仓储配送设施；二是鼓励GPS、自动识别等技术的应用，通过网络平台和信息技术将承运人、用户、制造商、供应商及相关的银行、海关、商检、保险等单位联结起来，实现对货物的全程监控和资源共享、信息共享，提高全社会整体运输效率；三是引进、推广自动化冷库技术和库房管理系统、真空预冷技术、无损检测与商品化处理技术、运输车温度自动控制技术等先进技术，提高技改能力和技术更新能力。

5. 制定法律法规

建立健全检查与监督机制。加拿大冷链物流的健康发展得益于其完善的法律法规和标准以及健全的检查与监督机构。同时，其中央与地方“分级管理、相互合作”的管理模式也值得我们借鉴。我国应尽快制定与国际接轨的农产品冷链物流指导准则与相关标准，包括整个冷链物流节点的相关标准和良好操作规范。如原料基地生产标准与规范、预冷与贮藏标准、加工标准、运输标准（特别是农产品运输温度标准）、销售标准、标签标准，以及检测方法标准、环境标准、服务标准等，并制定以 GAP（良好农业规范）、GVP（良好兽医规范）、GMP（良好生产规范）、HACCP（危害关键控制点分析）、ISO 为基本原理的农产品冷链物流全程质量与安全控制技术规程，实现从田间到餐桌的全程控制。另一方面，充分发挥现有国家和部门相关检测机构的作用，根据冷链物流的要求，补充和完善检测项目和内容，并鼓励在大型超市、批发市场建立相应的检测平台，为农产品物流提供快速检测服务。此外，要建立健全检查与监督机制，积极推行专业认证和市场准入制度，建立农产品冷链物流质量安全屏障。

6. 出台相关政策

为了尽快推动我国农产品冷链物流业的快速发展，国家必须尽早制定和实施科学、有效的宏观政策。在科技政策方面，将冷链物流技术发展作为重要内容，纳入国家发展规划和科技计划；加大国家对农产品冷链物流的科技政策性投入，设立专项基金，并列入预算；加大国家科技支撑计划、863 计划、火炬计划、中小企业创新基金、国际合作等项目计划的资助强度；重视农产品冷链物流平台建设，在国家重点实验室、国家工程中心、部门重点实验室、中试基地、质量标准与检验中心、食品安全评价研究中心等国家工程项目建设中，给予优先支持。在财政金融政策方面，建议把农产品冷链物流作为国家投资、政策引导和吸引外资的战略重点，在预算安排和工农业建设项目计划中，给予集中支持和倾斜；适当考虑冷链物流企业、批发市场、配送中心减免增值税和所得税；对农产品冷链物流业实行优惠贷款政策，包括低息、贴息、放宽还贷期限、放宽抵押条件、支持外资介入等。在产业政策方面，尽快理顺多部门管理的局面，成立协调组织，理顺科研、生产、贸易等部门的关系；按照国家产业政策要求，根据优势农产品的区域布局引导农产品冷链物流业的合理布局；加速农产品冷链物流园区建设，引导一体化发展。

五、物流整合

冷链物流作为物流行业的一个分支，是随着工业和商业的需求增多而不断发展起来的一个行业，冷链物流的发展需要冷库的密切配合，但是我国的冷库在长时期的计划经济体系下，只是起到了一个低温储藏仓库的作用，这极大地制约了冷链物流发展。

以冷链物流相对发达的深圳冷库为例，深圳冷库容量达几百万吨，但是冷链配送企业还不上规模，且分布零散，所以导致偌大的冷库资源不能充分的调配利用，如果能将这些冷库资源充分利用起来，则可以大大降低物流成本，提升产品竞争力。

综上所述，要想充分利用冷库资源来推动冷链物流的发展，必须首先对整个冷库链进行整合，要大力建造和改进新型冷库，让用在冷链物流上的冷库真正起到冷链环节作用，而不只是冷藏作用；其次要将冷链物流所涉及的生产、运输、销售、经济和技术性等各种问题集中起来考虑，协调相互间的关系，争取让整个冷链物流系统高速运转。

任务五 区域物流

一、区域物流的概念

区域物流中的区域，一般采用经济学角度对区域的界定，即经济区域，它是地球表面上被某些经济学意义特征所界定的空间系统。为方便研究区域物流系统和对物流活动的有效调节，可将区域表述为描述、分析、规划、运营或管理等方面具有相似特征的空间范围，它更强调区域系统的整体性，表现为一个动态的范畴。从实践角度，区域一般可分为三个层面：一国之内的经济区域，如我国的东部沿海发达地区、中西部欠发达或落后地区，德国的鲁尔地区等；超越国家界限、由几个国家构成的世界经济区域，如欧盟经济区、东南亚经济区、北美自由贸易区等；几个国家部分地区共同构成的经济区域，如湄公河流域经济区等。在多数情况下，区域概念表明的是一国经济范围内划分的不同经济区，如我国的长江三角洲、珠江三角洲、环渤海经济圈、成渝经济区、“一线两带”经济区等。

从区域物流的形成过程来看，区域物流是随着区域经济的形成和发展而形成和发展起来的。区域经济是一种聚集经济，是人流、商流、资本流等各种生产要素聚集在一起的规模化经济，它以生产的批量化和连续性为主要特征。但是，聚集不是目的，要素的聚集是为了商品的扩散，合理的物流系统对于商品的价值和使用价值的实现起着基础性作用。从区域经济角度来看，在区域经济运行和发展进程中，物流产业的促进作用同样不容忽视。

二、区域物流的特点

1. 资源区域性

区域是一个地域空间概念，在这个地域空间内，资源分布的差异性是形成区域物流的经济基础。区域资源包括自然资源和社会资源。自然资源是天赋的，如土地、山脉、河流、湖泊、海洋、森林、矿产、耕地、水源、日照、风雨雷电等，并非人力所能轻易改变的；社会资源指劳动力、资金、经济水平、科技教育、各种知识、经营管理专门人才、工艺水平、文化习俗、风土人情乃至思想观念等，其是在长期历史发展过程中形成的，各地都有自身的特殊性。每个不同的区域都存在由特定的自然资源和社会资源所构成的空间资源。任何一个国家或地区的空间资源分布都不可能完全等量、均质，因而在现实物流发展的过程中，区域物流表现出了较大的差异性和多样性。

2. 与区域经济的适应性

区域物流与区域经济发展的水平、规模密切相关。区域经济的发展是区域物流的基础，没有区域经济，也就没有区域物流，不同区域经济的水平、规模和产业形态，要求与之相适应的区域物流服务保障，这样才能使区域经济持续、健康发展。

物流服务水平的高低总是与社会经济发展程度相适应，因此物流区域的划分主要根据经济发展程度来确定，而经济发展程度主要考察国内生产总值（GDP）、人均GDP、国民收入、固定资产投资规模、社会消费总水平、劳动生产率等经济指标。在现实经济生活中，经济发展程度相差悬殊的地区将形成各自不同的物流区域，换句话说，就是在一个物流区域内部，物流在不同地方的发展程度是相近的；而不同的物流区域，其物流发展程度往往差距很大。区域物流发展水平与发展模式同区域资源状况联系紧密，更与区域经济发展水平和经济结构的发展密切相关。

3. 城市中心性

区域的地理位置及区域中心城市对区域物流的形成具有重要的作用。区域经济的发展，往往受区域地理位置的影响，因此地理位置是区域经济的基础，也是区域物流的基础。上海、广州、深圳等沿海城市，或北京、武汉、郑州等交通枢纽城市，在物流活动中能发挥极其重要的集散地功能，因此客观上具有区域物流中心的地位。而中心城市，如上海、广州、武汉等，本身有良好的物流基础设施，已成为物流活动的关键节点（物流中心）；同时，中心城市政府的政策对该区域的产业发展有着积极的支持和引导作用，进而促进了该区域经济的发展及区域物流业的发展。因此，区域中心城市是区域物流业发展的中心。

4. 运输距离的经济性

运输距离的经济性对区域物流的划分具有重要影响。不论在哪一个区域，在发达、健康的物流市场环境下，区域内的物流企业必然是区域物流组织的主体。因此，从物流企业运作的角度来看，物流企业必然要遵循距离经济性的原理，这就使物流企业运作的范围有一个距离的限制，即如何在最佳的距离范围内实施有效的物流运作，以使得物流企业既能向顾客提供优质、满意的物流服务，又能获得尽可能多的利润。区域物流配送的距离一般是围绕区域某核心位置，以一定的经济距离为半径，据此进行合理的配送服务。

5. 区域物流系统的完整性

区域物流内部由于自然资源基础和社会资源现实的不同，形成了自身的物流系统，而且具有一定的完整性。每一个区域物流都追求区域内各种物流活动结构上的合理组合与功能上的互补配套，对区域内外资源进行调剂余缺、优化配置，从而推动区域整体物流的发展，产生任何单一经济组织都无法取得的物流效果。不同区域物流系统的内涵和完整性有所不同，但是区域物流实质上是由区域内各种物流活动相互联系、相互制约而形成的具有自身结构和功能特色的物流系统。换言之，有的区域物流系统完整性可能高一些，有的区域物流系统完整性可能低一些，但都是物流系统。区域物流具备一般物流系统的全部功能。

任务六　国际物流

一、国际物流的概念

国际物流是相对国内物流而言的，是指不同国家（地区）之间的物流，是跨越国界、流通范围扩大了的物品的实体流动，是国内物流的延伸和进一步扩展。国际物流是国际贸易的一个必要组成部分，各国之间的贸易往来最终都要通过国际物流实现。由于国际分工的日益细化和专业化，任何国家都不可能包揽一切专业分工，因此必须有国际合作与交流，随之而来的国际商品、物资的流动便形成了国际物流。只有国际物流工作做好了，才能将国外客户需要的商品适时、适地、按质、按量、低成本地送达，从而提高本国商品在国际市场上的竞争力，扩大对外贸易；同时，将本国需要的设备、物资等及时、高效地进口到国内，满足国内人民的生活、生产建设、科学技术与国民经济发展的需要。

广义的国际物流包括国际贸易物流和非国际贸易物流。其中，国际贸易物流是指组织国际贸易货物（进出口货物）在国际上的流动，即根据国际贸易的需要发生在不同国家之间的物流。具体来讲，就是当商品的生产和消费分别在两个或两个以上的国家（地区）独立进行时，为了克服生产与消费之间的空间距离和时间间隔，对商品进行时间和空间转移的活动，也即卖方交付货物和单证、收取货款，买方支付货款、接收单证和收取货物的过程。非国际贸易物流是指各种展览品、行李物品、办公用品、援外物资等非贸易货物在国际上的流动。由于在国际物流中以国际贸易物流为主，所以下面所讲的国际物流是指国际贸易物流。

二、国际物流的特点

1. 复杂性

这是国际物流的一个非常重要的特点，尤其是物流软环境的差异，不同国家的不同物流适用法律使国际物流的复杂性远高于国内物流，甚至会阻断国际物流；不同国家的不同经济和科技发展水平会造成国际物流处于不同科技条件的支撑下，甚至有些地区根本无法应用某些技术而迫使国际物流全系统整体水平下降；不同国家有不同标准，也会造成国家间“接轨”的困难，因而使国际物流系统难以建立；不同国家的风俗人文也会使国际物流受到很大局限。物流环境的差异迫使一个国际物流系统需要在几个不同的法律、人文、习俗、语言、科技、设施的环境下运行，这无疑会大大增加物流的难度和系统的复杂性。

2. 距离远，时间长，范围广

物流本身的功能要素、系统与外界的沟通本已很复杂，国际物流再在这种复杂系统上增加不同国家的要素，不仅使地域和空间更加广阔，而且所涉及的内外因素更多，物流活动所需的时间更长，其直接后果是难度和复杂性增加，风险增大。当然，也正因为如此，国际物流一旦融入现代系统技术之后，其效果比以前更显著，例如开通一个大陆桥之后，国际物流速度会成倍提高，效益显著增加。

3. 必须有国际信息系统的支持

国际信息系统是国际物流，尤其是国际联运非常重要的支持手段。国际信息系统的建立，一是管理困难，二是投资巨大。再者，由于世界上有些地区物流信息水平较高，有些地区信息水平较低，所以会出现信息水平不均衡，使信息系统的建立更为困难。当前国际物流信息系统一个较好的建立办法是和各国海关的公共信息系统联机，以便及时掌握有关各个港口、机场和联运线路、站场的实际状况，为供应或销售物流提供支持。国际物流最早发展的是 EDI 领域，以 EDI 为基础的国际物流对物流的国际化产生了重大影响。

4. 标准化要求较高

要使国家间的物流畅通，统一标准是非常重要的。可以说，如果没有统一的标准，国际物流水平难以提高。目前，美国、欧洲基本实现了物流工具、设施的统一标准，如托盘采用 1 m×1.2 m，集装箱采用几种统一规格及应用条码技术等，这样一来大大降低了物流费用和转运难度。而不向这一标准靠拢的国家，必然在转运、换车等许多方面多耗费时间和成本，从而降低其国际竞争力。在物流信息传递技术方面，欧洲各国不仅实现了企业内部的标准化，而且实现了企业之间及欧洲统一市场的标准化，这就使欧洲各国之间的系统交流比其与亚洲、非洲国家的交流更简单、更有效。

三、国际物流系统的组成

国际物流系统是由包装子系统、运输子系统、仓储子系统、检验子系统、通关子系统、装卸子系统、流通加工子系统、信息子系统以及国际配送子系统等构成。其中，国际货物的运输子系统和仓储子系统是国际物流的两大支柱。通过运输克服了商品生产和消费的空间距离，通过仓储消除了其时间差异，满足了国际贸易的基本需要。

拓展案例

减少废弃物，看国际快递企业如何打造绿色物流

发展绿色快递包括多方面内容，如绿色包装、绿色运输等，而行业中建筑物的绿色发展同样不能忽视。经过长期积累，三大国际快递企业均在如何打造绿色建筑方面颇具经验，相信其也能够为我国快递业的绿色建筑发展提供参考与借鉴。

1.FedEx 不断开发新建筑节能项目

FedEx 提出要在绿色环保方面实现五大目标，其中第四、五项涉及绿色建筑，分别是在美国境内联邦快递全部楼宇得到 LEED(Leadership in Energy and Environment Design)认

证，以及办公楼宇内设施设备使用新能源。FedEx 利用太阳能和燃料装置发电，减少温室气体排放和营运成本，现已成为业内领先的示范。

河滨太阳能科技园区由办公大楼和仓储空间两部分组成，是美国纽约州第一家太阳能商业园区，也是第一座兼具防风、避雨、遮阳功能的建筑。自产的电力和水力能满足园区 29% 的能源需求。在 FedEx 的 10 年租用期内，可抵消 100 万千瓦时的生物燃料发电导致的排放。园区网络实时监控系统可对太阳能使用情况进行实时监测和分析。此外，该建筑还采用了节能照明系统及保留地下水、雨水等设备和技术。与普通装置相比，能节约水资源约 50%。

2.DHL 多举措提升建筑能源使用率

2017 年 3 月，DHL 发布了 2050 年零排放环保目标。DHL 高层签署联名信，表示愿意参与联合国气候变化大会达成的《巴黎协议》，接受气候保护相关条款的约束。此举对于响应《巴黎协议》中将全球升温控制在 2 ℃以内和联合国 2030 年可持续发展目标具有重要意义。DHL 原定 2020 年前完成低碳效率提升 30% 的目标，现已提前完成。

那么，DHL 提高办公楼宇和营运场所能源使用效率的措施有哪些呢？

首先，安装办公楼宇能源消耗和监测系统。德国境内的 10 个操作场地已实现能耗监控技术应用，主要用于监测电力、汽油、水资源的消耗。2017 年底前，这些应用将在德国全境推广应用。

其次，升级 LED 照明和温控系统。到 2019 年，德国境内邮件分拣中心 T5 荧光照明系统将升级为 LED 照明系统。目前，欧洲和亚太地区的 25 个场地已完成该项升级。同时，DHL 还在升级节能加热器和发电装置，加热装置在为场地供水的同时实现供暖需求。到 2019 年，DHL 所有包裹分拣中心将应用该装置。现已完成 10 个场地的安装工作，场地中 25% 的电力由该装置提供。

最后，应用新技术。DHL 新建场地全部应用了玻璃遮阳、日光采集、雨水采集、光伏技术和热能装置等。办公楼宇 62% 的电力为可替代能源，特别是位于比利时、德国、法国、爱尔兰、意大利、卢森堡、荷兰、挪威、西班牙、瑞典、英国、美国的场地，90% 已使用绿色能源。

3.UPS 继续加大太阳能项目投资

UPS 于 2012 年启动企业环保 13 项目标，每个目标项下都有细化指标和考核数据，其中 3 项已提前完成。其中涉及绿色建筑的指标，包括第 8 项二氧化碳排放指标和第 9 项节能指标，正在有序推进中。

据了解，UPS 在全球拥有 2 590 个操作场地，现有 4 个场地获得美国绿色建筑委员会颁发的 LEED 认证。目前，UPS 已形成设计、购买、安装、监理和日常应用等步骤的太阳能装置操作模式。在实践中，UPS 先期一般是将屋顶太阳能光伏工程外包，与第三方签订为期 20 年的协议，提供太阳能能源。鉴于快递行业场地的用电特点，太阳能发电系统在用电低谷时能满足 UPS 场地营运所需，即便在用电高峰时也能够提供供电保障。

随着太阳能技术的成熟和政策补助增多，UPS 逐渐投入更多资金。今年 2 月，UPS 称将大幅增加太阳能项目投资，并在年底前争取将其 8 个场地的太阳能设备投入使用。此外，

UPS 将追加 1 800 万美元的投资，增配 2.6 万块光伏板。项目完成后，太阳能发电量将是现在的 5 倍，场地 50% 的电量由太阳能装置提供，相当于 1 200 个普通家庭的年用电量。

案例思考与讨论：

（1）国际物流巨头的绿色物流对中国有什么启示？

（2）如果你是一个物流从业者，结合中国目前物流的现状，谈谈你对中国实施绿色物流的看法？

项目小结

本项目主要介绍了六种常见社会物流的概念、分类、特点和应用等知识，如逆向物流、回收物与废弃物物流、绿色物流、冷链物流、区域物流及国际物流等。

项目练习

一、单项能力训练

1. 单选题

（1）以下不是逆向物流的特点的是（　　）。

A. 来源多样性　B. 不确定性　C. 难以预测性　D. 价值递减性

（2）将由于产品包装或运输容器、材料等废弃物的装卸、运输、进行废弃物处理所需的费用称为（　　）。

A. 废弃物物流费　B. 回收物物流费　C. 绿色物流费　D. 处理物流费

（3）按照物流的作用划分，物流可以分为供应物流、销售物流、生产物流和（　　）。

A. 绿色物流　B. 废弃物物流

C. 回收物物流　D. 回收物物流和废弃物物流

（4）产品销售过程中，不同销售点之间的调货属于（　　）。

A. 正向物流　B. 逆向物流　C. 绿色物流　D. 低碳物流

（5）跨境电商物流就是指物流活动跨越（　　）。

A. 不同的国家或地区　B. 不同国家

C. WTO 框架　D. 国内不同省份

（6）跨境电子商务物流以（　　）为主，辅以多种运输方式组合。

A. 航空运输　B. 远洋运输　C. 铁路运输　D. 公路运输

（7）按照物流活动作用层次和作用环节不同，可分为社会物流、行业物流和（　　）等。

A. 回收与废弃物物流　B. 国际物流

C. 地区物流　D. 企业物流

2. 判断题

(1)逆向物流和正向物流一样,也有包装、运输、仓储和配送等物流环节。(　　)

(2)逆向物流比较少见,所以不受重视。(　　)

(3)回收物和废弃物是一个概念。(　　)

(4)从某种意义上讲,没有没有价值的物品,有时只是人们没有找到合适的方式去利用这些所谓的“废品”。(　　)

(5)绿色物流就是在物流过程中尽量保证绿色无污染。(　　)

(6)冷链物流技术要求比较高,因此一般情况下其成本也高。(　　)

(7)区域物流对区域经济发展有重要的影响。(　　)

(8)国际物流一般分为国际物流头程和境外物流尾程两部分。(　　)

3. 简答题

(1)简述废弃物物流的概念。

(2)什么是逆向物流? 具有什么特点?

(3)冷链物流有什么特性?

(4)区域物流的特点及作用是什么?

(5)简述国际物流系统的组成。

二、综合技能训练

以“我们身边的逆向物流”为主题,结合生活实际分组讨论社会生活中都有哪些逆向物流表现形式? 这些逆向物流对社会发展有什么意义? 如何更好地实现逆向物流的社会价值收益? 整理讨论内容,撰写分组讨论报告。

项目十　供应链管理

学习目标

❖ 掌握供应链概念及其发展过程。
❖ 掌握供应链管理的概念及特征。
❖ 掌握供应链管理的内容。
❖ 掌握供应链管理方法。
❖ 了解全球供应链管理。
❖ 了解全球供应链管理的关系管理。

项目引入

戴尔的高效供应链管理

在戴尔直销模式的背后,是其出色的供应链管理。它能在收到客户个性化需求的订单后,立即向不同的供应商采购材料,迅速转入生产,再将产品交给快递公司分发出货,在整个过程中,戴尔能保证公司实际材料库存量始终保持在最低水平,从而使产品的价格更有竞争力。

戴尔的供应链管理有两个难点:一是客户服务;二是物料配送。解决这两个难题是整个供应链管理的关键。

客户服务要面对面地处理好所有客户的要求,有很高的难度。戴尔充分利用互联网与大部分客户建立联系,并且能够和每一个客户都维持一对一的细致对话,尽可能多地搜集客户信息和客户要求;客户也能通过互联网发送自己的订单,提出自己的业务要求。戴尔有一个专门处理客户信息的系统,它能对不同的客户信息进行分类,对客户的订单进行处理,并且自动传递给采购和生产部门。网上订单处理既加快了速度,又加强了数据处理的准确性,为公司下一步的采购和生产做好准备。

在客户服务方面,还要提到售后服务和技术支持。戴尔采取了外包方式,并且用一系列制度来保证服务品质,控制外包厂商的技术水平。外包可以有效地节约公司成本,对公司的业务重点做出细分。物料配送方面的物流成本每年大概要花费公司运营成本的74%, 2000年戴尔花在物流上的资金是210亿美元,这笔费用只要降低0.1%,就能带来很大的收益。为了削减物流成本,戴尔在物流管理上下了大功夫。

戴尔和供应商建有非常严密的网络,每一个供应商都与戴尔在网上连接。通过电子网络,戴尔和上游配件制造商组成了一个虚拟企业,在这个虚拟企业中,供应商成了戴尔的一个零件提供部门,互相之间联系紧密,当戴尔接到客户从网上发出的购买电脑的电子订单后，公司的配置中心会把一张订单分解成一张张的零件采购订单，通过网络发给配件供应商，各个供应商在收到订单以后，马上组织生产，在指定的期限内发货给戴尔，收到零件以后，戴尔只需在生产车间进行配装，之后就可以把成品发送给客户了。

有时戴尔也会有原料不足的情况，这时戴尔会和供应商取得联系，确认对方是否能增加下一次发货的数量，如果问题涉及硬件之类的通用件，通常会和后备供应商商量，如果穷尽所有供应渠道仍然无法解决问题，公司采购部门就会与销售和管理人员商议，协助把需求转向其他方面，所有这一切都在几个小时内完成。

案例讨论：

(1)戴尔的供应链管理主要内容有哪些?

(2)分组讨论戴尔的供应链管理具有哪些特点?

任务一　供应链概述

一、供应链的概念

供应链是围绕核心企业，通过对信息流、物流、资金流的控制，从采购原材料开始，制成中间产品以及最终产品，最后由销售网络把产品送到消费者手中，将供应商、制造商、分销商、零售商直到最终用户连成一个整体的功能网链结构模式。它不仅是一条连接供应商到用户的物流链、信息链、资金链，而且是一条增值链，物料在供应链上因加工、包装、运输等过程而增加价值，给相关企业带来收益。

二、供应链的结构模型

1. 链状结构

结合供应链的定义与结构，不难发现链状结构最简单。当供应商、制造商、分销商、零售商和用户在一条线上时，就形成链状结构。原材料最初来源于自然界，经过生产、加工、装配、包装，最终送达用户。

如果把满足顾客需求的各个环节都抽象成一个节点，则众多的节点连接起来就形成供应链。假如 C 为制造商，B 为 C 供货，则 B 为 C 的一级供应商，A 为 B 供货，则 A 为 C 的二级供应商，D 直接从 C 进货并销售 C 的产品，则 D 为 C 的一级分销商，E 通过 D 进货并销售 C 的产品，则 E 为 C 的二级分销商，以此类推。通常，企业可能有多级供应商或多级分销商，这与企业所在的行业及企业管理者对供应链的设计有关。了解多级供应商和多级分销商的概念，有利于从整体上把握供应链的运行状况。

链状结构有明显的缺陷，如企业会面临供应中断的风险，也不利于产品大范围覆盖市场，因而在实务中很少有企业采用这种类型的供应链。

2. 网状结构

事实上，在一个行业中生产同类产品的企业往往不止一家，如链状结构模型中C的同业竞争者可能有C_1，C_2，…，C_k等k家，C的供应商也可能不止一家，而可能有B_1，B_2，…，B_n等$_n$家，分销商可能有D_1，D_2，…，D_m等m家，于是上面的链状结构就演变成了一个网状结构。网状结构更能说明企业经营运作中产品的复杂供应关系。从理论上讲，任何一个企业和消费者都可以通过互联网成为全球网络供应链中的一个节点（成员）。我们可以通过互联网从美国的亚马逊购买所需要的图书，而亚马逊对我们的这一需求也会做出响应。在网状结构模型中，各个节点存在联系，当然这些联系有强有弱，并且总在变化，网状结构更有利于我们对供应链的宏观把握。相对于链状结构而言，网状结构更为复杂，而全球性网络供应链则是供应链未来的发展方向。

3. 网链结构

供应链由所有加盟的企业组成，一个企业即是一个节点，每个节点代表一个经济实体，并具有供需双重身份。供应链的结构要素主要包括：供应链长度、供应链宽度（集约度）、节点企业间的关系。一般认为，供应链的长度即是满足顾客需求所涉及的环节数，同类企业处于同一层面上。有的学者则认为，供应链上的每一个节点都可能持有库存，所有前导时间之和称为供应链长度，它是当需求增加超过库存的安全极限时，对供应链的市场需求反应时间的计量。而供应链的宽度即供应链的集约度，它可以由供应链中同类企业的数量来衡量。

通常，供应链中有一个核心企业，它往往是供应链中的强势企业（即在供应链中有较强影响力的企业）。核心企业需要对供应链进行规划、设计和管理，需要协调上下游企业之间的关系，需要整合供应链企业群体的资源，高效、低成本地满足顾客需求。这对核心企业的素质和能力的要求很高。一般而言，谁是核心企业并无定论，主要取决于企业的实力及其在供应链中的影响力。

20世纪90年代中期以前，供应链中的核心企业一般由实力雄厚的制造商来充当，随着市场的转型，特别是90年代中期以后，连锁零售企业逐渐在全球范围崛起，这些商业企业的门店越开越多，企业经营的规模越来越大，大型商业企业逐渐在供应链中占据优势，于是核心企业易位，供应链的势力逐渐向供应链下游移动。

供应链网链结构模型如图10-1所示。

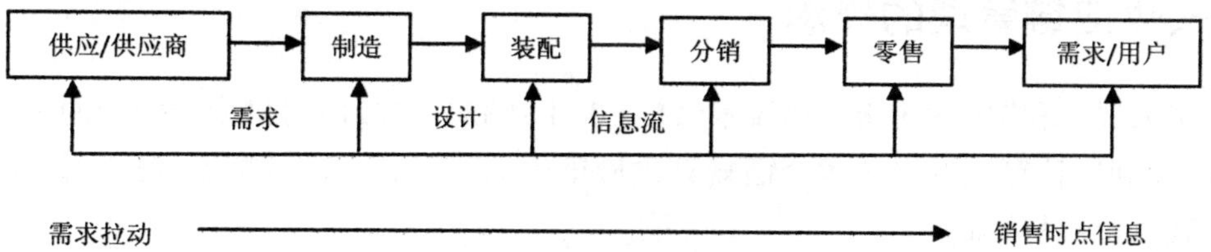

图10-1　供应链网链结构模型

三、供应链的特征

从供应链的结构模型和概念可知，供应链是一个网链结构，由核心企业的供应商、供应商的供应商、用户、用户的用户组成。一个企业是一个节点，节点企业和节点企业之间是一种需求与供应的关系。由此可知，供应链的特点：用户需求拉动网链结构；整个过程是高度一体化的提供产品和服务的增值过程；每个节点代表经济实体以及供需的两个方面；具有物流、信息流和资金流三种表现形态。此外，供应链还具有以下特征。

1. 复杂性

现代企业的供应链是一种复杂的、非线性的虚拟价值链网络，由具有不同目标的成员组成。因为供应链节点企业组成的跨度（层次）不同，有生产、加工和服务等类型，可以分为上游、下游、核心层，即供应链是包含多个、多类型和多国度的节点企业的网链，而且供应链往往由多个不同类型的企业构成，供应链上的各个节点企业是具有独立经济利益的不同实体，具有不同的企业文化、价值理念。各个节点企业既存在竞争，又必须相互合作，企业供应链结构模式比一般单个企业的结构模式更为复杂。

2. 交叉性

节点企业可以是多个供应链的成员，众多的供应链形成交叉结构，增加了协调管理的难度。

3. 动态性

供应链是一个开放的动态系统，与外部环境有着密切的联系。外部环境的任何变化（如宏观政策的变化、经济发展的速度和质量变化、新技术发展和应用所引起的商业模式改变等）都会影响系统整体功能的实现。供应链系统一旦建立，就成为一个即时的确定系统，外部环境发生变化时，供应链系统的管理模式将随着外部环境变化。

任务二　供应链管理概述

一、供应链管理的概念

中华人民共和国国家标准《物流术语》(GB/T 18354—2021)对供应链管理的定义：供应链管理，即利用计算机网络技术全面规划供应链中的商流、物流、信息流、资金流等，并进行计划、组织、协调与控制。

供应链管理是在现代科技和产品极其丰富的条件下发展起来的管理理念，它拆了企业间的围墙，将各个企业独立的信息孤岛连接在一起，建立起一种跨企业的协作，并且各个企业作为贸易伙伴，为追求经济利益的最大化而共同努力。

二、供应链管理的特征

1. 以满足客户需求为根本出发点

供应链的首要目的是满足客户需求，并在满足客户需求的过程中为企业创造利润。在供应链管理中，满足客户需求目标优先于其他所有目标，这就要求供应链管理以客户需求为中心，把客户服务作为管理的出发点，并贯穿供应链的全过程，把改善客户服务质量、实现客户满意作为实现利润、创造竞争优势的根本手段。

2. 以共同价值观为战略基础

供应链管理首先要解决的是供应链伙伴之间信息的可靠性问题。如何管理和分配信息取决于供应链成员之间对业务过程一体化的共识程度。供应链管理是在供应链合作伙伴之间形成一种相互信任、相互依赖、互惠互利和共同发展的价值观和依赖关系。供应链战略需要供应链上的企业从供应链整体出发，实现供应链信息的共享，加快供应链信息的传递，减少相关操作，简化相关环节，提高供应链的效率，降低供应链的成本，在保证合作伙伴合理利润的基础上，提升企业竞争能力和盈利能力，实现合作伙伴间的共赢。

3. 以提升供应链竞争力为主要竞争方式

在激烈的市场竞争中，企业单纯依靠自身的资源不足以赢得竞争优势，需要通过与供应链其他成员进行跨部门、跨职能和跨企业的合作，建立有共同利益的合作伙伴关系，实现共赢。供应链管理使各合作伙伴之间密切合作，共享利益、共担风险。同时，信息时代的到来使信息资源的获取更具开放性，这就迫使企业间打破原有界限，寻求建立一种超越企业界限的新的合作关系。因此，加强企业间的合作已成为必然趋势，供应链管理的出现迎合了这种趋势，顺应了新的竞争环境的需要，改变了企业的竞争方式，将企业之间的竞争转变为供应链之间的竞争。

4. 以广泛应用信息技术为主要手段

信息流的管理是影响供应链效益和效率的一个关键因素，信息技术在供应链管理中的广泛应用，大大减少了供应链运营过程中的不增值活动，提高了供应链的运营绩效。供应链管理应用信息技术重新组织和安排业务流程，进行集成化管理，实现信息共享。只有通过集成化管理，供应链才能实现动态平衡，实现协调同步、和谐运营。

5. 以物流的一体化管理为突破口

供应链管理把从供应商开始到最终消费者的物流活动作为一个整体进行统一管理，始终从整体和全局上把握物流的各项活动，使得供应链整体库存水平最低，实现供应链整体物流最优。物流一体化管理能最大限度地发挥企业能力，降低库存水平，从而降低供应链的总成本，因此，要实现供应链管理的整体目标，为企业创造价值，为供应链企业赢得竞争优势和提高收益率，供应链管理必须以物流的一体化管理为突破口。

6. 以非核心业务外包为主要经营策略

供应链管理是在自身核心业务基础上，通过协作的方式来整合外部资源，以获得最佳的总体运营效益。企业在保留核心业务的同时，对非核心业务采取外包的方式，借此优化各种资源，既可提高企业的核心竞争力，又可参与供应链，依靠建立完善的供应链管理体系，充分利用供应链上合作伙伴的资源，发挥合作伙伴的优势。

三、供应链管理的内容

供应链管理主要包括计划、合作、控制从供应商到用户的物料（零部件和成品等）和信息。供应链管理的目标在于提高用户服务水平和降低总的交易成本，并且寻求两个目标之间的平衡（这两个目标往往有冲突）。具体来说，供应链管理包括以下五大基本内容。

1. 计划

计划是供应链管理的策略性部分。企业需要运用一个策略来管理所有的资源，以满足客户对企业产品的需求。好的计划是建立一系列的方法来监控供应链，使它能够有效、低成本地为客户递送高质量和高价值的产品或服务。

2. 采购

采购是指选择能为企业提供货物和服务的供应商，与供应商建立一套定价、配送和付款流程，并制定方法监控和改善管理。企业应把对供应商提供的货物和服务的管理流程结合起来，包括提货、核实货单、转送货物到企业的制造部门，并批准对供应商的付款等。

3. 制造

制造指企业安排生产、测试、打包和准备送货所需的活动，是供应链中测量内容最多的部分，包括质量水平、产品产量和工人的生产效率等的测量。

4. 配送

配送也称为物流，指调整用户的订单收据、建立仓库网络、派递送人员提货并送货到顾客手中、建立货品计价系统、接收付款等一系列活动。

5. 退货

退货是供应链中的问题处理部分，指企业建立网络接收客户退回的次品和多余产品，并在客户应用产品出现问题时提供支持。

任务三　供应链管理方法

一、快速反应（QR）

1.QR 概述

QR（Quick Response）是在美国纺织服装业发展起来的一种供应链管理方法，它是由美国零售商、服装制造商及纺织品供应商开发的整体业务概念。QR 指在供应链中为了实现共同的目标，零售商和制造商建立战略伙伴关系，利用 EDI 等进行销售时间的信息交换及订货补充等其他经营信息的交换，用多频度、小数量配送方式连续补充商品，以实现缩短交货周期、减少库存、提高客户服务水平和企业竞争力的供应链管理方法。其最终目的是减少从原材料到销售点的时间和整条供应链上的库存，最大限度地提高供应链管理的运作效率。

建立 QR 系统的基础是准确把握销售动向，运用 POS 系统的单品管理功能，及时掌握每一种商品的销售状况和库存状况，同时将在零售阶段获得的销售信息在供应链上下游企业中共享。也就是说，下游零售阶段的销售动向要及时准确地反映到生产计划上。

QR 方法要求供应链中的企业在面对纺织服装业这类多品种、小批量的买方市场时，不是预先储备好产品，而是准备各种要素，一旦客户提出要求，能以最快速度抽取要素，及时组装，提供客户所需服务或产品。

2. 实施 QR 的过程

QR 的实施，需要经过六个步骤，每一个步骤都需要以前一个步骤作为基础，并比前一个步骤有更高的回报，但是需要额外的投资。下面以纺织服装业为例进行说明。

1）安装条码和实施 EDI 技术

零售商首先必须安装通用产品代码（UPC）、POS 扫描机和实施 EDI 技术等，以加快 POS 机收款速度，获得更准确的销售数据，并使信息沟通更加顺畅。POS 扫描机用于数据输入和数据采集，即在收款检查时用光学方式阅读条码，然后将条码转换成相应的商品代码。

2）固定周期补货

QR 的自动补货要求供应商更快、更频繁地运送重新订购的商品，以保证店铺货源充足，提高销售额，通过对商品实施 QR 保证这些商品能敞开供应，零售商的商品周转速度更快，消费者可以选择更多的花色品种，一些基本商品每年的销售模式都是一样的，一般不会受流行趋势的影响。因为这些商品的销售是可以预测的，所以不需要对商品进行考察来确定重新订货的数量。

自动补货指基本商品销售预测的自动化，自动补货使用基于过去和目前的销售数据及其可能变化的数据，通过软件进行定期预测，同时考虑目前的存货情况和其他因素，以确定订货量、自动补货是由零售商、批发商在仓库或店内进行的。

3)建立先进的补货联盟

建立先进的补货联盟是为了保证补货业务的顺畅。零售商和消费品制造商联合起来检查销售数据,制定关于未来需求的计划和预测,在保证有货和减少缺货的情况下降低库存水平,进一步地也可以由消费品制造商管理零售商的存货和补货以加快库存周转速度,提高投资毛利率(销售商品实际实现的毛利除以零售商的库存投资额)。

4)零售空间管理

零售空间管理指根据每个店铺的需求模式来规定其经营商品的花色品种和补货业务。一般来说,对于花色品种、数量、店内陈列及培训或激励售货员等,消费品制造商也可以参与甚至制定决策。

5)联合产品开发

联合产品开发的重点不再是一般商品和季节商品,而是像服装等生命周期很短的商品。厂商和零售商联合开发新产品时,其关系的密切超过了购买与销售的业务关系,有助于缩短从新产品概念到新产品上市的时间,而且可在店内对新产品进行试销。

6)QR 的集成

QR 的集成指通过重新设计业务流程,将前五步的工作和公司的整体业务集成起来,以支持公司的整体战略。QR 前五步的实施为零售商和消费品制造商重新设计产品补货、采购和销售业务流程奠定了基础,并使配送中心得以改进,适应频繁的小批量运输,使配送业务更加顺畅。

同时,由于库存量增加,大部分消费品制造商也开始强调存货的管理,改进采购和制造业务,使自身能够做出正确的反应。这些都需要零售商和消费品制造商重新设计整个组织绩效评估系统、业务流程和信息系统,设计的重点将围绕消费者而不是传统的公司职能,这要求集成的信息技术。有时也可以先实施最后一步,至少是设计整体结构,这样补货的改进和新产品的开发就能尽量相互吻合。实施 QR 的六个步骤如图 10-2 所示。

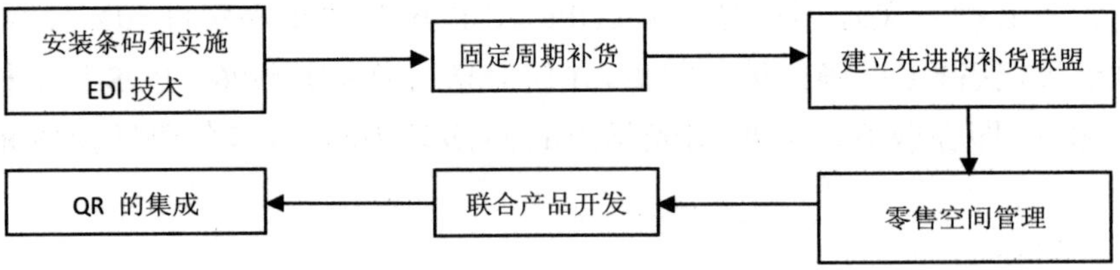

图 10-2　实施 QR 的六个步骤

二、有效顾客响应(ECR)

1.ECR 的含义

ECR(Efficient Customer Response)是生产厂家、批发商和零售商等供应链的组成各方相互协调与合作，更好、更快并以更低的成本满足消费者需要为目的的供应链管理系统。

2.ECR 的特征

（1）管理意识的创新。产销双方的交易关系从此消彼长的对立关系转换为合作伙伴关系。

（2）供应链整体协调。ECR 要求供应链上进行跨部门、跨职能和跨企业的管理与协调。

（3）涉及范围广。ECR 要求对供应链整体进行管理和协调，必然涉及零售业、批发业、制造业等相关行业。为了最大限度地发挥 ECR 的作用，必须对关联行业进行分析研究，对组成供应链的各个企业进行管理和协调。

3.ECR 的应用原则

（1）以较少的成本，不断致力于向供应链顾客提供更优的产品、更高的质量、更好的分类、更好的库存服务以及更多的便利服务。

（2）必须由相关的商业带头人启动。ECR 要求供需双方的关系必须从传统的赢输关系向双赢联盟伙伴关系转化，这就需要商业带头人或企业的最高管理层对各企业的组织文化和经营习惯进行改革，使供需双方关系转化成为可能。

（3）必须利用准确、适时的信息以支持有效的市场营销、生产制造及物流配送。ECR 要求利用行业 EDI 的方式在组成供应链的贸易伙伴间自由交换和分享信息，这将影响以计算机信息为基础的系统信息的有效利用。

（4）必须在产品不断增值的过程中，即从生产至包装，直至到达最终顾客的购物车中，确保顾客能随时获得所需产品。

（5）必须建立共同的成果评价体系。注重整个系统的有效性，清晰标识出潜在的回报，促进在供应链的范围内进行公平的利益分享。

三、供应商管理库存（VMI）

供应商管理库存（Vendor Managed Inventory，VMI），是供应链管理理论出现以后提出的一种新的库存管理方式，是供应商掌握核心企业库存的一种库存管理模式，是对传统的由核心企业自己从供应商购进物资、自己管理、自己消耗、自负盈亏的模式的一种根本性变革。

传统的库存都是企业自己的库存自己设立、自己掌握，这样做有以下的问题。

（1）自己要花费一笔库存资金，而且在库存没有消耗完以前，就一直占用，不但造成企业资金紧张，而且会产生一笔资金使用费（银行利息）。

（2）不但占用仓库、增加保管费用，还增加了采购、进货、入库、保管、出库、检验等许多工作环节和工作量，分散了企业的资金和人力、物力，降低了核心竞争力。

（3）存在库存风险。自己设立的库存的数量是靠自己对市场未来需求量的预测确定的，但是预测可能不准确，加之市场随时变化，因此常常出现库存过量或过时滞销的情况，造成库存积压和死库存，给企业造成经济损失。

由供应商管理库存有很多好处，具体体现在如下方面。

（1）供应商是商品的生产者。供应商掌握核心企业的库存，具有很大的主动性和灵活性。它可以根据市场需求的变化，及时调整生产计划和采购计划，库存消耗速率大就多生产一些，库存消耗速率小就少生产一些。这样既不会造成超量库存积压，又可以灵活响应市场的变化；既不存在占用资金的问题，又不会增加费用、造成浪费。

（2）由供应商管理库存可以把核心企业从库存陷阱中解放出来。核心企业不需要占用库存资金，不需要增加采购、进货、检验、入库、出库、保管等一系列工作，它们能够集中更多的资金、人力、物力用于提高自身的核心竞争力，更好地完成自身的工作，大大提高效益，扩大市场，从而提高整个供应链的活力，给整个供应链，包括供应商企业创造一个更加有利的局面

（3）由供应商管理库存就是掌握市场。核心企业的库存消耗是市场需求的组成部分，它直接反映了客户的消费水平和消费倾向，这对于供应商改进产品结构和设计、开发销售对路的新产品，对于企业的生产决策和经营决策起着有力的信息支持作用，使它们能够获得更好的发展。

可见，实施 VMI 可以实现核心企业和供应商的双赢，对核心企业、供应商都有好处。

实施 VMI 需要几个前提条件，具体内容如下。

（1）供应商要详细掌握核心企业的销售信息和库存消耗信息，也就是核心企业的销售信息和库存消耗信息要对供应商透明。具体来说，供应商应该掌握核心企业的销售时点信息或库存消耗时点信息，因为只有掌握这些时点信息，供应商才能够掌握库存消耗的规律，才能够根据这个规律来调整生产计划和采购计划，VMI 才有意义。否则，既要供应商掌握库存，又不让它掌握市场销售变化规律，使供应商不能根据市场变化规律及时调整生产计划和采购计划，会彻底地坑害了供应商，VMI 也就无法实现。

（2）为了使供应商能够及时详细地掌握核心企业的销售信息和库存消耗信息，需要建立起通畅的信息传输网络、供应链系统的管理信息系统，实现信息的及时传输和处理。

（3）建立供应链系统的协商机制和互惠互利机制，加强沟通，及时协商处理出现的各种问题，本着责任共担、利益共享的精神，建立起企业之间的友好协作关系。例如，可以建立起某种组织保证系统，如订立合作框架协议。

四、联合库存管理（JMI）

供应链物流管理一个最重要的方面，就是联合库存管理（Jointly Managed Inventory，JMI）。联合库存管理是一种在供应商管理库存（VMI）的基础上发展起来的上游企业和下游企业权责平衡、风险共担的库存管理模式。所谓联合库存管理，就是在整个供应链中建立起以核心企业为核心的库存系统。这里强调以核心企业为核心，是因为在供应链中很容易形成多中心，如果搞多中心，必然分散精力、分散资源，还可能互相干扰，会影响供应链的正常有效运行。所以，一个供应链系统只能有一个中心，所有其他的企业都必须服从这个中心，自觉为这个中心服务。供应链库存系统也必须按照这种思想去组织。具体来说，一是要建

立起合理分布的库存点体系，二是要建立起联合库存控制系统。

（1）建立起合理分布的库存点体系。库存点体系指的是库存点的空间分布合理。所谓合理分布，是指对于核心企业来说，最方便有效，且成本最低。传统的库存设置是每个企业都自设仓库，自发库存，不考虑共享的问题，所以物资从一个生产过程产出以后，必须经过几个仓库的出入库和储存的处理过程才能够到达另一个生产过程的需求点。而联合库存分布一般是供应商企业取消成品库存，而将成品库存直接设置到核心企业的原材料仓库中，或者直接送到核心企业的生产线。

（2）建立起联合库存控制体系。供需双方利用 EPI 技术建立一个共用的工作平台，将双方库存情况、最大 / 最小库存、安全库存及需求预测等信息实现实时共享。

五、连续补充货物（CRP）

连续补充货物（Continuous Replenishment Process，CRP）就是供应点连续多频次、小批量地向需求点补充货物。它基本上是与生产节拍相适应的运输蓝图模式，主要包括配送和准时化供货方式。配送供货一般用汽车将供应商的产品按核心企业所需要的批量（日需要量或者半天需要量）按相应的频次和批量送货（一天一次或两次）。准时化供货，一般用汽车、叉车或传输线进行更短距离、更高频次的小批量、多频次供货（按生产线的节拍，一个小时一次或两次），或者用传输线进行连续同步供应。

六、分销资源计划（DRP）

分销资源计划（Distributed Resource Planning，DRP）是管理企业的分销网络系统，目的是加强企业对订单和供货快速反应和持续补充库存的能力。DRP 分销管理系统是将分销企业的所有资源进行整合集成管理，简单地说，就是将企业的“三大流”——物流、资金流和信息流进行全面一体化管理的信息管理系统。

任务四　全球供应链管理

一、全球供应链管理模式的产生

1. 全球供应链管理概述

全球供应链又称为全球网络供应链，在全球供应链中，供应链成员遍及全球，生产资源和信息资源的获取、产品生产的组织、货物的流动和销售等，都是在全球范围内进行的。到目前为止，全球供应链并没有形成统一的定义，不同的学者从不同的角度提出了各自的见解。Feernstra 认为，全球供应链主要是指充分利用现代各种先进的科学技术，采取全球多个生产基地和销售网点，联合众多企业，组成全球范围的供应链，并且实现供应链企业的优势互补和集成，以降低运输成本、企业营运成本、生产成本以及避免关税壁垒，在国内表现为地方保护主义，联手面对竞争，合理利用资源，尽可能获得更多的利润。Albino 指出，全球供应链是指将原材料制成中间产品以及最终产品，并通过销售系统送达顾客手中，以实现供应链上原材料、在制品、产成品在全球范围内流动的网络结构，并且供应链上各主体之间的活动超越了国界，需要通过全球进出口贸易来完成。

全球供应链管理是应用供应链管理的基本理念、模式、工具和手段，对全球供应链的经营运作进行控制和管理。在形式上，它是供应链管理范围的一种扩展，其基本原理与供应链管理原理相同，但管理对象更加复杂、管理范围更加宽广以及管理模式更加多样化。

全球供应链是在国内供应链的基础上发展而来的。如果供应链所有节点企业都在国内，这条供应链就是国内供应链。如果供应链跨越了国家界限，节点企业位于不同的国家或地区，需要通过进出口贸易来实现，这条供应链就是全球供应链，其管理模式也就是全球供应链管理模式。

2. 全球供应链管理的产生

进入 21 世纪以后，科学技术的不断进步和经济的不断发展、全球化信息网络和全球化市场的形成以及技术变革的加速，使得围绕新产品的市场竞争越来越激烈，企业面临的竞争环境发生了巨大的变化，面临的竞争压力也越来越大。这些竞争压力主要体现在以下几个方面。

1）全球经济一体化趋势加强，企业面临的国际竞争压力增大

世界经济的发展、信息技术的应用和互联网的普及，使整个世界成为日益紧密联系的经济统一体，国家、地区间的经济壁垒逐渐得到消除，一国的经济会受到其他国家经济的影响，任何一个地区或局部的市场，都会面临国际竞争。但是，企业在建立全球化市场的同时，也在全球范围内造就了更多的竞争者，加剧了国际竞争的激烈程度。因此，在全球经济一体化的情况下，企业面对的是日益激烈甚至更加残酷的国际市场竞争。

2）产品更新速度加快，企业产品研发难度加大

现代科技日新月异的发展，使新产品层出不穷，产品寿命周期越来越短，企业的产品能力不断提高，新产品研发周期大大缩短。科学技术的发展带来了一些全新的生产管理模式，大大缩短了产品开发和生产加工过程，加快了技术扩散和新技术应用的步伐。但同时，产品结构日益复杂，产品功能不断增强，产品研制开发的难度也越来越大。越来越多的企业认识到新产品开发对企业创造收益的重要性，因此许多企业不惜工本予以投入，但是资金利用率和投入产出比往往不尽如人意。其原因之一就是产品研制开发的难度越来越大，特别是那些大型、结构复杂、技术含量高的产品在研制中一般都需要各种先进的设计技术、制造技术、质量保证技术等，不仅涉及的学科多，而且大多都是多学科交叉的产物。因此，如何成功地解决产品的开发问题成为摆在企业面前的头等大事。

3）用户个性化需求日益突出，对产品要求越来越严苛

赢得顾客信赖是企业保持长盛不衰的竞争力的重要因素之一，赢得顾客不仅要靠具有

吸引力的产品质量，而且要靠销售后的技术支持和服务，许多世界著名企业在全球拥有健全而有效的服务网络就是最好的证明。

随着社会的发展、大众知识水平的提高和激烈的竞争，带给市场的产品越来越多、越来越好，顾客的要求和期望也越来越高，消费者的价值观发生了显著变化，需求结构普遍向高层次发展。一是对产品的规格、花色品种、需求数量呈多样化、个性化要求，这种多样化要求具有很大的不确定性。为了能在新的环境中继续保持发展，企业必须转变生产管理模式，采取措施从大量生产转向定制化大量生产，即从传统的“一对多”生产关系转向“一对一”的定制化生产服务。二是对产品的功能、质量和可靠性要求日益提高，且这种要求提高的标准又是以不同用户的满意度为标尺的，产生了判别标准的不确定性。三是在满足个性化需求的同时，产品的价格要像大批量生产时那样低廉。个性化需求导致多品种、小批量在企业生产中逐渐占据主要地位，给企业生产成本控制带来困难，如何通过规模化生产方式，降低生产成本、提高企业经济效益，成为企业提高竞争力的关键问题。

4）生产要素流动加快，企业对交货时间以及响应速度的要求越来越高

市场竞争的加剧使经济活动的节奏越来越快，每个企业都感到顾客对时间方面的要求越来越高。这一变化的直接反映就是主要竞争因素的变化。20 世纪 60 年代企业竞争的主要因素是成本，到 70 年代时竞争的主要因素是质量，进入 80 年代后转变为时间。这里的时间指的是交货期和响应周期。随着市场变化节奏的加快，交货期成为主要的竞争因素，以时间为基准的竞争越来越突出，能否以更快、更好、更低的成本制造出新的产品投入市场，将是企业生产和发展的关键。因此，我们说企业要有很强的产品研发能力，不仅指产品品质，更重要的是指产品上市时间，即尽可能提高对顾客需求的响应速度。

实际上，人们很早就注意到了外部环境的变化对企业管理模式的影响，并从技术和组织的角度采取了很多措施，提出了许多适应竞争环境的有效方法。例如，已经在企业中得到广泛应用的计算机辅助产品设计 / 制造（CAD/CAM）、柔韧性制造系统（FMS）、MRP/ERP 精细生产等，都可以认为是企业为了提高对用户需求的有效响应而采取的措施。这些先进的单项制造技术或管理方法，虽然取得了一定的实效，但在企业经营的灵活性、快速满足顾客需求等方面并没有实质性突破，人们终于意识到问题不在于具体的制造技术与管理方法本身，而在于它们局限于传统生产与经营模式的框框之内。

由于“纵向一体化”管理模式的种种弊端，从 20 世纪 80 年代后期开始，国际上越来越多的企业放弃了这种经营管理模式，随之是“横向一体化”管理模式的兴起，即本企业只抓核心的东西，形成在横向上的企业竞争优势，通过外包快速响应市场，充分利用企业外部资源。企业管理的范围，从企业内部扩展到企业外部，从单个企业向社会扩展，以共同利益为目标，企业间进行结盟。“横向一体化”管理模式形成了一条从供应商到制造商再到分销商的贯穿所有企业的“链条”。由于相邻企业表现出一种需求与供应的关系，当把所有相邻企业依次连接起来，便形成了供应链。这条链上的节点企业必须达到协调运行，才有可能使链上所有的企业都受益。于是便产生了供应链管理这一新的运营与运作模式。

供应链管理这种“横向一体化”管理模式在全球范围内跨国性的扩展，形成了全球性的

供应链管理模式——全球供应链管理模式。在这种模式下，核心企业管理的范围，不仅从企业内部扩展到企业外部，从单个企业向社会扩展，更多、更主要的是从国内市场向国外市场扩展、向全球扩展，以共同利益为目标，企业间进行结盟，形成了一个在全球范围内从供应商到制造商再到分销商的贯穿所有企业的"全球供应链管理模式"。

3. 全球供应链管理的作用

全球供应链管理就是要求以全球化的观点，将供应链的系统延伸至整个世界范围，在全面、迅速地了解世界各地消费者需求偏好的同时，对其进行计划、协调、操作、控制和优化。在供应链中的核心企业与其供应商以及供应商的供应商、核心企业与其销售商乃至最终消费者之间，依靠现代网络信息技术支撑，实现供应链的一体化和快速反应运作，达到物流、价值流和信息流的协调。

全球供应链管理可减少从原材料供应商到销售点的物资流通时间。全球供应链管理能适应全球市场快速变化的形势，供应链上的企业通过对消费者需求做出快速反应，实现供应链各环节即时出售、即时生产、即时供应，也就是在需求信息获取和随后所做出的反应尽量接近实时及最终消费者，将消费者需求的消费前置时间降到最低限度，从而赢得消费者的青睐，为企业在国际市场中占有更大的份额创造条件。

全球供应链管理可减少社会库存，降低成本。供应链通过整体合作和协调，在加快物流速度的同时，也减少了供应链各个环节上的库存量，避免了许多不必要的库存成本的消耗。另外，供应链的形成消除了非供应链合作关系中上下游之间的成本转嫁，从整体意义上降低了各自的成本，使得企业将更多的周转资金用于产品的研制和市场开发等，以保证企业获得长期发展。

全球供应链管理可提高企业的产品质量，在供应链伙伴的选择中，应注重合作伙伴对某项技术和某种产品所拥有的核心能力，其产品设计、生产工艺、质量是否处于国际同行业领先地位。供应链管理就是通过这样一种选择和设计，借助网络技术，使分布在全球不同地区的供应链合作伙伴，在较大区域范围内进行组装集成制造或系统集成，使制造出质量近乎完美的产品成为可能。

全球供应链管理可使企业组织简化，提高管理效率。供应链管理的实施需要 Internet/Extranet 的技术作为支撑，才能保证供应链中的企业实时获取和处理外界信息及链上信息，使企业高层管理者可以通过供应链中的企业内部网络随时了解情况，而基层人员也可以通过网络知道企业有关指令和公司情况。因此，企业的许多中间协调、传送指令的管理机构就可削减，企业管理组织机构可由金字塔型向扁平型方向发展。

二、集成化的全球供应链管理

1. 集成的范围

1)企业内部的集成

ERP 系统很好地实现了企业内部信息和业务流程的集成,它将企业的财务、制造、分销等功能模块有机地结合在一起,共享企业的基础信息,从而提高企业的运作效率,达到缩短计划周期、降低库存成本、加快客户反应速度的目的,但 ERP 并不能实现企业内部所有信息的集成,它还需要与其他信息系统集成,以实现更高程度的信息共享。

2)供应链的集成

把集成的范围扩展到企业外部,将企业内部的信息系统和供应链中商业伙伴的信息系统集成起来,就成为集成的供应链。供应链中的每个成员都能够依据基于整个供应链的正确信息来协调各自的商业运作,从而实现包括客户服务和支持、计划和预测、产品开发、生产制造、采购、人力资源等在内的全面的企业集成。这种集成最初体现在 EDI 的应用上,它是一种一对一的信息交换和共享系统,成本高、灵活性低。随着 Internet 的迅猛发展,出现了电子商务系统,它更多地表现为一种 B2C 模式的信息共享,主要应用在商业零售渠道,它将企业后端支持系统如 ERP 与前端的客户服务系统联系在一起。

2. 集成化全球供应链管理的实现

企业从传统的管理模式转向集成化全球供应链管理模式,一般要经过五个阶段,包括从最低层次的基础建设到最高层次的集成化供应链动态联盟,各个阶段的不同之处主要体现在组织结构、管理核心、计划与控制系统、应用的信息技术等方面。

1)基础建设阶段

这一阶段是在原有企业供应链的基础上分析、总结企业现状,分析企业内部影响供应链管理的阻力和有利之处,同时分析外部市场环境,对市场的特征和不确定性做出分析与评价,最后相应地完善企业的供应链。处于这一阶段的企业主要采取短期计划,出现困难时需要一个一个地解决,虽然企业强调办公自动化,但环境往往导致整个供应链的效率低下,同时也增加了企业对供应和需求变化影响的敏感度。

2)职能集成阶段

该阶段集中处理企业内部的物流,企业围绕核心职能对物流实施集成化管理,对组织实行业务流程重构,实现职能部门的优化集成,通常可以建立交叉职能小组,参与计划和执行项目,以提高职能部门之间的合作,克服这一阶段可能存在的不能很好地满足用户订单的问题。职能集成强调满足用户的需求,实际上,用户需求在今天已经成为驱动企业生产的主要动力,而成本在其次,但这样往往导致该阶段的生产、运输、库存等成本的增加。在这一阶段,由于采用的各项技术之间、各项业务流程之间、技术与业务流程之间都缺乏集成,库存和浪费等问题仍可能困扰企业。

3)内部供应链集成

内部供应链集成主要实现企业直接控制的领域的集成,实现企业内部供应链与外部供应链中供应商和用户管理部分的集成,形成内部集成化供应链。集成的输出是集成化的计划和控制系统,该阶段企业管理的核心是内部集成化供应链管理的效率问题,主要考虑在优化资源的基础上,以最低的成本和最快的速度生产最好的产品,快速地满足用户的需求,提高企业反应能力和效率。这对于生产多品种产品或提供多种服务的企业来说意义更大。

在这个阶段,企业可以考虑同步化的需求管理,将用户的需求与制造计划和供应商的物料流同步化,减少不增值的业务,同时企业可以通过广泛的信息网络来获得巨大的利润。

4)外部供应链集成

实现集成化全球供应链管理的关键在于该阶段,将企业内部供应链与外部的、全球范围内的供应商和用户集成起来,形成一个全球性集成的供应网链。而与主要供应商和用户建立良好的合作伙伴关系,即所谓的全球供应链合作关系,是集成化供应链管理的关键。

该阶段企业要特别注重战略伙伴关系管理,管理的焦点要以面向供应商和用户取代面向产品,增加与主要供应商和用户的联系,增进相互之间的了解,相互之间保持一定的一致性,实现信息共享等,企业通过为用户提供与竞争者不同的产品/服务或增值的信息而获利。

5)供应链动态联盟

在完成以上四个阶段的集成后,已经构成了一个网链化的企业结构,我们称之为供应链共同体,它的战略核心及发展目标是占据市场的领导地位。为了达到这一目标,随着市场竞争的加剧,供应链共同体必将成为一个动态的网链结构,以适应市场变化、柔性、速度、知识等的需要,不能适应供应链需求的企业将从供应链联盟中被淘汰,供应链从而成为一个能快速重构的动态组织结构,即集成化供应链动态联盟。

集成化供应链动态联盟是基于一定的市场需求,根据共同的目标组成的,通过实时信息的共享来实现集成,主要应用于Internet的集成,同步化的、扩展的供应链计划和控制系统是主要的工具,基于Internet的电子商务取代传统的商务手段,这是供应链管理发展的必然趋势。

三、全球供应链下的业务外包

1. 全球化市场下的企业竞争

1)企业的核心竞争力

在当今世界中,经济全球化深入发展,随着中国、印度等新兴市场经济体逐渐融入全球经济体系,经济全球化的规模正在空前扩大。在竞争激烈的国际市场环境中,要充分发挥企业的核心竞争力。那么,何为企业的核心竞争力?我们又该如何充分利用企业核心竞争力的优势呢?

企业的核心竞争力就是企业的决策力,它包括把握全局、审时度势的判断力,大胆突破、敢于竞争的创新力，博采众长、开拓进取的文化力，保证质量、诚实守信的亲和力。每个企业都有其核心竞争力，一个企业所拥有的核心竞争力就是指这个企业不断创造新产品和提供新服务以适应市场的能力，不断创新管理的能力，不断创新营销手段的能力。海尔的创始人张瑞敏就曾经说："创新是海尔文化的价值观，也是真正的核心竞争力，因为其不易或无法被竞争对手模仿。"也就是说，核心竞争力是每个企业所特有的、不易外泄的知识体系，是企业特有的经营化的知识体系，这种区别于其他企业的核心竞争力可以最大化本企业在竞争激烈的市场环境中的竞争优势。另外，企业核心竞争力也正是在企业经过激烈的市场竞争和不断的创新改革中一步一步被企业攥在手里的无形财富。

2)企业核心竞争力的特征

对于企业来说，怎样识别企业核心竞争力是创造企业竞争优势的第一步，同时也是企业核心竞争力和非核心竞争力的依据，这就需要企业来了解核心竞争力的特征有哪些，作为企业赢得市场先机的必备条件。企业核心竞争力具有以下特征。

Ⅰ.价值性

企业核心竞争力在提高企业效率、降低成本和创造价值方面能比竞争对手做得更好，同时也有利于吸引企业的潜在目标客户。从客户的角度来说，选择企业的产品和服务在很大程度上要依赖于选择的这个企业核心竞争力的大小。企业核心竞争力在给客户带来满意的服务的同时，也会为企业赢得良好的口碑和更多的消费者剩余，以此来提高客户的忠诚度和满意度。我国著名的经济学家管益忻认为，"消费者剩余"就是企业核心竞争力的部分。如此看来，企业核心竞争力能够使企业在创造价值和降低成本方面比竞争对手更具有优势，如冰箱制造业的无氟制冷技术，可使用户直接感受到产品所带来的效用并从中获益。

Ⅱ.差异性

企业核心竞争力是独一无二的，是每一个企业在本身的长期的经营活动中形成的。简单来说，企业不同，则核心竞争力不同，核心竞争力是特定企业的特定的组织结构、特定企业文化、特定企业员工群体共同作用的产物，是在企业长期的经营管理实践中逐步形成的，走的是自已的发展之路，个性化发展的特点非常突出，很难被竞争对手模仿。企业的核心竞争力一旦形成，其寿命也大大长于基于这种能力的产品或服务。例如，Intel 公司领先世界的芯片技术，联想公司独步中国的销售网络和渠道。不同的研究者对"差异性"有不同的表述，如"特定性""专有性""途径依赖性和积累性""独特性"等。对于这些不同的表述，从其具体阐述来看，基本上是一致的。

Ⅲ.延展性

在企业的诸多能力中，核心竞争力是母本。是核心，有溢出效应，可使企业在原有的竞争领域中保有持续的竞争优势。管理学界一般认为，培育和建立企业的核心竞争力的基本途径是实施限制性的多元化发展战略。由企业核心竞争力可以衍生出企业在不同领域、不同产品、不同服务中的竞争优势，对企业一系列具有关联度的产品或服务的竞争力的提高都有促进作用。企业也可以围绕其核心竞争力进行相关市场的开拓，通过创新获取该市场领域的持续竞争优势。也有研究者将"延展性"表述成"持久性""衍生性"。

Ⅳ.动态性

企业的核心竞争力是企业在长期的实践经营活动中以特定的方式，沿着特定的技术轨道逐步积累起来的，并因此具有相对的稳定性。由此可以看出，企业核心竞争力与一定时期的产业动态、管理模式以及企业资源等变量高度相关，它是企业在某一特定的历史发展阶段所获得的特定的发展成果。所以，企业核心竞争力并不是一成不变的，企业在发展改革以适应市场行情的过程中，总是不断地巩固完善自身的核心竞争力。从企业生存环境和战略方向的变化来看，企业核心竞争力的动态发展演变是客观必然的。曾经的核心竞争力可能会演变为企业的一般能力，而这种一般能力并不能为企业带来额外的附加价值。总体来说，企业核心竞争力是激烈的市场竞争的产物，企业在不断发展变化的过程中要不断地构建新的核心竞争力，以此来保持企业的竞争优势。

3)企业核心竞争力的塑造

在企业核心竞争力的观念进入企业领导者的管理理念之前，企业核心竞争力只是企业无意识的一系列经营活动的最终结果。当然，以这种无意识的企业行为来塑造最终的企业核心竞争力同企业有意识地塑造和提升行为相比，前者要困难得多，也要漫长得多，也正是在这种漫无目的的核心竞争力塑造过程中，大量的企业在还没有成型的核心竞争力面前轰然倒塌。与此相比，根植于核心竞争力观念的企业管理者，往往能够在敏锐地察觉市场需求和了解产品技术变化趋势的基础上，对企业的核心竞争力有一个准确的定位。企业核心竞争力能够帮助企业在市场竞争中占得先机，甚至是彻底击垮竞争对手。具体来说，企业核心竞争力的塑造需要通过以下两个步骤。

Ⅰ.企业核心竞争力战略的培育和沟通

企业核心竞争力是企业保持持续竞争优势之源。因此，核心竞争力的建立和培育是企业谋求变革、寻求发展的重中之重。总体来看，企业必须站在新的战略高度来培育和创建企业核心竞争力，作为企业的重大发展战略。核心竞争力的塑造必须有完整的规划，从企业的角度来说，企业的管理者要清楚地审视自身所经营的业务、自身的战略优势与劣势、拥有的战略资源、外部的市场环境等影响因素。运用本企业的创新能力和创新技术，独具慧眼地认识到自身企业的核心竞争力发展方向。需要强调的一点是，企业核心竞争力绝不是制造某一两种产品或提供一两种服务的能力，而是满足客户某一类型或者某一方面价值需求的能力。

有关企业核心竞争力塑造的战略还必须在企业内外进行广泛、深入、有效的沟通，确保企业核心竞争力能够被企业员工认识、理解、接受和支持，并转化为企业员工的自觉行为，既增强了企业员工的责任感与认同感，也在潜移默化之中提高了企业的凝聚力，形成了鲜明的特有的企业文化。

就企业而言，核心竞争力的塑造绝不仅仅体现在具体的产品或者服务上，它是企业长期以来形成的一种特有的竞争优势与技术优势。有的学者把企业核心竞争力分成硬核心竞争力和软核心竞争力。硬核心竞争力是指以核心产品或者核心技术或技能形式为主要特征的核心竞争力，这类核心竞争力在技术密集型行业尤为重要。软核心竞争力是指企业在长期运作中形成的具有核心竞争力特征的经营管理方面的能力，这类核心竞争力是无形的，所以更加难以识别和模仿。

Ⅱ.企业核心竞争力的塑造方法

企业作为市场经济的主要参与者和新技术的开发应用者，本身就是一个自组织的结构。通过内部开发这条途径可以有效地塑造企业核心竞争力，许多技术开发能力较强的优秀企业都积极地参与到产品研发中。内部开发作为企业寻求核心竞争力的有效方式，需要企业主体有较强的开发能力和较完整的开发体系，培养和引进开发人才，注重研发经费的投入，完善企业的创新技术体系。一旦掌握了核心的产品技术优势的硬核心竞争力，企业就可以充分发挥自身的技术特点，以此来创造更多的消费者剩余。

2.供应链管理的全球化外包

1)全球化业务外包的原因

所谓的供应链管理中的业务外包，指的是制造业或销售等企业为集中资源、节省管理费用、增强核心竞争力，将其非核心业务以合同的方式委托给专业的相关业务的公司或企业运作。业务外包是一种长期的、战略的、相互渗透的、互利互惠的业务委托和合同执行方式。

随着全球经济一体化进程的加快，信息技术在物流领域的应用和发展，对一体化多渠道市场需求的增长和供应链服务供应商服务能力的扩充与完善，非核心业务外包服务将逐步被社会认识、了解、认可和进一步采用。企业业务外包所推崇的理念：如果我们在产业价值链的某一环节上不是世界上最好的，又不是我们的核心竞争优势，而且这种活动不至于把我们同客户分开，那我们应当把它外包给世界上最好的专业企业去做。即首先确定企业的核心竞争优势，并把企业内部的技能和资源集中在那些具有核心竞争优势的活动上，然后将剩余的其他企业活动外包给最好的专业企业。那么，业务外包给企业带来的主要益处有哪些呢？

Ⅰ.有利于企业将有限的资源集中于发展核心业务

实施业务外包最重要的一点是集中有限的人力、物力、财力来发展自身具有竞争优势和广阔市场前景的核心业务。制造企业将业务外包给第三方承包企业，可以使企业实现资源的优化配置，减少用于物流业务方面的车辆、仓库和人力的投入，将有限的人力、财力集中于核心业务，在当今社会激烈的市场竞争环境中，大多数公司都具有自己特有的核心技术、产品优势或者市场定位等。也就是说，企业得以区别于其他竞争对手取得客户的忠诚度和满意度的关键在于自身具有的核心竞争力，因而集中资源和力量发展核心业务是企业拉开与竞争对手的差距，赢得市场先机的第一步，而把其他不擅长或者不盈利的非核心业务外包给其他专业化的公司运作是很有必要的。

Ⅱ.降低成本，增加盈利

从事外包业务运作的第三方企业利用规模经营的专业优势和成本优势，通过提高各环节能力的利用率，实现费用节省，使企业能从分离费用中获益。另外，对实施外包业务的企业而言，把非盈利或者难以驾驭的业务外包出去是有利于降低其生产成本和管理成本的。

此外，企业通过外包部分业务可以在减少成本的情况下完成产品的开发和销售，同时极大地提高生产效率，降低投资和生产成本。进一步说，非核心业务的外包不论是对于承担外包业务的第三方企业还是实施外包业务的主体企业来说，都是相互依存、互利共赢、优势互补的双赢局面。

Ⅲ.分担经营风险

实施业务外包战略，可以使企业摆脱长久以来的影响企业发展变革的外部环境因素的困扰，这其中包括由政府、经济、市场、财务等不确定因素带来的风险。企业通过业务外包把相当一部分的经营风险转嫁给其他企业，从而避开了自身的短板，以集中精力发展核心产业。乐百氏公司对全球外包业务的调查表明，实施外包的公司出现财务麻烦的可能性仅仅是没有实施外包业务的企业的三分之一。更加重要的是，企业把风险分担出去，转而可以利用自身的长处和优势处理好企业内部风险。

Ⅳ.降低管理难度，提升管理效率

非核心业务外包既能使制造企业享受专业管理带来的效率和效益，又可将内部管理活动变为外部合同关系，把内部承担的管理职责变为外部承担的法律责任，有利于简化管理工作。亚当•斯密在《国富论》中重点强调了"分工"所带来的企业效率的极大提高和企业所产生的规模化利润，通过与其他企业之间的优势互补、相互合作，实施积极有效的业务外包战略可以在很大程度上降低企业的管理成本、经验成本，并提高管理效率。

2)全球范围内的业务外包及其挑战

进入 21 世纪以后，经济全球化的趋势进一步加深，越来越多的企业需要面对的是竞争更加激烈的全球市场环境所带来的机遇与挑战。而对于实施业务外包的企业来说，必须在全球范围内寻找业务外包的机会以及合适的外包合作企业。

成功的外包策略可以帮助企业降低运营成本和管理成本，分担经营风险，更重要的是帮助企业集中精力发展核心业务，但是业务外包也会为企业带来一些棘手的问题。这其中包括业务控制权的丧失、商业机密的泄露、存在意外风险和产品质量不可控、客户关系处理难度增大等诸多问题。此外，从公司员工的角度来说，如果员工得知公司的部分业务面临外包的境地，那么员工自身的归属感和主人翁意识就会得到削弱。企业的全球化业务外包所面临的问题更加复杂，除了以上问题之外，全球化业务外包还可能导致货币汇率的变动、物流运输地域的限制、国家之间的法律差异等一些需要考虑的问题。

企业应该从战略层面上规划哪些业务需要外包，哪些业务不需要外包、外包给哪些国家的哪些企业、实施怎样的外包策略、如何来签订外包合同等一系列的决策。确认哪些业务需要外包以后要仔细地估算业务外包后给公司带来的收益和成本比，以及外包后企业的发展方向与发展战略。如美国波音客机有 1 000 多个零件在全世界各地生产，美国只控制波音客机生产的知识产权和技术标准，客机的 80% 以上的零件都是在日本和韩国生产的。

3)从物流外包到供应链管理流程的外包

供应链中的核心企业与其供应商的供应商、核心企业与其销售商乃至最终消费者之间，依靠现代网络信息技术支撑，实现供应链的一体化和快速反应运作，达到物流、价值流和信息流的协调。

Ⅰ. 物流业务外包的形式

物流业务的外包有以下几种主要形式。

(1)物流业务完全外包。物流业务完全外包是最彻底的物流业务外包形式,是否要采取这种外包形式主要取决于企业是否具有自营物流的能力,如果没有物流自营的能力,那么可以采取这种外包形式。如果企业自营物流的能力还不太成熟,那么可以通过对自身企业外包物流后的盈利评估和战略分析,决定是否采用这种外包方式。

(2)物流业务部分外包。企业将物流业务分为两大类,一类是可以自营的物流业务,另一类是非自营的物流业务。而物流业务部分外包指的是企业将非自营业务或不盈利的自营业务外包给第三方物流的方式。

(3)物流系统接管。物流系统接管指的是企业将自身的物流系统全部卖给或外包给其他的物流供应商的形式,也称为物流社会化。

(4)战略联盟。企业与其他物流供应商合资,企业保留物流设施的部分产权,并在物流作业中保持参与。与此同时,第三方物流供应商为企业提供资本和物流管理经验,企业也为合资者提供特色服务与资金。

Ⅱ. 供应链管理流程的外包

随着经济全球化的影响越来越大,物流外包已经发展到整个供应链管理流程的全球化外包。供应链管理是企业内部和企业之间所有物流活动与商业活动的集成,随着运输时效、信息技术的开展,运输、仓储等主要物流活动的全球化已经开始了很长时间,全球采购、全球配送等物流环节近年来的全球化趋势明显,而供应链商业过程,如制造、研发、IT、客户服务近年来外包发展迅速,供应链商业流程外包增强了企业的价值增值能力,领先的全球化物流服务供应商已经由原来的提供高质量的物流服务向提供整个全球供应链管理服务转化。21世纪以来,供应链全球化的趋势表明,物流服务供应商的能力必须从提供以资产为基础的物流服务向提供以管理能力为核心的完整的供应链管理的服务转型,才能在激烈的国际竞争中处于优势地位。

3. 全球供应链管理下的扩展企业

1)扩展企业的概念

扩展企业的概念是伴随着经济全球化、全球化生产、客户化生产而产生的。全球市场竞争的日益激烈以及客户化的生产都增加了企业生产有竞争力的产品的难度。也就是说,企业试图依靠以一己之力打开市场的可能性已经微乎其微,还包括个性化生产所带来的资源与资金方面的压力,这些压力都倒逼着企业思考更好地寻求合作和发展的战略性的问题,并以此找到可以通过与供应链企业建立战略伙伴关系来释放企业内部生产压力的有效途径,这一问题的最终解决办法正是需要建立以供应链管理环境为基础的扩展企业,也可以说是供应链战略伙伴关系的一种具体的扩展。

企业可以定义为一个概念性的组织单元或系统,它超越了传统组织对企业的定义范畴,不仅包括企业内部的各个组织部门所构建起来的框架，还包括整个供应链上的合作伙伴关系，如企业的供应商、客户等。它们之间通过紧密的合作来实现自身利益的最大化，这些企业可能不会是同一条供应链上的实体，但都必须是供应链上的主要环节。扩展企业概念的出现使得原有的市场经济中企业与企业的竞争改变成现如今的供应链与供应链之间的竞争。

扩展企业中供应链上的企业之间的合作是通过产品设计、运输、原材料的采购、销售等职能而实现的，一个成功的扩展企业不仅要求企业与企业之间的职能能够跨越企业的界限得以集成，从而发挥更大的资源配置优势，同时也使得供应链上的上下游之间的企业文化、产品设计、数据与信息的分享得以交流融合。

2)扩展企业的目标与特征

扩展企业的概念部分来自在地理上分布的制造业，供应链上的各个环节为了获取竞争优势，在激烈的市场竞争中占有一席之地进行了深度的战略合作，建立了长久的战略合作伙伴关系。这种思想的核心在于充分利用自身并不拥有的战略资源，这些资源可以是资金、物流网络、管理经验等。这种扩展企业下的合作可以表示成在独立的制造企业间通过产品的设计、开发、运输、销售等各个环节来搭建共同的利益链。

Ⅰ.扩展企业的目标

扩展企业下的各个企业合作的目标主要体现在以下几个方面：缩短物料加工、产品开发、信息沟通、数据处理和传输的周期；提高对产品上市时间的要求，开展基于时间的竞争；采用更广泛的产品周期的概念；形成更为有效的组织和系统。

扩展企业不仅包括企业的各个职能部门之间的联系，而且更重要的是涵盖了企业与其客户、供应商、合作伙伴之间的关系。扩展企业中的各个实体都需要参与产品从研发到销售的部分环节，每个实体都需要对产品的质量进行把关和控制，因此它超越了传统组织的概念。

Ⅱ.扩展企业的特征

扩展企业主要具有以下几个特征。

(1)扩展企业的概念集中体现了核心竞争力的商业活动价值，对于企业的非核心竞争力，企业可以通过业务外包的方式外包给“专业”的服务提供商和供应商。业务外包可以降低企业的运营成本和管理成本，为扩展企业的产生奠定了实践的基础。

(2)扩展企业下的核心企业与供应商和客户建立了长久的合作伙伴关系，是互惠互利的共生体，而不是竞争对手的关系。

(3)为了实现供应商和客户在商业与技术上的集成，扩展企业在全球范围内采用先进的通信技术和运输手段支持跨组织的商业活动。

拓展案例

通用电气公司打造全球供应链

众所周知，通用电气公司在杰克·韦尔奇领导下建立的销售系统十分发达，遍布全球，强大的销售网络不仅包括其与沃尔玛等美国乃至全球最大的零售商的排他性家电销售协议，还包括无数的小个体家电零售店，通用电气迅速建立并推广它的家电销售专业电子商务网站。通用电气家电集团按照韦尔奇近乎残酷的电子商务计划，认真研究如何在互联网时代让消费者保持对通用电气品牌的认同，同时又不伤害到传统销售商的利益，让网络与传统的渠道融合起来。通用电气家电集团的例子仅仅是个案，这种强势的销售网络遍布通用电气所属的11个事业集团。通用电气公司的表现如此出色，关键是得益于通用电气公司的供应链系统，其采购销售网络非常强大，生产制造环节的规模相对小一些。

北京一家医院曾向通用电气公司购买一台X光机，交货条件十分苛刻，要求一个月内在北京交货，否则将取消本次交易。按照客户的要求，通用电气中国公司迅速启动全球供应链系统，严格履行了双方的约定，顺利交货，得到了客户的赞许，并打算再购入其他通用生产的医疗设备。

实际上这不是任何公司都能做到的，下面的过程将展现本次产品营销的真相。通用在美国国内采购1个配件，从中国采购4个配件，在通用电气印度的工厂中采购1个配件，为了做这个配件，通用电气印度的这家工厂又需要在当地的企业采购112个零件，并且要从东欧、北非、中国采购“第二级”配件。为了生产这种X光机，通用电气在墨西哥又有另外一个工厂专门生产适合X光机的悬挂系统，这家当地企业又需在墨西哥本地采购300多个配件，从美国和加拿大还要采购48个配件。为了集成一台X光机整机，所需的719个配件要从全球76个公司采购，这就是一个全球链。通用电气各个不同事业集团的所有具体大类、型号产品都拥有这样一个完整的供应链，通用电气各产品的零部件都不是整机厂直接生产的，全部通过外包，而且都是外包到全世界的。

通用电气认为，全球化的含义是利润空间的全球化，哪儿的产品或配件最便宜、哪儿的服务最好，就要到哪儿采购。在企业的发展中，通用电气没有国家界限、民族差别。通用电气坚信在全球采购链条上，只有一个规则——成本最低，利润最大。通用电气公司早在1999年就开始以电子商务方式进行全球采购，整个运行的过程全是透明的，任何公司的价格都在网上，全部公开透明竞价。原有的供应商一时不能适应，一度对电子商务恨之入骨。

值得提及的是，尽管通用电气采购非常强势，但整个供应链系统的“链主”还是最基本的市场规律：供需关系决定杀价的主动方。在全球采购中，当供大于求时，以求者为主，当供不应求时，以供者为主。通用电气公司已经渐渐摒弃传统的拼命压价的采购方式，不再千方百计逼迫供应商让步，或寻找多个供应商并采取分而治之的方式，而是采用一种新的方式，通过利用供应商的综合实力来增强自己在最终市场的竞争力。通用电气公司的总裁韦尔奇不为通用电气的强势所惑，非常清醒地认识全球市场。他常常讲：“在全球的供应链条上，通用电气大多时候只是其中一个环节，当通用电气塑料集团成为摩托罗拉手机、佳能打印机、苹果电脑、联想电脑等厂商的供应商时，一样要面对他们的杀价；而最终消费者是一定要‘杀’整机厂的价格。整个杀价的链条是完整的，所有环节降低成本的同时也是相互让利的过程。”

通用电气全球供应链正是依托其电子商务平台，实施全球化经营。自从通用电气在采购部门开始让它的供货商采取网上拍卖的方式后，通用电气从供货商那里得到的报价当年就下降了 55%，扣除与协作商约定的共同分享部分，通用电气的成本约降低 30%~50%，有的项目竟达到了 60%。

案例思考与讨论：

（1）通用电气建立全球供应链获得了哪些竞争优势？

（2）总结通用电气的采购理念，谈一谈你所获得的启示。

项目小结

本项目主要讲述了供应链及供应链管理的概念及特征，供应链管理的内容，供应链管理方法、全球供应链管理、全球供应链客户关系管理等几部分内容。

项目练习

一、单项能力训练

1. 单选题

（1）供应链与传统的（　　）物流管理有着根本区别。

A. 企业内部一体化　　B. 企业外部一体化

C. 企业内外一体化　　D. 企业产供销一体化

（2）供应链根据其复杂程度可以分为直接的供应链、扩展的供应链和（　　）。

A. 完善的供应链　　B. 最终的供应链　　C. 理想的供应链　　D. 未来的供应链

（3）供应链管理目标在于提高用户水平和降低总的（　　），并且寻求两个目标之间的平衡。

A. 不变成本　　B. 交易成本　　C. 可变成本　　D. 固定成本

（4）供应链管理的缩写为（　　）。

A SCM　　B.SCP　　C.SCE　　D.SCT

（5）供应链又称为（　　）。

A. 价值链　　B. 物质链　　C. 生物链　　D. 产品链

（6）供应链的基本要素包括（　　）。

A. 供应商和制造商　　B. 供应商、制造商、批发商、零售商、最终客户

C. 供应商、流通商　　D. 生产、销售、物流等行业

（7）供应链的目的是追求（　　）的最大利益，而不是单个成员的最大利益。

A. 一部分成员　　B. 直接相关成员　　C. 局部　　D. 整体

(8)供应链执行系统的重点在于(　　)。

A. 降低成本　　B. 增加收入

C. 降低非计划运输成本和库存支持成本　　D. 协调成员关系

(9)传统供应链伙伴之间的关系是(　　)。

A. 战略合作关系　　B. 交易关系　　C. 联盟关系　　D. 一体化关系

(10)以下对供应链管理描述正确的是(　　)。

A. 供应链管理是物流管理的一部分

B. 供应链管理包括对供应链中的物流、商流和信息流的全面集成管理

C. 供应链管理就是管理原材料的供应渠道

D. 供应链管理的目标是单个企业自身利益的最大化

2. 判断题

(1)现代供应链的概念更加注重围绕核心企业的网链关系。(　　)

(2)供应链管理是物流一体化的另外一种说法。(　　)

(3)供应链管理就是指对供应环节的全面管理。(　　)

(4)供应链不仅是一条连接供应商到用户的物料链、信息链、资金链，而且是一条增值链。(　　)

(5)供应链管理呈现出一元化特征和超常的性质。(　　)

(6)物流一体化管理产生于物流效率背反现象，其后上升为供应链管理。(　　)

(7)供应链战略联盟是企业为共同利益所形成的联合体，利用各方协作能实现任何一方无法实现的目标。(　　)

(8)QR 和 ECR 都重视供应链的核心业务，对业务进行重新设计，以消除资源的浪费。(　　)

(9)供应链管理环境下的生产计划是在稳定的运行环境下进行的，因此要求生产计划与控制系统具有更高的柔性和敏捷性。(　　)

3. 简答题

(1)简述供应链管理的概念。

(2)简述供应链管理的特征。

(3)供应链管理包括哪些主要内容？

(4)常用的供应链管理方法有哪些？它们之间有什么异同？

二、综合技能训练

在线搜索一家跨国企业的供应链管理系统，分析其全球供应链采购、生产及销售系统的构建模式及其原因，写一篇论文。

项目十一 供应链环境下的物流管理

学习目标

- ❖ 了解供应链环境下物流管理的核心思想与特点。
- ❖ 理解供应链物流一体化的概念与特点。
- ❖ 理解供应链环境下仓储与配送一体化模式及其管理实践。
- ❖ 理解供应链协同运输管理的主要内容与实施过程。

项目引入

一汽大众的供应链物流管理

一汽大众汽车有限公司目前仅捷达车就有七八十个品种、十七八种颜色，而每辆车都有2 000多种零部件需要外购。从1997年到2000年末，公司捷达车销售从43 947辆一路跃升至94 150辆，市场兑现率已高达95%~97%。与这些令人心跳的数字形成鲜明对比的是公司零部件居然基本处于“零库存”状态，而制造这一巨大反差的就是一整套较为完善的物流控制系统。

1. 实现“零库存”的具体运作方法

1）车间里只有“入口”，没有仓库

一个占地9万多平方米，可同时生产三种不同品牌汽车，亚洲最大的整车车间，不知情的人一定以为它的仓库也一定非常壮观，可这里的工作人员认为他们那里没有仓库，只有一个入口。

2）进货的“零库存”处理流程

下面来结合具体的操作实例看看进货“零库存”的处理流程。我们走进一汽大众的一个标有“整车捷达入口处”牌子的房子，只见在上千平方米的房间内零星摆着几箱汽车玻璃和小零件，四五个工作人员在有条不紊地用电动叉车往整车车间送零件。在入口处旁边的一个小亭子里，一个小伙子正坐在电脑前用扫描枪扫描着一张张纸单上的条形码，他正在把订货单发往供货厂。

一辆满载着保险杠的货车开了进来，两个工作人员见状立即开着叉车跟了上去，几分钟后，这批保险杠就被陆续送进了车间。据保管员讲，一汽大众的零部件的送货形式有三种。

第一种是电子看板，即公司每月把生产信息用扫描的方式通过电脑网络传递送到各供货厂，对方根据这一信息安排自己的生产，然后公司按照生产情况发出供货信息，对方则马上用自备车辆将零部件送到公司各车间的入口处，再由入口处分配到车间的工位上。刚才看到的保险杠就采取这种形式。

第二种叫作“准时化”,即公司按过车顺序把配货单传送到供货厂,对方也按顺序装货直接把零部件送到工位上,从而取消了中间仓库环节。

第三种是批量进货,供货厂每月对于那些不影响大局又没有变化的小零部件分批量地送一次到两次。过去这是整车车间的仓库,当时库里堆放着大量的零部件,货架之间只有供叉车往来的过道,大货车根本开不进来。不仅每天上架、下架、维护、倒运需要消耗大量的人力、物力和财力,而且储存、运送过程中总要造成一定的货损、货差。现在每天平均两个小时要一次货,零部件放在这里的时间一般不超过一天。订货、生产零件、运送组装等全过程都处于小批量、多批次的有序流动当中,公司原先有一个车队专门在各车间送货,现在车队已经解散了。

3)在制品的“零库存”管理

公司很注重在制品的“零库存”管理,从以下的运作中可以看得出来。在该公司流行着这样一句话:在制品是万恶之源,用以形容大量库存带来的种种弊端。在生产初期,捷达车的品种比较单一,颜色也只有蓝、白、红三种,公司的生产全靠大量的库存来保证。随着市场需求的日益多样化,传统的生产组织方式面临着严峻的挑战。

公司决策层考虑到应用德方的系统不仅要一次性投入 1 500 万美元,每年的咨询和维护费用也需要数百万美元,中方决定自己组织技术人员和外国专家进行物流管理系统的研究开发。第二年,公司开发的物流控制系统获得成功并正式投入使用,仅用了不足 300 万元人民币的系统已经受住了十几万辆车的考验。在整车车间,生产线上每辆车的车身上都贴着一张生产指令表,零部件的种类及安装顺序一目了然,计划部门按装车顺序通过电脑网络向各供货厂下计划,供货厂按照顺序生产,生产线上的工人按顺序组装,使一伸手拿到的零部件保证就是他正在操作的车上的。令人称奇的是,整车车间的一条生产线过去只生产一种车型,其生产现场尚且拥挤不堪,而如今在一条生产线同时组装两种到三种车型的混流生产方式下,不仅做到了及时、准确,而且生产现场用地面积比原先节约了近 10%。此外,零部件的存储减少了,公司每年因此节约的成本达六七亿元人民币。同时,供货厂也减少了 30%~50% 的在制品及成品储备。先进的管理带来了实实在在的效益,也引发了一场深刻的管理革命。

透过“零库存”我们看到,对于一个企业来说,进行物流管理,领导者的超前意识、一批兢兢业业的专业技术人员和企业较强的开发能力是必不可少的前提。

2. 一汽大众成功应用物流系统实现“零库存”评析

(1)努力达到“零库存”是一汽大众实施物流信息系统的目的。一汽大众在物流运作的各个环节及其流程中,特别注重的一点便是竭力降低其库存,争取达到“零库存。”

(2)一汽大众的物流信息系统极大地提高了物流运作的效率,这一点可以在其物流的流程中得到体现。

(3)一汽大众的物流信息系统是与自身情况相结合的产物,其物流控制系统没有采用德方系统,而是自己组织专家与技术人员根据企业固有的特点量身打造而成,不仅所花成本低廉,更重要的是能够实实在在地满足需要,带来效益。这一点,很值得我国的一些正在打算引进与开发物流信息系统的企业借鉴。

案例讨论：

（1）先进的供应链管理对一汽大众的生产带来了哪些效益？

（2）现代企业物流供应链管理需要注意哪些问题？

任务一　供应链环境下物流管理的核心问题

一、物流管理在供应链管理中的重要地位

物流过程是一个物资流转、价值流转和信息流转的过程，物流贯穿于整个供应链的各个环节，是企业间联系的纽带，物流管理在供应链管理中起着重要的作用，这一点可以通过价值分布来考察。

物流价值（采购价值和分销价值之和）在各种类型的产品和行业中都占到了整个供应链价值的一半以上，制造价值不到一半。在易耗消费品和一般工业品中，物流价值的占比更大。这充分地说明了物流管理的价值。供应链是一个价值增值过程，供应链管理效率和价值增值水平在很大程度上取决于采购、运输、仓储、配送等物流作业环节的管理和运作状况。因此，物流管理是供应链管理发挥整体效益、实现价值增值的前提和基础。

传统观点认为，物流是对生产的支持。但是在供应链管理环境下，一方面，随着企业生产方式的转变，即从大批量生产转向精细的准时化生产，物流（包括采购与供应物流）必须随之改变运作方式，实行准时供应和准时采购；另一方面，对客户需求的及时响应，要求企业能以最快的速度将产品送到客户手中。所有这一切，都要求企业物流系统具有和制造系统协调运作的能力。所以，供应链环境下的物流管理不再仅仅是保证生产过程连续性的问题，而是要在供应链管理中发挥主体角色的重要作用，以提高供应链敏捷性和适应性。物流在供应链管理中的主要作用体现在以下四个方面：①创造用户价值，降低用户成本；②协调制造活动，提高企业敏捷性；③提供用户服务，塑造企业形象；④提供信息反馈，协调供需矛盾。

二、供应链环境下物流管理面临的问题

传统的物流管理忽视了物流各功能环节之间的联系，采购、运输、仓储、配送等职能被分布在企业不同的职能部门，且各环节之间缺乏有效的沟通，经常会造成物流不协调的现象，导致客户服务水平低、产品周转慢、能力短缺、交货不及时等问题，造成巨大的成本浪费。现代物流管理则强调通过上下游企业的协调来优化资源配置，并建立战略协作竞争体系，其本质就是供应链物流管理，即运用供应链管理思想实施对物流活动的组织、计划、协调与控制，以最小的综合成本来满足顾客的需求。供应链物流管理强调供应链成员之间通过协作（Cooperation）、协调（Coordination）与协同（Collaboration），提高供应链物流的整体效率。为此，供应链物流系统面临着一系列的转变，主要需要解决以下几个方面的问题。

（1）快速、准时交货的实现问题。

（2）低成本、准时的物资采购供应策略问题。

（3）物流系统整体成本控制问题。

（4）物流信息的准确输送、及时反馈与共享问题。

（5）物流系统的敏捷性和灵活性问题。

（6）供需协调、供应链实现无缝连接和协同运作问题。

三、供应链物流管理的核心思想与特点

供应链物流管理的核心思想是“系统”思维观和“流”思维观，对供应链中一切活动的优化要以整体最优为目标，对各个环节的物流运作管理要实现像小河流水般的顺畅。通过提高企业间的合作与协同，实现信息共享、资源共享、过程同步、合作互利、交货准时、响应敏捷、服务满意，从而提高供应链整体竞争力。

供应链物流除了包括运输、储存、包装、装卸、信息处理等活动的策划设计和组织，还要充分考虑供应链的特点，即协调与配合的要求，在库存控制、运输决策、供需关系等决策时，统筹考虑集约化、协同化，既保障供应链内各个企业运行的需要，又降低供应链总物流费用。

具体来说，与传统的物流管理相比较，供应链物流管理具有以下特点。

（1）分析问题的范围更广。供应链物流管理是从供应链整体的角度出发，在更广泛的范围内进行资源配置，包括充分利用供应链各个企业的各种资源，寻求供应链系统整体物流成本与客户服务水平之间的均衡。

（2）管理的内容更多。供应链物流管理涉及整个供应链所有成员组织，这个大系统物流包括企业之间的物流，也包括企业内部的物流，管理内容包括从初始供应物流到终端的分销物流以及逆向物流。

（3）侧重点不同。供应链物流管理更侧重于供应链成员企业间物流活动的管理优化，如协同运输管理、仓储与配送一体化、生产与库存控制联合优化等，这也是供应链物流管理的利润空间所在。

（4）管理难度更高、管理思想和方法更丰富。结合供应链的特点来组织物流，既是供应链物流管理的优点，又是供应链物流管理的约束条件。之所以认为其是优点，是因为它可以使物流在更大的范围内实行优化处理，在更大的范围内优化资源配置，因此可以实现更大的节约、更大地提高效益；之所以认为其是约束条件，是因为它在进行物流活动组织时，需要综合考虑更多的因素，需要更多的信息支持和优化运算。由此造成物流组织管理的复杂程度更高、工作量更大、难度也更大。因此，供应链物流管理需要应用更多的管理思想和方法，如系统理论与集成思想、准时制（JIT）、供应商管理库存（VMI）、快速响应（QR）、有效客户反应（ECR）、连续补货（CR）、协同计划预测与补货（CPFR）、延迟策略（ Postponement）等。

另外，由于供应链物流管理的复杂性，很多企业将供应链的物流活动外包给第三方物流企业来完成。例如，上海大众汽车、通用汽车等汽车生产商将其在全国范围内的整车物流、零部件物流服务外包给安吉物流。利用第三方物流企业的专业化管理能力和物流资源，有

利于核心企业集中于自己的核心业务，提升核心竞争力。

任务二　供应链物流一体化战略

为了降低成本，提高客户响应速度，越来越多的企业在选择物流业务外包的合作对象时，逐步由单一的只重视物流服务时效、价格向注重解决方案转变，即一体化物流解决方案。米尔斯·杨和埃林杰等人在 1997 年曾指出，一体化物流（Integrated Logistics）或物流一体化（The Integration of Logistics）是现代物流业发展的方向，这种趋势也为第三方物流的发展提供了良好的机遇。3PL 企业必须超越传统物流服务模式，积极融入供应链集成化运作环境中，为供应链的协同运作提供安全可靠的一体化物流服务的支撑。

一、物流一体化的概念

根据美国供应链管理专业协会（CSCMP）的定义，物流一体化是运用综合、系统的观点将从原材料供应到产成品分发的整个供应链作为单一的流程，对构成供应链的所有功能进行统一管理，而不是分别对各个功能进行管理。根据中华人民共和国国家标准《物流术语》（GB/T 18354—2021）中的定义，一体化物流服务（Integrated Logistics Service）是指根据客户需求对整体的物流方案进行规划、设计并组织实施产生的结果。物流一体化是 20 世纪末最有影响的商业趋势之一，它改变了从前把产品的流动视为系列独立活动的思路，把从原材料直到消费者的商品流动作为整体系统进行计划与协调。它是物流管理系统化的具体体现，充分考虑整个物流过程及影响此过程的各种环境因素。唐纳德·J. 鲍尔索克斯（2005）认为一体化物流管理的目标是将市场、分销网络制造过程和采购活动联系起来，以实现顾客服务的高水平与低成本，赢得竞争优势。如上海通用汽车在物流领域以一体化思想为指导，在生产物流中规划柔性化的物料系统，同时在供销物流中全面使用第三方物流，依托先进的 IT 系统，贯彻精益生产理念，通过标准化、程序化的设计，将物流中各相关环节有机结合，持续改进地实现物流系统低成本运作。仅通过物流运输一体化，即实施以多频次、小批量和定时性，采用闭环运作模式为特色的“循环取货”项目，零件库存量降低 30%，仓库面积节省 10 000 m^2，总运输车次降低 20%，综合物流成本下降 30%，均衡资源利用率提高 10%。

二、物流一体化的特点

与传统功能型物流服务相比，一体化物流服务在服务理念、服务内容以及服务方式等方面都存在本质的区别。

1. 服务理念的创新

一体化物流服务强调在服务性质、服务目标以及客户关系上树立全新的服务理念。

首先，在服务性质方面，一体化物流服务不是多个功能服务的简单组合，而是提供综合管理多个功能的解决方案。一体化物流服务不是单纯提供运输、仓储、配送等功能型物流服务，扮演物流参与者（Involved）角色；而是基于实施供应链集成化管理的要求，将多个物流功能进行整合，以降低物流总成本为目标，对客户物流运作进行总体方案设计和管理，扮演物流责任人（Committed）角色。所以，一体化物流服务的市场竞争，实际上是物流解决方案合理性的竞争。物流企业在开发一体化物流项目时，必须对目标客户的经营状况、物流运作以及竞争对手的情况等有透彻的了解，根据物流企业自身优势找出客户物流可以改进之处，为客户定制物流解决方案。要做到这些，物流企业必须不断研究目标市场行业的物流特点和发展趋势，成为这些行业的物流服务专家。

其次，一体化物流服务的目标，不仅是降低客户物流成本，而是全面提升客户价值。3PL 服务能从多方面提升客户价值，货主企业的不同管理者对 3PL 价值的理解也各不相同。运营总监（COO）做出将企业物流运作外包给 3PL 的决策，考虑的是 3PL 更具效率的服务价格以及运作成本优势；市场总监（CMO）则看重 3PL 在提升服务和市场分拨方面的能力，有利于提高销售额，与客户建立更好的长期关系；财务总监（CFO）愿意看到设施、设备、库存等资产从企业财务平衡表上消失，将资金用于更具生产性的活动，不断提高资产回报率；信息总监（CIO）则因能够利用 3PL 的系统与技术资源，避免自建系统带来的成本和维护麻烦而高兴。一体化物流服务运作的根本目标正是从以上各方面全面提升客户价值。因此，物流企业在开发一体化物流项目时，不要简单地与客户或竞争对手比服务价格，而是要让客户全面了解物流服务所带来的价值；另外，要由企业高层管理人员与客户的物流总监或更高层管理人员商讨物流合作问题，以便在物流价值方面达成共识。

最后，一体化物流服务的客户关系，不是此消彼长的价格博弈关系，而是双赢的合作伙伴关系。既然一体化物流服务是管理的服务，目标是全面提升客户价值，那么一体化物流服务的收益就不应仅仅来自功能型服务收费，而应该与客户分享物流合理化带来的价值。目前，发达国家 3PL 服务一般不按功能服务定价收费，而是采用成本加成定价方法，即 3PL 提供商与客户达成协议，按物流成本的一定比例加价收费或收取一定的管理费。这样做的好处：一是可以使 3PL 提供商减少对各功能服务分别报价的难度与风险；二是客户可以与 3PL 提供商一起来分析物流成本，清楚掌握自己的物流成本。

虽然我国现有的物流服务还没有摆脱传统的以运输费、仓储费为指标的结算方式，但物流企业在开发一体化物流项目时，仍应避免与客户纠缠于就功能型服务收费进行讨价还价。要从客户物流运作的不足切入，与客户共商如何改进，让客户先认识到物流企业的服务能带来的好处，再商谈合理的服务价格。实际上，客户因为物流合理化而发展壮大，物流外包规模自然会相应扩大，双方合作的深度与广度也会随之增加，物流服务的收益和规模效益必然会提高，这就是双赢的合作伙伴关系。

2. 服务内容的创新

1）由物流基本服务向增值服务延伸

传统物流服务是通过运输、仓储、配送等功能实现物品空间与时间转移，属于基本服务内容，难以体现不同服务之间的差异。一体化物流服务则根据客户需求，在各项功能的基本服务基础上延伸出增值服务，以个性化的服务内容表现出与市场竞争者的差异性，如物流信息服务、物流金融服务等。

2）由物流功能服务向管理服务延伸

一体化物流服务不是在客户的管理下完成多个物流功能，而是通过参与客户的物流管理，将各个物流功能有机衔接起来，实现高效的物流系统运作，帮助客户提高物流管理水平和控制能力，为采购、生产和销售提供有效支撑。物流功能服务向管理服务延伸，不仅可以为客户带来更大的利益，而且可以增强物流服务商与客户的合作关系。本项目所介绍的基于 Supply-hub 的仓储与配送一体化模式正是一体化物流的体现。

3）由实物流服务向信息流、资金流服务延伸

物流管理的基础是物流信息，即用信息流控制实物流。“用信息替代库存”是物流合理化的重要途径。一体化物流服务在提供实物流服务的同时也提供信息流服务。有实力的 3PL 提供商还为客户提供资金流服务，即为客户提供实物流、信息流与资金流“三流合一”的完整的供应链解决方案。

3. 服务方式的创新

与传统物流单一的功能型交易服务方式相比，一体化物流在服务方式上更具灵活性、长期性和交互性。根据美国乔治亚理工学院的调查，美国第三方物流合作，30% 采用风险共担与利益共享方式，21% 采用成本共担方式，21% 采用营业收入共享方式，19% 采用相互参股方式， 9% 采用合资方式。因此，在开发一体化物流项目时，要根据客户需求，结合物流企业发展战略，与客户共同寻求最佳服务方式，实现服务方式的创新。

1）从短期交易服务到长期合同服务

功能型物流服务通常采用与客户“一单一结”的交易服务方式，物流企业与客户之间是短期的买卖关系。而一体化物流服务提供商与客户之间建立的是长期合作关系，需要与客户签订一定期限的服务合同，因而第三方物流又称为合同物流。物流合同是 3PL 合作的基础，物流企业要特别重视与客户一起制订合同内容，包括服务性质、期限和范围，建立 KP（关键绩效指标），确定服务方式等。明确约定合同谈判中一些关键问题，如 KPI 基准、服务费率、问题解决机制、保险与责任等，避免纠纷。

第三方物流提供商寻求的是与客户长期合作，因而合同的签订只是合作的开始，要特别注意客户关系的维护，不断深化与客户的合作。通常，第三方物流提供商与客户的合作要经历一个从战术配合到战略交互的发展过程，包括：满足客户需求，合作开始时，物流服务商要做到对客户的服务要求具有良好的响应性，使客户感到容易合作，并保持客户服务质量；超出客户期望值，随着合作的深入，物流服务商要加强与客户的沟通，增强服务的主动性，特别要提高信息系统能力，努力使物流服务超出客户的期望值；参与和满足客户需求，在熟悉客户物流运作后，物流服务商应主动了解客户新的物流需求，参与发掘客户物流改进机会，实现从战术配合向战略交互的转变：赢得客户信任，物流服务商努力与客户共同创造价值，最

终赢得客户信任，双方建立起长期战略合作伙伴关系。

2）从完成客户指令到实行协同运作

功能型物流服务通常只需要单纯地按照客户指令完成具体功能。而一体化物流服务由于要参与客户的物流管理，执行与客户共同制订的物流解决方案，因而物流企业需要自始至终与客户建立有效的沟通渠道，按照项目管理模式协同完成物流运作。为保障项目的顺利运行，物流企业应当建立与客户双方物流人员联合办公制度，或成立由双方物流人员联合组成的运作团队，以便及时处理日常运作中的问题。为了保证物流服务的质量，双方应共同商定绩效监测与评估制度，使合作关系透明化，通常应保持运作层每天的交流、管理层每月的绩效评估以及不定期的检查与年度评估。

3）从提供物流服务到进行物流合作

传统物流企业一般是基于自己的仓储设施、运输设备等资产向客户提供功能型服务。而一体化物流运作模式下，3PL 提供商主要是基于自己的专业技能、信息技术等为客户提供管理服务，因而常常会根据客户的需求和双方的战略意图，探讨在物流资产、资金和技术方面与客户进行合作，以取得双赢的效果。

系统接管客户物流资产。如果客户在某地区已有车辆、设施、员工等物流资产，而物流企业在该地区又需要建立物流系统，则可以全盘买进客户的物流资产，接管并拥有客户的物流系统甚至接收客户的员工。接管后，物流系统可以在为该客户服务的同时为其他客户服务，通过资源共享以改进利用率并分担管理成本。如东方海外物流公司系统接管旺旺集团在杭州的仓库，将其改造为东方海外华东区域物流中心。

与客户签订物流管理合同。与希望自己拥有物流设施（资产）的客户签订物流管理合同，在为客户服务的同时，利用其物流系统为其他客户服务，以提高利用率并分担管理成本。这种方式在商业企业的物流服务中比较常见，如和黄天百物流为北京物美商城提供的物流管理服务。

与客户合资成立物流公司。第三方物流提供商对具有战略意义的目标行业，常常会根据客户需要，与客户建立合资物流公司。既使客户保留物流设施的部分产权，并在物流作业中保持参与，以加强对物流过程的有效控制；又注入了第三方物流的资本和专业技能，使第三方物流提供商在目标行业的物流服务市场竞争中处于有利地位。这种方式在汽车、电子等高附加值行业较为普遍，如 TNT 物流与上海汽车工业公司合资成立上海安吉天地汽车物流有限公司。

三、物流一体化协调控制机制

物流系统包含原材料及零部件的采购入厂—存储—投料—加工制造—装配—包装—运输—分销—零售—回收等一系列物流过程，是一个跨越职能边界、企业边界和地域边界的复杂系统，需要在企业内部、企业间和不同地域间进行协同运作，需要供应链成员企业间良好的配合性。因此，要把供应链的整体思维观融入物流系统的构思和建设中，构建一个结构合理、运行高效的物流系统。企业应该以其供应链物流系统为边界，综合考虑上下游企业的物流资源和内部所有的物流资源，以及外部物流资源，并使自身物流系统完全融入社会的大物流系统中。

供应链物流一体化管理的重点在于从采购、运输、仓储、分销、配送到服务等全面物流活动之间的协调，设计一个良好运作的供应链物流一体化协调控制机制，将会大大增强供应链的竞争能力及适应能力。

3PL 和 4PL 要同客户一起共同商定物流系统服务目标，确定企业物流管理模式和信息共享机制。没有互动的协调机制，就没有信息的共享，因此供应链物流一体化协调控制机制是保证供应链物流运作实体（包括业务项目涉及的供需双方、3PL、4PL 等）良性协作的基础。但是，由于各个行业供应链的结构模式不同，设计内容和方式也不同，但是它们的设计宗旨是一致的，主要包括以下五个步骤。

（1）明确供应链中的物流问题所在，找出物流能力和业务需求之间的差距，建立物流一体化运作的计划、协调、控制以及优化机制，确认改进的方向。

（2）建立一个供应链物流执行体系（Logistics Execution System，LES），采用一定的方法严格控制供应链物流运作协调机制的执行情况，并分析偏差，进而改善执行力度。

（3）建立一体化的供应链物流服务体系（其中包括信息系统、组织结构、业务流程和基础设施等），对目前的供应链交易系统进行优化。

（4）供应链物流信息平台一定要保证物流全过程的实时可见，同时实现物流部门和业务运作部门的良性互动，尤其是销售预测和库存计划。

（5）建立一套合理的绩效评价体系，用量化的指标来考评供应链中物流实体所签订的基于客户服务的一揽子协议。

任务三　基于 Supply-hub 的仓储与配送一体化管理

在供应链管理环境下，为了提升供应链整体竞争力，加快需求响应速度，对供应链物流系统提出了更高的要求。多频次小批量配送、JIT 配送成为供应链系统中的主要配送方式。在这种背景下，仓库的功能也从被动的保管储存功能向主动的流通功能扩展，并具有流通加工、配送、配载和交易中介等增值服务功能，成为增加物流附加值过程的重要组成。仓储管理的重点也不再仅仅着眼于物资保管的安全性，更多关注的是如何运用现代技术，如信息技术、自动化技术来提高仓储运作的效率和效益，以促进供应链整体更高效和低成本运作。基于 Supply-hub 的仓储与配送一体化模式就是供应链管理环境下物流一体化战略的成功范例。

一、Supply-hub 模式概述

Supply-hub 指的是专注于物流集配服务的第三方物流集配商 / 集配中心。通过 Supply-hub，将分布式运作模式下的联合仓库进行资源整合和优化组织管理，将原先的分散运

作管理转变为集中管理，实施仓储与配送的一体化运作，可以克服分布式 VMI 运作模式存在的投资大、运营管理成本高、易导致供需关系紧张等问题，能同时降低供应链整体的投资成本和运营管理成本。

近几年，Supply-hub 模式在实践中得到广泛应用。例如，伯灵顿全球（BAX GLOBAL）专注于 IT 行业，负责 Apple、Dell 和 IBM 在东南亚的物流集配服务；UPS 作为一个极具重要地位的“ Supply-hub”，为 FENDER 管理来自世界各地厂家的海陆进货，并完成其配送过程的流线化和集中化；国内的上海大众、武汉神龙等企业也采用集配中心的运作方式以支持其多品种、小批量、多频次、混流生产的零部件 JIT 直送生产工位。

Supply-hub 作为原材料或零部件供应商与制造装配厂商之间的协调组织，在整个供应链中主要承担中转“集配”的职能。中转“集”的功能是指 Supply-hub 负责制造装配厂商所需原材料、零部件等物料的集中统一采购、运输并中转入库，或者是将小批量的转运聚集成具有大批量的整合运输（拆箱、拼箱作业）；中转“配”的功能是将集中采购入库的原材料、零部件等根据制造装配厂商的需求计划进行拣选、组装，并准时配送到生产线的各个工位，制造商只通过 Supply-hub 与其他供应商建立合作关系。

Supply-hub 模式体现了 VMI 库存管理的思想和 JIT 物流同步化运作的思想。首先，在 Supply-hub 模式下，全部或部分供应商的库存设在集配中心，根据制造商的生产计划和物料需求计划，供应商与集配中心运营主体协商确定库存水平和补货策略，供应商拥有库存的所有权，集配中心负责库存管理及质量控制。宝洁、海尔、神龙汽车等企业的实践表明，利用 Supply-hub 实施 VMI 策略可显著降低供应链库存水平。其次，该模式基于需求导向和订单驱动，制造商根据产品分销计划和生产订单制订产品生产计划和物料需求计划，实施 JIT 生产，供应环节的 Supply-hub 围绕制造商的物料需求计划或采购订单实施 JIT 采购送料，即体现了 JIT 物流同步运作的思想。当终端市场或用户需求发生改变时，需求订单驱动生产订单发生改变，生产订单又驱动采购订单发生改变。当然，要适应多变的市场需求，必须在供应、制造和分销配送环节实施高度的信息共享，以增加供应链的柔性和敏捷性。

这种按单生产方式，从根本上消除了生产的盲目性，提高了需求信息的准确性，减少了信息扭曲程度，提高了生产计划执行的准确性，减少了反复调整的现象；反过来又保证了对供应物料需求的准确性，使整个系统步入一个协调同步运作的良性循环。Supply-hub 模式是在一般供应链物流组织模式基础上发展过来的。相比而言， Supply-hub 模式能够利用更专业的管理队伍掌控物流运作，能够针对供应链的需要调度相关资源，对于供应链上物流的整合具有非常重要的作用。实践证明，这种模式能有效地增强供应链系统运作的稳定可靠性，有助于实现供应链物流协同运作，并缩短订单响应周期。

二、Supply-hub 的运营主体

1. 核心制造商运营主体

核心制造商运营管理 Supply-hub 可以更加有力地控制原材料、零部件的进向物流，降

低采购活动的不确定性。这种运作方式实际上是制造企业采购部门的前置(Pre-position)。如海尔的集配使用的是其物流推进本部,安徽烟草集团通过自己的物流基地对下属的多个烟厂进行原材料的JIT配送。该模式的局限性在于,由于对品类繁多的零部件和原材料的库存管理和直送工位等活动并非制造厂商的专长业务,人员培训、运作成本较高,固定投资较大,而且会使制造厂商从核心业务中分散资源和精力。

2. 第三方物流运营主体

3PL作为Supply-hub的运营管理主体的情况最为常见,对于核心制造企业而言,通过"集配中心"整合自身物流网络,利用3PL的专业能力,将非核心业务委托给专业公司,形成虚拟企业整合体系。例如,前面提到的Apple、Dell和IBM就是利用集配商伯灵顿全球提供其在东南亚市场的物流服务。

这种模式既可以发挥3PL的专业优势和资源优势,通过集中库存控制和JIT供应,有效地降低供应链运作管理成本,提高供应链的响应性;又可以使供应商和制造商集中发展自身的核心业务,减少其在物流设施设备及人员方面的投资,制造商不再需要与众多的供应商进行协调,只需要与3PL企业协调零部件供应物流和直送工位配送计划。

3. 第四方物流运营主体

4PL服务提供商实际上是一个供应链集成商,它对企业内部和具有互补性的服务提供商所拥有的资源、能力、技术进行整合和管理,为客户提供一整套供应链解决方案。4PL作为Supply-hub运营主体的主要优势在于对供应链上游资源的整合,它提供信息技术、管理技术,制订供应链策略和战略规划方案,而具体物流业务的实施则由一家或多家优秀的3PL在其指导下完成,从而为一个或多个客户提供综合一体化的物流服务。

4. 大型供应商或供应商联合运营主体

在众多的供应商中,有一些规模较大、实力较强的供应商,也可以作为Supply-hub的运营主体。这类供应商往往具有完善的物流网络和设施条件,且其供应的原材料、零部件占制造厂商比较大的份额。不过,其他供应商尤其是与作为运营主体的大型供应商有直接竞争关系的供应商,在信息共享方面会形成一定的障碍。而由关键原材料、零部件供应商通过某种方式组成联合体作为Supply-hub的运营主体,则在一定程度上能够减弱这种障碍带来的影响。

任务四 供应链协同运输管理

一、运输管理在供应链管理中的重要性

运输是承担实体物流的主要途径,衔接着供应链网络的全过程,是实现物流空间价值的

核心职能，是一个不可缺少的物流过程，运输管理（Transportation Management）在供应链中的重要性主要体现在以下三个方面。

1. 现代物流发展趋势更注重运输管理的效率

现代物流关注从原材料、零配件到成品的每个物资流动过程，将运输、仓储、加工、配送等过程通过信息有机结合，形成完整的供应链和需求链。特别是随着价格低而质量高的运输服务的出现，产品生产与产品消费在空间上的距离将越来越大，也就是说供应链的地域范围越来越广，供应链节点之间的运输活动越来越频繁。随着供应链物流向多频次小批量、准时制、柔性化等趋势的发展，运输在供应链中的重要性也得到进一步增强，成为供应链物流系统最核心的功能要素之一。运输资源利用效率的高低对供应链系统的整体可靠性和运行效率有着举足轻重的作用，并直接影响着供应链系统的总成本。

2. 运输费用是影响物流费用的重要因素

在物流活动中，运输费用是物流总费用中占比例最大的一项。根据美国企业对物流成本的分类，将物流成本划分为运输费、仓储费、客户服务（即订单处理）费、库存持有成本、管理费五项。其中，运输成本约占企业物流总费用的 40%。日本曾对一部分企业进行调查，在从成品到消费者手中的物流费用中，保管费占 16%，包装费占 26%，装卸搬运费占 8%，运输费占 44%，其他占 6%。我国将社会物流成本分为仓储费、运输费和管理费三项，运输成本占物流总成本的 50% 以上。可见，降低运输成本对降低物流成本、降低供应链成本的迫切性。

3. 运输过程是影响供应链管理风险的重要环节

供应链中的运输是一个由多方共同参与的过程，它具有很强的不确定性，运输时间的延长、运输过程中产品质量受损概率的增加等，不仅影响运输环节本身的绩效，更重要的是，最终会影响顾客的满意度，影响供应链服务水平。供应链管理如果没有先进高效的运输资源作为支撑，供应链运作的精细化目标就很难实现。另外，产品从生产商到用户的整个过程中，随时都存在破损或损耗的风险，因此运输过程是影响供应链管理风险的重要环节，尤其是在全球供应链中，运输的中断还可能引起供应链的中断。只有具有高可靠度的运输系统，才可能使供应链管理风险可控。

总之，由于运输与其他物流环节之间的紧密联系，运输在物流系统中具有十分重要的地位，科学合理的运输管理与决策对于降低供应链成本、提高客户服务水平等均具有十分关键的作用。

二、供应链协同运输管理的内涵

1. 协同运输管理的由来与含义

协同运输管理（Collaborative Transportation Management，CTM）是在供应商管理库存

（VMD）和协同计划预测与补货（CPFR）的基础上发展而来的一种新型运输管理模式。CTM 能够将运输整合到供应链各成员的运营计划当中，减少运输商的无效运输，准确预测运输需求，提高整个供应链客户响应能力。

据美国学者对实施 VMI 企业的一项调查结果，成功率并不高，只有 30%~40% 的企业取得成功，30%~40% 的企业有点成效，剩下的 10%~20% 没有任何效果。其主要原因在于 VMI 系统存在两个主要缺点：一是 VMI 把太多的责任放在生产商身上，销售商制定规则，而生产商只能服从，且生产商对库存的差额负全部责任；二是 VMI 并没有考虑和承运商的协作，因此承运商的能力限制会导致运输的延迟，从而影响供应链运行效率，特别是在全球供应链和多式联运成为大势所趋的背景下，VMI 将会造成更多的延迟。

2000 年，全球最大零售商沃尔玛向供应商宝洁（P&G）、货运巨头亨特提出了一种新型的合作方案，要在三者间实现更透明的信息交换，通过信息共享和供应链协作，制订计划、预测、运输库存和补货等商品服务全过程。三方达成合作关系以后，沃尔玛大大简化了货物处理过程，亨特减小了 16% 的装卸货等待时间，空载率下降了 3%，宝洁实现了库存的下降。

上述策略和管理模式确实有效解决了 VMI 中的第一个缺点，但是它依然没能解决第二个缺点。CTM 是在原有发货人和收货人的合作关系上扩展到承运人或第三方物流服务商。

CTM 的雏形是货运合并，保持货车的满载移动。这就意味着公司可以更好地利用自身资源，减少空载浪费。这种方法在北美相当流行，合作关系已在超过 1 600 个合作伙伴中形成，他们建成一个统一的信息平台，通过多站式的装卸货，保持货车的最低空载率。对于最终消费者而言，不仅使服务时间大大缩短，成本还降低了 15%~25%。目前，协同运输管理的含义远远不仅于此。根据美国物流管理协会 2004 年在协同运输管理白皮书中的定义：协同运输管理是一个整体的流程。它把供应链的合作伙伴和运输服务商聚集到一起，达成协议，使运输规划和作业流程避免出现无效率的运作。其目的是通过促进供应链中运输作业参与者（包括发货人、承运人、收货人或者另一种形式的参与者如第三方物流等）的相互影响和协同合作，消除无效作业。

2. 协同运输管理的主要内容

协同运输管理作为一种新型的供应链管理模式，相对于传统的供应链合作模式而言，更注重供应链范围内企业层面的战略性合作，同时也涉及战术层和运作层面的一系列问题。

1）战略层

战略层决策包括明确实施协同运输管理的相关参与者之间的战略伙伴关系，以及战略合作的方式、保障措施等，具体包括签署正式合作协议，规定合作时间、合作范围，并决定流程，确定所需的共享数据及如何进行信息共享。此外，还包括货物条款中的关系各方（付款方、责任方）、指明运输服务商或 3PL 由哪一方负责管理，运输的货物范围，运输的条款，涉及的场地、发货的类别及意外管理的条款；并细化由谁来负责运输路线的决策、运输方式以及其他的运输策略等。最后，协议还要细化预期收益的分享方式。

2）战术层

战术层决策包括以制订产品/订单的预测计划为起点，制订运输流程的计划内容。产品/订单预测完成后，根据预定的装载策略制订发货计划（如集成或合并运输）。为了能够准确预测装载量，参与各方应尽早掌握发货计划，预测未来的运输量，以便承运人提前掌握装货期、运输时间、发货地和接货地等信息，准确预测未来设备需求。运输公司收到计划后，必须根据计划要求，确定承担运输的能力。如果运输能力无法达到要求，所有参与者都必须启用在协同运输管理的战略中所制定的"意外管理纲目"，例如修改发货要求，改变运输公司等。

3）运作层

运作层的决策主要是制定完成客户订单的物流运作具体操作方法，包括运输合同、配送策略（如集成、对接、组装、接力）、发货计划等。运输公司将收到电子装货申请，核实运输能力，如果运输能力有限，不能按计划提供运输工具，就启用"意外管理纲目"。承运人接受装货申请，落实运输时间后，做好装运/收货准备。在完成订单的装运任务过程中，所产生的相关文件单据（如发货通知、在途状况）以协议中所规定的格式文件进行传递。如果有影响到伙伴关系的整体运作的意外事件发生（如预计交货时间将被延迟），参照"意外管理纲目"处理。最后就是运费会计流程，以确保承运人得到运输条款所规定的报酬，或者依据"意外管理纲目"解决各种争端。

三、协同运输管理的实施

1. 协同运输管理的实施过程

在供应链管理环境下，协同运输管理的实施过程可分为计划、预测和执行三个阶段。

1）计划阶段

计划阶段由两步组成：一是各个商务伙伴建立协作协议，确立合作关系，确立运输出货、例外情况处理和主要绩效指数等多方面的关系协议和处理方法；二是建立总计划，确定资源和设备需求，并与运输计划相匹配。

2）预测阶段

预测阶段由三步组成：一是分享各自订单和出货计划，承运商根据计划量的变化来调整设备要求；二是发现生产商、分销商、承运商的例外情况；三是协同解决。

3）执行阶段

执行阶段由四个层次组成。

第一层次：货运补给，包括三个步骤，即在已解决的订单预测中，创建订单和货运补给；在已知的设备能用性、装货和运输需求情况下，鉴别例外情况；协同解决。

第二层次：分配，包括三个步骤，即创建最终运输合同，协同确定补给协议和运输条件；通过发现分配周期和任何例外情况，持续更新运输状态；解决运输例外情况。

第三层次：支付，包括两个步骤，即发现支付中的例外情况和协同解决。

第四层次：回顾，即衡量整个分配过程的绩效，寻找机会继续改进。

2. 实施协同运输管理的关键因素和障碍

1）实施的关键因素

协同运输管理是供应链运输管理中的一种崭新思想，要求供应链各方建立一种“共赢”的战略合作伙伴关系，站在供应链战略的高度实施。其成功实施的关键在于以下三方面。

（1）建立和掌握运输的最佳实践。最佳运输实践主要包括良好的运输控制和集中运输管理，建立核心运输计划，制订正确合同条款，优化每天的运输计划，实施电子支付，撰写运输状态报告并使订单、运输和库存可视化；不断改进运作程序；进行运输成本分析等。最佳运输实践对于供应链的无缝连接有着非常重要的作用。

（2）注重供应链各方关系管理。供应链各方首先应认识到协同运输管理是供应链活动中的重要部分，成员之间理解共同利益，保证一定的开放性，实行信息共享、相互协调、相互信任、利益共享等。

（3）应用先进的信息技术。信息技术是协同运输管理的神经系统，对于提高运输运作效率，保证资金、物资和信息的高效流动和交流起着至关重要的作用。各种信息技术，例如计算机软硬件技术、网络技术、条码技术、射频识别技术、地理信息系统、全球定位系统、电子数据交换技术、互联网技术、资源配置技术、云计算技术和物联网技术等，对于协同运输管理的成功实施都非常重要。

2）实施的主要障碍

协同运输管理在实际运作中面临的主要障碍包括：传统管理思想和体制的禁锢，仍采用传统的方法运作和进行成本核算；成员之间对供应链的视野仍停留在自己一方，而没有从供应链整体看待；每次谈判过程要花大量时间和精力，供应链各方过于注重各自利益或对协同运输管理的期望过大；信息传递不准确等。

拓展案例

协同运输管理（CTM）实施

随着PC市场竞争越趋激烈，越来越多的PC厂商希望通过敏捷的全球供应链来维持市场份额并增加利润。如戴尔、苹果、惠普、IBM、日立等公司，把中国台湾作为笔记本电脑的生产基地，无论从生产成本还是产品质量上，都是极具竞争力的。

为了减少周转时间和总成本，笔记本电脑生产商决定转变国际运输策略，利用协同运输管理，实现门到门服务，而中间的第三方物流服务由联邦快递（FedEx）负责。对于FedEx来说，它要在不同价格、不同周转时间的货物间实现协同运输和门到门的服务，且承诺所有的笔记本电脑将在3~5天内交付给客户。这种合作关系始于1999年，当时笔记本电脑的需求市场极不稳定，每天的总需求可从600件变化到6 799件，平均为3 368件。但FedEx每天的可运输量仅为4 000件。所以，要保证飞机容量的充足和维持服务水平是很严峻的挑战。

为了解决运力不足和服务水平增加的问题，FedEx 在 2000 年初提出了 CTM 方案，并与主要的笔记本生产商商讨合作协议。该方案的目标是 2000 年底完成 95% 的准确运输，合作队伍包括销售部、技术部、设计部、客户服务部等，以促成 CTM 的实施。

在 CTM 的计划阶段，FedEx 会把合同主要内容提出来，包括利率、期望的运输时间提货时间和每日的最大运输量，如果实际运输量大于每日的最大值，那么就会在运输时间上加上一天。FedEx 在出货人的计划需求基础上制订容量需求计划。在预测阶段，出货人提供每月和每周的出货预测，FedEx 更新飞机运输容量计划，这样 FedEx 赢得足够时间，安排充足的容量，以便满足月末和季度末的需求高峰。

在实施阶段，信息技术的集成是整个合作的基础。FedEx 发展了一个新的 CTM 整合器——用以连接生产商的 ERP 系统，在运输投标阶段中找到货运信息，确定提货时间。一旦货物被提取，提单确认通知就会通过 CTM 整合器发送回生产商。FedEx 还提供货物实时状态的网上查询，发货人可以实时发现任何不符合要求的运送问题，通过邮件或电话通知 FedEx 令其更改。另外，最终消费者也可通过网络或客户服务部查询。

在 CTM 中，FedEx 委派一支细心的队伍，随时调整 CTM 的实施，解决运输过程中的所有例外情况。另外，该队伍回顾运输预测并根据 FedEx 每天的要求改变实际情况。在集成系统的帮助下，FedEx 也很好地解决了发票的鉴别和验证，有效地把每天或每月的合并运输情况通知生产商。

如今，CTM 方案成功地在多个主要生产商中实施。CTM 方案实施以后，运输准确率得到保证的同时，缩短了运输周期。此外，FedEx 的飞机容量利用率更高，运营成本减少，生产商降低了库存，保证了运输的可靠性，销售额也增加了。除了可视性和即时性的收益，CTM 还使合作双方在全球供应链中更具竞争力。

案例思考与讨论：

(1)CTM 的核心思想是什么？

(2)FedEx 在实践中如何实施 CTM 管理？

项目小结

本项目主要讲述了供应链环境下物流管理的核心思想，供应链物流一体化战略、供应链环境下的仓储与配送一体化模式和协同运输管理等。

项目练习

一、单项能力训练

1. 单选题

(1)下列关于物流与供应链的关系的说法，正确的是(　　)。

A. 物流是供应链过程的一部分　　　　B. 物流过程就是供应链过程

C. 物流与供应链互不相干　　　　　　　D. 物流包含供应链过程

(2)供应链物流管理的根本目标是(　　)。

A. 提高效率　　B. 降低成本　　C. 供应链整体优化　　D. 提升服务水平

(3)一体化物流服务的根本目标是(　　)。

A. 提高效率　　　　　　　B. 降低客户物流成本

C. 提升服务水平　　　　　D. 全面提升客户价值

(4)供应链的成员在竞争中应建立(　　)关系。

A. 你死我活的输赢关系　　　　　B. 有各自利益的一般合作关系

C. 双赢策略指导下的战略合作伙伴关系　　D. 不断变动的合同关系

(5)根据一体化物流服务的特点,最适合提供一体化物流服务的提供商是(　　)。

A. 运输型 3PL　　B. 供应链管理公司　　C.4PL　　D. 仓储型 3PL

(6)供应链管理的资源整合范围是(　　)。

A. 供应商　　B. 分销商　　C. 零售商　　D. 整个供应链

(7)协同运输管理的起点程序是(　　)。

A. 运输能力的预测　　B. 时间安排　　C. 订单发货预测　　D. 生成订单

(8)物流供应链管理与传统物流管理的关系是(　　)。

A. 含义基本相同,可以相互替代　　B. 二者有本质区别,没有任何关系

C. 一脉相承,前者是后者的继续和再发展　　D. 二者并行发展,相互交融

(9)供应链物流管理的目标是在总成本最小化,客户服务最优化,(　　),总周期时间最短化,以及物流质量最优化等目标之间寻求一个最佳平衡点。

A. 总库存最小化　　B. 销售库存最小化　　C. 制造库存最小化　　D. 供应库存最小化

(10)物流供应链管理是以物流为对象的供应链管理,是致力于所有物流活动(　　)管理的整体供应链。

A. 多任务　　B. 多功能　　C. 一体化　　D. 一站式

2. 判断题

(1)在供应链管理环境下,企业的生产计划编制过程具有纵向和横向的信息集成过程的特点。(　　)

(2)供应链管理模式不是层级管理,也不是矩阵管理,而是科学化管理。(　　)

(3)库存在应付需求不确定性时有其积极的作用,但是库存又是一种资源浪费,应该无条件地实施零库存。(　　)

(4)在库存费用与缺货费用之间取得一个均衡点是确定产量的一个标准。(　　)

(5)无论是生产性企业还是物流企业,库存控制的目的都是为了保证企业生产运作的连续性和应付不确定性的需求。(　　)

(6)理论上讲,供应链的层次可以是无限的。(　　)

(7)多级库存控制策略可以分为中心化控制策略和非中心化控制策略。(　　)

（8）牛鞭效应就是供应链中的需求放大效应，由于这种放大效应的影响，下游供应商往往维持比上游供应商更高的库存水平。（　　）

3. 简答题

（1）供应链环境下物流管理需要解决哪些主要问题？

（2）简述供应链物流管理的核心思想。

（3）简述协同运输管理的含义。

（4）什么是物流一体化？

二、综合技能训练

选择当地一家物流企业，了解该企业供应链物流服务的目标与内容，重点分析企业在物流服务方面的创新性做法。

项目十二　供应链管理技术的新发展

学习目标

- ❖ 理解绿色供应链管理的概念。
- ❖ 了解绿色供应链管理的框架体系。
- ❖ 理解我国供应链的发展现状。
- ❖ 了解未来供应链管理的发展趋势。

项目引入

绿色茅台:精益管理绿色供应链

近年来,“绿色供应链管理”已经日益成为企业关注经济社会和谐发展、从各环节提高自身品质效率的重要手段。茅台在业界率先进行了极富成效的探索创新,通过“绿色设计、绿色材料、绿色工艺、绿色生产、绿色包装和绿色回收”等技术手段来打造绿色供应链成效显著。

1. 从源头入手

在有机原料方面,坚持“质量从土地抓起”的方针,加强有机原料基地建设,原料基地要严格按有机原料种植、标准种植和收储有机原料,拓展“绿色种植”源头,逐步实现辅助原料也来自有机认证基地。

从 2010 年开始,企业就已经着手推进有机高粱基地建设,十多年来累计投资已达 8 660 万元,在这个被茅台称为“第一车间”的高粱种植环节,从种子、绿色肥料到涉及整个种植、收购环节全部实行信息化管理,甚至为当地农民提供高粱种子、薄膜和肥料。此外,还强调“绿色采购”。在选择供应商时,要求首先具备国家严格的生产认证资质,以产品质量、绿色生产、节能环保为要求,将多家供应商的产品加以比较,并加入绿色环保、食品安全等重要指标,全面评价、优选供应商。

2. 闭环运作的供应链管理

从生产环节开始注重绿色节能,将工业生产过程中产生的废弃物循环利用,反哺农业,同时加大环保可降解包装材料的研发和使用,环环相接,形成了茅台特有的闭合绿色供应链管理体系。

在企业制酒过程中会产生大量酒糟,一些白酒酿造基地每年酿酒产生的酒糟废弃物可达上百万吨。而酒糟虽然营养成分丰富,但由于易变质,处理不当很容易造成污染。对于这一棘手的难题,茅台的处理方式是建立“白酒—食品和生物医药—农业”一体化的有机生态系统。在这样一条循环经济链上,茅台不仅可以对酒糟进行再次酿酒的处理,并且将其运用到人用保健蛋白等医疗产品的开发使用上,大大提高了经济收益,还可利用酒糟制作有机生物肥料,从而实现工业反哺农业,真正"变废为宝"。

3. 打造现代化供应体系

精益生产管理意味着以客户需求为拉动,用科学合理的制造体系来组织为客户带来增值的生产活动,缩短生产周期,消除浪费,提高企业适应市场变化的能力。茅台实行精细化管理,将管理责任具体化、明确化,甚至落实到每一个管理者的职权范畴。

2018年初,茅台启动了从投融资到深化子公司产权的改革,成立了战略管理处、企业文化处等12个一级部门,同时新增38个二级部门,管理层级得到进一步理顺,管理人员职责更为明确。同时,在内部风险控制体系方面,茅台创建了国内白酒行业的首家财务公司,并与遵义市政府共同组建了"遵义产业投资有限责任公司",不断推动财务管理、资金管理和内控管理制度的建立。要打造现代化的绿色供应链体系,需要"把绿色供应落实在精细化管理要求上,确保细节上执行到位"。循序渐进的精益管理为现代化供应体系的完善提供了支撑,而其中信息化建设不可或缺。

目前,茅台已经上马优化包装材料信息化管理、供应商管理等平台。物流方面则推出了"NC·ERP管理系统",通过精确计划控制、采购和物流成本分析等手段降低相关成本,实现了物流运营的全程信息化管理。

案例讨论:

(1)茅台的"精益管理绿色供应链"主要包含哪些内容?

(2)现代化的供应链管理体系有什么特点?

任务一　绿色供应链管理概述

随着全球性的资源问题和环境问题的日益严重,可持续发展成为许多国家的发展战略。严厉的环境法规、消费者及股东的需求以及市场竞争带来的挑战,使得越来越多的企业将可持续发展原则集成到企业经营活动中,甚至集成到整个供应链活动中。在此背景下,绿色供应链管理(Green Supply Chain Management, GSCM)成为供应链管理领域的新趋势和热点话题。

国际知名的大企业已将实施绿色供应链管理作为企业实现可持续性发展目标和获取新的竞争优势的关键途径。中国一些大型企业(如宝钢、华为、联想)已成为其全球供应链的重要角色,这些企业已开始将可持续性战略融入它们的供应链管理过程中,在企业经营活动中考虑企业的物流活动及供应链活动对环境的影响。绿色供应链已成为一种新的管理理念和实践趋势。

一、绿色供应链管理的概念

早在 20 世纪 90 年代中期，美国国家科学基金（NSF）就资助密歇根州立大学进行了一项“环境负责的制造”（ Environmentally Responsible Manufacturing，ERM）的研究项目，项目组于 1996 年首次提出了绿色供应链的概念。该项研究认为，绿色供应链包括绿色设计、绿色材料、绿色生产、绿色包装运输、绿色营销和绿色回收等模块。

目前，对绿色供应链、绿色供应链管理尚无统一的定义。国内外很多学者对绿色供应链提出了不同的表达。一般来讲，绿色供应链管理是指将环境问题集成到传统的供应链管理全过程中，它包括供应链管理的各个方面，即在从产品设计、原料采购、供应商选择、制造及生产过程、物流及最终产品向消费者的配送，直到产品寿命终结的管理过程中，既考虑经济性原则，又考虑资源最佳利用、废物排放和温室气体排放最小化的目标。

与传统供应链相比，绿色供应链的管理更加复杂。首先，传统的供应链管理旨在追求供应链经济效益的最大化，降低供应链的成本；而绿色供应链管理则要求企业在追求经济利益的同时，实现整个供应链的资源消耗最小化和环境负荷最小化。所以，绿色供应链追求多目标之间的平衡。其次，从原料获取、制造到使用消耗、报废直至再循环利用的每个环节，都会对环境产生影响且相互作用，由此增加了管理的复杂度。例如，产品原料、零部件的环保性能会影响最终产品的环保性能；再如，产品整个生命周期的环保特性在很大程度上是在产品设计阶段决定的；而消费者对绿色产品的需求和对产品回收再利用的支持也会促进整个供应链的环境理念的执行。另外，环保法规及政府政策的引导也是促进绿色供应链实施的主要因素。因此，为实现绿色供应链的环境目标和可持续性目标，供应链成员之间及与外部成员的合作和相互作用是非常必要的。由此可见，绿色供应链应该是以环境原则（如资源利用最大化、废物及废气排放最小化）为指导，由供应链各成员相互作用构成的网络结构。

二、绿色供应链管理的产生背景

企业实施绿色供应链管理既有来自外部的压力，也有实施绿色供应链所带来的利益的驱动。

1. 环境法规的压力

早在 20 世纪 70 年代，环境问题就已成为一个烫手山芋。一些环境意识较强的国家如德国早在 20 世纪 70 年代初期就制定了旨在控制环境污染的法规，如包装物回收再利用法。受 1997 年通过的《京都议定书》以及地球之友、绿色和平组织等世界性环保组织的影响，环境问题再次被提上了议程。

许多国家和地区都采取行动来应对环境问题。欧盟以及非《京都议定书》成员国中的美国、澳大利亚、中国、印度等国家都表示将减少温室气体的排放。《联合国气候变化框架公约》及《京都议定书》是国际社会共同应对气候变化的主渠道。各国应对气候变化的情况不尽相同，但应对气候变化做出的不懈努力和积极贡献都对供应链管理有直接和间接的影响。

企业不仅要构建高效的产品配送网络，还需要建立同样高效的回收逆向物流系统。

1995 年，我国将可持续发展战略作为国家的基本发展战略。2009 年，颁布实施了《中华人民共和国循环经济促进法》，确立了产品减量化（Reduction）、再利用（Reuse）和资源化（Recycle）的 3R 原则，规定了生产者责任延伸制度，使生产者的责任从产品生产、使用延伸到产品废弃后的回收、利用和处置阶段；对于流通和消费过程，规定企业建立健全再生资源回收体系，对废电器电子产品、报废机动车船、机电产品进行回收拆卸再制造的要求。毫无疑问，这些目标的实现需要整个供应链上企业的共同努力，即实施从绿色原料采购、绿色生产制造、绿色消费，到废弃物回收再利用逆向物流的绿色供应链管理。

2. 满足股东及消费者的期望

随着公众环境意识的增强，更多的消费者和股东对企业的环保行为提出了更高的要求和期望。一方面，消费者希望使用健康、无害、环保、节能的产品；另一方面，广大的股东期望所投资的企业具有更好的环保绩效和社会责任表现，避免因企业的环保问题或社会责任缺失导致的风险。为对股东和消费者的这种需求做出响应，企业不仅要生产或提供无害的、绿色、节能的产品或服务，还要求供应商及合作伙伴也具有良好的环境表现和社会责任形象。这就必须实施绿色供应链管理。

3. 绿色供应链带来的利益驱动

企业实施绿色供应链管理也可以获得许多直接和间接的收益，这是企业主动实施绿色供应链的内在动力。

1）经济效益是企业实施绿色供应链管理的直接动因

绿色供应链管理的核心是提高资源利用率、降低各种废物排放。通过有效的资源管理和供应商管理，促进资源回收和再利用，既降低了生产成本，又降低了废弃物处置费用，因而能产生明显的经济效益。其实，早在 1976 年，麻省理工学院的一个高级研究中心就研究了环境因素对企业业绩的影响。通过对不同工业领域中众多企业的调查，他们发现注意环境保护的企业一般都能赢得巨大利润。美国环保署 2000 年的一份报告指出，美国的许多龙头企业提供的证据表明，注重环保和企业效益存在内在联系。例如，通用汽车公司与其供应商建立的一个可重复使用的集装箱项目减少了 1 200 万美元的废弃物处理费用；联想集团通过研发产品和包装，以及对产品进行重复使用和循环利用，最大限度地减少了材料消耗，并与供应链成员一起共同推动环境友好型技术的使用。

2）绿色供应链可给企业带来长期的竞争优势

企业向市场提供环境友好的绿色产品或绿色服务，可获得消费者青睐，有利于提高企业的环保形象和社会声誉，扩大市场占有率；产品的独特性和差异化，还可为企业带来长期的市场竞争优势。上面提到的联想集团认为绿色是其最重要的竞争力之一。

另外，企业实施绿色供应链，可避免由于违反环保条例带来的经营风险；在有些国家或地区，实施绿色供应链或其他环保行动的企业，还可享受政府的税收优惠或资金补贴等优惠。

三、绿色供应链管理框架

绿色供应链管理的实质是环境管理与供应链管理的集成，在供应链管理的各环节考虑环境管理的原则，就构成了绿色供应链管理的主要内容。根据学者 Emmett 和 Vivek 的观点，绿色供应链管理由绿色供应链规划、绿色采购、绿色供应链执行、碳排放管理四个关键部分组成，每一部分又包括许多具体的子过程；另外，绿色供应链的实施还需要三个活动内容的支撑，即绿色供应链的转移策略、连续改进和绩效评价。

绿色供应链转移策略要解决的问题是企业如何从传统供应链向绿色供应链转变。其中最关键的是供应链上所有成员的合作。绿色供应链还是一种新的理念，需要在实践中不断改进。绿色供应链绩效评价是对企业绿色供应链的运行情况进行分析评估，能够帮助企业发现实施绿色供应链过程中存在的问题，分析出影响绿色供应链系统运行效率的瓶颈，从而帮助企业改进绿色供应链管理，提高整个绿色供应链的整体绩效。下面主要介绍绿色供应链的四个关键组成部分。

1. 绿色供应链规划

绿色供应链规划就是将环保理念引入传统的供应链规划过程中，考虑供应链上的所有活动对环境影响的最小化。其主要特点是以产品生命周期工程分析为基础，进行绿色战略的规划；然后通过绿色销售与运营规划进行绿色供应链策略的规划。

1）生命周期工程

生命周期工程（Life Cycle Enginesing，LCE）是一种在一定的技术前提下评价产品从产品生产、使用阶段到报废的整个生命周期对环境和经济的影响的方法。其中，环境影响的评价采用生态学上的生命周期评价法（Life Cycle Assessment，LCA）；经济影响的评估则应用生命周期成本法（Life Cycle Costing，LCC）。

应用 LCE 方法进行绿色供应链的战略规划，其分析的对象不仅仅是产品，还包括供应链上所有合作伙伴的活动。具体来讲，在产品设计阶段，并行地考虑在原料采购、生产、配送、产品使用直到报废的整个生命周期的环境问题，即在产品设计阶段就考虑各环节或各阶段的减量化、再利用和再循环问题，实现减少原料消耗和减少废弃物排放的目的。生命周期工程分析是绿色供应链规划过程的基础。

2）绿色销售与运营规划

绿色销售与运营是组织进行决策和计划制订的管理流程，目的是实现组织内部不同职能部门之间的计划的协调，它的市场导向和动态平衡原理能帮助企业有效应对多变的供应链环境。

绿色销售与运营与传统的销售与运营相比的最大区别在于，利润和环境影响是各部门对成功的衡量尺度。因此，企业从绿色销售与运营中要达到的目的是利润的最大化和环境影响的最小化。通过绿色需求规划和绿色供应规划来实现该目的。

绿色需求规划就是考虑顾客对绿色产品或服务的感知，通过供应链上利益相关者间的合作预测，提高需求预测精确度，从而减少采购、生产、物流等各环节的原料消耗和浪费，实现整个供应链的绿色目标。合作预测的关键是将统计预测分析、销售分析、绿色市场分析以及考虑客户、市场和竞争对手后，共同分析得到预测结果。

绿色供应规划就是将绿色准则融入传统的供应规划过程中，即将与环境影响相关的变量增加到决策过程中，如碳足迹和废弃物量。决策的目的是成本的最小化和环境影响的最小化。由于这两个目标之间存在一定的冲突，所以决策者应该在两者之间取得平衡。

2. 绿色采购

绿色采购是指将环境准则引入采购管理过程中，目的是从供应链的源头降低对环境的影响。绿色采购主要包括合作、激励联盟、供应商开发、节能采购、可持续的采购模式等内容。

1）合作

供应链成员之间的合作是构建绿色供应链的关键，也是绿色采购的第一步。与上游的供应商合作，共同致力于绿色、环保、节能产品的研发或制造；与物流服务提供商合作，共同提高物流效率、降低物流中的能耗和废气排放。另外，这种合作还应该延伸到下游的客户端，通过与消费端的合作，引导消费者购买绿色产品或服务，支持回收再利用或者根据消费者的反馈意见不断改进产品的环保性能。

2）激励联盟

为实现绿色环保的目标，对供应链上的利益相关者实施激励是非常必要的。向那些努力降低原料消耗的供应商提供奖励或补偿，有助于实现资源减量化和废物最小化的目标。如何建立对绿色供应商的激励机制是学术界研究的一个主要内容。

3）供应商开发

供应商开发是指买方企业为提高供应商业绩或能力以满足买方企业长期或短期供给需求而对供应商所做的一切努力。供应商开发对于改善采购绩效是非常重要的。绿色供应链背景下的供应商开发主要包括绿色供应商的选择、对供应商的环保要求的制定、供应商的绩效评价、与供应商合作研发新材料、供应商的培训与技术支持等内容。

4）节能采购

节能采购适用于建筑物的设计、建设和管理，耗能设备的采购（如加热设备、车辆、电气设备），以及能源的直接采购过程中。节能采购包括生命周期成本分析、最低能效标准制定，以及为提高企业能源利用率所采取的一切措施。

5）可持续的采购模式

传统的采购模式，如密封投标、多轮谈判、逆向拍卖等，更多的是基于技术规范进行的投标，这样很可能会漏掉对绿色、可持续的供应商的选择。可持续性同时包括经济的、社会的和环境的三个方面的绩效。因此，基于可持续性的采购模式可以同时考虑安全性、质量、环境绩效以及供应商的经济绩效，避免或降低由于供应商的环境问题或社会问题引发的风险。

3. 绿色供应链执行

绿色供应链的执行包括绿色生产、绿色物流、绿色营销及供应循环四个部分。

1)绿色生产

绿色生产是指以节约资源、降低能耗、减少废弃物排放为目的,以管理和技术为手段,实施生产全过程污染控制,使污染物的产生量最少化的一种综合措施。绿色生产的主要目的是降低制造过程对环境的影响,包括:减少废物排放、灾害和事故;使产品或服务的生命周期成本最小化;减少对原材料和非再生能源的消耗。

实行绿色生产是一个范围很广的系统工程。绿色生产实施从微观到宏观包括五个层面:①产品层面的回收、再利用和包装减量化;②过程层面的精益生产、六西格玛管理;③生产层面的制造效率、废物减少、包装的重新配置;④组织层面的风险和信誉管理、产品管理、内外部交流、激励联盟;⑤供应链范围的供应链合作、高效的绿色领导才能、网络重新策划、运输及物流改进、碳排放追踪。

2)绿色物流

物流活动消耗大量能源和资源,对环境具有较大的负面影响。绿色物流就是通过技术和管理手段,在保证物流配送效率的前提下使物流过程中的能耗及各种排放量最小,既降低物流成本又降低物流活动对环境的影响。绿色物流主要包括绿色运输、绿色仓储和绿色包装。

绿色运输的途径包括:选择更加环保的、能量效率高的运输模式,如水路运输、铁路运输,从而减少单位物流量的能耗;提高运输工具的实载率;合理优化物流网络,缩短物流路径;实行有效的车队管理和节能驾驶技术培训,降低货物运输中的能量消耗和成本;使用节能型运输车辆和清洁能源。

由于温度控制的需要,仓储过程中的能耗也非常大。实行绿色仓储首要的措施就是绿色仓库(绿色建筑),即按照绿色建筑的原则要求进行仓库的设计和建设,或者将旧仓库按照绿色建筑原则要求进行改造,例如仓库采用太阳能板、风轮发电等。其次,通过仓储规划,合理选择节能型仓储设备,实现仓库内部储存空间利用率的最大化和能耗的最小化。最后,使用标准化货架、托盘及周转箱等,便于更有效地堆垛和重复使用。

包装的环境问题是消耗大量的资源并产生大量的废弃物。所以,绿色包装的目的就是降低包装材料消耗,降低包装废弃物。实行绿色包装的途径包括:减量化包装,即通过包装方式的优化设计使包装材料消耗最小,或采用简化包装、裸装、散装等方式来减少包装材料消耗;包装容器的重复利用;包装材料的回收再循环;使用可生态降解的包装材料,避免包装物废弃填埋对环境的污染。

3)绿色营销

随着越来越多的消费者环境意识的增强,他们对环保型、健康、安全的产品的需求也越来越高。另外,绿色消费者对企业的环保表现也提出了更高的要求。绿色营销是指以一种对地球环境负面影响最小的方式来满足消费者需求而制订和执行的一系列营销活动。绿色营销的核心是绿色消费者;针对绿色消费者的行动包括绿色产品、绿色销售团队、绿色有形展示和绿色沟通。绿色市场、绿色渠道、绿色定价和绿色过程是实现绿色营销的保证。

4)供应循环

供应循环指的是供应链上的一些零部件是来自同一条或其他供应链上的原料、产品或副产品的再利用或再循环。一般可通过三种途径实现供应循环,即闭循环的供应链、逆向物流和拆卸线。其中,实现闭循环供应链的主要过程包括回收、拆解、再制造、翻新修复、资源化处理、废弃处置等。

4. 碳排放管理

将碳足迹引入供应链管理过程是一个新的研究内容。所谓碳足迹,是指生产、生活等人类活动产生的碳排放量。绿色供应链系统中,碳排放管理的目的是实现整个供应链的碳足迹的最小化,即供应链活动产生的碳排放量的最小化。碳排放管理主要包括四个循环进行的过程:碳排放测度——碳排放的最小化——碳排放监测——碳排放报告。其中,碳排放的最小化是供应链管理的关键,碳排放最小化途径包括减少排放、碳减排、碳补偿等。

任务二　我国供应链管理的现状与问题

一、我国供应链管理发展的现状

对供应链管理的研究,从国际上看,发达国家在早期主要集中在供应链的组成、多级、库存、供应链的财务等方面,主要解决供应链的操作效率问题。近年来的研究主要把供应链管理看作是一种战略管理体系,研究扩展到了所有加盟企业的长期合作关系,特别是集中在合作制造和建立战略伙伴关系方面,其范围已经超越了供应链出现初期的那种以短期的、基于某些业务活动的经济关系,更偏重于长期计划的研究。

而在我国由于受计划经济的影响,供应链管理思想引入较晚,供应链管理的概念在20世纪90年代末引入我国,所以发展比较落后、不成熟。但是随着市场经济及我国加入WTO后要与国际接轨的迫切需求,在我国的企业间实现供应链管理是非常必要的,因此到目前为止,我国也着实地掀起了一场供应链管理研究的热潮。

1. 供应链管理在我国的发展

1)1978年以前

1978年以前,我国的制造业相对比较落后,企业对“供应链”这个概念几乎是一无所知。企业要生产什么,往往不是自己决定,而是根据上级的计划安排生产直至成品销售给客户。此时由于计划经济和短缺经济的条件,企业拼命争技改、抢项目、扩建厂房、更新设备,导致制造能力大量过剩,而销售和供应能力则很弱,是典型的“腰鼓型”呆滞式企业。这段时期又被称作供应链的“推动式”时代。

2)1979—1992 年

1979—1992 年，中国的对外贸易蓬勃发展，在这个阶段企业开始逐渐注意充分利用内部资源，客户的需求也逐渐成为影响企业经营活动的重要因素。在客户需求的“拉动”下，企业开始注意对整个经营活动（最初意义上的供应链）加以控制和管理。这段时期又被称作供应链的“拉式”时代。

3)1993 年以后

1993 年以后，中国的经济体制逐步由计划经济转变为市场经济，市场逐步繁荣，大部分商品已呈现过剩，产品质量等因素在竞争中的优势逐步减少，成本的竞争优势逐步体现出来。在这种情况下，企业不得不开始考虑如何从原材料采购开始就加以管理和控制，以提高企业的整体效益，从而在激烈的市场竞争中立于不败之地。

然而，这还只是刚刚开始供应链内部集成的阶段，研究的内容主要局限于供应商的选择和定位、降低成本、控制质量、保证供应链的连续性和经济性等问题，研究没有考虑从供应商、分销商、零售商到最终用户的完整供应链，而且研究也没有考虑供应链管理的战略性问题。

随着国内经济的快速发展以及全球化的不断增强，我国已经具备了发展供应链和物流管理的变革，正在改变企业的竞争力格局，生产企业和物流企业越来越多地使用供应链管理技术和现代科技手段，提升自己的核心竞争力。21 世纪的竞争，不仅是企业和企业之间的竞争，而且是供应链与供应链之间的竞争。

2. 理论研究与实践应用现状

1)理论研究现状

现代物流理论传入我国已有 30 多年的时间，供应链管理学说也逐渐成为学术界研究的热点问题，我国的学者对物流与供应链管理的发展历史、内涵等做了大量的研究，但是我们对物流的基础理论、物流系统之间的关系、供应链体系的构造方法的研究还远远不够。据中国物品编码中心对北京、上海、天津等 11 省市 200 多家不同行业的企业调查，我国大部分企业对供应链管理的概念不理解。被调查的企业中，90% 以上的企业对供应链概念不理解，从行业情况看，零售业（89.6%）的情况要好于制造业（92.2%），制造业好于批发业（93.7%）。由此可以得出结论，目前供应链观念在国内企业中的接受程度还很低。

相对而言，理论研究领先于实践。1998 年，人们开始从报纸杂志上看到有关供应链管理的报道。之后，由于供应链管理、物流管理与计算机集成制造密切相关，所以在各种有关物流和计算机集成制造及工艺控制与管理的报纸杂志上，对供应链管理方面的报道日益增多，同时在国内有关物流和计算机集成制造技术方面的会议上对供应链管理的研讨也逐渐增多。供应链管理在我国引起了理论界的高度重视，都在探讨供应链管理的思想和方法，但理论研究仍处于起步阶段，对有关方面的认识还比较肤浅，在概念和观点上也不尽相同。

2)实践应用现状

从实践的应用情况看，近几年来，在日趋激烈的市场竞争环境下，我国越来越多的企业逐步认识到，必须从原材料采购就开始加以管理和控制，才能提高企业的整体效益，在市场竞争中立于不败之地。于是在国内一些比较领先的企业中开始初步应用供应链管理的各种技术和方法。然而，企业对供应链的关注主要集中在供应商—制造商这一层面上，这只是供应链上的一小段，研究的内容主要局限于供应商的选择和定位、降低成本、控制质量、保证供应链的连续性和经济性等问题，没有考虑或者说对于整个供应链从供应商、分销商、零售商到最终用户的完整供应链考虑不完全，而且研究中要不就是没有考虑供应链管理的战略性，要不就是考虑了但考虑的不够具体等。所以，可以说目前在我国还没有形成真正意义上的供应链，也就没有真正意义上的供应链管理。

另外，中国企业遇到的问题还有企业文化方面的障碍。供应链管理的实施和企业资源计划（ERP）有些类似，但是比 ERP 要难得多，中国企业在内部操作 ERP 都困难重重，而供应链中可能有上百家的企业，在公司外部怎样与每家企业合作，不是那么简单的事。在传统的商业模式中，供应商、制造商与经销商是完全独立的，在互为供需的基础上，形成各自的闭环结构。而供应链管理打破了原有的结构，要求价值链上的各环节必须做到信息共享。

供应链管理理念的核心是以顾客需求为中心，经营理念的转变将导致经营模式和作业流程的改变。所以说，一个企业引入供应链管理，不是一个简单的技术问题，而是企业经营理念转变和流程再造的问题。从客户的需求开始，供应链管理最重要的驱动力还是客户的需求，整个供应链不是从生产开始，而是从客户需求开始。它要突出的是供应商以客户为中心，形成供应的关系，例如戴尔公司完全以客户为中心来合理地管理整个供应链。

总体来看，不论从理论研究还是实际应用，供应链管理在我国还处于发展阶段。因此，客观认识我国供应链管理的现状，深入分析我国在供应链管理方面存在的问题，并积极采取相应的对策，才能排除各种障碍，推动供应链管理在我国的顺利实施。

3. 信息化发展现状

企业信息化建设不仅仅是买设备、建网络，信息化建设是由硬件建设和应用工程两部分组成的。硬件建设是基础，应用才是根本目的。借助于企业信息化，企业可以形成一个相对稳定的组织结构和功能结构，信息流得以顺畅地在企业内部流动；通过整合市场供应链的各类信息，可以提高企业的采购、生产、库存、销售及售后服务的流水化作业能力，能够通过信息共享获得大量的新技术研发信息，及时确定自己的产品技术创新方向，从而提高企业生产、经营、管理、决策的效率和水平，进而提高企业经济效益，提高企业竞争力。

4. 管理水平和体制现状

由于历史的原因，我国市场经济体制还不够完善，市场主体也还不够成熟，特别是企业的组织结构仍保持着传统企业组织结构的特征。特别是我国企业条块分割的管理体制以及传统的小生产格局与实现供应链管理所要求的企业横向一体化相悖。因此，在这种情况下，企业的管理方面还存在一些不够完善的地方。相比西方发达国家，我国传统的物流行业与制造业已经紧密地联系在一起，制造企业只专注于制造优良的产品，而把所有与供应链有关的后勤事物外包给专业物流公司来做。从原材料的采购计划、仓储计划到运输、清关、原材料配送以至于把制造业的最终产品送到分销商/最终用户手中，最终帮助制造业完成整个供应链管理过程。

虽然我国有些企业在利益机制的驱动下，不断追求降低成本和加快资金周转，将系统论和优化技术用于物流的流程设计和改造，融入新的管理制度之中。但由于我国市场经济还不成熟，现货市场、有形市场还不完善，企业信用较差，缺乏配套的信息系统、物流系统、支付系统和控制保障，在这种情况下，企业供应链管理的有效性还有待观察。

5. 人才现状

在我国，物流专业技术人才的培养已经开展了多年，虽然物流人才严重短缺的局面总体上有所缓解，但是物流人才的缺乏目前仍然是困扰我国当前发展物流事业的主要障碍之一。

我国从2001年开始开设物流专业的本科教育，目前全国有几百所高等院校和职业技术学院开设了物流专业，并且还在继续扩大物流专业本科生、硕士和博士研究生的招生规模；物流师国家职业标准已经制定并发布，同时高级物流师、物流师和助理物流师的培训、考试和认证工作也已全面展开；在职人员的物流知识和物流技术的培训工作进一步深入。然而，与此相矛盾的是，中国目前物流业从业人员大多数素质还比较低，很多人观念更新、知识更新跟不上现代物流业的发展需求。

二、我国供应链管理中存在的问题

在供应链管理实践中，尽管供应链中的配送业、零售业、仓储运输等环节的应用都有了良好的开端，但是由于供应链在我国发展的时间还比较短，实施供应链管理的各方面条件和基础都比较薄弱，从而使供应链管理的实施仍然存在许多需要解决的问题，这些问题主要表现在思想观念、实践、技术、管理和人才等方面。

1. 思想观念问题

供应链管理作为一种新兴的管理思想和方法，使得传统的企业管理思想观念面临着无法回避的挑战，许多传统企业的管理模式已经形成一个封闭的系统，它们拥有从产品设计、原材料采购、生产制造到产品装配、包装、运输再到产品销售、服务等生产经营全过程的一体化，即制造、装配、销售的一体化，而不愿意把不增值的业务环节外包出去，不习惯与其他企业合作。

供应链管理作为一种新兴的管理思想和方法，面临着传统观念的挑战。在我国，企业的“大而全”“小而全”现象还十分突出，没有形成独具特色的强竞争力的核心业务，传统计划经济下的管理思维方式仍占据主要地位。企业内部组织机构虽然齐全，但受到职能分派的制约，各自为政，实行垂直型的管理。这不仅严重地影响企业信息传递效率，而且无法解决“透明度”问题。

随着我国企业与世界的接轨和面临国际市场的挑战，传统的管理模式必然遭受到严重的冲击。而供应链管理对企业最基本的要求就是核心业务与信息效率，这并不是仅仅依靠企业电子商务的实行就可以解决的，不从企业观念的根本问题上改革就达不到治本的目的。

2. 实践问题

在相当多的企业里，供应链管理的理念与运作模式还只是一种概念，在实践中的应用还不是很多。其原因主要在于，我国总体市场化水平还不高，市场经济体制还不够完善，市场主体也还不够成熟，特别是企业的组织结构仍保持着传统企业组织结构的特征，从而给供应链管理的实践带来了障碍。在企业的组织实践中，我国绝大部分企业的组织结构都建立在职能的基础上，据中国物品编码中心的调查显示，在被调查的企业中，有 92.2% 的制造业、93.8% 的批发业和 82.1% 的零售业是以职能来设定部门。以职能来设定部门，这是一种传统的垂直型组织结构，它使得每一个职能部门都能独立完成各自的任务并独立评估自己的绩效，这必然会导致企业或企业内各部门运作相互脱节和追求自己的局部利益。由于供应链管理的运作是跨越职能界限的，因此以职能来设定部门的传统的组织结构给供应链管理造成了很大的障碍。

另外，传统组织中对绩效的评估系统也是实施供应链管理的另一个大障碍。因为在这个评估体系下，每个人都习惯于关注系统中单一组件的效率，而没有人去考虑整体的效益。例如，包装部门为了降低费用常常采取简化包装的策略，这样可能会给运输和搬运带来麻烦，使破损率增加；采购部门为了降低购进价格而愿意增加订货量，销售部门为了减少缺货损失而希望保持较高库存，从而使库存量大大增加。这种各部门为追求自身利益往往会与其他部门发生冲突，最终影响整个供应链的利益，不利于供应链集成管理的需要。

供应链合作伙伴不够理想。相互信任对于企业间的合作关系具有极其重要的作用，信任危机严重地阻碍了我国供应链企业间合作关系的良性发展。信任危机即缺乏信任，它有两方面的含义：一是相互信任程度不够高；二是双方信任程度不对称。信任危机是以非信任行为的形式表现出来的。它们一般表现为：没有与对方长期合作的打算，合作时间短；利用实力在谈判中要挟对方；同时保留几个相同产品的供应商，迫使他们相互竞争；利用供应商的信任，把一个供应商的机密信息泄露给另一个供应商，以谋取短期利益；不遵守合同，即不按时按量交货，不遵守质量标准或约定，不按时付款，或以物质冲抵货款；对对方封锁信息，以谋取短期利益；利用供应商偶然的小失误欺诈对方；在未预测的偶发事件中向供应商推诿责任；不愿意对生产与服务进行必要的投资；不愿意顾客化以满足制造商的要求，没有生产与服务的柔性等。

3. 技术和管理问题

为了优化业务流程、降低运行成本和费用，在供应链管理实施过程中需要有一定的技术支持。据中国物品编码中心的调查，在我国，条码技术、EDI 技术、互联网和电子商务技术等的应用仍存在资金投入不足、普及率低、使用不规范、管理功能不配套等问题。标准化是实现供应链管理高效运作的基础。在供应链运作过程中，如果没有标准化，就会出现各种实施不规范、作业流程不统一、信息不一致，必然会使流通环节增多、流通速度减慢、流通费用增加，致使货物流通和信息交换不畅，整个供应链过程就很难畅通。

4. 人才问题

供应链管理是一门综合性经济学科，涉及众多边缘学科和新兴学科。同时，供应链管理是一个跨组织、跨行业的管理，它涉及诸多领域的高新技术，不但需要专门的技术人才，而且需要既精通各种管理理论、方法、手段，又熟悉与供应链有关的诸多技术的综合型人才。但是，从目前来看，国内对这方面人才的教育还非常滞后，企业界方面由于对供应链管理理论知之尚浅，更缺乏实践经验。所以，在供应链管理人才的教育和培训方面也非常薄弱，从而使相关人才十分匮乏。

5. 法律体系、社会制度环境问题

法律、法规不健全和执行不严格，也是我国企业供应链管理的又一桎梏。我国现有的法律、法规是从原有的计划经济时代法律、法规的基础上发展起来的。在日益复杂的市场变化形势下，原有的法律体系存在着很多漏洞，越来越不能满足企业间合作关系发展的需要。由于我国市场化时间较短，还没有完全形成一种与社会主义市场经济体制相适应的社会制度环境，因此企业间的诚信度时常被打折扣，相互间很难建立起信任的合作关系，信任危机自然不可避免。

任务三　全球供应链管理新趋势

供应链管理是迄今为止企业物流发展的最高级形式。虽然供应链管理非常复杂，且动态多变，但众多企业已经在供应链管理的实践中获得了丰富的经验并取得了显著的成效。尤其是随着经济全球化的步伐日益加快，全球化供应链变得越来越长且越来越复杂，对供应链管理的要求也就随之改变，由于网络通信技术、全球动态联盟的发展和相关要求的不断提出，供应链管理呈现出全球化、敏捷化、绿色化和电子化的发展趋势。

一、全球化供应链管理

随着供应、生产和销售关系的复杂化，该过程涉及的不同地域的厂家将越来越多，最终呈现全球性，全球化供应链应势而生。全球化供应链管理就是要求以全球化的观念将供应链的系统延伸至整个世界范围，在全面、迅速地了解世界各地消费者需求偏好的同时，就其进行计划、协调、操作、控制和优化，在供应链中的核心企业与其供应商以及供应商的供应商、核心企业与其销售商及至最终消费者之间，依靠现代网络信息技术支撑，实现供应链的一体化和快速反应运作，达到物流、价值流和信息流的协调通畅，以满足全球消费者需求。

全球化供应链管理包括市场与营销策略、价格策略、全球采购策略、产品与制造管理、虚拟制造、就地组装、全球补货策略与体系、快速反应系统、电子商务、策略联盟、合同管理、配送策略等。其包含物流运转中心、物流系统设计与综合性服务、共同配送系统、顾客需求支援系统等，范畴较宽。它是一种综合性的、跨国跨企业集成化的管理模式，也是适应全球化下企业跨国经营的管理模式。

作为一种新型的管理思想，全球化供应链管理具备如下特征。

（1）全球化供应链管理模式是以全球化范围内的消费者来驱动供应链运作的，以消费者满意为核心。

（2）全球化供应链管理是一种新型合作竞争理念。与传统企业经营管理不同，全球化供应链管理是从全球市场的角度对供应链全面协调性的合作式管理，它不仅要考虑核心企业内部的管理，还更注重供应链中各个环节、各个企业之间资源的利用和合作，让各企业之间进行合作博弈，最终达到“双赢”或“多赢”。

（3）全球化供应链管理的形成，将使得物流、信息流和资金流变得更加畅通，因此它将增大整个供应链的总体效益，还能使单个企业借助庞大供应链的整合优势，在竞争中更主动、更有发言权。

二、敏捷供应链管理

敏捷性是指以核心企业为中心，通过对资金流、物流、信息流的控制，将供应商、制造商、分销商、零售商及最终消费者整合到一个统一的、无缝化程度较高的功能网络链条，以形成一个极具竞争力的战略联盟。

敏捷供应链以增强企业对市场需求的适应能力为导向，以动态联盟的快速重构为基本着眼点，致力于支持供应链的迅速结盟、优化联盟运行和联盟平稳解体，强调从整个供应链的角度考虑决策和绩效评价，使企业与合作者共同降低产品价格，并追求快速反应市场需求，提高供应链各环节边际效益，实现利益共享的双赢目标。

敏捷供应链是一种全新理念，它将突破传统管理思想，从以下几个方面为企业带来全新竞争优势，使企业能够在未来经济生活中大展宏图。

1. 速度优势

敏捷供应链独特的订单驱动生产组织方式，可以最快速度响应客户需求。

2. 满足顾客个性化需求优势

依靠敏捷制造技术、动态组织结构和柔性管理技术三个方面的支持，敏捷供应链解决了流水线生产方式难以解决的品种单一问题，实现了多产品、少批量的个性化生产，从而满足顾客个性化需求，尽可能扩大市场。

3. 成本优势

成本是影响企业利润最基本、最关键的因素，不断降低成本是企业管理永恒的主题，也是企业供应链管理的根本任务，而供应链管理是降低成本、增加企业利润的有效手段。

通常情况下，产品的个性化生产和产品成本是一对负相关目标，然而在敏捷供应链战略的实行中，这一对矛盾却得以成功解决，在获得多样化产品的同时，由于零库存成本和零交易成本，使企业获得了低廉的成本优势。

三、绿色供应链管理

近年来，围绕生态环境问题，人类社会提出了可持续发展战略，经济发展要考虑到自然生态环境的长期承载能力，使环境和资源能满足经济发展的需要，又使其作为人类生存的要素之一满足人类长远生存的需要，从而形成了一种综合性的发展战略。

实施绿色供应链管理，将“绿色”或“环境意识”理念融入整个供应链管理过程，使得整个供应链的资源消耗和环境影响副作用最小，是现代企业实现可持续发展的一种有效途径，实施绿色供应链管理应运而生。

绿色供应链的概念是由美国密歇根州立大学的制造研究协会在 1996 年提出的，是一种在整个供应链中综合考虑环境影响和资源效率的现代管理模式，它以绿色制造理论和供应链管理技术为基础，涉及供应商、生产厂、销售商和用户，其目的是使得产品从物料获取、加工、包装、仓储、运输、使用到报废处理的整个过程中，对环境的影响（副作用）最小，资源效率最高。

目前，有很多国外的汽车制造商如大众、通用等，已经重新整合了传统的供应链，重新构建了新型的绿色供应链体系，这也是未来供应链管理的一个新趋势。

四、电子化供应链管理

电子商务的蓬勃发展改变着企业的经营模式和竞争环境，尤其是作为网络经济主体的 B2B 模式，它不但改变着企业的交易方式，更影响着企业之间的协作方式。

在全球化的电子商务环境下，传统的供应链管理模式已不能适应电子商务环境下供应链管理的要求，于是出现了新的供应链管理模式——电子供应链管理。它是企业和它的合作伙伴之间 B2B 模式的进一步延伸，通过采用互联网这个全球通用的网络标准，实现了相关各方信息系统的对接，商业伙伴之间能创建一个无缝的、自动的供应链，整条供应链就像一个整体一样运作。

通过电子供应链的实施，企业间信息传递的时间缩短了，而且数据也准确了，因而能够在很大程度上缩短提前期，从而带来库存 / 运输效率的极大改善，同时也促进了供应链向动态的、虚拟的、全球网络化的方向发展。

随着信息技术的进步和供应链思想的深入人心，以及电子商务的飞速发展和竞争的进一步加剧，实施电子化供应链管理必将成为企业继企业内部信息化和电子商务后的又一信息化过程。尽管存在许多困难和挑战，但由于电子化供应链管理在信息共享、团队合作和管理模式等方面有着传统供应链管理不可比拟的优越性，随着技术、安全以及金融结算等问题的进一步解决，相信在不久的将来电子化供应链管理必将成为企业的主要运作和管理模式。

拓展案例

韩都衣舍供应链变革

互联网时代服装企业如何转型？韩都衣舍正在尝试让一切变得更快！

尽管现有传统加工厂尚能满足电商需求，但本质上仍是按照传统工业模式设立运营的，追求规模经济。而电商短平快的模式却决定了其需要多批次、小批量的生产支持。由此，线上线下迥异的运营模式衍生出传统工业大产能与电商小订单的巨大矛盾。传统供应链越来越跟不上互联网商业快速多变的节奏。

在传统服装加工厂，一件衣服的生成由若干生产线组成，包括打版、裁剪、缝制、熨烫等工序。可作为一家互联网快时尚的服装品牌，韩都衣舍欲在 2015 年推行一个全新的互联网工业变革：将传统的生产线模块化切分，一个工厂只负责一个工序，届时一件服装的生产将由多个工厂共同完成，构建完全适应电商需求的工业柔性供应链。

1. 高效电商

实际上这种变革在电子等产业早已展开，但在服装行业还绝无仅有。而规模越大、体系越成熟的服装工厂，变革起来就越艰难、越痛苦。互联网与传统的服装企业有着完全不一样的玩法，基于传统模式建立起的生产线、供应链无法适应未来电商批次更多、批量更小的需求。传统服装产业日渐萧条，互联网销售却逐年暴增，切分生产线、重建供应链，正当其时。

传统服装品牌推出的 70%~80% 的款型只能保证成本与盈利持平，盈利的永远只有少数款型，但传统企业却要为大多数款型支付巨额的库存。企业规模越大，门店越多，库存就越多，资金占用越大，运营风险就越大，一些品牌的衰落在很大程度上就是因为产品滞销、库存过多而导致的。

而线上服装首先是试销，上线后，根据点击率、收藏单、销量三个指标决定是否追加订单。如一款服装被认定为畅销款，三五天后即可追加订单，可反复多次追加；滞销款则立刻打折抛售。如今，韩都衣舍每天高达近百款产品上线销售，平均每款服装订单总量为 800~1 000 件，一年超过 3 万件，每款服装从设计到上线平均只有 30 天。

2. 倒逼变革

传统品牌每款铺货上万件，就类似于拳击手打出的一记重拳，力道虽大，可一旦落空，风险极大；而电商小批量、多批次的销售更像咏春的贴身短打，一旦击中数拳跟进，一击不中立刻改换套路。

传统工厂每年 3 月已在生产秋装；电商供应链一直到 5 月还在生产夏装，第一批畅销款还在追加订单。传统品牌剩下的是恶性的滞销款，今年卖不掉，明年卖不掉，最后成为呆坏账；而电商的滞销款因首单量少，会在 4~6 月销售旺季被抛售。韩都衣舍所剩存货只有 5%，可在第二年售罄。

线上线下迥异的模式，使电商呈现出独特的优势。传统品牌一年最多两三千款，韩都衣舍每年上线 3 万款左右；前者产品从设计到上架需 3 个月以上，韩都衣舍只需 30 天；传统企业售罄率均在 50%~60%，韩都衣舍可达 95%。

近年来，传统外贸、内销两大市场日渐衰退，电商却逆势崛起，越来越多的大中型服装工厂不得不俯下身段接下电商的小订单。目前，韩都衣舍140家服装供应商中注册资金5 000万元以上的工厂已有三四家，1 000万~5 000万元的占6%。

3. 微分订单

现有的工厂本质上仍是按照传统工业模式设立运营的。未来电商发展趋势是订单将被进一步微分—批量更小、批次更多。未来，100件以内的微小订单将占据主流。

韩都衣舍把供应链变革做成了一道高等数学的微分方程——通过切分供应链将订单进一步微分，求解更短的周期、更少的库存和更小的风险。以前一个供应商要兼顾所有工序，因此只要某个工序误工，整条生产线就会停滞，现在工厂只做一个工序，就可以实现效率更高、速度更快、品质更好。

供应链反应速度越快、交货时间越短，上游电商下的订单就越微小，市场空间就越大。以前某一类服装可以做30款，每款200件；未来就有可能上300个款，每款20件。消费者选择面大了9倍，库存也会接近于0。以前供应链生产周期为30天，未来10天即可完成。这意味着企业库存周转率提高了2倍，将来1个亿的钱就可以做过去3个亿的买卖。

同时，韩都衣舍还将管理更多个订单，协调前后工序、不同工厂之间的生产节奏。为此，韩都衣舍开始着手建立供应商辅助管理平台。未来与供应商合同一旦签订，供应商须将构成这单服装的布料多少米、多少色彩、多少个配件，何时到货、生产进度等所有信息上传，以便随时监控、管理。

案例思考与讨论：

（1）韩都衣舍如何进行供应链管理变革？

（2）韩都衣舍的改革举措对你有什么启示意义？

项目小结

本项目主要讲述了绿色供应链概念、绿色供应链管理体系构成、我国供应链的发展现状及存在问题和未来全球供应链发展新趋势等知识。

项目练习

一、单项能力训练

1. 单选题

（1）供应链根据其复杂程度可以分为直接的供应链、扩展的供应链和（　　）。

A. 完善的供应链　　B. 最终的供应链　　C. 理想的供应链　　D. 未来的供应链

（2）供应链执行系统重点在于（　　）。

A. 降低成本　　B. 增加收入

C. 降低非计划运输成本和库存支持成本　　D. 协调成员关系

（3）供应链管理的核心是（　　）。

A. 效率　　B. 成本　　C. 流程　　D. 价值链优化

（4）适合于单件产品生产、原材料采购相似度低且最终用户能够接受长交货期的生产的供应链是（　　）。

A. 面向库存制造的供应链　　B. 面向订单装配的供应链

C. 面向订单制造的供应链　　D. 面向订单采购的供应链

（5）以下不是供应链未来发展趋势的是（　　）。

A. 全球供应链　　B. 绿色供应链　　C. 电子供应链　　D. 逆向供应链

2. 判断题

（1）供应链绩效评价指标是基于业务流程的绩效评价指标。（　　）

（2）供应链绩效评价只有定量指标，没有定性指标。（　　）

（3）绿色供应链管理包括从产品设计到最终回收的全过程。（　　）

（4）在电子供应链中，所涉及的企业是分布在全球范围内的。（　　）

（5）绿色供应链管理是一种在整个供应链中综合考虑环境影响和资源效率的管理模式。（　　）

（6）供应链管理环境下的上下游关系是一种战略性合作关系，提倡一种“双赢”机制。（　　）

3. 简答题

（1）简述我国供应链管理发展的现状。

（2）我国供应链管理中存在的比较突出的问题是什么？

（3）如何解决我国供应链管理中信息建设问题？

二、综合技能训练

结合目前中国供应链发展现状，搜索线上资料，讨论分析我国供应链管理目前存在的问题及未来发展趋势。